Anke Wolf

Wo Himmel und Erde sich berühren
St. Gabriel in Duisburg-Neudorf

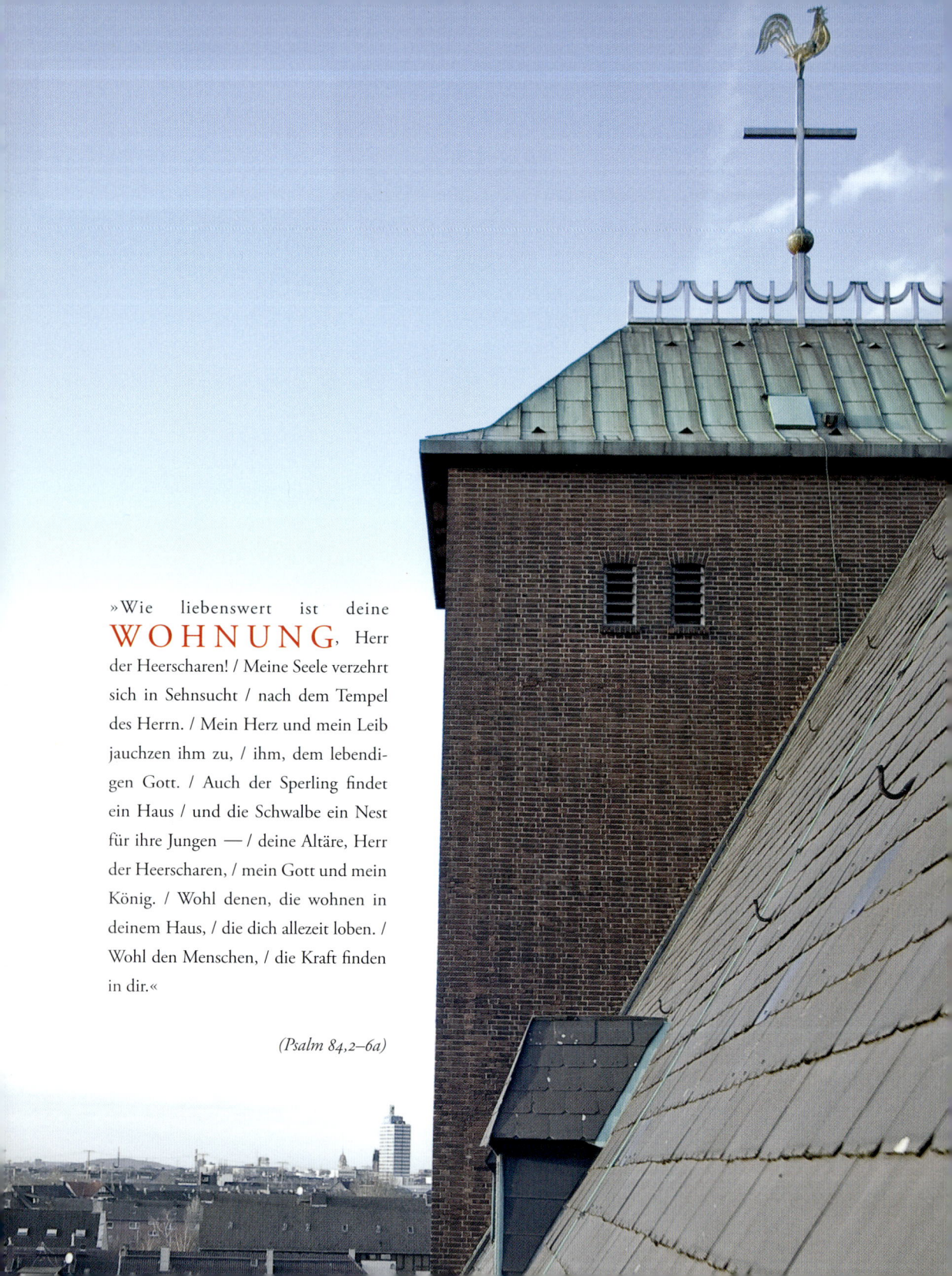

»Wie liebenswert ist deine

WOHNUNG, Herr

der Heerscharen! / Meine Seele verzehrt
sich in Sehnsucht / nach dem Tempel
des Herrn. / Mein Herz und mein Leib
jauchzen ihm zu, / ihm, dem lebendigen Gott. / Auch der Sperling findet
ein Haus / und die Schwalbe ein Nest
für ihre Jungen — / deine Altäre, Herr
der Heerscharen, / mein Gott und mein
König. / Wohl denen, die wohnen in
deinem Haus, / die dich allezeit loben. /
Wohl den Menschen, / die Kraft finden
in dir.«

(Psalm 84,2–6a)

ANKE WOLF

WO HIMMEL UND ERDE SICH BERÜHREN

Einen Kirchenraum entdecken — **ST. GABRIEL** in Duisburg-Neudorf

HERAUSGEGEBEN VON DER
KATHOLISCHEN KIRCHENGEMEINDE LIEBFRAUEN, DUISBURG

Aschendorff
Verlag

INHALTSVERZEICHNIS

ZUM GELEIT

KIRCHENRÄUME ERSCHLIESSEN ist ein Schwerpunkt der pastoralen Arbeit in unserer 2006 gegründeten Großpfarrei Liebfrauen, Duisburg. In dem am 15. August 2009 verabschiedeten Pastoralplan der Pfarrei ist dieser Schwerpunkt ausdrücklich festgeschrieben.

Die Neustrukturierung der Pfarreien im Bistum Essen schuf pastorale Großräume, zu denen mehrere Kirchen gehören. Zwar mussten auch Kirchen aufgegeben werden, dennoch hat die Pfarrei nicht wie die frühere traditionelle Pfarrei nur eine einzige Pfarrkirche, sondern neben der Pfarrkirche auch Gemeindekirchen und Filialkirchen. Es ist ein pastorales Anliegen, dass die Mitglieder unserer Pfarrei nicht nur »ihre« Kirche kennen, sondern erfahren, welch großes Geschenk es ist, dass die Pfarrei über eine Reihe sehenswerter Kirchen verfügt. So stellt sich die nicht einfache, aber schöne Aufgabe, mit dem Zusammenwachsen der Pfarrei das Bewusstsein entstehen zu lassen, dass alle Kirchen »unsere« Kirchen sind.

Eine Kirche ist für viele Menschen mehr als nur ein Gebäude. Sie verbinden mit ihrer Kirche wichtige Lebensabschnitte. Hier wurden sie getauft, hier sind sie zur ersten heiligen Kommunion gegangen. Hier haben sie Abschied genommen von lieben Angehörigen. Hier haben sie geheiratet und unvergessene Gottesdienste gefeiert. In den Gottesdiensten an Sonn- und Werktagen finden sie hier ihr geistliches Zuhause.

Der Raum ist ihnen vertraut und sie meinen, ihn genau zu kennen. Doch Gewohnheit kann auch in gewisser Weise blind machen: Manches wird übersehen und nicht mehr wahrgenommen, was eigentlich eine eingehende Betrachtung verdient hätte; denn in einer Kirche wird nicht nur verkündigt, eine Kirche ist mit ihrer Ausstattung selbst Verkündigung.

Die Wirkung des Raumes und die Kunstwerke sprechen aus sich heraus, sind mehr als nur Dekoration und ästhetisches Beiwerk.

Eine geöffnete Kirche zieht immer noch Menschen an, darunter auch Besucherinnen und Besucher, die sonst kaum oder gar nicht mit der Glaubensgemeinschaft der Kirche Verbindung haben.

Eine Kirche kann zu einem missionarischen Ort werden, an dem Menschen mit Jesus Christus und seiner Botschaft in Berührung kommen. Doch muss die Sprache des Kirchenraumes mit seiner Architektur und Ausstattung übersetzt und verständlich gemacht werden.

Mit diesem Buch stellt sich Frau Wolf dieser Aufgabe. Sie erschließt nicht nur die Gemeindekirche St. Gabriel, sie macht vielmehr an diesem Beispiel deutlich, dass so oder ähnlich die Botschaft jeder Kirche übersetzt, vermittelt und verständlich gemacht werden kann. Das Buch zeigt uns, wie eine Kirche, ein Raum, ein Kunstwerk zu sprechen beginnen, wenn man sich ihnen öffnet, sich mit ihnen auseinandersetzt, ihnen vorurteilsfrei begegnet.

Ich danke Frau Wolf herzlich für dieses Buch, das ein wichtiger Wegweiser für unseren pastoralen Schwerpunkt »Kirchenräume erschließen« ist. Mögen die Leserinnen und Leser angeregt werden, die Gemeindekirche St. Gabriel für sich neu oder wieder zu entdecken. Möge dieses Buch auch eine Einladung sein, andere Kirchen, besonders die Kirchen unserer Pfarrei, zu sich sprechen zu lassen.

Bernhard Lücking
Pfarrer an Liebfrauen, Duisburg
Stadtdechant

D

ie St. Gabriel-Kirche in Duisburg-Neudorf: Eine fast hundertjährige wechselvolle Geschichte (und noch eine spannende Vor-Geschichte), ein imposanter Bau, eine reiche
Ausstattung mit einer Vielfalt von künstlerischen Sprachen, in all dem eine »Zeugin«
der Glaubens- und Frömmigkeitsgeschichte. Die Christinnen und Christen in Neudorf
haben allen Grund, sich darüber zu freuen und darauf stolz zu sein.

Zugleich gilt: Ungewöhnlich ist eine solche Geschichte und eine solche Kirche nicht.
Gerade im Ruhrgebiet haben wir eine Fülle von Kirchengebäuden aus der »Boom-Zeit«
unserer Region in den Jahrzehnten vor dem 1. Weltkrieg. Weder die Architektur noch
die Ausstattung von St. Gabriel ragt da besonders hervor. Man könnte fragen: Lohnt
sich da so ein »Kirchenführer«?

Ja, ja und nochmals ja! Ich gratuliere der Autorin, aber insbesondere der Gemeinde
St. Gabriel und der Pfarrei Liebfrauen zu diesem ungewöhnlichen Führer auf einem
Weg »zwischen Himmel und Erde«. Die intensive Aufmerksamkeit, die dem gesamten
Raum und seinen vielen Einzelelementen gewidmet wird, läuft nicht ins Leere. Wel-
che Fülle von Anlässen, von unserem Glauben zu erzählen! Nicht nüchtern-distanziert,
sondern mit Überzeugungskraft und Wärme. Man spürt auf jeder Seite: Hier wird ein
Schatz gehoben.

Und: Hier kann man »Glauben« lernen.

Ohne Übertreibung kann ich sagen: Einen solchen »Kirchenführer« hat keine der
Kirchen unseres Bistums. Aber wünschen würde ich ihn jeder!

Dr. Herbert Fendrich
Bischöflicher Beauftragter
für Kirche und Kunst im Bistum Essen

VORWORT

Liebe Leserinnen und Leser,

Zunächst danke ich Ihnen sehr herzlich für Ihr Interesse an diesem Buch. Ich freue mich, dass Sie begonnen haben, es zu lesen!

Vielleicht betrachten Sie dieses Buch als eine Art Reiseführer. Denn ich möchte Sie mitnehmen auf eine kleine Reise rund um und vor allem durch die Kirche St. Gabriel in Duisburg-Neudorf. Ob Sie die Gabrielkirche kennen oder nicht, ist dabei nicht entscheidend. Ich möchte Sie einladen, diese Kirche und vielleicht dadurch auch andere Kirchen (neu) zu entdecken.

Viele Menschen haben im Laufe der letzten 100 Jahre ihre künstlerischen Spuren in der Gabrielkirche hinterlassen. Es sind Spuren, die viel erzählen können. Vor allem erzählen sie von Menschen und von Gott. Sie erzählen von der Sehnsucht des Menschen nach Gott und ebenso von Gottes Sehnsucht nach dem Menschen. Manchmal sind diese Spuren erst auf den zweiten Blick in ihrem tieferen Sinn zu verstehen. In jedem Fall lohnt es sich, der Fährte, die sie legen, zu folgen und sich von ihnen auf den Weg bringen zu lassen. Auf unterschiedliche Weise helfen sie uns, dem Geheimnis der Berührung von Himmel und Erde nachzuspüren.

Ein kurzer Ausflug in die LEBENDIGE GESCHICHTE wird Ihnen zunächst von den Umständen berichten, die zur Errichtung der Kirche unter dem Patronat des Heiligen Erzengels Gabriel in Duisburg-Neudorf geführt haben. Anschließend wollen wir uns bei einem Rundgang um die Kirche die AUSSENANSICHTEN erschließen. Mit den INNENANSICHTEN biete ich Ihnen eine Orientierung und erste Erfahrungen im Kirchenraum an. Bitte wählen Sie danach für sich aus, welchen Ort in der Kirche Sie als nächstes Ausflugsziel Ihrer Reise besuchen wollen.

Immer lade ich Sie ein, sich auf Betrachtung und Analyse, auf die Sprache der Symbole, auf Informationen, Deutungen und auf den einen oder anderen meditativen Gedanken einzulassen.

Ich wünsche mir, dass Sie diese Reise mit offenen Augen und mit dem Herzen unternehmen — einem Herzen, in dem es eine Sehnsucht nach Berührung gibt. Rechnen Sie damit, dass Gott Sie auf Ihrer Reise durch das Gotteshaus berühren will! Das Wunder der Begegnung und Berührung von Himmel und Erde ereignet sich dort, wo Gott es wirkt und schenkt, auch in uns. Denn wir selbst sind Raum und Tempel, in dem Gott wohnen und Mensch werden will.

Doch beginnen soll die Reise langsam und am Anfang.

Zuvor ist es mir ein Anliegen, allen zu danken, die mich bei meiner Arbeit unterstützt haben:

DANKE Herrn Dr. Herbert Fendrich und Herrn Pfarrer Bernhard Lücking für ihre Begleitung, für die Zeit und die Gedanken, die sie mir geschenkt haben.

DANKE der Gemeinde St. Gabriel, dem Förderverein St. Gabriel und der Pfarrei Liebfrauen, die den Druck ermöglicht haben.

DANKE dem Aschendorff-Verlag, besonders Herrn Dr. Bernward Kröger für das Layout sowie Herrn Jürgen Christ und seiner Frau Doris für die fotografische Gestaltung.

DANKE meiner Familie, vor allem meinem Mann Roland König und meinem Bruder Dr. Martin Wolf.

DANKE auch Frau Esther Bohne, dem Ehepaar Renate und Heinz Bernard, Frau Ingeburg Giolbass und Herrn Hans Peters aus St. Gabriel

und allen hier nicht namentlich Genannten, die auf die eine oder andere Weise zum Gelingen dieses Buches beigetragen haben.

Ihnen, liebe Leserinnen und Leser, wünsche ich nun viel Freude beim Lesen und an der Reise!

Ihre

Anke Wolf
Gemeindereferentin an St. Gabriel
im beginnenden Frühjahr 2010

I. LEBENDIGE GESCHICHTE

›St. Gabriel op de Heid‹

EINE ZEIT-, KULTUR- UND STILGESCHICHTLICHE EINORDNUNG

D
ie Gabrielkirche in Duisburg-Neudorf gehört seit dem Jahre 2006 als Kirche des Seel-
sorgebezirks beziehungsweise der Gemeinde St. Gabriel zur Pfarrei Liebfrauen in Duisburg. Sie ist neben der St.-Ludgerus- und der St.-Anna-Kirche eine von drei katholischen Kirchen im Stadtteil Neudorf. Das Einzugsgebiet der Gemeinde St. Gabriel
erstreckt sich heute am Rande des Duisburger Stadtwaldes entlang der Stadtgrenze zu
Mülheim-Ruhr über weite Teile des östlichen, südlichen und nördlichen Neudorf. Die
Gabrielkirche entstand in den Jahren 1910–1912 mitten in weitläufigem Heidegebiet.
Noch heute sprechen viele Neudorfer von ihrer Kirche liebevoll als ›St. Gabriel op de
Heid‹. Es ist sicher nicht uninteressant, sich ein Bild von den Umständen, den Entwick-
lungen der Zeit und nicht zuletzt von den Motivationen zu machen, die schließlich
zum Bau der Gabrielkirche geführt haben.

Lehrer Welling, Mitglied im ersten Kirchenvorstand von St. Gabriel, verfasste zur
Gründerzeit der Kirche einen geschichtlichen Überblick über die Anfänge des Stadtteils
Neudorf und somit über die Vorgeschichte der Gabrielkirche. Dieser Überblick ist der
erste Eintrag in die Chronik der ehemaligen Pfarrei St. Gabriel. Ein Ausschnitt aus
dieser sprachlich und inhaltlich eindrucksvollen Darstellung, im Original in Sütterlin
geschrieben, soll uns mitnehmen in die Vorgeschichte der Kirche, eine Geschichte, die
vor allem lebendige Geschichte der Menschen ist.

Was Lehrer Welling in der Chronik schreibt, ist geschichtlich gesichert. Die syste-
matische Kolonisationspolitik Friedrichs des Großen sollte das Land nach der Kriegszeit
wieder stabilisieren, der Aufschwung durch die Gründung von Bauerndörfern und die
Ansiedlung von Handwerkern herbeigeführt werden. Die Religionsfreiheit, die in den
preußischen Landen herrschte, war attraktiv für die Umsiedlungswilligen und begün-

Abb. 1: Die **Chronik** von St. Gabriel.

m ein klares Bild von den ungewöhnlichen Vorgängen zu gewinnen, unter denen die Kolonie Neudorf entstanden ist, müssen wir uns in das dritte Viertel des 18. Jahrhunderts zurückversetzen. Am 30. Mai des Jahres 1770 langten in Duisburg die Neudorfer Kolonisten an. Es waren erst sieben Jahre, seitdem die Hubertusbürger Frieden ins Land brachten. In dem Maße, wie der unheilvolle 30-jährige Krieg hatte der 7-jährige das gesamte Deutschland allerdings nicht verwüstet. Aber in den preußischen Landen hatte er vielfach nicht minder unheilvolle Spuren zurückgelassen. (...) Das sicherste Mittel, Preußen wieder hochzubringen, bestand darin, es dichter zu bevölkern. Dann wurden verwilderte Äcker von selbst neu bestellt, Sumpf und Bruch trockengelegt, wüste Dorfstätten wieder aufgebaut. 250.000 Menschen hat der weitsichtige König ins Land gezogen. Durch königlichen Erlass wurde kurz nach dem 7-jährigen Krieg auch die königliche Kriegs- und Domänenkammer in Kleve angewiesen, Kolonisten in hiesigen Landesteilen unterzubringen. Da fiel der Blick auch auf den großen Duisburger Wald, vor dem frühere Weidstrecken öde dalagen, weil man das Vieh seit Veränderung des Rheinlaufs nach und nach auf die fetten Wiesen an Rhein und Ruhr trieb. (...)

Duisburg war eine kleine, stille, vorwiegend Ackerbau betreibende Stadt mit noch nicht 4.000 Einwohnern. In den Friedensjahren nach dem langen Kriege begann ein bescheidener Wohlstand durch die örtliche Börtschifffahrt einzuziehen. Duisburg hatte eine naturschöne Lage. (...) Freilich, der schönste Platz war die öde Heide nicht, die man dem fremden Volk hier draußen hinter der Landwehr anwies. Nur durch nimmermüden Fleiß war ihm des Lebens Notdurft und Nahrung kümmerlich abzugewinnen. (...) 1870 war Neudorf noch ein Bauerndorf. Heute ist von der ersten Ansiedlung an Baulichkeiten nichts mehr übrig geblieben. Ackerbau wird nur noch wenig getrieben; wo vordem das Korn auf den Feldern der Kolonisten wogte, stehen heute starre Häuserreihen. (...) Die wichtigste aller Straßen hier draußen ist ihrem Ursprung nach die Grabenstraße. Sie hat ihren Namen nach dem Graben neben der Landwehr. Dies war ein breiter Wall mit Buschwerk, um die wilden Pferde im Walde von den Ackerfeldern abzuhalten. Wilde Pferde oder vielmehr verwilderte, oftmals bis zu 300 Stück, hielt man vom Mittelalter an bis zum Jahre 1814 im Duisburger Wald als eine Art Gestüt. (...) Die Pferde waren Eigentum der Herzöge von Berg, der Grafen von Spee und Hatzfeld, nicht aber der Stadt Duisburg. Solange die wilden Pferde im Walde waren, hatten die Duisburger Streit wegen des Gestüts mit den Herzögen von Berg, da die ausbrechenden Gäule den Ackerbürgern die Felder zerstampften und abfraßen. (...) Wie viel wohler als diese örtlichen Vorfahren sitzen die ansässigen Neudorfer doch heute auf ihrem wohlgeschützten Besitztum! Ihre Väter haben es schlimmer gehabt als sie, denen die öde Heide ohne besonderes Zutun zu teurem Baugrunde emporgewachsen ist.«[1]

stigte die Bestrebungen der Regierung. Die zunächst ins Heideland Zugezogenen hatten keine glückliche Hand, wohl auch, weil sie zu wenig von der Landwirtschaft verstanden. Sie konnten sich nicht etablieren. Erst die danach aus Hessen-Darmstadt kommenden Familien fanden sich mit den Bedingungen besser ab. Den Familien wurden Grundstücke an der Nordseite der heute noch so benannten Koloniestraße zugewiesen. Der Tag ihrer Ankunft, der 30. Mai 1770, gilt als der Gründungstag der Heidekolonie.

Die ›Kolonie op de Heid‹ sollte zunächst nach Friedrich dem Großen Friedrichsdorf genannt werden. Man entschied sich aber dann doch für den Namen Neudorf. Die Straßennamen künden noch heute von der Gründerzeit Neudorfs. Zur Grabenstraße hat uns der Chronist schon etwas erzählt. Die Neudorfer Straße führte von der Altstadt Duisburgs hinaus zur Kolonie. Der alte Flurname des Duisburger Waldes war »die Kammer« — daher der Name Kammerstraße für die Straße, die vom Wald bis in die Innenstadt hineinführt. Auf dem Gebiet des heutigen Alten Friedhofs am Sternbuschweg hatten im Jahre 1794 kaiserliche Truppen Bäume gefällt und das »Sternenbüschchen« dort angelegt. Vermutlich ist diese Anlage nach seinen strahlenförmig zusammenlaufenden Wegen benannt worden. Das »Sternenbüschchen« gab dem Sternbuschweg, der heutigen Bundesstraße B 8, die die Kolonie- und die Kammerstraße kreuzt, seinen Namen.[2]

Die wirtschaftliche Entwicklung der Heidekolonie ging nur langsam voran. Die Einwohnerzahl betrug im Jahre 1782 gerade 106 Personen, 1854 waren es auch erst 110 Personen. Mit Beginn der industriellen Entwicklung nahm die Bevölkerungsdichte zu. 1856 schon zählte man 594 Einwohner, 1890 war die Zahl der Menschen auf 6.600 angewachsen![3] Es bestand Bedarf an einem katholischen Gotteshaus in Neudorf.

Die katholische Kirche, die unter Napoleon und im Zeitalter der Aufklärung dem Zusammenbruch nahe war, erholte sich rasch wieder. Dem preußischen Staat gegenüber stellte sie sich trotz beständiger Streitigkeiten mit der Staatsobrigkeit als feste Größe auf.[4] Die Klarheit der Kirche stärkte ihr Ansehen beim Volk. Ohnehin war das Verhältnis der rheinischen Bevölkerung zu Preußen nicht besonders herzlich; für die Menschen wurde die preußische Regierung durch Militär und Behörden verkörpert.[5] In der Zeit Ende des 19. Jahrhunderts wurden im Raum Duisburg gleich mehrere katholische Kirchen geweiht; genannt werden sollen davon hier die Kirchen, die zum heutigen Pfarrbezirk Liebfrauen gehören: 1874 die Josephskirche am Dellplatz in Duisburg-Mitte, 1896 die alte Liebfrauenkirche in Duisburg-Mitte, 1897 die alte St.-Peter-Kirche in Hochfeld, 1898 St. Ludgerus in Neudorf, 1903 St. Michael in Wanheimerort, 1912 St. Bonifatius in Hochfeld und St. Gabriel in Neudorf.[6]

Die ehemalige Pfarrei St. Ludgerus ist die Mutterpfarre von St. Gabriel. Unter dem Namen »St.-Ludgeri-Bauverein« gründete sich im Jahre 1880 ein Kirchbauverein, um den Wunsch nach einem Gotteshaus in Neudorf unter dem Patronat des Heiligen Ludgerus zu planen und umzusetzen. Zunächst wurde auf einem Grundstück an der Mülheimer Straße eine Notkirche errichtet, die im Dezember 1890 eingeweiht wurde. Zum Rektorat St. Ludgerus gehörten bei seiner Errichtung im Jahre 1892 bereits 5.300 Katholiken. Die Industrialisierung sorgte für eine weitere rasche Zunahme der Bevölkerung. Das neue Wirtschaftsleben durchbrach die kleinbürgerlichen Formen vergangener Zeiten, Fortschrittsglaube und Begeisterung für das Aufblühen taten ein Übriges. Die Menschen fühlten sich im gelebten Bürgertum und unter dem Hohenzollernkaiser Wilhelm II. wohl.[7] Aus dem Bedürfnis nach einer größeren Kirche begann man schon bald nach Errichtung der Notkirche mit dem Bau der jetzigen Ludgerikirche. Die Bevölkerung nahm mit der aufblühenden wirtschaftlichen Entwicklung in Duisburg so rasch weiter zu, dass man an eine weitere Kirche in Neudorf denken musste. Schon am 28. März des Jahres 1899 erwarb der Kirchenvorstand St. Ludgerus ein Grundstück zwischen Sternbuschweg und Wildstraße für den Bau einer zweiten Kirche. Im Jahre 1908 wurde der Bau der zweiten Kirche beschlossen. Sie sollte dem Heiligen Erzengel Gabriel geweiht sein.[8] Als der Bau der Gabrielkirche bevorstand, war der größte Teil der Landschaft immer noch Heideland und freies Feld. Alte Fotos zeigen, dass es in der Nähe der Kirche lediglich Häuser am Sternbuschweg gab.

Es stellte sich bei den Überlegungen zum Bau der Gabrielkirche die Frage, wie die Kirche aussehen sollte. In welchem Stil sollte man bauen? In Deutschland ging in den Anfängen des 20. Jahrhunderts die Stilepoche des Historismus zu Ende. Diese Epoche dauerte in Deutschland von etwa 1820/50 bis etwa 1910/20. Der Historismus ist eine Zeitströmung, die auf die Erneuerung des Mittelalterlichen gerichtet war. Man besann sich auf die großen Baumeister und Baustile vergangener Zeiten. So baute man zum Beispiel in Anlehnung an die Romanik (in Deutschland ca. 8. bis 11./12. Jahrhundert) und die Gotik (in Deutschland ca. Anfang 13. bis Anfang 16. Jahrhundert) vor allem neo-romanisch und neo-gotisch. In dieser Zeit wurden auch alte romanische und gotische Kirchen, die im Laufe der Zeit immer wieder an die verschiedenen Kunststile der Zeit (Renaissance, Barock, Klassizismus) angepasst worden waren, re-romanisiert beziehungsweise re-gotisiert. Nicht fertiggestellte Kirchen wie zum Beispiel der Kölner Dom wurden stilgerecht zu Ende gebaut. Eine der entscheidenden Errungenschaften der neuen Zeit war die Entwicklung des Betonbaus. Anfangs experimentierte man noch

Abb. 2:

Die **Liebfrauenkirche**
in Oberwesel am Mittelrhein.

zurückhaltend mit der neuen Technik, zu der man aber bald Vertrauen fand. Mit modernen Techniken und Werkzeugen konnten in kurzer Zeit auch große Bauwerke erstellt werden. Es war nun auch viel leichter, die alten monumentalen Bauwerke endlich zu vollenden. Manche neo-romanischen oder neo-gotischen Kirchen unterscheiden sich auf den ersten Blick kaum von ihren großen, alten Vorbildern, so stilgetreu ist der neue Bau gelungen.

Allgemein kennzeichnend für die Architektur im Zeitalter des Historismus ist vor allem, dass man unter Einbeziehung der Stilelemente der vergangenen Zeiten doch noch anders, eben neu und mit den neuen Möglichkeiten besser baute. Einzelne Elemente, die kennzeichnend für Romanik und Gotik waren, wurden in der Stilepoche des Historismus oft splitterhaft und ohne Zusammenhang mit den anderen Bauteilen in die neue Bauweise eingefügt. Die Gabrielkirche ist eine neo-gotische Kirche. Wir werden den Stilelementen noch nachgehen, die sie zu einer neo-gotischen Kirche machen, und auch denjenigen, die sie von einer typisch gotischen Kirche unterscheiden.

Das große Vorbild der Gabrielkirche ist die Liebfrauenkirche in Oberwesel am Oberen Mittelrhein. Die Liebfrauenkirche gehört zu den sehr bedeutenden hochgotischen Kirchenbauten in Deutschland. Sie ist im Stil einer individuell nachempfundenen rhei-

Abb. 3:

Entwurf

der Gabrielkirche,

um 1909[9].

nischen Gotik gebaut. Der heutige Bau wurde im 12. Jahrhundert fertiggestellt. Noch heute ist ein großer Bestand an Ausstattungsstücken aus der Gründerzeit der Kirche erhalten. Die Kirche gehört inzwischen zum UNESCO-Welterbe Oberes Mittelrheintal. Es lohnt sich auf jeden Fall, ihr einen Besuch abzustatten!

Für Schifffahrer, deren Route rheinauf- und rheinabwärts führt, ist die malerisch auf einer kleinen Anhöhe am Rhein gelegene, große Kirche auch heute noch nicht zu übersehen. Vermutlich waren es auch Rheinschiffer, die ihre Eindrücke von der Liebfrauenkirche mit nach Duisburg brachten. Die Liebfrauenkirche in Oberwesel wurde in den Jahren 1885–1913 sehr aufwändig re-gotisiert. Sicherlich geriet sie durch die langjährige Restaurierungszeit noch mehr in den Blickpunkt des Interesses im Rheinland und darüber hinaus. Immer wieder wird von der Gabrielkirche als einer Kopie der Oberweseler Liebfrauenkirche gesprochen. Tatsächlich hat man für die Gabrielkirche bei der Liebfrauenkirche sehr viel »abgeguckt«.

Zur Planungszeit der Gabrielkirche hatte der Neo-Stil seinen Zenit auch in Deutschland bereits überschritten. Der Jugendstil (in Deutschland ca. 1890–1910) war schon

Abb. 4:
Die Gabrielkirche
nach ihrer **Fertigstellung**
im Jahre 1912[10.].

verbreitet. Er konnte sich aber vielerorts nicht durchsetzen, wie auch an seiner kurzen Blütezeit erkennbar ist. Eine neue, moderne Bauweise aber wollte erst noch entdeckt werden. Hat man sich mit der Gabrielkirche also aus lauter Verlegenheit für eine Kopie der bedeutenden Liebfrauenkirche entschieden? — Nun, vielleicht bestand diese Verlegenheit tatsächlich. Aber hierin allein den Grund für die Bauweise einer Kirche zu suchen, würde wohl kaum dem Anliegen der Baumeister gerecht. Der Bau einer Kirche ist immer auch eine Herzenssache und eine Angelegenheit der Menschen, die diese Kirche gestalten. Man greift auf Bewährtes wie Baupläne, Erfahrungswerte und Wirkungen zurück, aber man entwickelt dann daraus doch das je Eigene und interpretiert das Bewährte neu. Menschen wollen durch ihr Gotteshaus ihrer Religion sichtbar Ausdruck verleihen und sich anderen mitteilen. Deshalb baut niemand »einfach nur« die Kopie einer anderen Kirche, sondern doch wieder ein Original! So ähnlich sich die Gabrielkirche in Duisburg und die Liebfrauenkirche in Oberwesel in Bezug auf ihre Architektur vom Grunde her auch sind, so sind sie doch, vor allem, was ihre baugeschichtliche Entwicklung und ihre Ausstattung betrifft, sehr unterschiedlich.

Im Herbst des Jahres 1910 konnte das Fundament für die Heide-Kirche St. Gabriel gelegt werden; die feierliche Grundsteinlegung fand am 26. März 1911 durch den damaligen Dechanten Heinrich Bertmans statt, der auch Pfarrer an St. Ludgerus war. Weihbischof Everhard Illigens aus Münster weihte die Gabrielkirche am 15. September 1912 unter großer Beteiligung der Bevölkerung ein. Im Jahre 1914 wurde St. Gabriel zur selbstständigen Pfarrei erhoben. Damals gehörte St. Gabriel noch zum Bistum Münster. Die Kirche war für 1.400 Menschen konzipiert. Einen Sitzplatz zu haben, war nicht die Regel; zwischen den Sitzreihen und in den Gängen standen die Menschen dicht an dicht, wie alte Fotografien zeigen.

Die fertige Gabrielkirche präsentierte sich bis Mitte der 1930er Jahre noch als Torso ohne Turm. Von vornherein war klar, dass der hochgotische Turm, der die Westseite der Kirche verschönern und gewaltiges Wahrzeichen der Kirche und des östlichen Neudorf werden sollte, mangels Mitteln zu einem späteren Zeitpunkt gebaut werden musste. Die Westseite der Kirche wurde bei ihrer Fertigstellung im Jahre 1911 provisorisch verschlossen — eine Lösung, die rein zweckmäßig, nicht aber schön war. Die Abbildung 3 zeigt einen Entwurf der Gabrielkirche, wie sie ursprünglich geplant war, die Abbildung 4 eine Fotografie, die gleich nach der Fertigstellung der Kirche aufgenommen wurde. Das Foto in Abbildung 5 stammt aus dem Jahre 1962. So sieht die Kirche äußerlich heute immer noch aus.

In den 1920er Jahren hat man damit begonnen, die Pläne zur weiteren Gestaltung des Stadtteils Neudorf umzusetzen. Dabei hat man sich stark an der Gabrielkirche als markantem Bauwerk orientiert. Die Gneisenaustraße wurde boulevardförmig als Hauptachse angelegt. Man errichtete 1927/28 nördlich der Gabrielkirche einen Wohnkomplex Gneisenau-, Nettelbeck-, Kammerstraße in Formen des sogenannten Neuen Bauens. Das Neue Bauen war eine Bewegung vor allem in der Architektur des Gebäudebaus im Deutschland der Jahre 1910–1930 und eine Reaktion zum einen auf den größer gewordenen Bedarf an (modernen) Wohnungen, zum anderen auf die Möglichkeiten, die die Baumaterialien Glas, Beton, Stahl und Backstein zusammen boten. Man wendete die neuen Baumöglichkeiten und -materialien nun sehr gezielt an und realisierte neue Formen, die Sachlichkeit und Ökonomie miteinander verbanden. Die zugrunde liegenden Prinzipien von Ordnung, Klarheit, Einheit von Farben und Formen wurden häufig in kubischen, würfelartigen Bauformen umgesetzt. Der neue Baustil, der zur Zeit der Planung der Gabrielkirche noch nicht in Sicht war, war inzwischen gefunden! Diesem Baustil verpflichtet, wurde in den Jahren 1928–30 auch die Einschornsteinsiedlung nord-

Abb. 5:
Die Gabrielkirche
1962 und heute[11].

östlich der Gabrielkirche angelegt. Namensgeber der Siedlung war der eine Schornstein des zentralen Heizwerks. Als Putzbauten mit Flachdach liegen die Häuser auf einem rechtwinkligen Straßennetz.[12] Heute steht die Siedlung unter Denkmalschutz.

Mit dem Bau des Turms der Gabrielkirche wurde im Jahre 1936 begonnen, als die erneut gestiegene Bevölkerungszahl einen Erweiterungsbau der Kirche dringend nötig machte. Zunächst war aus Kostengründen lediglich eine Erweiterung um zwei Joche, ganz ohne Turm, geplant. Aber die Stadt Duisburg hatte städtebauliche Einwände. 1937 schließlich wurde die Gabrielkirche vollendet — 25 Jahre nach Baubeginn. Wie im Vergleich (vgl. Abb. 3 und 5) deutlich wird, fällt der Turm ganz anders aus, als er bei der Planung der Kirche angedacht war. Vielleicht ist der am ehesten einleuchtende Grund dafür in den Wirren und Umbrüchen der 1930er Jahre zu suchen. In nationalsozialisti-

scher Zeit stand die Kirche mit dem Rücken zur Wand. Ein kirchliches Wahrzeichen in
Form eines großen, hohen Turms durfte schon aus ideologischen Gründen nicht sein.
Zudem schien ein gotischer Turm nicht mehr ins Bild des sich im Stil der Zeit entwik-
kelnden Ortsteils zu passen. Es gab noch weitere Überlegungen: Als die Kirche gerade
fertiggestellt war, stand sie mehr oder weniger »allein auf weiter Flur«. Ein Turm wäre
zur Gründungszeit 1911, anders als nach 25 Jahren der städtebaulichen Entwicklung in
Duisburg, ein weithin sichtbares Wahrzeichen der Kirche gewesen. Hinzu kam noch,
dass es mit der finanziellen Lage der Pfarrei in den 1930er Jahren nicht zum Besten
bestellt war. Der neue Erweiterungsbau mit Turm sollte vor allen Dingen funktionell
sein, das heißt, Innenraum für die Menschen schaffen, Platz für die ersehnten Glocken
bieten und die unansehnliche Baulücke schließen, die die Kirche allen Vorbeikommen-
den als Torso vor Augen führte.

Die Gabrielkirche ist nun fast hundert Jahre alt. Die Menschen, die an der Gründung und am Bau der Kirche mitgewirkt haben, sind inzwischen verstorben. Die nach-
folgenden Generationen leben seit jeher im östlichen Neudorf mit »ihrer« Gabrielkirche. Die Kirche hat Zeiten des Krieges und des Friedens erlebt, Zeiten der Trauer und
des Neuanfangs. Die Veränderungen, die die moderne Zeit in dem rasanten Tempo des
20. Jahrhunderts mit sich gebracht hat, hat sie gut überstanden. Während des Zweiten
Weltkrieges wurde sie im Gegensatz zu anderen Duisburger Kirchen nur geringfügig
beschädigt. Die Zeiten haben sich gewaltig gewandelt — die Kirche aber ist geblieben:
eine feste Burg innerhalb einer sich kontinuierlich verändernden Zeit und Umgebung.

Interessant ist zum Abschluss dieses kleinen geschichtlichen Überblicks vielleicht
noch ein kurzer, vergleichender Blick auf die beiden so eng miteinander »verwandten«
Neudorfer Kirchen St. Ludgerus und St. Gabriel. Die Ludgerikirche, nur gut zehn Jahre vor der Gabrielkirche erbaut, sieht mit ihrer sehr ansprechenden, typisch gotischen
Architektur, mit ihrer Turmlandschaft aus einem großen Turm und vielen kleineren
Türmchen, mit den vielen kleinen und größeren Verzierungen außen und innen, ihrem
schmuckvollen Portal und der reichen Innenausstattung völlig anders aus als die dage-
gen nüchtern und kühl wirkende Gabrielkirche. Offensichtlich wünschte man sich für
die zweite große Kirche in demselben Stadtteil einen anderen Stil. Der grundlegende
Stil beider Kirchen aber ist trotz ihrer Verschiedenheit voneinander der vorherrschende
Stil der Zeit: Beide Kirchen sind neo-gotische Kirchen. Das Besondere der Ludgerikirche fällt gleich ins Auge; das Besondere der Gabrielkirche will erst erschlossen werden.
Beide Kirchen tragen dazu bei, dass Menschen in Neudorf Heimat finden können.

Abb. 6: Der **Grundstein** der Gabrielkirche.

II. AUSSENANSICHTEN

DAS KIRCHENGEBÄUDE

ch möchte Sie nun zu einem Rundgang um die Kirche einladen. Bei diesem Rundgang wollen wir uns die Gabrielkirche von ihrer Architektur her erschließen. Schauen wir zunächst auf das engere Umfeld der Kirche. Wenn Sie die Lage der Kirche nicht kennen, werden Sie vielleicht nur durch den Straßennamen »Gabrielstraße« darauf aufmerksam, dass sich in dieser Straße eine Kirche befindet. Denn sie ist von der Bundesstraße Sternbuschweg nur durch die Gabrielstraße zu sehen. Wir schauen von hier aus auf die Westseite der Kirche mit Turm und Eingangsbereich. Mehrgeschossige Häuserreihen, Buschwerk und hochgewachsene Bäume erschweren von anderen Seiten her den Blick auf die Kirche. Die Gabrielstraße führt vom Sternbuschweg aus unmittelbar auf die Kirche zu. Am Gabrielkirchplatz kreuzt die Gabrielstraße die Gneisenaustraße; sie führt dann weiter bogenförmig um die Kirche herum in die Einschornsteinsiedlung hinein. Im rechtwinkligen Straßennetz der Siedlung ist die Gabrielstraße eine schnurgerade Ost-West-Achse mit einem einzigen Bogen, der zur Umfahrung der Gabrielkirche nötig ist.

Es ist zu erkennen, dass die Bebauung nach der Kirche geplant wurde, nicht umgekehrt. Deutlich wird dies auch an der Baufluchtlinie der Gneisenaustraße. Die Baufluchtlinie verläuft in Verlängerung des einstigen Gebäudekomplexes Kirche (noch ohne Turm) — Pfarrhäuser nach Norden und Süden hin. Südlich der Kirche liegen die beiden 1911 errichteten Pfarrhäuser, der Pfarrgarten und der Kindergarten, der 1952 gebaut wurde.

Abb. 7: Lage der Gabrielkirche **in ihrem heutigen Umfeld**.

VON SÜDEN GESEHEN …

… genauer gesagt, aus dem Pfarrgarten, erhalten wir einen Blick auf den gesamten Baukörper. Wir bekommen einen ersten Eindruck vom Bau der Kirche und von seinen Ausmaßen. Schauen Sie sich die Kirche ganz in Ruhe an. Es ist eine sehr große und hoch aufragende Kirche mit einem lang nach oben gezogenen Satteldach. Das Dach der Kirche reicht fast an die Dachtraufe des Turmdachs heran. Der Bau ist ein Ziegelsteinbau. Er wurde in massiver Weise mit Ringofenziegelsteinen errichtet und sehr sparsam durch Sand- und Tuffsteine belebt. Die sichtbaren Verblendungen bestehen aus gesandeten Klinkersteinen. Ausgefugt wurde der gesamte Bau in holländischer Art.[13] Der Architekt, Bauleiter und Verantwortliche für die künstlerische Ausstattung der Kirche war Richard van Broek aus Duisburg. Die Bauidee und Bauplanung hatte Erz-Diözesanbaurat Wilhelm Blanke aus Köln, ein Kollege des Erz-Diözesanbaurats Paul Clemen, der an der Re-Gotisierung der Liebfrauenkirche in Oberwesel beteiligt war.

Abb. 8: Die Gabrielkirche von der **Südseite**.

Wir sehen das rechte Seitenschiff der Kirche. Es ist etwa halb so hoch gemauert wie das Langhaus. Das Pultdach des Seitenschiffs reicht bis an die Fenstersimse der Langhausfenster heran. Damit ist es nicht ganz so steil wie das Langhausdach.

Auffällig und für eine gotische Kirche ungewöhnlich sind die glatten Mauerflächen sowohl der Langhaus- wie auch der Seitenschiffwand. Gewöhnlich findet sich an den Außenwänden einer gotischen oder neo-gotischen Kirche ein mehr oder weniger breites Netz von Strebepfeilern, über die das Gewicht der Mauern und die Schubkräfte des Gewölbes nach außen abgeleitet werden. Die Strebepfeiler werden nötig, wenn die Kirche sehr hoch ist und zudem viele Fenster eingebaut sind, wenn also Mauerflächen zu einem großen Teil in Fensterflächen aufgelöst sind, wie es in der Gotik gemacht wurde. Der gotische Mensch strebte zum Himmel, um näher an den Bereich heranzukommen, in dem er Gott vermutete: den Himmel. In der Gotik hatte eine Kirche nicht mehr den Charakter einer wehrhaften Burg nach romanischem Stil; man wollte vor allem Höhe und Licht. Man erhoffte sich den Kontakt zu Gott durch eine Kirche, die »bis in

Abb. 9: Die **Ludgerikirche**, Ansicht vom Ludgeriplatz.

den Himmel« reichte und die durchlässig war für das göttliche Licht. Die großen goti-schen Kathedralen des Mittelalters, wie zum Beispiel die Kathedrale im französischen Chartres oder auch der Kölner Dom, haben große Fenster und ein breit gefächertes Strebewerksystem an ihren Außenwänden. Ein solches Strebewerk lässt eine Kirche von außen noch wesentlich größer erscheinen, als sie tatsächlich ist. Damit wird sie zu ei-nem breiten, extrovertierten Bauwerk. Der gotische Mensch wollte diese Extrovertiert-heit: Er wollte seine Kirche zeigen. Das gotische Strebewerk ist oft mit besonderer Bau-zier wie Türmen verschiedener Größe, verspieltem Rank- und Blumenwerk, schlanken Fialen und anderem Zierrat ausgestattet. Eine gotische Kirche sollte schon von außen den Himmel auf der Erde abbilden. In einfacherer Form als bei den mittelalterlichen Kathedralen, aber nach dem gleichen Prinzip gebaut, finden wir ein Strebewerk mit reichlicher Bauzier an den Außenwänden der Ludgerikirche in Neudorf.

Bei der Gabrielkirche hat man auf äußeres Strebewerk praktisch ganz verzichtet — wie schon bei ihrem großen gotischen Vorbild, der Oberweseler Liebfrauenkirche. Man wahrte stattdessen durchgängig das Prinzip glatter Flächen. Die Kirche wirkt dadurch besonders hoch, schlank und schlicht, ein wenig nüchtern und vor allem: introvertiert. Diese Kirche will nach außen hin nicht in erster Linie Schönheit demonstrieren. Die dunkelrot-braunen Ziegelsteine verstärken diesen Eindruck noch auf andere Art. Die Bauweise der Gabrielkirche und der Oberweseler Liebfrauenkirche zeigt mit diesem ungewöhnlichen Stil eine Art Gegenströmung zum Überladenen der Gotik — ohne dabei allerdings von wichtigen Grundprinzipien des gotischen Baustils und Gedankenguts abzugehen. Wie immer, wenn ein Zeitgeist aktiv und modern ist, gibt es eben auch Gegenströmungen. Die Liebfrauenkirche in Oberwesel ist für ihren Baustil einer introvertierten Gotik berühmt geworden; er macht sie nahezu einmalig unter den gotischen Kirchen.[14] Gezeigt wird in der Architektur der Gabrielkirche und ihres berühmten Vorbildes Geradlinigkeit. Es ist die Geradlinigkeit nicht nur des Kirchenbaus gemeint, sondern im symbolischen Sinne die Geradlinigkeit einer Verbindung zwischen Himmel und Erde. Geradlinig soll der Mensch auf seinem Weg zu Gott sein. Gerade und aufrecht, ohne Verbiegungen, darf er vor Gott sein, muss sich nicht vor ihm bücken und sich nicht kleinmachen. Gerade, hohe Flächen zeigen: Der Weg zum Himmel, zu Gott, wird direkt und ohne Umwege anvisiert! Die Gabrielkirche ist in ihrer schlichten Geradlinigkeit etwas ganz Besonderes.

Es stellt sich nun aber die Frage, wie man bei fehlendem Strebewerk die Gewichte und Kräfte dieser hohen Mauern und des Gewölbes abfangen konnte. In ihren Auswirkungen mit zu bedenken waren dabei auch das Gewicht des Dachs sowie die zu erwartende Bewegung des Baukörpers durch Erschütterungen verschiedener Art und allmähliche Materialermüdung. Die von vielen Fenstern durchsetzten Wände des Gebäudes können die Gewichte allein nicht tragen. Ohne das Innere der Kirche gesehen zu haben, lässt sich hier schon erahnen, dass die Gewichte nach innen abgeleitet sind. So ist im Innern mit einem überaus massiven Pfeilersystem zu rechnen.

Sowohl das Seitenschiff wie auch das Langhaus beziehungsweise der Obergaden der Gabrielkirche haben große Fenster. Die Fenster in Langhaus und Seitenschiff sind symmetrisch nebeneinander und über- beziehungsweise untereinander angeordnet. In der geordneten Wandgliederung und der klaren Formensprache entsteht der Eindruck von Ruhe und Klarheit. Alle Fenster sind gotische Spitzbogenfenster. Der Spitzbogen zeigt wieder die Ausrichtung des Bauwerks gen Himmel an — anders als ein Rundbogen, der vor allem Schutz signalisiert. Die Fenster sind mit gotischem Fenstermaßwerk versehen, das im Obergaden unterschiedliche Formen aufweist. Im Langhaus sind acht Fenster zu sehen, im Seitenschiff sechs, ganz rechts Richtung Osten gibt es noch ein weiteres siebentes. Die Fenster des Langhauses sind deutlich länger als die des Seitenschiffs. Wer genau hinschaut, sieht unterschiedliche Färbungen des Maßwerks. Im Zweiten Weltkrieg wurde das Maßwerk der Fenster durch Druckwellen beschädigt und nach dem Krieg repariert. Die ausgebesserten Teile sind zum großen Teil deutlich heller als die ursprünglichen. Im Seitenschiff sind sechs Fenster baugleich, das siebente ist kleiner. Es ist nur zu sehen, wenn man direkt davorsteht, denn im Unterschied zu den anderen Fenstern ist es deutlich nach innen zurückgebaut. Die besondere Form dieses Fensters und die Art des Einbaus in die Außenwand wollen auf einen besonderen Ort in der Kirche aufmerksam machen. Zudem ist es, wie an den Glasstücken erkennbar ist, das erste gestaltete Fenster, das uns begegnet. Es ist das Fenster am Chorraum des rechten Seitenschiffs. Seitlich auf dem Dach des Seitenschiffchors ist ein kleines Türmchen mit einem Pyramidendach zu sehen. Das Türmchen ist ein dekoratives und gleichzeitig auch ein funktionales Element. Es stellt die Verbindung zum Dachstuhl des rechten Seitenschiffs her. Rechts neben dem Seitenschiff befindet sich der Eingang zur Sakristei. Die Sakristei hat zu ihrer Südseite hin einen besonders dekorativen Staffelgiebel (vgl. vor allem Abb. 5).

An der Seitenschiffwand fällt ein mit Ziegeln zugemauerter, alter Seiteneingang der Kirche auf. Der Rahmen aus hellerem Sandstein lässt den ehemaligen Eingang noch deutlich erkennen. Er wurde genutzt, als die Kirche noch auf ihren Erweiterungsbau wartete. Da sie auf freiem Feld stand, wird man, von Südosten kommend, den Eingang viel benutzt haben. Eine dreistufige Treppenanlage führte durch die Eingangstür in die Kirche. In den schweren Fundamenten der Kirche, die als dicke schwarze Steine deutlich sichtbar sind, malt sich heute noch der ehemalige Treppenansatz ab. Als der Erweiterungsbau angefügt wurde, schloss man den früheren Seiteneingang zu und errichtete einen neuen Nebeneingang in dem Erweiterungsbau. Dieser Eingang wurde dem früheren in Form und Farbe angeglichen. Sie sehen ihn, wenn Sie nach Westen Richtung Haupteingang schauen. Der Eingang wird auch heute noch genutzt, aber eher selten. Er ist auch aus hellem Sandstein gefertigt, wie teilweise noch erkennbar ist. Inzwischen ist er über die Jahre ganz dunkel geworden. Die Eingangstür ist eine doppelte Flügeltür aus Holz mit acht gleichen Ornamenten, Maßwerkschnitzereien aus den geometrischen Formen Kreis, Bogen und Quadrat.

Der Turmanbau ist mit Blick auf den Nebeneingang und auf das Mauerwerk rechts neben der Eingangstür und darüber sehr leicht als Anbau zu erkennen (vgl. Abb. 5). Die Ziegel des Turms haben eine deutlich andere Färbung als die Ziegel der ursprünglichen Wand. Man sieht noch ganz genau, wie weit die erste Baugestalt der Kirche reichte und wo seinerzeit der Turm angesetzt wurde. Die Ansatzlinie zieht sich ganz über die Außenwand einschließlich des Seitenschiffs. Die Linie gibt auch Aufschlüsse über den Erweiterungsbau: Es wurde statt des ursprünglich geplanten großen, quadratischen Turms (vgl. Abb. 3) ein zusätzliches Joch und ein schmalerer, rechteckiger Turm angefügt. Ebenso wurden die Seitenschiffe nach Westen hin erweitert. Oben im Glockenturm ist von Süden her ein Schallfenster für das Glockengeläut sichtbar. Es ist in vereinfachter Maßwerkornamentik gehalten.

Wenden wir uns nach diesen Eindrücken von der Südseite nun dem Osten zu.

VON OSTEN GESEHEN ...

... haben wir einen Blick auf den Außenchor der Gabrielkirche sowie auf den hinteren Sakristeianbau und den Außenchor des linken Seitenschiffs. Durch den Spitzbogendurchgang neben der Sakristei sind wir von Süden kommend hierher gelangt. Wir stehen unmittelbar vor den Außenmauern der Kirche an der hinteren Gabrielstraße. Von hier aus können wir die Höhe der Kirche auf uns wirken lassen und die schlanke, schiffsähnliche Form des Langhauses besonders gut wahrnehmen. Die Kirche muss, bevor die umstehenden Häuser gebaut und die Bepflanzung so hoch gewachsen waren wie jetzt, im freien Feld weithin sichtbar gewesen sein. An der mittleren Außenwand sehen wir, etwa in Augenhöhe, den Grundstein der Kirche (vgl. Abb. 6 und 11). Er wurde an dieser Stelle in den Bau eingemauert. Eine Inschrift in lateinischer Sprache ist darauf zu lesen: Lapis primarius, Anno Domini 1911 = Grundstein, im Jahr des Herrn 1911.

Über dem Grundstein sowie in den beiden anderen Chorschlusswänden rechts und links daneben sind drei kleine, runde Fenster in erkennbar farbiger Ornamentik eingebaut. Diese Fenster wirken ganz und gar nicht gotisch! Es sind ganz neue Formen, die vielmehr den Bullaugen eines Schiffs ähneln. Man kann sich, vor allem auch im Zusammenhang mit der Architektur der Kirche, des Eindrucks kaum erwehren, ein riesiges

Abb. 10: Die Gabrielkirche von der **Ostseite**.

Abb. 11:
Mauerwerk,
»Bullaugen«-Fenster
und Grundstein.

Schiff vor sich zu haben. Unweigerlich wird das Bild vom (Kirchen-) Schiff, das mit vielen Menschen an Bord durch die Zeit fährt, lebendig. Es kann auch ein Hinweis auf die Duisburger Schiffer sein, denen die Neudorfer Kolonisten damals und wir heute den Bau gerade dieser Kirche in der Bauweise der Liebfrauenkirche in Oberwesel am Mittelrhein mit zu verdanken haben. Es ist zudem eine Erinnerung an die Rheinschiff-fahrt, durch die Duisburg früh aufblühen konnte.

Die Fenstergewände der Rundfenster laufen trichterförmig nach innen zu. Sie üben damit eine regelrechte Sogwirkung nach innen aus. Es sieht beinahe so aus, als sollten die Betrachtenden in das Innere der Kirche hineingezogen werden — eine stumme Auffor-derung, in die Kirche einzutreten. Die bunten Glassteine im Innern der Fenster scheinen zu rotieren. Sie lassen an ein sich drehendes Kaleidoskop denken und verstärken den Ein-druck des Hineingezogenwerdens noch. Ein Kaleidoskop hat immer etwas Faszinierendes, Wunderbares und Anziehendes an sich. Sich drehend und dadurch immer neue Formen entwickelnd, drängt es Kinder und Erwachsene, die es betrachten, danach, hinzuschauen. Man will mehr von der Herrlichkeit sehen. Vielleicht ist genau das hier gemeint: Men-schen sollen sich angezogen fühlen, angeregt, mehr sehen zu wollen und durch die dicken, schlichten Kirchenmauern hindurch etwas Wunderbares erfahren zu dürfen. Die Fenster versprechen: Wer in die Kirche eintritt, sieht mehr. Die Kaleidoskop-Wirkung wird dadurch erzielt, dass man die bunten Glassteine einzeln in Beton eingefasst hat.

Oberhalb der drei kleinen Rundfenster bestimmen drei große gotische Lanzettfenster mit Maßwerkornamenten im Spitzbogen und in der unteren Fensterhälfte das Bild der Ostseite. Von außen her ist erkennbar, dass es sich um gestaltete Fenster handelt. Es zeigt sich das Bild vieler einzelner Glasstücke. Es ist nur zu erahnen, dass es sich um farbiges Glas handelt. Wer die Glasfenster von innen her nicht kennt, wird sich aus den von außen sichtbaren Glasstücken kaum ein Bild von dem Dargestellten machen können. Zu erkennen sind nur einzelne Elemente, zum Beispiel ein großer Kopf im oberen mittleren Fenster und ein kleinerer Kopf in gerader Linie im unteren Drittel. Gut sichtbar sind im unteren Fensterteil auch zwei Hände mit Nägeln, die auf eine Kreuzigungsdarstellung schließen lassen. Ansonsten sehen wir viel Unruhe. Die Fenster rechts und links neben dem Mittelfenster haben keine figürliche Darstellung, wie an der symmetrischen Anordnung der Glasteile zu sehen ist.

Insgesamt ist das Bild des äußeren Hauptchors geprägt von Symmetrie vor allem in der Längsachse jedes Wandteils. Die Rundfenster sind genau unter den Langfenstern angelegt und ihre äußeren Einfassungen so breit, dass sie exakt die horizontalen Abmessungen der großen Fenster ausfüllen. Der Grundstein wiederum liegt genau auf dieser Senkrechtlinie unter dem runden Mittelfenster. Auch der Abstand der großen Fenster vom Dachansatz entspricht ihrem Abstand zu den Rundfenstern. Es liegt eine schlichte, geradlinige Symmetrie vor, eine geordnete, klar gestufte Gliederung der Längsachse. Wieder wird die klare Formensprache in der Architektur der Gabrielkirche deutlich. Die Formensprache ist einfach; wer die Kirche betrachtet, sieht die Klarheit und wird nicht durch verzierte Bauteile verwirrt oder abgelenkt. In aller Klarheit und Einfachheit ist zu erkennen: Es geht um eine unmittelbare Verbindung von Himmel und Erde! Symbolisch zeigen uns die einzelnen Bauelemente: Es geschieht etwas zwischen Himmel und Erde. Das Innere der Fenster wagt einen Interpretationsversuch dieser Geschehnisse: Die Unruhe, die sich in den Glasstücken der großen Fenster zeigt, ist ein erster, äußerer Hinweis darauf, dass nicht alles, was zwischen Himmel und Erde ist, so geradlinig ist, wie die Architektur der Kirche es ohne Worte formuliert, sondern manchmal auch splitterhaft und ungeordnet. Ein quer verlaufendes Gesims unter den großen Fenstern lockert die Gesamtfläche auf und bewahrt vor einer zu steifen Wirkung.

Wenn wir ein Stück weiter gen Norden an der Kirche entlanggehen, sehen wir das vierte große Chorraumfenster. Auch dieses Fenster ist ein gestaltetes Fenster. Von außen her ist auch in Ansätzen nicht zu erkennen, was dargestellt ist. Gleich neben dem Fenster befindet sich ein langer, schlanker Chorturm, der, wie der kleine Chorturm auf der anderen Seite, dekorativen und funktionalen Charakter hat. Er hat ebenfalls ein Pyramidendach. Der Turm schafft im Innern der Kirche Zugänge zum Chorumgang, zum Seitenschiffdach und zum Hauptschiffdach. Architektonisch lockern die Türme die großen Flächen der Kirche auf. Alten Beschreibungen und dem Foto aus der Zeit, als die Kirche gerade fertiggestellt war, ist zu entnehmen, dass es in der Mitte der Apsis auf dem Dach auch noch ein kleines, schlankes Türmchen gegeben hat.[15] Dieses Türmchen ist im Laufe der Zeit Wind und Wetter und Reparaturarbeiten am Dach zum Opfer gefallen. Alle Türme zeigen architektonisch die Ausrichtung von Kirche und Chor gen Himmel an.

Des Weiteren sehen wir von Nordosten her hinter dem Chorturm schon den Außenchor des linken Seitenschiffs (vgl. Abb. 12). Er ist mit einem kupfernen Glockendach im Stil barocker Architektur überkuppelt. Es ist das einzige zur Kirche gehörende Dach dieser Art. Typisch für den historistischen Baustil: Es taucht überraschend auf und wirkt nicht eingebunden in das gesamte bauliche System. An den Außenwänden des kleinen Seitenschiffchors sind die einzigen beiden außen liegenden Strebepfeiler der Kirche zu sehen. Nur an dieser Stelle ist das Flächenprinzip durchbrochen. Die Gewichte ließen sich aus statischen Gründen hier nicht nach innen legen.

VON NORDEN GESEHEN …

… bietet sich uns ein ähnliches Bild wie von der Südseite. Wir haben von hier aus einen noch besseren Blick auf die Kirche und ihre unmittelbare Umgebung. Es wird ersichtlich, dass die Kirche sich von ihrer Gesamtwirkung her sehr gut in die umliegende Häuserlandschaft einfügt — oder, um es anders zu sagen: Die Wohnhäuser sind von ihrer Bauweise her (schlichte, glatte Häuserwände, mehrere Geschosse, Satteldächer) vor allem dem Langhaus der Kirche optisch und stilistisch angepasst.

Wir sehen von der Nordseite aus nun auch das gesamte zweite Seitenschiff der Kirche. Es ist genauso proportioniert wie das Seitenschiff auf der Südseite. Jetzt wird auch deutlich, dass es sich bei der Form der Kirche um eine dreischiffige Basilika handelt. Der Hauptchor ragt in voller Länge über die Seitenschiffe hinaus.

Abb. 12: Die Gabrielkirche von der **Nordostseite**.

Wenn Sie nun von dieser Seite aus den Kirchenbau insgesamt in den Blick nehmen, erkennen Sie, dass nicht nur die Formensprache, die wir uns bisher schon erschlossen haben, eine klare und einfache ist, sondern auch die Formensprache des Gesamtbauwerks. Wollte man die Kirche als Modell nachbauen, käme man mit nur wenigen geometrischen Bauteilen aus. Ein Baukasten mit verschieden geformten Quadern und Dreiecksklötzen reichte aus:

Der Körper der Kirche (das Langhaus) ist ein großer Quader, der mit der langen, schmaleren Seite auf dem Boden liegt. Auf diesen Quader ist ein ebenso langer, dreieckiger Baustein als Dach aufgesetzt. Zwei deutlich kleinere Quader bilden die Grundformen der beiden Seitenschiffe. Ihnen wird ein Dach aufgepflanzt, das, da es an die Wand des Hauptschiffs angrenzt, als Baustein die Form eines rechtwinkligen, dreieckigen Bausteins hat. Für den Hauptchor sowie für das Dach des Hauptchors und für den kleinen Chor des linken Seitenschiffs werden ebenfalls dreieckige Bausteine nebeneinander an den Quader des Kirchenkörpers gestellt. Der Turm ist auch ein Quader, nur hoch aufgestellt. Das Turmdach ist wiederum ein Dreieckbaustein.

Abb. 13 und 14: Stark vereinfachte **Modelle** der Gabrielkirche.

Die Abbildungen 13 und 14 zeigen sehr stark vereinfachte Modelle der Gabrielkirche. Die Kirche hat kein Querhaus und damit auch keinen kreuzförmigen Grundriss, wie er sonst bei gotischen Kirchen häufig zu finden ist. Die Form zeigt vielmehr auch in der horizontalen Ebene die Ausrichtung der Kirche an: Es geht um einen geraden Weg von West nach Ost ohne eine weitere (durchkreuzende) Achse. Die äußere Architektur deutet den Weg an; im Innern aber erst eröffnet sich, wie der Weg gestaltet ist. Der äußere Baukörper macht neugierig auf das Innere der Kirche.

Auch hier an der Nordseite befindet sich, in gleicher Höhe wie an der Südseite, der ehemalige Seiteneingang, der ebenfalls zugemauert ist. Er fällt neben und hinter dem Buschwerk, das die Kirche umgibt, kaum auf. Es ist nötig, über die Hecke zu steigen, um ihn genauer betrachten zu können. Die Mühe lohnt sich aber! Nun sehen wir auf den Ziegeln des zugemauerten Eingangs ein Denkmal (vgl. Abb. 15).

Denkmal für Frieden und Versöhnung

Das Denkmal wurde 1995 zum 50. Jahrestag des Kriegsendes 1945 erstellt. Es bringt Dank für 50 Jahre Frieden und Versöhnung zum Ausdruck. Es ist damit ein Hoffnungsmal, dass der Friede dauerhaft sein möge, und ein Mahnmal dafür, die Zeiten des Krieges nicht zu vergessen. Die Sandsteinplatte mit der Aufschrift »Hoffnung, Versöhnung, Frieden« und den Jahreszahlen 1945 und 1995 fertigte der Duisburger Steinmetz Arnd Sondermann. Auf dem Erdboden unter der Steinplatte liegt ein Trümmerstein. Er stammt aus dem Fenstermaßwerk der Gabrielkirche und ist eines der Stücke, die durch die Erschütterungen im Krieg aus den Fenstern geplatzt sind. Der Trümmerstein ist sichtbar auf Bruchsteinen aufgerichtet — eine vergegenwärtigte Erinnerung an die Brüche, Zerstörungen und Verluste, die Menschen in diesem Krieg erleiden mussten. Dieses Symbol kann leicht von Hand umgeworfen werden. Leider geschieht es auch von Zeit zu Zeit: Erinnerung ist zerbrechlich und kann verworfen werden. Die Erinnerung an diese Zeiten des Leids darf aber auch nachkommenden Generationen niemals egal sein.

Über der Sandsteinplatte ist ein Kruzifix angebracht. Der Saarländer Künstler Heinz Oliberius, von dem wir bei der Betrachtung des Kircheninneren noch einiges hören und sehen werden, hat dieses Kreuz geschaffen. Schauen wir es uns näher an:

Der Mensch am Kreuz, Jesus Christus, ist hier nicht am Kreuz hängend dargestellt. Die Muskeln sind gespannt, die Wirbelsäule ist gerade, der Körper aufrecht, die Füße gestreckt. Nur der Kopf ist ein wenig zur Seite geneigt. Der Körper wirkt kraftvoll und stark, aber in der Brust- und Bauchpartie auch eingefallen, ausgemergelt, beinahe wie ausgenommen. Die Zeichen des Leids sind sichtbar darin ausgedrückt. Der unnatürlich schmale, lang gezogene und verzogene Kopf lässt das lang andauernde Leiden erahnen. Der Kopf kann nicht verstehen, was hier geschieht. Die Nägel an Händen und Füßen sind zu sehen, eine Seitenwunde nicht. Dieser Gekreuzigte ist nicht tot, er lebt im Leid. Seine Körperhaltung aber hat etwas von Freiheit, von Schweben. Es sieht fast aus, als flöge er. Das Kreuz verbindet Leben im Leid mit befreiender Erlösung. Bei aller Tragik von Schmerz, Trauer und Leid ist das Kreuz für Menschen das christliche Zeichen der Hoffnung. Bedauerlicherweise behindert hochgewachsenes Buschwerk die Sicht auf dieses wichtige Denkmal. Ein begehbarer Zugang und niedrig gehaltene Pflanzen würden es besser ins Bewusstsein der Menschen bringen.

Abb. 15: Denkmal für **Frieden und Versöhnung**.

Zum Nordwesten hin sehen wir den heutigen Seiteneingang. Es ist ein stufenloser, barrierefreier Zugang. Zwei kleine, kugelig geschnittene Ahornbäume flankieren rechts und links hinter dem Bürgersteig einladend den Weg in die Kirche.

Wenden wir uns nun dem Westen zu.

VON WESTEN GESEHEN …

… schauen wir vor allem auf die Vorderseite des Turms und auf die fensterlosen Außenwände der beiden Seitenschiffe. Wir haben die Kirche nun einmal umrundet und stehen vor der breiteren Seite des rechteckigen Turmquaders.

Der Turm — Wahrzeichen einer anderen Zeit

Von außen zeigt ein Kirchturm auf den ersten Blick, wofür das Bauwerk steht: Es strebt gen Himmel! Dem Turm der Gabrielkirche vorgelagert ist das Eingangsportal. Darüber sehen wir ein Rosettenfenster, und darüber wieder ein einzelnes Schallfenster für das Glockengeläut. Das Dach des Turms hat einen großen metallenen Kreuzaufbau mit einem Wetterhahn. Die einzelnen Bauelemente des Turms sind in gerader Linie übereinander liegend in die Architektur eingefügt — wie an der östlichen Seite der Kirche. Der gesamte Turm ist sehr schlicht gehalten.

In den 25 Jahren seit dem Bau der Kirche war eine Menge geschehen. Der Baustil des »Neuen Bauens« wurde inzwischen überall praktiziert. Man baute in den 1930er Jahren nicht mehr neo-gotisch oder neo-romanisch. Die Bauweise des Historismus galt sogar inzwischen als völlig überholt und wurde nun nicht selten überaus kritisch belächelt. So stand man zur Planungszeit des Turms in dem Spannungsfeld zweier Baustile, die unterschiedlicher kaum sein konnten. Man holte verschiedene Angebote ein, fragte unter anderem den zu seiner Zeit sehr bekannten Architekten Dominikus Böhm, einen Vertreter des neuen Stils, an. Man erwog verschiedene Lösungen; unter anderem war auch ein Entwurf mit einem doppelten Turm dabei. Anhand der noch existierenden

Abb. 16: Die Gabrielkirche von der **Westseite**.

alten Entwürfe ist zu sehen, dass auf jeden Fall in der kubischen Art des Neuen Bauens gebaut werden sollte. Trotz der neuen Bauweise durfte die Entscheidung aber keinen Bruch mit dem Stil der Kirche bedeuten.

Was zunächst schwer zu lösen schien, war letzten Endes dann doch gar nicht so schwierig. Die schlichte, flächige Bauweise der Kirche erleichterte eine Lösungsfindung unter Harmonisierung der beiden Stilrichtungen. Man baute den Turm schlicht wie die Kirche insgesamt. Entsprechend der Architektur des Historismus setzte man auch in den neuen Turm einzelne Stilelemente der gotischen Zeit ein: einzelne Schallfenster mit gotischem Maßwerk, ein einzelnes Rosettenfenster. Abgesehen davon, dass Schall- und Rosettenfenster eine vertikale Linie bilden, wirken sie nicht miteinander verbunden, zusammenhanglos. Das Rosettenfenster ist, wie auch der Spitzbogen, ein typisch gotisches Stilelement. Wir sehen den Spitzbogen in dem Schallfenster im Glockentrum und oberhalb der Eingangstüren in den drei Portalfenstern. Das Maßwerk der Schallfenster im Turm ist zurückhaltender als bei den anderen Fenstern der Kirche.

Bauzier verschiedener Art war in gotischer Zeit überall an Türmen und Portalen zu finden. Im neo-gotischen Baustil wurde der Zierrat insgesamt gesehen weniger. Im Vergleich der beiden Türme (vgl. Abb. 2 und 3) ist diese Entwicklung zu erkennen: Der ursprünglich geplante Turm der Gabrielkirche sollte trotz seiner imposanten Gestalt zurückhaltender aussehen als der Turm der mittelalterlichen Liebfrauenkirche. Beim jetzigen Turm der Gabrielkirche fehlt jegliche Bauzier. Er ist damit ganz und gar ein »Kind seiner Zeit«.

Geplant und schließlich auch umgesetzt hat den Erweiterungsbau der Architekt Ferdinand Schultes. Er entschied sich gegen Stahlbeton als Baustoff, um der Gefahr von Rissbildung durch Winddruck und Korrosion zu entgehen, und wählte eine Stahl-skelettkonstruktion, bei der die Stahlträger in die Ziegelmauer eingebaut wurden. So waren Halt und Elastizität gewährleistet. Auch heute noch werden moderne Hochhaus-konstruktionen mit einem Stahlskelett gebaut. Das World Trade Center war ein Bei-spiel dafür. Mit der Stahlkonstruktion konnte es so hoch gebaut werden und trotzdem elastisch bleiben. Eingestürzt ist es bei dem Anschlag im Jahre 2001 nicht, weil es insta-bil war, sondern weil das Stahlskelett unter der Hitze der Flammen geschmolzen ist.

Am 7. März 1937 wurde der Turm der Gabrielkirche durch Prälat Cüppers einge-weiht. Er steht heute auf den Fundamenten, die schon beim Bau der Kirche mitgeplant wurden. Dadurch hat die gesamte Kirche heute die bei der ursprünglichen Bauidee insgesamt vorgesehene Länge.

Der Turm ist sicher vor allem eine funktionelle und ökonomische Lösung und liegt damit ganz im Stil seiner Bauzeit. Aber er ist doch mehr als nur ein Funktionsbau. Er passt zur Kirche, auch wenn er ganz anders aussieht als der Turm, der zur Gründerzeit der Kirche geplant war. Und er passt durchaus auch in seine Umgebung, zum kubi-schen, funktionellen, ökonomischen Baustil der Einschornsteinsiedlung. Man hat es geschafft, mit dem modernen Turm, oder vielleicht besser gesagt trotz des modernen Turms, den Stil der Gabrielkirche zu bewahren. Der Spagat zwischen dem alten, über-holten und dem neuen Baustil ist gemeistert worden. Der Turm vermittelt zwischen Alt und Neu und fügt die beiden Baustile organisch zusammen. Auch in Anbetracht der geringen Geldmittel und der glaubensfeindlichen politischen Strömungen in der natio-nalsozialistischen Zeit ist die Lösung insgesamt als durchaus befriedigend und gelungen zu bezeichnen.

Schon in gotischer Zeit war es übrigens üblich, dass die Gemeinde »ihren« Turm, der die Kirche weithin sichtbar machte, möglichst selbst zusammensparte. Auch die

Gläubigen in St. Gabriel haben mit enormer Opferbereitschaft einen großen Teil der Kosten getragen. 135.000 Reichsmark (RM) kostete der Erweiterungsbau insgesamt, 75.000 RM trugen davon allein die Gläubigen — und das bei einem Maurerstundenlohn von damals 1,24 RM!

Kreuz und Hahn auf dem Turmdach

Auf dem Walmdach des Turms sehen wir eine Anlage mit einem großen Kreuz. Die Anlage ist nach der Reparatur des Turmdachs in den 1980er Jahren aufgesetzt worden und ersetzt das frühere, einfache Kreuz. Sie besteht aus einem Bogenornament, einer Kugel, dem Kreuz und einem Hahn. Das Bogenornament ist direkt auf das Dach aufgesetzt. In der Mitte ist auf der Bogenreihe eine Kugel zu sehen, auf der ein großes Kreuz angebracht ist. Auf dem Kreuz steht ein Hahn. Die Ausführung erfolgte in Vierkant-Edelstahl; Kugel und Hahn sind aus vergoldetem Kupfer.

Schon von Weitem ist über die Häuserreihen hinweg an dem großen Kreuz zu erkennen, dass hier eine christliche Kirche steht. Das Kreuz ist am höchsten Punkt der Kirche angebracht und ragt meterhoch in den Himmel. Ein theologischer Gedanke ist hier architektonisch umgesetzt: Der Weg des Menschen von der Erde zum Himmel endet auf der Erde im Kreuz, mit dem Tod, und beginnt in der himmlischen Welt wieder mit dem Kreuz, aber mit dem überwundenen Kreuz. Das Kreuz ist Wendepunkt. Es zeigt den Wechsel der Ebenen an, bedeutet Wandlung. Nur über den und in dem am Kreuz gestorbenen Christus verbindet sich die Erde mit dem Himmel.

Die Kugel unter dem Kreuz symbolisiert die Welt. Sie ist auch Symbol für ein rundes, geschlossenes Ganzes: Das Christentum umfasst die ganze Welt. Alle Menschen sollen Anteil erhalten am Heil. Jesus Christus will die Welt zu einem großen Ganzen zusammenführen, einem runden Ganzen, in dem alles miteinander verbunden ist.

Der Hahn auf dem Kreuz zeigt im wahrsten Sinne des Wortes an, woher der Wind weht! Rein funktionell gesehen ist er ein Wetterhahn. Darüber hinaus will er uns zum Weiterdenken animieren. Vielleicht denken Sie jetzt schon an einen ganz bestimmten Hahn, den Hahn, der vor nahezu 2.000 Jahren im Hof des hohepriesterlichen Palastes in Jerusalem dem Apostel Petrus sein Versagen zukrähte. Jesus hat es Petrus, der versprochen hat, immer bei seinem Herrn zu bleiben, vorausgesagt: »Ich sage dir, Petrus,

Abb. 17: **Kreuz, Hahn und Bogenornament** auf dem Turmdach.

ehe heute der Hahn kräht, wirst du dreimal leugnen, mich zu kennen.« (Lk 22,34)
Erst als Petrus den Hahn im Hof krähen hört, wird ihm bewusst, dass er Jesus gerade
zuvor dreimal verleugnet hat — wie Jesus es angekündigt hatte. Der Hahn will uns
daran erinnern, wachsam zu sein, auf das Wort Jesu zu hören und die Zeichen der
Zeit im christlichen Sinn zu deuten — wahrzunehmen, wo, woher und wohin der
Wind des Christlichen weht. Zugleich kündet der Hahn mit seinem sprichwörtlichen
Hahnenschrei den Beginn des frühen Morgens an. Der Hahn auf dem Kirchturm ruft
uns dazu auf, den Tag schon »in aller Herrgottsfrühe« mit Gott zu beginnen. Früher
galt er als Rufer zum Frühgottesdienst. Der Hahn ist ein beständiger Indikator dafür,
dass auf jeden Abend und jede Nacht immer auch wieder ein neuer Morgen folgt.
Der Hahn kündet aber auch den neuen Morgen im himmlischen Sinne an, den Morgen, der dem Menschen, der im Dunkel des Irdischen lebt, einst in der himmlischen
Herrlichkeit Gottes verheißen ist.

Das Bogenornament ist eine fortlaufende Bogenreihe aus sechs aneinandergereihten, runden Einzelbögen. Die Bögen sind nach oben hin offen. Die offenen Bögen zeigen und betonen auf ihre Weise die Ausrichtung des Turms nach oben. Sie erinnern an mathematische Parabeln in einem Koordinatensystem. Eine Parabel ist offen und reicht ins Unendliche, in einen Bereich hinein, den wir schon bald nicht mehr einsehen können. Wir können diesem Bereich, über die Mathematik hinaus, auch andere Bezeichnungen geben: Himmel, Ewigkeit, Reich Gottes, Himmlisches Jerusalem, Paradies … Eine nach oben offene Parabel reicht im Koordinatensystem in das Unendliche des positiven, nicht des negativen Bereichs. Durch die Quadrierung in einer Parabelgleichung werden selbst negative Ausgangswerte »x« zu positiven Ergebnissen, »y«. Es geht um eine Richtung, die gerade und direkt ins grenzenlos Positive führt! Selbst das Negative wird ins Positive gekehrt!

Die Bogenreihe signalisiert Bewegung. Stellen Sie sich vor, Sie malten eine solche Bogenreihe aufs Papier. Dann können Sie diese Bewegung gut nachvollziehen. Sie beginnen oben mit einer senkrecht nach unten fallenden Linie. Der Schwung der Bewegung wird in einem Bogen abgefangen und in eine Gegenbewegung wieder nach oben umgeleitet, um dann im nächsten Element der Bogenreihe wieder nach unten abzufallen. Es ist eine fortlaufende Berg- und Tal-Bewegung. Die Bewegung erhält eine Eigendynamik — ähnlich der Dynamik, die bei einem Perpetuum mobile entsteht. Die Bogenreihe stellt diese Dynamik sehr gut dar. Wir können die Bewegung auf dem Turmdach auf die Bewegung zwischen Himmel und Erde hin deuten: Gott bewegt sich von oben nach unten, begegnet dort den Menschen und führt sie auf den Weg zu sich. Die Bewegung wiederholt sich: Gott selbst wiederholt diese Bewegung immer wieder. Wir können damit rechnen, dass Gott sich immer wieder auf uns zu bewegt, um uns zu einem weiteren und tieferen Leben zu führen, in dem wir schon jetzt etwas von der göttlichen Ewigkeit spüren können. Mitten in jedem Bogen zeigt eine Senkrechte die Kehrtwende der Bewegung von unten nach oben deutlich an.

Mit Beginn der Dämmerung ist die Kreuzanlage bis Mitternacht, dem Beginn des neuen Tages, angestrahlt. Dann wirkt das Kreuz besonders eindrucksvoll von der Gabrielstraße aus, aber auch aus den Fenstern mancher oberer Wohnungsetage, die einen Blick über die Dächer von Neudorf zulassen. Das angestrahlte Kreuz der Gabrielkirche ist Abend für Abend eine angenehme und lichtvolle Erinnerung daran, dass der Tag in Christus zu einem guten Ende kommt und die Nacht nicht im Zeichen der Dunkelheit, sondern im Zeichen des hellen Kreuzes steht.

Das Portal — durch Christus eine neue Ebene betreten

Dem Turm der Gabrielkirche ist eine kubische Portalvorhalle vorgesetzt. Sie wurde zusammen mit dem Turm in demselben Stil errichtet. Die Portalvorhalle ist 12 Meter breit und 3,50 Meter tief. Sie dient vor allem als Windfang und Kälteschutz im Winter. Die Portalanlage besteht aus drei nebeneinanderliegenden Portalen, die jeweils mit einer doppelten Flügeltür mit Bronzefüllung ausgestattet sind, sowie den drei darüberliegenden, farbigen Spitzbogenfenstern. Eine Portalanlage aus drei Portaltüren ist, vor allem bei gotischen oder neo-gotischen Kirchen, häufiger zu finden. Drei Portaltüren verweisen auf die Heilige Dreifaltigkeit und auf die Grundpfeiler des Christlichen: Glaube, Liebe, Hoffnung.

Das Portal ist 1975 künstlerisch gestaltet worden. Dabei wurden die Bronzetüren den dahinterliegenden Holztüren und die Fenster dem Spitzbogenmaßwerk vorgesetzt. Aus dem Innern der Portalvorhalle kann man das alte Bogenmaßwerk noch gut sehen. Es hat die gleiche Form wie das Maßwerk der Seitenschifffenster. Die Spitzbogenfenster über den Flügeltüren hat die Duisburger Künstlerin Trude Dinnendahl-Benning gestaltet. Neben diesen hat sie auch alle anderen farbigen Kunstglasfenster der Kirche entworfen.

Zu sehen ist zunächst bei allen drei Portalfenstern eine ornamentale Gestaltung. Die Glasornamente wurden, wie schon bei den drei runden Chorraumfenstern, die wir von Osten her gesehen haben, in Beton eingearbeitet. Durch diese Technik kann jedes Ornament einzeln für sich stehen, und trotzdem können alle Elemente im Zusammenhang wahrgenommen werden. Die beiden äußeren Fenster sind identisch gearbeitet, das innere sieht anders aus. Die Fenster rechts und links rahmen das innere Fenster. Das innere Fenster liegt über dem eigentlichen Hauptportal und bildet die untere Mitte der gesamten Turmwand.

Im oberen Bereich ist in jedem der drei Fenster mittig eine Kreuzform gearbeitet. Das Kreuz des mittleren Fensters ist etwas anders gestaltet als das Kreuz der beiden Seitenfenster. Unter dem Kreuz liegen bei jedem Fenster drei Reihen mit verschiedenen, nicht miteinander verbundenen Glasstücken: gefüllte gerade und gerundete Stäbe, Halbkreise, Dreiecke, Trapeze und Rauten, auch Mischformen. Im inneren Fenster ist die Anordnung der Glasteile wieder anders als in den beiden äußeren Fenstern. Gemeinsam ist allen drei Fenstern, dass die in drei übereinanderliegenden Reihen angeordneten Ornamente auf das Kreuz im oberen Bogenteil zulaufen. Die Ornamente sind in leicht grün schimmerndem Glas gehalten, durch das von außen Licht nach innen scheinen und die Innenbeleuchtung abends nach außen strahlen kann.

Abb. 18: Das dreitürige **Eingangsportal**.

Das mittlere Fenster enthält zwei deutlich sichtbare, rote Schriftzüge, die sich zur Form eines griechischen Kreuzes, +, ergänzen. Das griechische Kreuz ist die Urform des christlichen Kreuzes. Es handelt sich bei den Schriftzeichen um griechische Buchstaben. Sie bedeuten: ›Licht‹ und ›Leben‹. Christus, symbolisiert in der Kreuzform und im Rot der leidenschaftlichen Liebe, ist für die Menschen Licht und Leben.[16] Von dieser Zusage begrüßt und willkommen geheißen, treten Menschen durch das Hauptportal in die Kirche ein. Es ist eine freundliche und tiefsinnige Einladung, es mit dieser Zusage zu probieren! Jesus selbst hat sich die Tür genannt: »Ich bin die Tür; wer durch mich hineingeht, wird gerettet werden; er wird ein- und ausgehen und Weide finden.« (Joh 10,9) Der Eintritt durch diese besondere Tür verspricht Kontakt mit Christus, dem Retter, dem Hirten, und Weide für die Menschen, die Herde. Diese Tür eröffnet Raum zum Leben in Freiheit in der Obhut eines guten Hirten. Konkret eröffnet die Tür den Weg in einen großen, geschützten Raum, der Platz bietet für viele. Zum Gottesdienstbeginn

Abb. 19: Die drei **Portalfenster, Abendstimmung**.

stehen beide Flügeltüren des mittleren Hauptportals weit offen. Die beiden identischen äußeren Fenster, die den Rahmen um das mittlere Fenster bilden, rahmen damit die theologische Aussage über Christus.

Als die Grundpfeiler Glaube und Hoffnung stehen die beiden äußeren Portalfenster neben und bei dem wichtigsten der drei Grundpfeiler des Christlichen: der Liebe. Im 1. Brief des Apostels Paulus an die Gemeinde von Korinth heißt es: »Für jetzt bleiben Glaube, Hoffnung, Liebe, diese drei; doch am größten unter ihnen ist die Liebe.« (1 Kor 13,13) Für jetzt, für unser Leben auf der Erde, gelten diese Grundpfeiler, vor allem aber die Liebe — deutlich hervorgehoben durch Darstellung und Spiel mit der Farbe Rot im Mittelfenster. Einzelne rote Punkte durchsetzen auch die Fenster Glaube und Hoffnung. Sie zeigen die Zusammengehörigkeit der drei Säulen des Christentums. Die Liebe als die wichtigste Säule durchdringt auch die beiden anderen. Ohne die Liebe gäbe es keinen Glauben und keine Hoffnung. Vor dem Eintritt in die Kirche sind drei Stufen zu gehen. Diese Stufen sind die Brücke zwischen zwei verschiedenen Ebenen. Wer eine Kirche betritt, muss zuvor die Ebene wechseln! Die Stufen wollen die eintretende Person herausheben aus dem »Normalen«, dem Irdischen, dem Alltäglichen. Sie wollen hinleiten zum Besonderen. Über die Stufen gehen wir durch die Westseite, die dunkle Seite des Irdischen, hinein und hin zur Ostseite, zur Seite des Lichts. Die Stufen hinaufzusteigen kann und darf auch etwas Mühe bereiten. Uns wird eine gewisse Anstrengung zugemutet. Manchmal ist die Anstrengung des Treppensteigens auch schon bei drei Stufen beim Atemholen zu spüren: Wir atmen tiefer. Wir schauen hin, müssen achtsam sein, dass der Fuß richtig auf die Treppenstufen aufgesetzt wird, damit wir nicht stürzen. Wer die Stufen hinaufsteigt, geht das Hindernis bewusst an, muss sich entscheiden, die bisherige, vertraute Ebene zu verlassen und die neue Ebene zu betreten. Die Stufen verlangsamen den Schritt und verlangen dadurch von uns, dass wir uns Zeit nehmen. Körperlich und mental werden die Eintretenden darauf vorbereitet, in der Kirche »ganz da« zu sein. Wer eintritt, kann sich selbst bereiten für die neue Ebene. Es geht also beim Treppensteigen zu einem Kirchenportal nicht in erster Linie um die technische Überwindung eines Höhenunterschieds, sondern auch um einen inneren Vorgang, der noch bewusster bei langsamen Schritten erfahren werden kann.[17] Probieren Sie es doch einmal selbst aus!

Wenn ich durch die offenen Flügeltüren des Hauptportals in die Kirche eintrete, kann ich nicht gleich in die Kirche hineinsehen. Die inneren Flügeltüren sind so eingestellt, dass sie sich nach jedem Benutzen immer wieder von selbst schließen. Sie müssen beim Eintritt erst geöffnet werden. Rein funktionell gesehen schützen sie vor Wind und Wetter. Aber es liegt auch in den sich immer wieder schließenden inneren Türen eine symbolische Bedeutung. Es soll der Eindruck erweckt werden, dass das Besondere, das den Menschen in der Kirche erwartet, nicht gleich von der Straße her zu sehen ist. Eine weitere Tür muss aktiv geöffnet werden, damit der Zugang gegeben ist. So wird das Geheimnis der besonderen Ebene geschützt und gewahrt und erschließt sich dem, der sich die Mühe macht, ganz einzutreten. Die Tür fordert uns auf, all das draußen vor der Tür zu lassen, was uns an der Begegnung mit Gott hindern will. So können wir hinter der Tür, im Innern der Kirche, Ruhe finden.

Abb. 20: **Alltag** um St. Gabriel.

Die Kirche am Ende der Messfeier durch das Portal im Westen wieder zu verlassen, bedeutet auch, wieder in den Alltag zu gehen, zurück ins Gewöhnliche, die Ebene wieder zu verlassen, die wir zuvor betreten haben. Was wir aus dem Gottesdienst an Stärkung mitnehmen, soll sich nun in unserer Alltagswelt verwirklichen. Gottesdienst und der Besuch im Kirchenraum bedeuten Auftanken für das Leben und, danach, Sendung zurück. Die Türen sind offen, wiederzukommen und sich neu stärken zu lassen.

Abb. 21:

Der **Eingang**
des südlichen Seitenschiffs.

III. INNENANSICHTEN

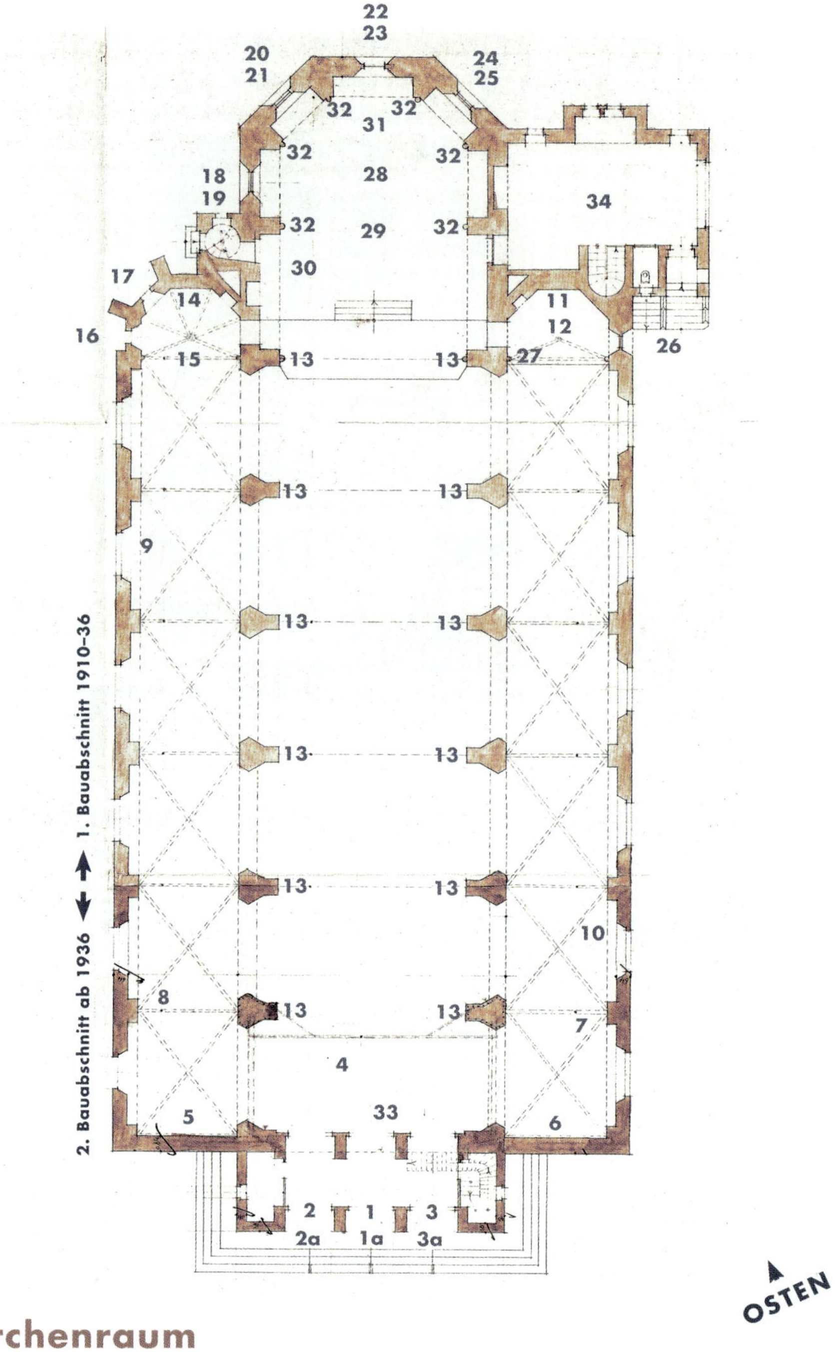

Der Kirchenraum

ERSTE ERFAHRUNGEN IM KIRCHENRAUM

Legende zur Zeichnung:

1 mittleres Hauptportal
1a mittleres Hauptportalfenster
2 linkes Hauptportal
2a linkes Hauptportalfenster
3 rechtes Hauptportal
3a rechtes Hauptportalfenster
4 Orgelempore und Orgel
5 »Immerwährende Hilfe«
6 »Pietà«
7 Hl. Franz von Assisi
8 Hl. Elisabeth von Thüringen
9 Beichtstuhl
10 Kreuzweg
11 Auferstehungsrelief
12 Triumphkreuz
13 Apostelleuchter
14 Ausmalung Taufkapelle
15 Taufstein

16 Johannesfenster
17 Sebastianfenster
18 großes Engelfenster
19 Betonglasfenster Flammen
20 großes Ornamentfenster Lilien
21 Betonglasfenster 1
22 großes Themenfenster Verkündigung/ Kreuzigung
23 Betonglasfenster 2
24 großes Ornamentfenster Kronen
25 Betonglasfenster 3
26 Gabrielfenster
27 »Mondsichelmadonna«
28 Chorraum
29 Altar
30 Ambo
31 Tabernakel
32 Chorraumleuchter
33 Engelfenster Turmrosette
34 Sakristei

Abb. 22: **Orientierungsplan** für die Gabrielkirche, erstellt nach dem Original-Grundrissplan von 1937.

Abb. 23: Blick in den **Kirchenraum**: Weite und Höhe.

Der Weg durch die Kirche

Sie sind nun durch Außen- und Innenportal in die Kirche eingetreten und befinden sich unter der Orgelempore. Sie befinden sich damit im dunkelsten Teil der Kirche. Dunkel ist dieser Bereich, weil er dem Westen zugewandt ist und weil die Orgelempore (4) über Ihnen Licht und Raum wegnimmt. Sie sind durch die dunkle, irdische Seite in die neue Welt eingetreten und befinden sich — wieder im Dunklen. Das Irdische ist mit dem Eintritt in die Kirche nicht gleich aufgehoben, sondern es ist und bleibt auch hier präsent. Wenn Sie ein Stückchen vortreten, bis etwa an den Rand der Orgelempore, verändert sich der Eindruck des Dunklen umgehend. Von hier aus können Sie Ihren Blick durch den gesamten Kirchenraum schweifen und den Raum auf sich wirken lassen. Nehmen Sie Ihre Eindrücke vom Raum in Ruhe wahr.

Vermutlich ist Ihr Blick ganz zu Beginn schon in die Höhe gelenkt worden. Was schon von außen imposant wirkte, scheint sich im Innenbereich noch zu potenzieren. Der Kirchenraum ist im Mittelschiff knapp 20 m hoch! Wenn auch anders, so doch nicht minder imposant sind die mächtigen Pfeiler und Bogenarkaden, die das Mittelschiff von den beiden Seitenschiffen der Kirche trennen. Diese raumeinnehmenden Pfeiler haben nichts mehr gemeinsam mit den schlanken Säulen vieler gotischer Kirchen. Sie machen es nicht ganz leicht, den basilikalen Grundriss der Kirche (ein Mittelschiff und zwei Seitenschiffe) gleich zu erkennen. Sie tragen den Blick der Betrachtenden unmittelbar in die Höhe, in das Kirchengewölbe hinein, das durch die Obergadenfenster nicht dunkel, sondern im Licht ist. Der Schmuck der Höhe sind die Gewölbe.

Wenn Sie das Kircheninnere von Westen her betrachten, werden Sie spüren können, was Sie beim Außenrundgang gesehen haben. Nicht nur, dass Ihr Blick nach oben gezogen wird; Sie selbst werden sich auch stark nach vorn gezogen fühlen, hin zum Chorraum (28) und zu den prächtig verglasten Chorraumfenstern (20–25). In der Tat lädt die Kirche ein, sich auf den Weg dorthin zu machen. Den Menschen drängt es immer zum Licht. Diesem Drang kommt der Kirchenraum nach. Wer eintritt, bleibt nicht unter der Orgelempore stehen, sondern geht weiter nach vorn, nach Osten, zum Licht. Wenn Sie den Chorraum und damit das Licht des Ostens erreichen wollen, müssen Sie von den inneren Portaltüren ausgehend bis zum Beginn der Chorraumstufen etwa 36 Meter zurücklegen! Das ist ein langer Weg, der durch den schmalen Mittelgang noch länger und zum Ende hin noch schmaler wirkt. Der Weg führt gezielt auf den Hauptchor zu. Auf Ihrem Weg nach vorn bewegen Sie sich unter dem Schutz des Gewölbes. Wer beim

Abb. 24: **Symmetrie**.

Weg durch die Kirche nicht bewusst eines der beiden Seitenschiffe ansteuert, wird von vorneherein auf den Weg nach vorn geführt. Die Kirche ist genau so konzipiert: als Weg-Kirche mit einem Ziel, das den Eintretenden klar vor Augen ist.

Bleiben Sie doch auf Ihrem Weg durch den Mittelgang einmal stehen und richten Sie Ihren Blick auf eines der Seitenschiffe, genauer gesagt auf die Mauerwand. Wenn Sie in Höhe der Spitze eines der Bögen stehen und nach oben schauen, sehen Sie die klare vertikale Symmetrieachse, die schon von außen zu erkennen war. Die klare Formensprache und Gliederung der äußeren Architektur wird im Innern aufgenommen und durchgehalten.

Der Weg führt Sie durch den Mittelgang über einen Natursteinboden, über Kalksteinfliesen aus dem Solnhofer Bruch in der Nähe von Ingolstadt. Die Solnhofer Natursteine werden auch als Juramarmor bezeichnet. Die Farbnuancen des Steins entstehen durch den unterschiedlichen Eisengehalt in den Gesteinsschichten. Die Farbunterschiede strukturieren den Stein natürlich und halten ihn dadurch lebendig. Die Farben des Steins passen sehr gut zu den Naturtönen, die für den Farbanstrich des Kirchenraums verwendet worden sind. Die Bodenplatten im Mittelschiff harmonieren nicht nur farblich, sondern auch von ihrer Größe her mit dem monumentalen Bauwerk. Steinplatten wie dieser Naturstein sind ein Sinnbild für Zeitlosigkeit und Beständigkeit. Bleiben wir einen Moment lang bei diesem Bild. Der Mensch braucht Beständigkeit auf seinem Weg. Er braucht einen Weg, der hält und trägt, er braucht Bodenhaftung. Somit ist der Weg durch die Kirche auch ein Sinnbild für den menschlichen Weg und die Bedürfnisse des Menschen. Der Boden muss verlässlich sein und die Zeit überdauern. Die Fliesen sind gleichmäßig und in klarer Abfolge gelegt, auch, um diesen Aspekt zu verdeutlichen. Zu Beginn des Weges durch den Mittelgang der Kirche, in Höhe des zweiten Pfeilerpaares, ist aber schon eine sehr unansehnliche Stelle im Fußbodenbelag zu sehen. Die Fliesen sind hier stark beschädigt. Die Schäden an dieser Stelle des Bodens haben mit dem Abriss der damaligen Westwand im Jahre 1936 zu tun, als der Erweiterungsbau genau an dieser Stelle angesetzt wurde. Auch im weiteren Verlauf des Bodens stoßen wir immer wieder auf gebrochene Steine. Wir sehen daran, was wir aus Erfahrung wissen: wie brüchig alles sein kann, sogar Wege aus Stein. Mit dem Sinnbild von Zeitlosigkeit und Beständigkeit ist nicht die physische Konsistenz des Steins gemeint. Die Brüche und die Abschürfungen im Stein erzählen vielmehr von der Zeitgeschichte. Wie viele Menschen sind im Laufe der fast 100 Jahre, die die Kirche alt ist, über diesen Boden gegangen! Zwei Weltkriege hat dieser Boden überdauert, zum Teil sind davon Schäden und Risse zurückgeblieben. Die Geschichte der Menschen ist in diese Kirche eingeschrieben. Vielleicht nehmen Sie sich, wenn Sie bewusst durch die Kirche gehen, die Zeit, sich die Zeitgeschichte vor Augen zu führen. Sie können sich dabei auch fragen, wie Sie persönlich in die Geschichte der Gabrielkirche oder einer anderen Kirche einbezogen sind.

Die Seitenschiffe

Abb. 25: Blick ins **rechte** Seitenschiff.

Wenden wir uns nun dem rechten Seitenschiff der Kirche zu. Von einem Standort im hinteren Bereich dieses Seitenschiffs haben Sie einen guten Blick in den gesamten Raum. Sie schauen unmittelbar auf den kleinen Chorraum am östlichen Ende. Sie können auch hier hinten einen Moment stehenbleiben und die Eindrücke, die Sie gewinnen, ebenso bewusst wahrnehmen wie Ihre Eindrücke vom Mittelschiff.

Wie fühlen Sie sich unter dem viel niedrigeren Gewölbe? Wie nehmen Sie den Raum wahr? Die Seitenschiffe sind nur etwa halb so hoch wie das Mittelschiff und auch nur halb so breit. Es offenbart sich ein Raum, der ebenfalls nur wenig ausgeschmückt ist. An der Westwand steht eine »Pietà« (6). An der rechten Außenwand ist ein Kreuzweg (10) mit 14 Stationen angebracht. Er beginnt mit einer Spruchtafel, auf die die erste Station folgt. Wenn Sie sich auf den Weg durch das Seitenschiff machen, können Sie ganz bewusst den Kreuzweg gehen. Die Stimmung verändert sich schon gleich zu Beginn dieses Weges: Die »Pietà« macht als Erstes darauf aufmerksam, dass zum Leben auch dunkle Seiten gehören. Es ist gut, dass »Pietà« und Kreuzweg hier einen eigenen Raum haben. Auf Ihrem Weg durch das rechte Seitenschiff kommen Sie an einer Figur des Heiligen Franz von Assisi (7) vorbei. Wenn Sie auf den Fußboden achten, sehen Sie, dass der Bodenbelag ein anderer ist als im Mittelschiff. Das war nicht von Anfang an so. Im Laufe der Zeit hat man den Boden erneuert, auch wegen des Einbaus der Heizungsanlage. Sie sehen es an dem viel dunkleren Stein, einem Alta-Quarzit, so benannt, weil er aus Alta im nördlichen Norwegen kommt. Der Naturstein ist dunkelgrau und schimmert leicht silbrig. Man hat diesen Stein gewählt, weil er höher beansprucht werden kann als der Solnhofer Kalkstein. Der dunkle Boden stellt aber auch einen Bruch mit dem hellen Boden des restlichen Kirchenraums dar. Zum Raum des rechten Seitenschiffs wiederum passt er. Er passt zum Gedenken und zur Stille, die in diesem Raum spürbar und erfahrbar sind. Eine größere Bodenfläche ist nachgearbeitet und neu gefliest worden. Hier waren bis vor wenigen Wochen noch Sitzbänke installiert.

Es ist gut, wenn der Weg durch diesen Raum für meditatives Gehen und Betrachten frei bleibt. Der lange Raum ähnelt einem Kreuzgang in mittelalterlichen Klosteranlagen. Am Ende des Kreuzwegs stehen Sie vor dem Chorraum des Seitenschiffs mit seinem kleinen Seitenaltar. Von hier aus ist auch gut die Marienfigur mit Kind (27) an dem Pfeiler zwischen Haupt- und Seitenschiffchor zu sehen. Wenn Sie Ihren Weg fortsetzen, leitet ein besonderes Fliesenornament im Boden Sie am Hauptchor vorbei. Das Bodenornament wirkt wie eine Schwelle, die den Chorraum vom Langschiff der Kirche abgrenzt. Es macht darauf aufmerksam, dass, wer den Chorraum beschreitet, wiederum eine neue Ebene betritt. Von der Mitte dieser Schwelle aus haben Sie einen guten Blick in den Chorraum. Zur anderen Seite hin, Richtung Eingang beziehungsweise Ausgang, können Sie den gesamten Raum noch einmal in seiner Tiefe und Höhe wahrnehmen; zudem kommt das große Rosettenfenster (33) im Turm in den Blick. Architektonisch ist besonders interessant, dass der Turm ganz in das Mittelschiff der Kirche hineingezogen ist. Er ist ein eigenes Element, das aber in den Raum integriert ist und als Teil des Raums erlebt wird. Das Turmgewölbe ist den anderen Gewölben angeglichen. Über dem Turmgewölbe befindet sich der Glockenturm. Er ist von innen nicht sichtbar.

Das Ornament der Bodenfliesen leitet Sie nun weiter auf Ihrem Weg durch den Kreuzgang zur Taufkapelle (14) und zum linken Seitenschiff. Sie gehen vom Ort der Taufe in den Raum des Seitenschiffs und damit zurück gen Westen, zum Ausgang. Achten Sie auf Ihrem Weg noch einmal auf den Boden und auf das Verlegemuster der Steine. Sie sehen, dass die Bodenfliesen nicht überall gleich gelegt sind. Immer wieder treffen Sie auf Bereiche, die von der durchgängigen Verlegeweise abweichen. Natürlich dienen diese besonderen Muster auch optisch zur Gliederung des Bodens. Vor allem aber deuten sie darauf hin, dass nicht jeder Boden gleich ist. Die Muster können als biblische Impulse verstanden werden, denn: In der Bibel wird öfter auf besonderen Boden verwiesen. Im Buch Exodus zum Beispiel fordert Gott Mose vor dem brennenden Dornbusch auf, seine Schuhe auszuziehen, denn, so sagt Gott Mose, der Boden, auf dem er stehe, sei heiliger Boden (vgl. Ex 3,5). Ein besonderes Bodenmuster verweist auf ein solches Stück geheiligten Bodens. Menschen betreten beim Gang durch die Kirche immer wieder solchen »heiligen« Boden. Symbolisch stehen diese Flächen für Bereiche im Leben, in denen wir wie Mose Erfahrungen mit dem Heiligen, mit Gott machen. Diese Erfahrungen machen wir auf dem Boden, auf dem Grund der Erde, wo wir leben und uns bewegen, auf unserer Grund-Lage. Wenn Sie achtsam über den Boden der Kirche laufen, können Sie diese Gedanken auf sich wirken lassen. Vielleicht bleiben Sie einmal bewusst auf einem der Muster im Boden stehen und denken auch über Ihre Grund-Erfahrungen und Ihre Beziehung zu Gott nach. Gott sucht die Begegnung mit dem Menschen auf dem Boden, dem Grund der Erde. Wo haben Sie die Erfahrung gemacht, dass Gott Ihnen besonders nahegekommen ist? Von Gott geheiligte Bereiche und Beziehungen sind zeitüberdauernd und beständig — auch wenn sie äußerliche Brüche zeigen.

Auch in diesem Seitenschiff wurden erst vor Kurzem die Sitzbänke entfernt und der Boden mit passenden Solnhofer Steinen angeglichen. Sie kommen auf Ihrem Weg an einem alten Beichtstuhl (9) vorbei, der noch aus der Gründerzeit der Kirche stammt. Die Sakramente Buße/Beichte und Taufe hängen eng zusammen; es ist gut, dass hier ein Raum ist, der es ermöglicht, diesen Zusammenhang wahrzunehmen. Am Pfeiler in der Nähe des Seiteneingangs sehen Sie eine Figur der Heiligen Elisabeth von Thüringen (8) und an der Westwand ein weiteres Marienbild, die Ikone von der »Immerwährenden Hilfe« (5). Sie befinden sich nun, nach dem Weg durch den »Kreuzgang«, wieder in dem Bereich des Eingangs, der dunklen Westseite. Diesen Raum unter der Orgelempore bewusst zu durchschreiten und nicht auszublenden, fordert, vor allem, wenn er nicht beleuchtet wird, vielleicht etwas Überwindung.

Wer mag, kann den Weg durch die Kirche immer wieder als Kreuzgang nutzen, wie wir es gerade getan haben, und verschiedene Seiten des Lebens mit Gott, mit der Kirche und mit der eigenen Geschichte betrachten. Das achtsame Gehen ist Wahrnehmen mit allen Sinnen, Bei-sich-Sein, Meditation und Gebet. Es stehen immer Stühle bereit, wenn jemand an einer bestimmten Stelle haltmachen und dort verweilen möchte. Ebenso stehen die Stühle für kleinere Gottesdienste bereit. Zu bestimmten und in den geprägten Zeiten des Kirchenjahres können die Seitenschiffräume für besondere Darstellungen wie Krippenlandschaft, Fastenweg, Ausstellungen oder auch für biblische Impulse, Gebets- und Andachtsformen vielfältig genutzt werden.

Das Gewölbe — Freiheit unter dem Schutz Gottes

Ist eine Kirche hoch und dabei großzügig überwölbt wie die Gabrielkirche, fühlen wir uns fast so frei wie unter dem weiten Himmelszelt. Jene Enge, die in der Portalvorhalle oder unter der Orgelempore noch empfunden wurde, löst sich beim Blick in das Gewölbe einer hohen Kirche in Weite auf. Der Kirchenraum bietet Raum zum freien Durchatmen. Gleichzeitig ist dieser Raum nicht offen wie der freie Himmel, sondern nach oben hin begrenzt. Höhe und Weite sind aber nicht so grenzenlos, dass sie Angst machen könnten. Die Begrenzung nach oben durch das Gewölbe signalisiert vielmehr Geborgenheit und Schutz. Ein Gewölbe ist auch vom Gefühl her etwas anderes als eine flache Decke. Es gibt uns das Gefühl, dem Himmel über uns näher zu sein. Die Bögen eines Gewölbes erinnern an den Bogen, den Gott nach dem Rückgang der Sintflut zum sichtbaren Zeichen des dauerhaften Friedens und der Versöhnung im neuen Bund mit Noach und allen Menschen in die Wolken hängt (vgl. Gen 9,8–17).

Zur Konstruktion eines Gewölbes: Ein Gewölbe besteht aus mehreren aneinandergereihten, rechteckigen oder quadratischen Feldern, den Gewölbejochen. Die Technik von Gewölbekonstruktionen ist schon seit der Antike bekannt und seitdem vor allem bei Kirchenbauten immer wieder angewandt worden. Das Gewölbe löst die Flachdecke weitgehend ab. In der Romanik (in Deutschland von etwa 750 bis ins 12. Jahrhundert) entwickelte man zunächst das Tonnengewölbe, ein schwergewichtiges Rundbogengewölbe. Mit dem Ende der Romanik läuft das Tonnengewölbe aus, entwickelt wird das Kreuzgewölbe. Bei einem Kreuzgewölbe durchdringen sich zwei rechtwinklig zueinan-

Abb. 26: Aufbau eines **Kreuzrippengewölbes** am Beispiel St. Gabriel.

1 = Gurtbogen; 2 = Schildbogen; 3 = Kreuzrippe; 4 = Gewölbekappe; 5 = Schlussstein; 6 = Ansatzpunkt von Last und Schub

derstehende Tonnengewölbe in einem quadratischen Gewölbejoch. Es entstehen gekrümmte Grate, weshalb das Gewölbe auch Kreuzgratgewölbe genannt wird. Die Grate unterteilen das Gewölbe in vier Teile, die Stichkappen. Eine Weiterentwicklung führt zum Kreuzrippengewölbe. Ein Kreuzrippengewölbe ist ein Kreuzgewölbe, dessen Grate von Rippen gestützt sind. In der Mitte laufen die Rippen zu einem Schlussstein zusammen. Der Schlussstein ist ein wichtiges Element, das das Gewölbe erst stabilisiert. Die Kappen zwischen den Rippen werden ausgemauert. Die Bögen eines Kreuzrippengewölbes sind Spitzbögen. Spitzbögen, die ein Gewölbejoch gegen eine Außenwand abgrenzen, werden auch Schildbögen genannt. Die einzelnen Gewölbejoche sind durch Gurtbögen voneinander abgegrenzt.[18]

Ein Kreuzrippengewölbe hat wichtige Vorteile. Die Rippen müssen nicht senkrecht aufeinanderstehen; die Gewölbejoche können rechteckig sein und damit kürzer und breiter. Räume lassen sich dadurch weiter überspannen. Die Kreuzrippen und Gurtbögen übernehmen die tragende Funktion des Gewölbes, nicht mehr das gesamte Gewölbe. Dadurch können die Gewölbekappen dünner gebaut werden. Das Gewölbe wird insgesamt leichter und der Schub des Gewölbes geringer. Die Außenmauern werden entlastet. Mit der Entwicklung der Kreuzrippengewölbe konnte man nun auch sehr große und hohe Räume mit Kreuzgewölben überspannen und dennoch Stabilität erlangen. Die neuen Erkenntnisse zum Gewölbebau waren die Grundvoraussetzung für die Bauweise der Gotik. Mauerflächen konnten durch die leichtere Gewölbelast nun für Bogenarkaden und größere Fenster geöffnet werden. Im Mittelalter hatte man allerdings noch nicht die Möglichkeiten wie heute, statische Berechnungen anzustellen. Man probierte mit der neuen Technik vor allem aus. So manches Gewölbe ist bei zu wagemutigen Bestrebungen nach Höhe und Weite des Kirchenraums auch eingestürzt!

Die Gabrielkirche hat ein gotisches Kreuzrippengewölbe in oben beschriebener Bauweise.[19] Achten Sie einmal insgesamt auf die Spitzbögen in der Gabrielkirche und wo sie überall vorkommen. Sie werden feststellen: Es sind unzählig viele Spitzbögen zu sehen! Die Spitzbögen symbolisieren nicht nur im Außen-, sondern auch im Innenbereich einer Kirche die Ausrichtung des Menschen von der Erde zum Himmel. Wo Wand und Decke zusammenkommen, treffen die Schildbögen auf die Gewölbebögen. Die Ausrichtung des Menschen und die Bundeszusage Gottes an die Menschen treffen symbolisch aufeinander. In der Gewölbearchitektur kommen Oben und Unten zusammen. Hier berühren sich symbolisch Himmel und Erde und bilden gemeinsam ein neues Ganzes!

Im Mittelschiff hat die Gabrielkirche insgesamt acht Gewölbejoche, davon sechs im Langhaus und zwei im Chorraum. Hinzu kommen je sieben Gewölbejoche in den beiden Seitenschiffen, davon je sechs im Langschiff und je eins in den Seitenschiffchören. Die Gewölbe im Langhaus des Mittelschiffs und der Seitenschiffe sind einheitlich in einfacher Kreuzrippenbauweise gebaut. In den drei Chorräumen sind die Kreuzrippengewölbe prachtvoller und aufwändiger gestaltet. Sie deuten an, dass der Chorraum einer Kirche ein besonderer Ort ist.

Die Gewölbe bilden eine Einheit mit dem Pfeilerwerk einer Kirche. Die Fußpunkte der Gewölberippen nehmen die Schub- und Auflagerkräfte des Gewölbes konzentriert

Abb. 27: **Gewölbejoche**, Impressionen.

Abb. 28: Die beiden Joche im **Apsisgewölbe** des Hauptchors.

auf und leiten sie an die Pfeiler weiter. Wir sehen oben an den Pfeilern der Gabrielkirche die vorgelagerten, verlängerten Gewölberippen. Zum Abfangen der Kräfte sind sie an ihrem Ende besonders ausgebildet, gut zu erkennen an dem verstärkten Abschluss. Die Abschlüsse sind dekorativ gestaltet und bemalt, passend zur Ausmalung der Gewölbe und Gewölbebögen. Alle Kräfte sind auf die Innenpfeiler der Kirche verlagert, da auf ein äußeres Strebewerk zur Ableitung der Kräfte bewusst verzichtet wurde. Dies erklärt die Massivität der innen liegenden Pfeiler. Innen liegende Strebepfeiler sind auch an den Wänden in beiden Seitenschiffen zu sehen.

Die Pfeiler — Säulen des Himmels und der Erde

Die mächtigen Pfeiler der Gabrielkirche tragen nicht nur die Kräfte der Gewölbe, sondern auch die Last des durch die Fenster und Bogenarkaden geöffneten Mauerwerks. Die Spitzbögen zwischen den Pfeilern lassen Bogen- oder Pfeilerarkaden entstehen, die Mittel- und Seitenschiff zueinanderhin öffnen. Sie sind dekorativ und gleichzeitig Gliederungselemente für den Raum. Neben der Öffnung, die sie ermöglichen, markieren sie auch eine deutliche Raumgrenze zwischen den Kirchenschiffen, sodass der Eindruck entsteht, es könne sich um drei einzelne Kirchenräume handeln. Die Kirchenräume in der Kirche wurden bis vor Kurzem auch ausschließlich so genutzt. Von seinem Grundriss her ist jeder der Pfeiler ein achteckiges Bau-Element.

Ein Pfeiler ist in der Regel gemauert und hat meist einen quadratischen, rechteckigen oder polygonalen (das heißt mehreckigen) Grundriss, die Säule ist demgegenüber rund und nicht gemauert. Pfeiler können wie Säulen in Basis (unten), Schaft (Mitte), Kapitell und Kämpfer (oben) gegliedert sein, müssen es aber nicht. Pfeiler sind Stützen. Der Pfeiler löst in der Geschichte des Kirchenbaus die Säule als Standardform der Stütze ab. Baukünstlerisch bietet er mehr Möglichkeiten als die Säule und bautechnisch schafft er die Voraussetzungen für den Gewölbebau.[20] Die Gabrielkirche ist eine Pfeilerbasilika. Dieser Name kommt ganz einfach daher, dass Wände und Gewölbe eben nicht von Säulen, sondern von Pfeilern getragen werden. Die Pfeilerbasilika wurde seit der karolingischen (ca. 815–920 n. Chr.) und ottonischen Zeit (ca. 920–1050 n. Chr.) zum Grundtypus sowohl des romanischen wie auch des gotischen Sakralbaus.[21]

Abb. 29: Die mächtigen **Pfeiler**: »Straßen zum Himmel«.

Pfeiler sind immer Zeichen von Festigkeit und Bestand. Sie erinnern den Menschen daran, dass er nicht aus sich selbst lebt, sondern dass er ein Fundament und Halt braucht. Im Alten Orient haben die Menschen sich die Erde als riesige Scheibe vorgestellt, die auf dem Wasser schwimmt und von Pfeilern getragen wird, die Gott gesetzt hat (vgl. Ijob 9,6). Diese Pfeiler werden auch als »Säulen des Himmels« bezeichnet (vgl. Ijob 26,11). Gott selbst trägt die Erde, seine Schöpfung, und nur Gott selbst kann sie auch erschüttern. Durch die Pfeiler in Kirchen wollen die Kirchenbaumeister sichtbar zum Ausdruck bringen, dass der Glaube an Gott Halt geben will und dass er Bestand haben wird, wie auch die Kirche selbst, die von Christus begründet wurde und in ihm für alle Zeiten bestehenbleiben wird.

Pfeiler und Säulen symbolisieren in besonderer Weise die tragende Verbindung zwischen Himmel und Erde. Sie verheißen, dass sich durch sie »Himmel und Erde, Oben und Unten, Transzendenz und Immanenz berühren (…) und Gott zur Gegenwart kommen will«[22]. Bevor ein Gewölbe eingezogen werden kann, müssen die Pfeiler stehen, die dann groß und mächtig in den offenen Himmel ragen. Die Skelettkonstruktion einer Kirche mit Pfeilern zeigt vielleicht ohne das Gewölbe noch deutlicher die Sehnsucht des Menschen nach Berührung zwischen Himmel und Erde, zwischen Gott und Mensch. Erst wenn die Pfeiler stehen, können das Gewölbe gemauert, seine Lasten auf die Pfeiler gelegt und das Gebäude vollendet werden.

In vielen, vor allem gotischen Kirchen sind Säulen oder Pfeiler reich verziert durch (Blüten-) Ornamente an Kapitellen und Kämpfern. Solche Verzierungen lassen an einen Baum denken. Das Urbild der Säule ist der Baum als Symbol der Verbindung zwischen Himmel und Erde.[23] Pfeilerverzierungen fehlen in der Gabrielkirche aber völlig. Die Pfeiler der Gabrielkirche deuten den festen Halt, den der Glaube geben will, nicht durch besondere künstlerische Gestaltung, sondern architektonisch durch ihre massivwuchtige Bauweise an. Die Pfeiler sehen optisch alle gleich aus. Die glatten Flächen erinnern an eine Straße und führen die Blicke der Betrachtenden rasch nach oben. Der Charakter der Pfeiler ist wie der Charakter der gesamten Kirche: schlicht und ohne Ausschmückung, dafür aber klar, geradlinig, betont solide und zielorientiert.

In gotischer Zeit baute man eine Kirche in Anlehnung an die Vision des Sehers Johannes von der Himmlischen Stadt Jerusalem (vgl. Offb 21,14) gern mit zwölf Pfeilern oder Säulen im Mittelschiff.[24] Daran hielt man sich beim Bau der Gabrielkirche aber nicht. Man hat sich stattdessen auch im Kircheninnern an der Architektur der Oberweseler Liebfrauenkirche orientiert. Die Liebfrauenkirche interpretiert die Stilmerkmale der Gotik auch im Kircheninnenraum individuell; für die Gabrielkirche gilt dasselbe. Die Pfeiler der Liebfrauenkirche sind ebenso schlicht und gerade wie die der Gabrielkirche. In beiden Kirchen ist die Ausrichtung nach oben, zu Gott, gegeben. Die glatten Pfeiler innen korrespondieren mit den glatten Mauerflächen der Außenwände. Kein schmückendes Beiwerk soll den Menschen von seinem Weg zu Gott hin ablenken. Der Mensch drückt seine Sehnsucht nach dem Himmel und nach Gott im Kirchenbau aus. Das Wesentliche der Gotik ist in der Architektur der Gabrielkirche wie auch der Liebfrauenkirche sehr reduziert umgesetzt: klar, konzentriert und mit bewusst einfachen Stilmitteln.

Die Proportionen

Vielleicht sind Ihnen beim Gehen durch die Kirche schon die Raumproportionen aufgefallen. Auch in ihnen erschließen sich die konsequent klare Struktur und der geradlinige Charakter der Kirche. Das Langhaus hat, von der Innenseite des Eingangsportals aus gemessen bis hin zum mittleren Chorfenster, eine Gesamtlänge von 48 Metern. Die Gesamtlänge teilt sich wie folgt auf:

Der nach innen gezogene Turm hat eine Länge von etwa 12 Metern. Das sich anschließende Langhaus ist bis zum Chorraum 24 Meter lang, der Chorraum hat wieder eine Länge von etwa 12 Metern. Die Längsproportionen sind demnach 1 : 2 : 1 (Turm : Langhaus : Chorraum). Diese Proportionen sind auch in der Breite der Kirche gegeben:

Die Gesamtbreite beträgt im Innenraum etwa 22 Meter. Die Seitenschiffe sind beide etwa 5,50 m breit, das Mittelschiff hat eine Breite von etwa 11 Metern. Die Proportionen sind wieder 1 : 2 : 1 (Seitenschiff : Mittelschiff : Seitenschiff). Nicht ganz so streng verhält es sich mit der Höhe der Kirche: Die Seitenschiffe sind 7,50 Meter hoch, das Mittelschiff ist etwa 19,5 Meter hoch. Der Maßstab ist hier eher 1 : 2,5 : 1. Ob der Architekt hier etwa nicht rechnen konnte? — Er konnte es durchaus, wie wir zuvor schon festgestellt haben! Vielmehr hat er noch einmal den Akzent der Höhe und damit die Ausrichtung der Kirche deutlich stärker hervorgehoben und sich in diesem Punkt über die ansonsten strenge Proportionalität hinweggesetzt. Die Gewölbejoche des Mittelschiffs sind mit einer Länge von 6 Metern und einer Breite von 12 Metern 1 : 2 proportioniert. Die acht Gewölbejoche des Mittelschiffs teilen sich in der Gesamtlänge 1 : 2 : 1 (Turm : Mittelschiff : Chorraum) auf.

»Du aber hast alles nach M A S S, Zahl und Gewicht geordnet.«

(Weish 11,21)

Die Ausmalung

Auf Ihrem Weg durch die Kirche nehmen Sie auch die Farben des Kirchenraums wahr. Den Charakter der Kirche unterstützend, ist auch die Innenausmalung insgesamt schlicht und zurückhaltend. Die Kirche ist Ende der 1990er Jahre so ausgemalt worden, wie Sie sie jetzt sehen. Es wurden erdfarbene Töne als Grundtöne gewählt: verschiedene Beige-Variationen, Erdrot, ein leichtes Ockergelb für das Gewölbe. Die Schlusssteine der Gewölbe setzen, wie auch die Taufkapelle, andere, auffällig farbige Akzente. Vor zehn Jahren war ein neues Empfinden für Farbe in Kirchenräumen spürbar. Man wagte Ausmalungen in kräftigen Farben. Vor allem gotische Gewölbe wurden in Anlehnung an ihre symbolische Bedeutung gern farbig ausgemalt, als Himmel oder himmlisches Paradies. Der Mut zum Himmelsblau zeigt sich in der Taufkapelle der Gabrielkirche. Der Vorschlag, die Kirche insgesamt, vor allem die Langhausgewölbe, frischer und farbiger zu gestalten, stand im Raum, aber dazu fehlte dann doch der Mut.

Die erdfarbene Ausmalung ist sanft und ruhig. Sie hilft, aus der Unruhe des Alltags in der Kirche zur Ruhe und zur inneren Sammlung zu kommen. Sie beruhigt das Gemüt und zieht die Aufmerksamkeit der Gottesdienstbesucherinnen und -besucher nicht auf den äußeren Rahmen. Vielmehr bildet die Ausmalung einen dezenten Rahmen für das eigentliche, innere Geschehen, die Begegnung mit Gott. Es ist dadurch leichter, zu Meditation und Gebet zu finden. Erdfarben sind natürliche Farben. Sie erinnern den Menschen an seine natürliche Erdbezogenheit. Erdfarbtöne harmonieren in den unterschiedlichsten Mischungsverhältnissen miteinander und harmonisieren ein großes Raumgefüge. Wand- und Gewölbeanstrich in der Gabrielkirche bilden, zusammen mit der natürlichen Färbung der Bodenfliesen, eine gut aufeinander abgestimmte Farbkomposition.

Auf den Rippen der Gewölbe und an ihren Enden sind schmale goldene Linien aufgezogen. Die Farbe Gold steht für das Göttliche und symbolisiert die Anwesenheit Gottes im Kirchenraum. An den Fenstern sind die inneren Rahmen weiß gehalten. Die sich öffnenden, weißen Wandinnenseiten der Fenster leiten das einfallende Licht in den Kirchenraum weiter, ohne es zu stark abzuschwächen. Das besondere Raumgefüge eines Kirchenraums lässt etwas spürbar werden von der Gegenwart Gottes unter den Menschen. Die Farbgebung kann zu dieser Wirkung beitragen.

IV. INNENANSICHTEN

Orte im Kirchenraum

DER ORT DER TAUFE —
LEBENDIGES WASSER GIBT LEBEN

D ie Taufe ist das Eingangssakrament zum Leben im christlichen Glauben und zum Leben in Gemeinschaft mit der christlichen Kirche. Das Sakrament der Taufe begründet die ganz besondere, für alle Zeiten unauflösliche Gemeinschaft mit Christus.

Der Empfang des Taufsakraments geschieht in einem Gottesdienst, entweder im Gemeindegottesdienst oder in einem eigenen Taufgottesdienst. Jeder Taufgottesdienst beginnt im wahrsten Sinne des Wortes »zwischen Tür und Angel« im Eingangsbereich der Kirche. Hier, an der Schwelle zum Eintritt in den Kirchenraum, beginnt der Mensch seinen Weg mit der Kirche. Hier erklären die Eltern des Kleinkindes beziehungsweise der erwachsene Mensch, der getauft werden möchte, ihre Bereitschaft zum Empfang des Sakraments. Es ist ein schönes Symbol: Der Weg in den Kirchenraum hinein hängt mit der Entscheidung zur Taufe und damit zum Eintritt in die Gemeinschaft der Christen zusammen. Manchmal findet sich schon im Eingangsbereich einer Kirche ein Taufstein oder -becken. In diesem Fall wird die Taufe nach der Bereitschaftserklärung auch dort vollzogen. Befindet sich der Taufstein an einer anderen Stelle in der Kirche, ziehen Priester oder Diakon nach dem Eingangsritual mit der Taufgemeinde zum Ort der Taufe, wo sich das Taufbecken beziehungsweise der Taufstein befindet. Der Weg des zu taufenden Menschen mit der Kirche hat symbolisch und konkret seinen Anfang genommen.

Die Taufkapelle

Mancherorts verfügen Kirchen auch über eigene Taufkapellen, in denen Taufgottesdienst und Taufe gefeiert und vollzogen werden. Taufkapellen erinnern an die frühe kirchliche Praxis, Taufbewerberinnen und -bewerber in eigenen Taufkirchen (Baptisterien) zu taufen. In einem Baptisterium befand sich ein von fließendem (»lebendigem«) Wasser gespeistes Becken, in das die zu Taufenden, in der Regel Erwachsene, hineinstiegen, um mit dem fließenden Wasser übergossen zu werden.

Die Gabrielkirche verfügt auch über eine eigene Taufkapelle. Die Konzeption der Kirche als eine dreigliedrige Basilika hat dazu geführt, eine Taufkapelle im linken Seitenschiff, in der Apsis, einzurichten. Zuvor wurde diese Apsis als Andachtsort für die »Pietà« genutzt. Vor allem in gotischer und neo-gotischer Zeit wurde eine Taufkapelle in Anlehnung an frühchristliche Taufkapellen gern oktogonal gebaut. Ein Oktogon, ein Achteck, verweist mit Bezug auf die symbolische Bedeutung der Zahl Acht auf die Auferstehung Christi und damit auf die Bestimmung des getauften Menschen. In der Gabrielkirche ist die Apsis der Taufkapelle mit dieser Intention oktogonal gebaut — wie auch die Apsis des Hauptchors der Kirche.

Die Taufkapelle ist mit einer besonders eindrucksvollen Wandbemalung und einem Taufstein ausgestattet. Nachfolgend soll auf die Ausmalung wie auch auf den Taufstein näher eingegangen werden.

Die Ausmalung der Taufkapelle

»Es wir erzählt von einer Zeit, die weit zurück liegt und uns doch ganz nahe kommt, die niemals war und doch bis heute immer noch ist, die jeder Mensch wie seine Kindheit in sich trägt. Diese Geschichten stehen am A N F A N G der Bibel, obwohl sie später entstanden sind als viele andere. Sie berichten nicht von bestimmten Augenblicken in der Geschichte der Menschheit und auf der Erde. Die Urgeschichten erzählen vom Ursprung der Welt in Gott; sie erzählen von dem, was bis heute geschieht, wenn Menschen zusammen sind.«[25]

Abb. 30: **Ausmalung und Taufstein** in der Taufkapelle.

»Nach vierzig Tagen öffnete N O A C H das Fenster der Arche, das er gemacht hatte, und ließ einen Raben hinaus. Der flog aus und ein, bis das Wasser auf der Erde vertrocknet war. Dann ließ er eine Taube hinaus, um zu sehen, ob das Wasser auf der Erde abgenommen habe. Die Taube fand keinen Halt für ihre Füße und kehrte zu ihm in die Arche zurück, weil über der ganzen Erde noch Wasser stand. Er streckte seine Hand aus und nahm die Taube wieder zu sich in die Arche. Dann wartete er noch weitere sieben Tage und ließ wieder die Taube aus der Arche. Gegen Abend kam die Taube zu ihm zurück, und siehe da: In ihrem Schnabel hatte sie einen frischen Ölzweig. Jetzt wusste Noach, dass nur noch wenig Wasser auf der Erde stand. Er wartete weitere sieben Tage und ließ die Taube noch einmal hinaus. Nun kehrte sie nicht mehr zu ihm zurück.«

(Gen 8,6–12)

Das Bild von der Sintfluterzählung — eine Momentaufnahme und doch viel mehr

Überlang im Vergleich zu den Ausmaßen der Arche reckt sich der Arm Noachs der Taube mit dem Zweig im Schnabel entgegen. Gerade hoch streckt Noach die Finger seiner Hand, als wollte er sagen: Schau hierher, Gott, wir alle in der Arche warten auf dein Zeichen! Und die Taube mit dem Ölzweig ist im Anflug (vgl. Abb. 32).

Es ist eine Momentaufnahme im Bild festgehalten. Es ist der kurze Moment, unmittelbar bevor Noach erkennt, dass die Welt nicht mehr länger der Katastrophe ausgesetzt sein wird. In diesem spannungsgeladenen Moment des Ahnens, Hoffens, aber des noch Ungewissen wird jeden Augenblick der neue Anfang der Geschichte Gottes mit den Menschen offenbar. In dieser Momentaufnahme ist der Bogen Gottes in den Wolken schon zu sehen — wenn auch nur für uns, die Betrachtenden, noch nicht für Noach im Innern der Arche.

Es ist Noachs Geschichte. Und doch es ist auch unsere. Es ist eine Momentaufnahme. Und doch ist es viel mehr. Die Sintfluterzählung können wir im Buch Genesis, dem ersten Buch der Heiligen Schrift, nachlesen. Sie ist aber deshalb nicht eine Geschichte aus den Anfangserzählungen der Bibel, sondern sie ist, wie die Urgeschichte insgesamt, eine Geschichte von immer neuen Anfängen. — Mit dieser kurzen Einführung sind Sie vielleicht neugierig geworden; mit Sicherheit aber sind Sie gerade etwas unsanft und gleich mitten in die Auslegung einer der bekanntesten biblischen Erzählungen hineingestupst worden! Lassen Sie uns einen Schritt zurückgehen und am Anfang beginnen.

Abb. 31: Das **Himmelszeltgewölbe** der Taufkapelle.

Das Bild im Kirchenraum

Das Bild wurde im Jahre 1999 von dem Hattinger Künstler Egon Stratmann gemalt.[26] Es hat (noch) keinen Titel. Vielleicht könnte es heißen: »Noach und die Taube mit dem Ölzweig«. Es könnte aber auch heißen: »Ein neuer Anfang« oder auch »Gottes Bund mit den Menschen« oder … Welchen Titel würden Sie dem Bild nach Ihrem ersten Eindruck geben?

Das namenlose Bild hat aber einen Ort. Schon beim ersten Hinschauen kann der Eindruck entstehen: Dieses Bild passt gut in die Taufkapelle einer Kirche. Dieser Eindruck stimmt auch; die Sintfluterzählung hat mit der Taufe durchaus etwas gemeinsam. Es soll ersichtlich werden, warum das so ist und worin die Gemeinsamkeiten zwischen dem Bild, der biblischen Botschaft und der Taufe bestehen.

An der Stirnseite der Apsis der linken Seitenkapelle füllt die Malerei exakt die Nische aus. Die Spitze des Bogens und somit auch die Spitze des Bildes ragen hoch hinauf, hinein ins Kreuzrippengewölbe. Bei der Betrachtung eines Bildes verläuft die Blickrichtung normalerweise von links nach rechts. Dieses schmale, lang gezogene Bild aber nimmt uns schon äußerlich mit auf einen anderen Weg: einen Weg von ganz unten, gleichsam durch die Fluten des Wassers nach ganz oben, in das Himmelblau des Deckengewölbes, direkt in den Himmel hinein. Das gotische Gewölbe, in der Apsis besonders schön ausgestaltet, symbolisiert den Himmel als göttlichen Schutz, einem großen Zelt ähnlich, unter dem alle Menschen leben können.

Vom Himmel aus geht unser Blick wieder zurück durch die Fluten auf den tiefen Grund des Bodens. Sehr schön wird in der äußeren Anlage des Bildes bereits deutlich: Höhe und Tiefe stehen in engster Beziehung zueinander. Die Tiefe des Wassers ist genau da, wo wir als Betrachtende auf der Erde stehen. Höhe und Tiefe, Himmel und Erde berühren sich. Menschliches und Göttliches stehen in einer unmittelbaren Verbindung zueinander.

Was wir im Bild sehen — Himmel, Wasser und mehr

Betrachten wir nun die Farben im Bild. Der Künstler kommt mit nur vier Farben aus: Die Farben Blau und Weiß dominieren. Vereinzelt sind grüne Farbstreifen zu sehen, das Gelb der Sonne leuchtet vor allem im oberen linken Bildteil. Ihre Strahlen reichen vorsichtig, aber kräftig gelb und deutlich sichtbar in die Szene hinein.

Mit der Farbe Blau verbinden wir vor allem Gedanken an Himmel und Wasser. Wir nehmen das Blau des Himmels als allgegenwärtig und allumfassend wahr. Es lenkt unseren Blick in die Höhe und gleichzeitig in die Ferne und Unendlichkeit. Der Himmel bewahrt uns vor der Gefahr zu starker Sonneneinstrahlung. Wie eine Glocke überwölbt er die Erde schützend. Ein Blick in den Himmel wird zur Begegnung mit dem Transzendenten, dem Göttlichen, dem alles Überspannenden, Entgrenzten, dem Unbegreiflichen.

Der Himmel im Gewölbe der Taufkapelle ist ein zarter Himmel, von dem sanften Blau, wie wir den Himmel im Ausgang des Winters zum Frühling hin erleben — nicht von dem satten Blau des Sommerhimmels, nicht vom tiefen Blau des Herbsthimmels. In dieser Decken- und Wandmalerei ist ein Anfang festgehalten: »Am ersten Tag des ersten Monats hatte sich das Wasser verlaufen.« (Gen 8,13b) Die Regenwolken ziehen sich zurück und lassen das Himmelsblau wieder erkennen. Der erste Tag des ersten Monates ist der 1.1., also ein Neujahrstag. Im jüdischen Kalender beginnt das neue Jahr mit dem Monat, in dem nach biblischer Tradition das israelische Volk aus ägyptischer Sklaverei loskam. Es geht dabei nicht um kalendarische, sondern um religiöse Zeitrechnung: Der Auszug des Volkes aus dem Land der Unterdrückung (vgl. die Erzählungen im Buch Exodus) ist der

Anfang einer neuen Ära, die dem Menschen Freiheit bringt. Der erste Monat des Jahres ist nach religiöser jüdischer Zeitrechnung der Nisan, ein Frühjahrsmonat. Was hier am Ende der Sintflut-Katastrophe seinen Anfang nimmt, ist etwas vollkommen Neues: Eine neue Weltzeit beginnt.[27] Frühjahr und neues Leben sind vor allem qualitativ in Sicht.

Weite, Tiefe, Ferne und Entgrenztheit werden auch im Blau des Wassers erfahrbar. Je tiefer das Wasser, desto blauer und dunkler wirkt es auf uns. Diese Wirkung steigert sich bis hin zum Gefühl der Bedrohung und der Angst vor der Tiefe, vor dem Ertrinken. Der Schutz des Himmels ist der Gegenpol zur Bedrohung durch das Wasser.

Im Wasser spiegelt sich das Blau des Himmels wider. Je blauer der Himmel, desto blauer scheint das Wasser. Die Natur zeigt uns die Zusammengehörigkeit beider Sphären und gleichzeitig ihren großen Abstand voneinander.

Farben haben eine Wirkung auf das Innere des Menschen. Blau stimmt sehnsüchtig, melancholisch, ruhig, träumerisch. Blau erscheint als Farbe der Introversion, des Bei-sich-Seins. Wer sich dem Blauton hingibt, kommt ins Nachsinnen über das Leben, über Gott, über sich selbst.[28] Blau führt zu einer ernsthaften Sicht der Dinge nach innen.[29] Für das Bild heißt das: So viel Blau deutet auf einen gewaltigen inneren Prozess hin, der sich hier vollzieht. Unten im Bild ist das Blau des Wassers besonders tief, dunkler und undurchsichtiger. Die Tiefe des Wassers lässt sich erahnen. Sie ist mit dem Bildrand noch nicht zu Ende; sie lässt sich darüber hinaus weiterdenken. Die Tiefe ist noch tiefer, als wir sie hier sehen können. Helleres Blau und weiße Lichtspuren zeugen von der Bewegung, die auch in der Tiefe noch stattfindet.

Je weiter wir unseren Blick auf das Bild nach oben lenken, desto heller und transparenter wird das Blau. Wir verlassen die Tiefe. Immer mehr ist das Blau in der aufsteigenden Bildrichtung von Weiß durchsetzt. Hier toben die Wassermassen! Die Wellen peitschen, die sprühende Gischt und die Wildheit des Wassers sind sichtbar und beinahe spürbar.

Wasser und Taufe

Wasser verwenden wir bei der Taufe. Wasser ist die Grundlage allen Lebens. Es lässt Leben entstehen, es lässt Pflanzen, Tiere und Menschen überleben. Und dennoch kommt es nicht selten vor, dass Menschen im Wasser ertrinken. Als Johannes der Täufer begann, Menschen im Jordan zu taufen, war er sich der Bedeutung des Wassers bewusst. Die Ambivalenz des Wassers ist: Wasser kann Leben, aber auch den Tod bringen.

Chaos und Schräglage — und mehr

Auf diesem tosenden Chaos der gewaltigen Wassermassen wird die Arche Noachs mit ihren Bewohnern im Inneren hin und her geschüttelt. Es ist kaum zu glauben, dass dieses Schiff, das im Vergleich mit den ungeheuren Fluten wie eine Nussschale wirkt, der Bedrohung durch die vernichtende Naturgewalt standhalten kann. Aber paradoxerweise geschieht genau dies: Ruhig, fast majestätisch und sicher bewegt sich die Arche auf dem Wasser im Chaos dieser Weltuntergangsszenerie.

Das Chaos ist allezeit präsent: Sogar der Horizont scheint zu kippen! Nach links fällt die Horizontlinie unnatürlich stark ab. Hier, so erzählt das Bild, handelt es sich um eine Schieflage der besonderen Art. Diese außerordentliche Schieflage deutet über eine bloße Darstellung im Bild hinaus auf eine das ganze Leben betreffende Schieflage hin: Das Verhältnis zwischen Oben und Unten, zwischen Himmel und Erde, zwischen Gott und Mensch ist gestört. Die Urfluten wehren sich gegen das Verhalten des Menschen, die Natur begehrt mit aller Kraft gegen die Zerstörung des Lebensraumes Erde auf. Sie scheint den Menschen bestrafen zu wollen für die Gewalt, die er ausgeübt und die er Mensch und Tier und der Welt angetan hat. Der Mensch muss vor sich selbst geschützt werden, damit Leben im Sinne des Schöpfers wieder möglich wird.

Die für uns sichtbare Schnittkante zwischen Wasser und Himmelsatmosphäre ist derart schief, dass die Arche mitsamt ihren Bewohnern hinunterfallen müsste. Aber: Die Arche bleibt unversehrt auf ihrer Spur. Dieses Phänomen der Schieflage mit dem Verstand oder mit physikalischen Gesetzmäßigkeiten zu erklären, ist uns nicht möglich. Hier, wo sich die Geschehnisse unseren Möglichkeiten und Fähigkeiten entziehen, hält nur einer die Fäden in der Hand: Gott, der Schöpfer, der alles Leben möglich macht. Ob Noach eine Ahnung hat von dieser Kraft, die ihn umgibt und in der er sich bewegt?

Die Schräglage wird jäh und massiv gestört: Ein blau-weißer Strahl bricht deutlich sichtbar aus dem oberen Bildteil in die Fluten ein. Der obere Bildteil, ganz in Weiß, ist Gott vorbehalten: Gott bricht in die Ereignisse ein! Eine Schnittstelle entsteht aus den beiden Geraden. Ein Kreuz wird sichtbar. Gott selbst durchkreuzt das Geschehen, die Schieflage, indem er von oben nach unten eingreift. Er beabsichtigt, die Dinge machtvoll und in seinem Sinne zu beeinflussen.

Es legt sich nahe, das Kreuz weiterzudenken bis hin zu Jesus Christus. Auch in ihm und durch ihn hat Gott massiv in die Geschehnisse der Welt eingegriffen und den Lauf der Dinge durchkreuzt. Das Kreuz im Noach-Bild wirft seine Schatten voraus in die rechte Bildhälfte, die Richtung, die die Arche ansteuert und die Richtung, aus der die Taube mit dem Ölzweig angeflogen kommt — die Richtung zum Leben. Das Kreuz wirft seinen Schatten bis ins Neue Testament hinein, wo der neue, der zweite Bund Gottes mit den Menschen in Jesus Christus begründet wird. Der Strahl bricht tief ins Wasser ein. Das riesige Kreuz weist uns darauf hin: Am Kreuz kommt niemand vorbei. Unser Leben steuert geradewegs auf das Kreuz zu. Aber hinter dem Kreuz liegt wieder eine andere Dimension: Leben! Christus selbst ist bis in die tiefsten Tiefen hinabgestiegen, bis hinein in das Reich des Todes. Erst so konnte er Auferweckung erfahren.

Die diagonal durchs Bild führende Einbruch-Linie bildet zusammen mit der Linie links im Bild, den Regengüssen, ein Dreieck. Hier deutet sich Gottes Handeln im Symbol des Dreiecks an: Das Dreieck ist Symbol für den dreifaltigen Gott, der in drei Personen, Vater, Sohn und Geist, da ist.

Tod, Leben und Dreifaltigkeit Gottes in der Taufe

Der zu taufende Mensch wird getauft auf den dreifaltigen Gott. Dreimal übergießt der Priester oder Diakon den Kopf des Täuflings mit Wasser und spricht dabei: Ich taufe dich auf den Namen des Vaters, des Sohnes und des Heiligen Geistes. Mit der Taufe auf den Namen des Sohnes wird die Taufe gleichzeitig vollzogen auf den Tod und die Auferstehung Jesu Christi. Der zu taufende Mensch muss wie Christus und mit Christus eintauchen in die Wasser der Tiefe, er muss die Tiefe durchleben, um zum wahren Leben zu kommen. Die Tiefe, die er erlebt, reicht bis in die Tiefe des Todes hinein, wo kein tieferer Fall mehr möglich ist und nur noch Gottes Handeln das Leben wieder erwecken kann. Im Tod wird der Mensch Gott ganz und gar begegnen und Gott in der Fülle des Lebens erkennen, die sich ihm dann eröffnet.

Immer noch schief?

Die Arche ist nicht in voller Länge zu sehen, ihre Ausmaße sind aber gut zu erahnen. Sie fährt geradewegs auf den Durchbruch der Schieflage zu. Aus dem Fenster der Arche reckt Noach seinen Arm nach oben. Im Vergleich zum Schiff ist der Arm völlig überproportioniert — oder, anders gesagt: Das Schiff ist angesichts der Größe des Arms viel zu klein für die Menge an Menschen und Tieren, die in seinem Innern wohnen. Noachs Arm entspricht nicht der natürlichen Bewegung, die ein menschlicher Arm durchführen kann. Er ist rund wie ein Bogen, wirkt also auch über seine Größe hinaus unnatürlich. Unpassend ist ebenso die Größe der Taube: Sie ist ebenfalls viel zu groß geraten. Eine solch riesige Taube passt gar nicht mehr durch das Fenster in die Arche hinein!

Im Vergleich stimmen die Proportionen in der gesamten Szene nicht. Die Schieflage wird auch hier mehr als deutlich. Als Betrachtende drängt sich uns die Frage auf: Warum und wozu ist das so?

Hier, so legt uns die Darstellung nahe, kann es nicht um ein reales oder reell greifbares Geschehen gehen. Die Frage ist überhaupt nicht von Belang, ob und wie dieses Geschehen tatsächlich stattgefunden hat. Die Urgeschichten in der Bibel wollen nicht erzählen, was historisch geschehen ist. Sie wollen vielmehr sagen, was »niemals war und (doch) immer ist«[30]. Nur mit dem »dritten« Auge, das hinter die Geschehnisse schaut, ist zu sehen: Gott greift rettend in seine Geschichte mit uns Menschen ein.

Nun sind wir Menschen in der Regel daran interessiert zu wissen, ob biblische Erzählungen wie die Erzählung von der Sintflut im Buch Genesis nicht doch historisch belegbar sind. Immer wieder werden Funde aus biblischer Zeit an ihrer historischen Glaubwürdigkeit gemessen. So wird erzählt, dass ein Hirte auf dem Berg Ararat im heutigen Grenzgebiet zwischen der Türkei und Armenien ein Wrack gefunden haben will, bei dem es sich um Überreste der nach biblischem Bericht auf diesem Berg gestrandeten Arche Noachs handeln soll. Die wissenschaftliche Forschung aber konnte keinen derartigen Fund bestätigen. So gern wir Menschen auch Sicherheit in Form von Beweisen haben und hätten, so müßig ist es, diesen Gedanken weiterzuverfolgen. Einen wissenschaftlichen Beweis für das Geschehen dieser Sintfluterzählung im Sinne von »Und die Bibel hat doch recht« werden wir nicht erhalten.

Im Übrigen würde es doch nichts an dem verändern, was wir im Glauben »wissen«: Leben ist durch Gott geschaffen und wird immer wieder durch ihn neu geschaffen und erhalten werden. Leben ist immer, auch im Tod, schon wieder im Anfang. Die Bibel erzählt es uns im Alten und im Neuen Testament: »Im Anfang schuf Gott Himmel und Erde (...)« (Gen 1,1), »im Anfang war das Wort (...) «(Joh 1,1). In wunderschöner Lyrik ist hier zu lesen, was wir alle wohl schon erlebt haben: In allem, was zugrunde geht, läuft immer schon wieder ein Anfang mit.

Von diesen Anfängen erzählen die grünen Streifen, die das Bild immer wieder durchziehen: An allen Orten, auch in den tiefsten Tiefen, sind Zeichen des beginnenden und neu aufkeimenden Lebens zu entdecken. Wer wirklich hinschaut, kann sehen, was sich im Verborgenen anbahnt.

Vielleicht ist in der auffälligen Rundung in Noachs Arm die menschliche Antwort auf den Bogen Gottes zu sehen. Wenn wir Arm und Bogen in Beziehung zueinander setzen, kann ein etwas holpriger, nicht ganz runder Kreis gedacht werden. Bogen und Arm bilden dann zwei Kreisbögen. Dieser unfertige Kreis muss noch wachsen und werden. Die Regengüsse aber können weder dem Bogen Gottes noch dem Arm Noachs ernsthaft etwas anhaben: Sie treten sowohl hinter den Bogen als auch hinter den Arm zurück. Wie beruhigend und entlastend zugleich ist es doch: Der Kreis Gott-Mensch darf noch unrund sein. Die Antwort des Menschen darf sich entwickeln und langsam stärker und sicherer werden. Die Grundlage des Wachsens für die Beziehung Gott-Mensch ist da: Gott selbst hat sie gelegt.

Antwort und Taufe

Alles wahre Leben ist Beziehung. Ohne Beziehungen ist Leben unvollständig. Um die Beziehung Gottes zum Menschen und umgekehrt geht es in der Taufe. Der Mensch erklärt sich mit der Entscheidung zur Taufe bereit, Beziehung zu Gott aufzunehmen. Er will auf das Beziehungsangebot Gottes Antwort geben. In dieser Beziehung und mit ihr kann der Mensch wachsen und groß werden. Für das zu taufende Kleinkind übernehmen die Eltern diese Antwort. Der Täufling wird mit Chrisam gesalbt. Das Öl hat seinen Namen von Christus, der ›der Gesalbte‹ (›Christos‹ = ›der Gesalbte‹, griech.) ist. Der Priester oder Diakon zeichnet dem getauften Menschen mit dem Salböl ein Kreuz auf die Stirn. Durch die Salbung wird der getaufte Mensch in der Beziehung zu Christus dem Gesalbten ähnlich.

Das Fenster: Verbindung zwischen Innen und Außen

Noach selbst sitzt noch im Innern des Schiffs. Zusammen mit seiner Familie und den Tieren harrt er der Dinge, die da kommen sollen. Für den Bau der Arche hat er von Gott einen detaillierten Bauauftrag erhalten, an dem er sich sehr genau orientiert hat.

Selbst die Stelle, wo die Tür angebracht werden sollte, hat Gott festgelegt (vgl. Gen 6,16). Gott selbst verschließt die Arche (vgl. Gen 7,16) und Gott selbst ist es, der schließlich den Auftrag zum Verlassen des Schiffes gibt (vgl. Gen 8,16). Aber eines hat Gott Noach nicht befohlen: ein Fenster in die Arche einzubauen! Hier handelt Noach ganz und gar eigenmächtig. Und Gott hat nichts dagegen.

Warum jemand ein Fenster in einen sonst dunklen Raum einbaut, ist offensichtlich: Der Mensch will den Kontakt nach außen halten, will sehen können, was sich draußen ereignet, will nicht abgeschnitten sein von der Außenwelt. Ein Fenster macht es möglich, dass Innen- und Außenwelt miteinander in Kontakt bleiben können. Durch das Fenster kann Noach zunächst den Raben, dann die Taube hinauslassen und auch wieder in Empfang nehmen. Mit dem Öffnen des Fensters wird die Veränderung zum Guten für Noach in der Taube greifbar.

Noachs Hand erweckt den Anschein, als sehne sie sich nach Berührung. Mit einer in dieser Weise ausgestreckten Hand berühren wir, wen und was wir berühren wollen. Berührung, die ertasten und erfühlen will, geschieht mit ausgestreckter Hand und ausgestreckten Fingern. Die Finger an Noachs Hand sind nur wenig, nicht stark gespreizt. Sie sind nicht fordernd, wirken nicht ausgesprochen angestrengt, sondern eher erwartungsvoll hoffend. Sehnsucht, aber auch Zutrauen und eine gewisse Sicherheit sprechen aus ihnen. Noach sehnt sich nach Berührung durch Gott. Er erhofft sie von gerade diesem Moment. Auch das Greifen ist aus dieser Handhaltung leicht möglich. Noach will jetzt das Zeichen Gottes spüren und es be-greifen. Er ist bereit.

Hinter dem verschlossenen Fenster hat Noach Schutz vor der Naturgewalt gefunden. So hat er zusammen mit den Bewohnern der Arche eine lange Zeit verbracht. Was mag sich während der langen Zeit des Ausharrens, also vor dem Moment der Wende, hinter dem Fenster abgespielt haben? — Denken wir uns, was nirgendwo geschrieben steht, aber doch vorstellbar ist:

Aus dem Innern heraus wird Noach durch das Fenster die immer größer werdende Katastrophe gesehen haben — wenn er sich diesem Anblick ausgesetzt hat mit den schrecklichen Konsequenzen für Mensch und Tier. Im Innern der Arche, im Dunkel, in der Tiefe des Inneren hat er Zeit genug, sich Gedanken zu machen über das Leben, über den Tod, über das im wahrsten Sinne des Wortes »vorsintflutliche« Verhalten der Menschen, über Gott und sein Handeln und schließlich auch über sich und seine Beziehung zu diesem Gott, dem er glaubt und dem er sich anvertraut hat. Das dunkle Innere der Arche steht in Beziehung zur Tiefe des Wassers. Der Tiefe ausgesetzt, stellt sich uns Menschen die Frage nach Tod und Leben. Die Tiefe hat auch reinigende Funktion.

Taufe und Reinigung

Wasser reinigt äußerlich. Der Vollzug der Taufe mit Wasser aber bedeutet innere Reinigung des Menschen: »In [der Arche] wurden nur wenige, nämlich acht Menschen, durch das Wasser gerettet. Dem entspricht die Taufe, die jetzt euch rettet. Sie dient nicht dazu, den Körper von Schmutz zu reinigen, sondern sie ist eine Bitte an Gott um ein reines Gewissen aufgrund der Auferstehung Jesu Christi.« (1 Petr 3,20.21)

In der Arche kann Noach entdecken, dass Leben in vielfältiger Weise von Gott gewollt ist, obwohl er Noach und die Bewohner der Arche dieser Zumutung des Dunklen aussetzt. Hätte Gott keine lebensspendenden Absichten, hätte er Noach sicher nicht den Auftrag gegeben, seine Familie und so viele verschiedene Tierpaare mit in die Arche zu nehmen.

Das innere Sehen — in der Arche und in die eigene Seele hinein — korrespondiert schließlich mit dem äußeren Sehen: Durch das Fenster sieht Noach den Anflug der Taube mit dem Ölzweig — ein sicheres Zeichen für das Ende der Flut und dafür, dass Gott sein Versprechen einlösen wird. Das Fenster in der Arche hat Noach in die Tiefe und in die Weite sehen lassen. »Erst in diesem neuen Sehen gewinnt er bleibende Zuflucht.«[31] In diesem Sehen wird sein Glaube für ihn zur Sicherheit und sein Auftrag, die Welt in Gottes Sinne zu hüten, so deutlich wie noch nie zuvor.

Die Wende

Die Taube kündigt die Wende an. Hoffnungsfroh sendet Noach sie dreimal aus. Beim ersten Mal kommt sie nach einem Rundflug zurück, beim zweiten Mal bringt sie das Zweiglein mit, beim dritten Mal kommt sie angesichts der neugewonnenen Freiheit und des sich ausbreitenden Lebens nicht wieder. Zwischen den Aussendungen liegen jeweils sieben Tage, insgesamt sind es drei mal sieben Tage. Sieben ist symbolisch die Zeitspanne, in der etwas heranreift und zur Vollendung kommt[32], drei ist die Zahl für das Göttliche. Drei mal sieben Tage meint: Jetzt ist der Zeitpunkt da, jetzt ist die Reife erreicht für die Begegnung und Berührung mit Gott. Die Taube ist ein Symbol für das

Wirken Gottes im Geist; mit dem Ölzweig im Schnabel ist sie zusätzlich ein Symbol des Friedens.[33] Sie kündigt an, was Gott kurze Zeit später in folgende Worte fasst: »Solange die Erde besteht, sollen nicht aufhören Aussaat und Ernte, Kälte und Hitze, Sommer und Winter, Tag und Nacht.« (Gen 8,22)

Die Taube ist Botin der ersehnten Wende. Damit ist sie Botin des Neubeginns. Der Neubeginn, der sich hier abzeichnet, ist ein Neubeginn mit Gott. Aber auch in diesem Neubeginn ist der Mensch Versuchungen ausgesetzt, durch die er sich wieder von Gott wegführen lassen kann. Leben ohne Versuchungen gibt es nicht! Die Taube bringt diese Botschaft mit dem Ölzweig gleich mit: In ihrem Gefieder ist eine Schlange zu sehen. Die Schlange bewegt sich in Richtung Land, dorthin, wo die Taube den Ölzweig gefunden hat. Die Schlange im Gefieder der Taube verweist auf die Schlange, die die Menschen im Paradies in Versuchung geführt hat, ihre Grenzen zu überschreiten und von der verbotenen Frucht zu essen (vgl. Gen 3,4–6).

Es lässt sich noch mehr Skurriles an der Taube entdecken: Kopf und Körper ähneln viel eher dem Kopf und dem Körper einer Schildkröte als dem einer Taube! Schauen wir deshalb auf die Symbolik, die mit der Schildkröte einhergeht.

Eine Schildkröte kann sehr alt werden und gilt deshalb als Symbol der Unsterblichkeit. In der fernöstlichen Mythologie erscheint sie als Mittlerin zwischen Himmel und Erde: Ihr gebogener Rückenpanzer wurde als Abbild des Himmels, der flache Bauchpanzer als Bild für die Erde (als Scheibe) gesehen. Die Schildkröte wurde damit zu einem Sinnbild für das Universum. Die geheimnisvollen, als Geheimschrift und Muster für kosmische Strukturen gedeuteten Zeichen auf ihrem Panzer machten sie zusätzlich zu einem Symbol der Weisheit.[34] In der christlichen Tradition gilt die Schildkröte als Symbol für die moralische Verwandlung des Menschen, der Schuld auf sich lädt, durch den Geist Gottes.[35]

Der Künstler will mit der Darstellung dieser ungewöhnlichen Kreuzung aus Taube, Schlange und Schildkröte unsere Aufmerksamkeit auch auf das Tier lenken. Es bringt mit dem Ölzweig die Botschaft vom neuen Leben zu Noach. Es ist aber nicht nur Übermittler der Botschaft vom neuen Leben, sondern es ist auch selbst diese Botschaft: ein Zeichen dafür, dass Himmel und Erde, die durch ein allumfassendes Chaos voneinander getrennt waren, in einem neuen Bund, der von Gott für alle Zeiten gehalten werden wird, wieder zusammenkommen. Das Tier ist ein Zeichen für das Wirken Gottes, das manchmal ungewöhnlich ist, das aber vor allem eins will: Leben und Beziehung fördern.

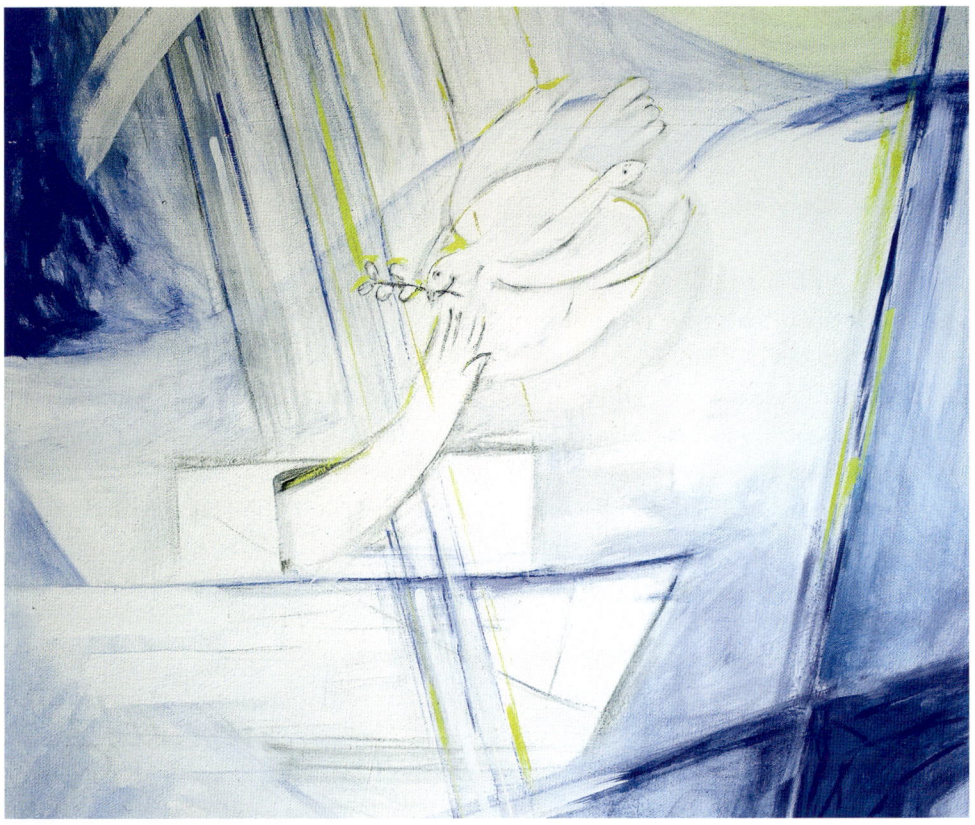

Abb. 32: Die **Taube**: Zeichen der Rettung.

Gottes Geist, persönliche Reife und Taufe

Bei der Taufe Jesu wird in allen vier Evangelien auch von einer Taube erzählt. Der Himmel öffnet sich, der Geist Gottes kommt wie eine Taube auf Jesus herab (es ist auch in dieser Erzählung kein Zeichen, das wie eine Taube aussieht, sondern sich nur wie eine Taube verhält!) und erfüllt ihn (vgl. Mk 1,10). Auch der Mensch, der getauft wird und Aufnahme in die Gemeinschaft mit Christus erfährt, wird neu beseelt mit dem Geist Gottes. Dieser Geist kommt wie eine Taube auf ihn herab und will ihm zu einem Glauben verhelfen, der ihm Sicherheit gibt und ihn ins Leben führt.

Taufe ist Neuanfang. Wer getauft ist, ist zwar rein, aber nicht von den Versuchungen des Lebens befreit. Der getaufte Mensch aber kann den Versuchungen gestärkt vom Geist Gottes begegnen und so in seinen Beziehungen reifen.

Weiß — das göttliche Licht

Die Farbe Weiß hat unter den Farben eine Sonderstellung inne: Sie gilt als Farbe des ungebrochenen Lichts und war somit in verschiedenen Kulturen immer Zeichen für das Göttliche, denn: Weiß ist »Ausdruck des Absoluten, des Anfangs und des Endes, der Fülle und der Leere sowie deren Vereinigung«[36]. Weißes Licht verweist auf das göttliche Licht. »Als Farbe des Lichts bedeutet Weiß Erleuchtung, Verklärung, Auferstehung und Vollkommenheit.«[37] Im eher negativen Sinne bedeutet die Farbe Weiß das noch Schemenhafte, Undefinierbare, das aber wiederum alles enthält und jedes Potenzial besitzt.

Das weiße Licht oben im Bild hat die Form eines Kreises. Der Kreis ist von jeher ein Symbol für das Absolute, Vollkommene, Göttliche. Ein weißer Kreis potenziert die Symbolik des Göttlichen.

Der weiße Kreis steht als dominierendes Element über dem gesamten Bild am Übergang zum Himmelsgewölbe. Bei genauem Hinsehen ist das Licht bereits im Gewölbe, im Himmel, auszumachen: Das Himmelsblau ist ein Weiß-Blau. Der weiße Kreis ist das Energiefeld des gesamten Bildes. Von hier aus breitet sich das Licht auf die Erde hin aus. In allem ist dieses Licht zu finden. Besonders stark und präsent ist diese Energie in dieser so wichtigen Momentaufnahme kurz vor der Wende. Alles, dieser besagte Moment, die Arche, der Arm Noachs und die Taube sind ganz und gar im göttlichen Licht.

Weiß ist auch die Farbe des Anfangs, der Initiation. Der Anfang des Friedens Gottes mit den Menschen wird deutlich in dem Weiß des Bogens. Noch ist dieser Bogen nur schemenhaft erkennbar, aber er ist da. Obwohl Sonne und Regen zusammenkommen, ist das Licht noch nicht gebrochen und spaltet sich nicht in die Regenbogenfarben auf. Dieser Bogen ist nicht zwangsläufig ein Regenbogen, sondern vor allem ein Friedensbogen. In antiker Zeit war der Bogen die Waffe der Menschen bei der Jagd und im Krieg. Gott hat den Regenbogen, aber auch seinen Kriegsbogen, unmissverständlich in den Himmel gehängt als Zeichen des dauerhaften Friedens. Der Bogen ist ein Zeichen, mit dem Gott vielleicht auch sich selbst daran erinnert, dass ein ewiger Bund zwischen ihm und seiner Schöpfung besteht (vgl. Gen 9,16).

Weiß in der Taufe

Ein Mensch, der sich taufen lässt, trägt ein weißes Kleid zum Zeichen für den Anfang seines Lebens mit Gott als Christ. Die Farbe Weiß begleitet den getauften Menschen auch bei den Stationen seines weiteren Lebens: bei seiner Kommunion, seiner Hochzeit, schließlich im weißen Kleid auf dem Totenbett — und, wie uns die Bibel erzählt, auch noch darüber hinaus: In einer Vision von der ewigen Zukunft des Menschen im Himmlischen Jerusalem wird dem Seher Johannes offenbart: Die, die »ihre Gewänder gewaschen [...] und im Blut des Lammes weiß gemacht haben« (Offb 7,14 — welch starkes Bild für Menschen, die ihr Leben im Glauben an Jesus Christus gelebt haben und durch seine Hingabe bereits erlöst worden sind!) »werden keinen Hunger und keinen Durst mehr leiden und weder Sonnenglut noch irgendeine sengende Hitze wird auf ihnen lasten. Denn das Lamm in der Mitte vor dem Thron wird sie weiden und zu den Quellen führen, aus denen das Wasser des Lebens strömt, und Gott wird alle Tränen von ihren Augen abwischen« (Offb 7,16f).

Gott will das Leben des Menschen, der mit Gott leben will, zur Vollendung führen. Das weiße Licht Gottes wird dem neu getauften Menschen in Form einer Kerze überreicht. Nachdem das getaufte Kind das Licht Christi empfangen hat, wird das Licht den Eltern und Paten anvertraut. Die Taufkerze entzündet der Priester oder der Diakon an der Osterkerze, dem Zeichen der Auferstehung. Eltern und Paten sind aufgefordert, den getauften Menschen, sowohl das Kind wie auch den Erwachsenen, im Leben zu begleiten und ihm Lichtzeichen Christi zu sein.

Die Sonne

Die Sonne schiebt sich mit Macht vor und drängt auch die letzten Regenwolken zur Seite. Immer weiter breitet sie sich aus und verhilft der Erde kraft ihrer wärmenden Strahlen langsam zum Abtrocknen. Sie ist im Wandbild gelb dargestellt, wie wir sie auch in der Natur farblich wahrnehmen. Sie schüttet ihr Licht auf den weißen Bogen aus, bereit, den Bogen mit ihrer Kraft zu erleuchten. Bald werden Sonne und Regen im Zusammenspiel das Licht brechen und die Herrlichkeit Gottes in sieben verschiedenen Farben sichtbar erstrahlen lassen. Die Strahlen der Sonne berühren den weißen Kreis. Sie fassen ihn rund ein. Es sieht fast so aus, als wolle das Gelb der Sonne das weiße Licht des Kreises sanft streicheln.

Interessant ist auch diese Wahrnehmung: Der Künstler hat die Sonne nicht kreisförmig gezeichnet. Ihre Form ist vielmehr unbestimmt. Sie steht deutlich abgesetzt von dem weißen Kreis seitlich und schräg unter ihm. Hier zeigt er uns: Die Sonne kann nicht in der gleichen Weise wie die göttliche Kraft ins Leben eingreifen. Sie ist Geschöpf, unersetzlich, um Leben zu erhalten — aber doch sie ist nur ein Geschöpf Gottes, das, wie alle Geschöpfe, Grenzen hat.

Sonne und Taufe

Die Sonne strahlt in das Leben des getauften Menschen hinab und hinein und will ihn äußerlich wie innerlich wärmen und ihm Licht schenken. Sie verweist sichtbar auf das für uns unsichtbare Licht Gottes, das verborgen in allem gegenwärtig ist. Gleichzeitig weist sie mit ihrer Kraft, die auch verbrennen kann, dem Menschen Grenzen seines Handelns auf und warnt ihn vor den Folgen des Ablösens von Gott.

Zum Schluss der Betrachtung

Wir sind am Ende unserer Betrachtung angekommen. Vielleicht haben das Noach-Bild und seine Deutung Sie, liebe Betrachtende und Lesende, in ihren Bann gezogen. Vielleicht werden Sie Bild und Deutung aber auch als »zu schön«, als idealisiert empfinden. Das Bild geht, wie der biblische Text übrigens auch, nicht auf die Auswirkungen der Sintflutkatastrophe ein. Mit keinem Pinselstrich, mit keinem Wort wird das Ausmaß der Katastrophe erwähnt. Die alles prägende Aussage von Bild und Text ist nicht die der Zerstörung, sondern eine andere: Gott sucht nach einer unzerbrechlichen Beziehung zum Menschen, den er als Mann und Frau, als sein Ebenbild, geschaffen hat. Er sehnt sich nach dem Menschen, den er aus Erde selbst gemacht hat, der die Schöpfung bewahrt, der achtsam und sorgsam auf alle Lebewesen schaut und der sich vehement engagiert, wenn Leben gefährdet oder bedroht ist. Gott seinerseits garantiert, dass er in seiner Schöpfung gegen alle Mächte des Chaos und der Zerstörung immer wieder neu die Grundlagen für das Leben legen wird. Er wirbt darum, dass wir, wie Noach in der Sintfluterzählung, diese Sehnsucht erwidern. Er hofft, dass wir ein Fenster in unser Leben einbauen und das Innen mit dem Außen verbinden. In der Zwiesprache mit Gott können wir mit wachen Sinnen die Zeichen wahrnehmen, die er uns sendet. Wir alle sind Menschen unter dem Bogen Gottes, für das Leben bestimmt und zum Erhalt des Lebens aufgerufen.

Effata und Taufe

Im Taufritus betet der Zelebrant für den zu taufenden Menschen im Effata-Ritus: »Der Herr lasse dich heranwachsen, und wie er mit dem Ruf ›Effata‹ dem Taubstummen die Ohren und den Mund geöffnet hat, öffne er auch dir Ohren und Mund, dass du sein Wort vernimmst und den Glauben bekennst zum Heil der Menschen und zum Lobe Gottes.« Der Herr öffne die Sinne des getauften Menschen für Gott, damit Gott ihn in diesem und in allen weiteren vor ihm liegenden Anfängen immer wieder neu mit Leben beschenken kann.

Nun, am Ende von Bilderschließung und Auslegung, werden Sie wahrscheinlich viele Gedanken beschäftigen, über die Sie vielleicht auch noch weiter nachdenken werden. Ich möchte Sie gern einladen, noch einmal den Titel anzuschauen, den Sie zu Beginn für das Bild gewählt haben. Ist er noch stimmig für Sie? Oder würden Sie jetzt einen anderen aussuchen?

Wir werden eingetaucht
und mit dem Wasser der Sintflut
gewaschen
wir werden durchnässt
bis auf die Herzhaut.

Der Wunsch nach der Landschaft
diesseits der Tränengrenze
taugt nicht.
Der Wunsch, den Blütenfrühling zu halten,
der Wunsch, verschont zu bleiben,
taugt nicht.

Es taugt die Bitte,
dass bei Sonnenaufgang die Taube
den Zweig vom Ölbaum bringe.
Dass die Frucht so bunt wie die Blüte sei,
dass noch die Blätter der Rose am Boden
eine leuchtende Krone bilden.

Und dass wir aus der Flut,
dass wir aus der Löwengrube und dem
feurigen Ofen
immer versehrter und immer heller
stets VON NEUEM
zu uns selbst entlassen werden.

(Hilde Domin)

Der Taufstein

Abb. 33:

Der **Taufstein**.

Ein Taufbecken ist ein Behältnis für das Taufwasser. In der Regel besteht es aus Stein oder aus Metall und ist zumeist künstlerisch gestaltet. In einem Kirchenraum hat ein Taufbecken allerdings keinen eindeutig festgelegten Ort; ein entscheidendes Kriterium ist: Es sollte für die Gemeinde deutlich sichtbar sein. Denn an diesem Ort findet schließlich etwas Grundlegendes im Leben eines Menschen statt, das auch die Gemeinde betrifft.

Der Taufstein in der Gabrielkirche wurde im Jahre 1953 von dem Künstler Leo Strehl aus Oberhausen gestaltet und im Sommer 1954 in der Kirche, zunächst im Hauptchor, aufgestellt. Er ist aus einem einzigen Block Ochsenfurter Kalkstein in Säulenform gearbeitet. Er enthält eine beckenförmige Ausbuchtung in Form einer metallenen Schale zum Auffangen des Taufwassers. Die runde Säule betont im Gegensatz zum eckigen Pfeiler die Kreissymbolik: Anfang und Ende liegen in einem Punkt zusammen, das Leben als großes Ganzes hat in Christus seinen Ursprung und sein Ziel.

Was uns der Taufstein sagen will

Sie sind nun eingeladen, einer genaueren Betrachtung des Taufsteins zu folgen. Wie die Ausmalung der Wand kann auch sie uns viel über die Taufe und ihren theologischen Gehalt erzählen.

Zu sehen ist auf dem Taufstein Christus als das Lamm Gottes. Das Lamm ist dargestellt mit dem Kreuz. Seit dem 4. Jahrhundert dient diese Darstellung als Symbol für den auferstandenen, entrückten Christus, der das Kreuz überwunden hat und in der Herrlichkeit des Vaters lebt und herrscht. Unter dem Lamm wird das Wasser der Taufe sichtbar, das in und durch Christus zum Wasser des Lebens wird. Hinter dem Lamm und über dem Wasser wölbt sich der Bogen Gottes. Alter und Neuer Bund liegen ineinander. Das Wasser ist auch das Wasser des Ursprungs, der Genesis, über dem der Geist Gottes schwebt.

Ausgehend vom Lamm und wieder zu ihm zurückkehrend, ist eine eingemeißelte Inschrift erkennbar: Sie sind erkauft aus den Menschen als Erstlinge für Gott und das Lamm. Wer sie lesen möchte, muss ganz um den Taufstein herumgehen, kann also auch körperlich erfahren, dass Anfang und Ende ineinanderliegen. Die Inschrift ist der neutestamentlichen Offenbarung des Johannes entnommen (vgl. Offb 14,4). Die Offenbarung des Johannes beinhaltet visionäre Gedanken vom Anbruch der endgültigen Herrschaft Gottes. Unter der Inschrift, ebenfalls vom Lamm ausgehend und zu ihm zurückkehrend, sind im Vordergrund zwölf Personen dargestellt. Hinter diesen zwölf sind, undeutlich, weitere Menschen zu erkennen. Alle tragen einen Heiligenschein und ein langes Gewand. Ihr Aussehen ist würdevoll; sie wirken entrückt wie das Lamm selbst. Um die Personen herum ist eine Linie gezogen: Sie bilden eine solide Gemeinschaft mit dem erhöhten Lamm in ihrer Mitte, aus dem sie hervorgehen und auf das hin sie orientiert sind. Das Lamm ist auf die gleiche Weise mit der Linie umzogen wie die Menschen. Keiner der Menschen trägt Schuhe. Sie scheinen eher über der Erde zu schweben, als auf ihr zu stehen.

»Und ich sah: Ein Lamm stand auf dem Berg Zion und bei ihm waren hundertvierundvierzig-
tausend: Auf ihrer Stirn trugen sie seinen Namen und den Namen seines Vaters. Dann hörte
ich eine Stimme vom Himmel her, die dem Rauschen von Wassermassen und dem Rollen eines
gewaltigen Donners glich. Die Stimme, die ich hörte, war wie der Klang der Harfe, die ein Har-
fenspieler schlägt. Und sie sangen ein neues Lied vor dem Thron vor den vier Lebewesen und
vor den Ältesten. (…) Sie folgen dem Lamm, wohin es geht. Sie allein unter den Menschen sind
freigekauft als Erstlingsgabe für Gott und das L A M M . Denn in ihrem Mund befand
sich keine Lüge. Sie sind ohne Makel.«

(Offb 14,1–5)

Der biblische Text gibt Aufschluss über den auf dem Taufstein dargestellten Personen-
kreis. Es sind die von Christus Freigekauften, die durch ihn Erlösten, 144.000 an der
Zahl. Die Zahl ist nicht real, sondern symbolisch zu verstehen. Sie ergibt sich aus der
Rechnung 12 x 12 x 1.000. Zwölf ist in biblischer Symbolik die Zahl der zum Gottesvolk Gehörenden: Aus den zwölf Stämmen Israels werden nochmals je zwölf auser-
wählt. Das Produkt von 12 x 12 wird wiederum multipliziert mit 1.000, der Zahl der
großen Menge und der Fülle. Zu den 12 x 12 kommen also noch weitere Auserwählte
zum Gottesvolk hinzu, bis die Zahl der Auserwählten vollständig ist. Zum gesamten
Gottesvolk, zum »Israel Gottes« zählen dann nicht mehr nur Juden, sondern auch
Heiden (vgl. Gal 6,16).

Die Zahl 144.000 will natürlich nicht Anlass für Spekulationen über die genaue
Anzahl der Erwählten geben. Vielmehr will sie zum Ausdruck bringen, dass Gott
die Zahl der von ihm Auserwählten ganz genau kennt.[38] Gott hat die Menschen im
Blick. Als mit dem Zeichen Gottes Besiegelte (vgl. Offb 7,3) tragen die von Christus
Erlösten den Namen Christi, des Lammes, und den Namen des Vaters auf ihrer Stirn.
Sie sind erwählt, weil sie in der Nachfolge Christi von besonderer Wahrhaftigkeit
und Entschiedenheit sind. Dabei geht es nicht um Sündenlosigkeit, sondern um das
beständige und besondere Streben nach Wahrhaftigkeit in Glaube und Nachfolge.
Besonders schön ist, wie in der biblischen Botschaft von der Stimme Gottes gespro-
chen wird: Es ist eine gewaltige Stimme, die vom Himmel kommt, dem Rauschen
von Wassermassen und dem Rollen des Donners gleich. Und dann sieht und wählt
Johannes, der Visionär, ein ganz anderes Bild: Ihr Klang ist wie der Klang einer Harfe.
Gottes Stimme ist gewaltig und doch sanft und leise und beruhigend wie die zarten
Töne und Melodien, die ein sanftes Instrument hervorbringt. Der Klang der Stimme

animiert die Auserwählten, ein Lied anzustimmen. Sie singen ein neues Lied, sie besingen das neue Heilsereignis des Sieges Christi über den Tod und der Vollendung der Gottesherrschaft.

»Geborgen in der Allmacht Gottes und gehütet von der Liebe des für sie in den Tod gegangenen Erlösers, macht die Gefolgschaft des Lammes den Eindruck einer überlegenen Ruhe und einer unbeirrbaren Sicherheit.«[39] Was hier beschrieben wird, hat der Künstler Leo Strehl in der Darstellung der Figuren auf dem Taufstein sehr eindrucksvoll verdeutlicht.

Die Auserwählten sind die »Erstlingsgabe« für Gott und das Lamm. Wie ist das zu verstehen? Auch hierzu einige Gedanken: Gott ist der Schöpfer und Geber allen Lebens. Nach Auffassung des Altertums gebührt ihm deshalb die Erstlingsgabe von allem, was lebt. Mit Ausnahme der Erstgeburten der Menschen werden Gott nach den Geboten des Alten Testament (vgl. Ex 23,19; Num 18,12) die Erstlingsfrüchte der Ernte gebracht. Man erhoffte sich von der Übergabe der Erstlingsfrüchte an Gott (stellvertretend für Gott an die Priester im Tempel) eine reiche, wiederum von Gott geschenkte und gesicherte Fruchtbarkeit für die Zukunft. Mit der Erstlingsgabe der Auserwählten ist der Anfang gemacht für die Heimholung der ganzen Welt unter die Herrschaft Gottes. Der Begriff Erstlingsgabe beinhaltet, dass es noch weitere Gaben gibt. Die Erstlinge der Auserwählten stehen als Hoffnungszeichen und verheißen eine heile Zukunft für die gesamte Schöpfung Gottes.[40]

Interessant ist im Zusammenhang dieser Überlegungen noch ein Verweis auf Paulus: In Röm 8,23 deutet Paulus die Verhältnisse von Geben und Nehmen um: Hier ist es Gott, der als seine Erstlingsgabe den Heiligen Geist an sein Volk sendet. In der Taufe kommt der Geist Gottes auf den Täufling herab. Er wird aufgenommen in die Gemeinschaft der von Gott Erwählten und durch Salbung auf die Stirn mit dem Siegel des Sieges, dem Kreuz, bezeichnet. Von nun an beginnt sein Weg mit Gott und er steht unter dem besonderen Schutz Gottes und der Gemeinschaft des Gottesvolkes.

Der Deckel des Taufsteins

Der Taufstein wird von einem besonders dekorativen Deckel bedeckt. Er ist aus Eichenholz gearbeitet und mit Silberblech verkleidet. Gekrönt ist er mit der Taube als Sinnbild des Geistes Gottes.

Abb. 34: Der **Deckel** des Taufsteins.

Die Taube ähnelt in der Weise, wie sie dargestellt ist, allerdings eher einem Adler als einer Taube. Vermutlich ist das kein Zufall. Der Adler gilt zum einen als Symbol für die Erhabenheit, die Würde und die Macht Gottes. Zum anderen ist er dem Evangelisten Johannes als Symbol zugewiesen. Dem johanneischen Verfasserkreis sind die johanneischen Schriften des Neuen Testaments, also auch das Buch der Offenbarung, aus dem das Textzitat auf dem Taufstein stammt, zuzuschreiben.

Der Deckel schließt den Taufstein ab. Zum Vollzug der Taufe muss er abgehoben werden. Da er im Kern aus Holz und nicht aus Metall besteht, ist er leichter, als man zunächst vermuten würde. Aber halt: Bevor der Deckel abgenommen wird, werden wir auf drei Darstellungen aufmerksam gemacht, die halbplastisch aus dem Silberblech des Deckels herausgearbeitet sind. Diese Darstellungen beziehen sich auf grundlegende Fragen nach dem Glauben, auf die der zu taufende Mensch antwortet, beziehungs-

weise stellvertretend für das Kind seine Eltern antworten. Mit der persönlichen Verge-
wisserung und Annahme des christlichen Glaubens sowie der offenen Bekundung des
Glaubens vor den Anwesenden, dem Priester und vor Gott kann das Sakrament seine
heilende Wirkung entfalten.

Die erste Darstellung zeigt den Menschen in der Versuchung durch die Schlange/
den Satan. Sie bezieht sich auf die in der Taufe dem Täufling beziehungsweise seinen
Eltern gestellte Frage nach der Absage an das Widergöttliche.

Abb. 35: Der Mensch wird von der Schlange in **Versuchung** geführt.

Die zweite Darstellung zeigt den Menschen als Kind Gottes in seiner Beziehung
zum Vatergott. Sie bezieht sich auf die Frage nach dem Glauben des Täuflings beziehungsweise seiner Eltern an den liebenden, vergebenden, den Menschen nahen,
dreifaltigen Gott.

Die dritte Darstellung zeigt den Menschen, wie er das Gewand Jesu berührt und
sich mit Jesus in Kontakt bringt. Die Berührung ist Bitte um Heilung. Jesus erwidert
die Berührung. Diese Darstellung bezieht sich auf die Frage nach der Bereitschaft des
Menschen, der Botschaft Jesu zu glauben und in seiner Nachfolge zu leben.

Abb. 36: Der Mensch ist **Gottes Kind**.

Abb. 37: Der Mensch in **Beziehung** zu Jesus.

Der Taufstein ist ein eindrucksvolles Kunstwerk, das in der Taufkapelle der Gabrielkirche im Zusammenhang mit ihrer Ausmalung durch Egon Stratmann einen passenden und würdigen Ort gefunden hat.

DER BEICHTSTUHL — RELIKT AUS FÜHERER ZEIT?

Abb. 38: Der **Beichtstuhl** aus der Gründerzeit der Kirche.

Es geht um Vergebung!

Im linken Seitenschiff der Gabrielkirche steht auch ein Beichtstuhl. Der Beichtstuhl ist als eines der wenigen alten Stücke aus dem Ursprungsinventar der Kirche noch erhalten und steht seit Kurzem wieder in der Kirche. Er ist wieder hergerichtet worden und könnte benutzt werden. Aber er ist heute wohl eher ein Anschauungsobjekt, das an vergangene Zeiten einer regen Beichttätigkeit der Gläubigen erinnert – ein Relikt aus alter Zeit. Der Beichtstuhl erinnert aber nicht nur an die Beichtpraxis früherer Zeiten, sondern vor allem daran, dass Gott ein vergebender Gott ist. Der Beichtstuhl ist aus dunklem Holz im Stil der Kirchenbänke gefertigt und mit handgeschnitzten Blattornamenten und Trauben geschmückt. Auf der Vorderseite der halbhohen Tür zum Sitz des Priesters ist ein ebenfalls handgeschnitztes Bild von Christus, dem guten Hirten, zu sehen.

Beichtstühle nach Art des Beichtstuhls in der Gabrielkirche sind in der Barockzeit entstanden. Man kennt den geschlossenen Beichtstuhl erst seit dem 16. Jahrhundert.[41] Er ähnelt einem Schrank und besteht aus zwei, oder, wie hier, aus drei Innenräumen: einem Raum, in dem der Priester Platz nimmt und (je) einem Raum für die Person, die beichten möchte. Letzterer ist mit einer Kniebank ausgestattet. Eine hölzerne Gitter-Trennwand zwischen den Gesprächspartnern ermöglicht, dass man sich gut hören, verhindert aber, dass man sich gut sehen kann. Denn es geht um Dialog: Sprechen, Hören und Verstehen, nicht darum, gesehen zu werden oder zu sehen. Leider verhindert das Gitter die Geste der Handauflegung durch den Priester, die das ursprüngliche Zeichen der Vergebung war.[42]

Das Beichtgespräch ist ein seelsorgliches Gespräch, in dem der gläubige Mensch Gott um die Lossprechung von seiner Schuld bittet. Er wendet sich an den Priester, der die Beichte hört und stellvertretend für Gott die Lossprechung erteilt. Das Bußsakrament geht auf Jesus Christus selbst zurück: Jesus hat selbst Sünden vergeben. Als man einmal einen Gelähmten zu Jesus brachte, sagte er zu dem Kranken: »Hab Vertrauen, mein Sohn, deine Sünden sind dir vergeben.« (Mt 9,2) Jesus hat die Sünde sehr ernst genommen und fand harte Worte gegen sie (vgl. Mt 18,6–9; 23,13ff). Aber er hat einem Menschen, dem sein Vergehen leidtat und der nach Vergebung suchte, vor allem Zuwendung geschenkt und die erbetene Vergebung gewährt. Jesus erteilte schließlich seinen Jüngern den Auftrag, in seinem Namen Vergebung zu gewähren: »Wem ihr die Sünden vergebt, dem sind sie vergeben; wem ihr die Vergebung verweigert, dem ist sie verweigert.« (Joh 20,23) Im Bußsakrament hat dieser Auftrag Jesu seine konkrete Form gefunden.

Ein Beichtgespräch muss nicht in einem Beichtstuhl stattfinden. Heute gibt es in manchen Kirchen Beichträume, die eine angenehme Atmosphäre ausstrahlen. Wo ein solcher Raum nicht zur Verfügung steht, kann ein Beichtgespräch auch in einem anderen geeigneten Raum stattfinden. Auf dem Tisch steht eine Kerze, ein Zeichen dafür, dass in diesem Raum und in der Intimität des Gesprächs zwischen Priester und der/dem Beichtenden Gott anwesend ist. Was in einem Beichtgespräch gesprochen wird, ist ein Geschehen zwischen Gott und Mensch und unterliegt, für den Priester unter strengsten Bestimmungen, dem unbedingten Beichtgeheimnis. Ein Beichtstuhl erinnert daran, dass der Weg des Menschen zu Gott auch ein Weg der Reinigung ist. Dieser Weg beginnt symbolisch bereits beim Eintritt in die Kirche, wo die Weihwasserbecken angebracht sind und die Eintretenden sich mit dem Weihwasser bekreuzigen. Der Weg endet auch wieder dort. Wir stellen uns mit diesem Zeichen unter das Zeichen und unter den Segen Christi und bekunden symbolisch unsere Bereitschaft, uns durch Gott reinigen und erneuern zu lassen. Im Sakrament der Buße soll sich im Menschen etwas verändern, damit er gestärkt und gereinigt weitergehen kann. Das Sakrament der Buße steht in einem engen Zusammenhang mit dem Sakrament der Taufe, bei der auch Reinigung und Vergebung von Schuld und Sünde geschehen.[43]

Menschen der heutigen Zeit stehen häufig ratlos vor einem Beichtstuhl. Die eigenen Erfahrungen mit Buße und Beichte in der Vergangenheit sind für viele nicht immer ermutigend gewesen. Die Formen, die in der kirchlichen Beichtpraxis lange Zeit üblich waren, wirkten nicht selten eher abschreckend als wohltuend. Bis heute ist die Wirkung noch so, obwohl vieles anders geworden ist. Ein Beichtgespräch will dem Menschen eine Erfahrung ermöglichen, die er dringend braucht: die Erfahrung von Vergebung, Versöhnung, entledigter Schuld, reinem Gewissen, die Möglichkeit zum Neubeginn. In der Beichte begegnet Gott dem Menschen und will ihn frei machen von dem, was ihn belastet und am Leben hindert.

Die Kirche bedauert sehr, dass den Menschen die Beziehung zum Sakrament der Versöhnung, wie es besser genannt wird, weitgehend verloren gegangen ist. Auch wenn die Gründe für die Zurückhaltung bei der Beichte vielfältig und individuell unterschiedlich sind: An der Entwicklung aber ist die Kirche sicher nicht unschuldig. Wo ein Mensch sich öffnet und um Vergebung bittet, ist nicht Moralisierendes, sondern höchste Sensibilität gefragt. Sobald Druck empfunden wird, ist der Dialog zwischen den Gesprächspartnern gestört — und damit auch der Dialog zwischen Gott und Mensch. Wer bei Gott Vergebung sucht, erbittet sie dann vielleicht lieber im persönlichen Gebet als über den Priester in der Beichte. Vielleicht fehlt manchmal auch einfach der Mut zum Beichtgespräch. Aber was ausgesprochen ist, verliert an zerstörerischer Kraft und entlastet die Seele. Das Beichtgespräch mit dem Priester ist eine Möglichkeit, sich mitzuteilen und die Seele von Zwang und Druck zu befreien. Es tut gut, die Vergebung zugesprochen zu bekommen. Der Priester spricht jedem Menschen die Vergebung durch Gott zu, der sie sucht. Er tut es mit folgenden Worten:

> Gott, der barmherzige Vater, hat durch den Tod und die Auferstehung seines Sohnes die Welt mit sich versöhnt und den Heiligen Geist gesandt zur Vergebung der Sünden. Durch den Dienst der Kirche schenke er dir Verzeihung und FRIEDEN. So spreche ich dich los von deinen Sünden im Namen des Vaters und des Sohnes und des Heiligen Geistes. Amen.

DAS GLEICHNIS VOM VERLORENEN SOHN ODER VOM BARMHERZIGEN VATER ODER …

»Ein Mann hatte zwei Söhne. Der jüngere von ihnen sagte zu seinem Vater: Vater, gib mir das Erbteil, das mir zusteht. Da teilte der Vater das Vermögen auf. Nach wenigen Tagen packte der jüngere Sohn alles zusammen und zog in ein fernes Land. Dort führte er ein zügelloses Leben und verschleuderte sein Vermögen. Als er alles durchgebracht hatte, kam eine große Hungersnot über das Land und es ging ihm sehr schlecht. Da ging er zu einem Bürger des Landes und drängte sich ihm auf; der schickte ihn aufs Feld zum Schweinehüten. Er hätte gern seinen Hunger mit den Futterschoten gestillt, die die Schweine fraßen; aber niemand gab ihm davon. Da ging er in sich und sagte: Wie viele Tagelöhner meines Vaters haben mehr als genug zu essen und ich komme hier vor Hunger um. Ich will aufbrechen und zu meinem Vater gehen und zu ihm sagen: Vater, ich habe mich gegen den Himmel und gegen dich versündigt. Ich bin nicht mehr wert, dein Sohn zu sein; mach mich zu einem deiner Tagelöhner. Dann brach er auf und ging zu seinem Vater. Der Vater sah ihn schon von Weitem kommen und er hatte Mitleid mit ihm. Er lief dem Sohn entgegen, fiel ihm um den Hals und küsste ihn. Da sagte der Sohn: Vater, ich habe mich gegen den Himmel und gegen dich versündigt; ich bin nicht mehr wert, dein Sohn zu sein.
Der Vater aber sagte zu seinen Knechten: Holt schnell das beste Gewand und zieht es ihm an, steckt ihm einen Ring an die Hand und zieht ihm Schuhe an. Bringt das Mastkalb und schlachtet es; wir wollen essen und fröhlich sein. Denn mein Sohn war tot und lebt wieder; er war verloren und ist wiedergefunden worden. Und sie begannen, ein fröhliches Fest zu feiern.
Sein älterer Sohn war unterdessen auf dem Feld. Als er heimging und in die Nähe des Hauses kam, hörte er Musik und Tanz. Da rief er einen der Knechte und fragte, was das bedeuten solle. Der Knecht antwortete: Dein Bruder ist gekommen und dein Vater hat das Mastkalb schlachten lassen, weil er ihn heil und gesund wiederbekommen hat. Da wurde er zornig und wollte nicht hineingehen. Sein Vater aber kam heraus und redete ihm gut zu. Doch er erwiderte dem Vater: So viele Jahre schon diene ich dir und nie habe ich gegen deinen Willen gehandelt; mir aber hast du nie auch nur einen Ziegenbock geschenkt, damit ich mit meinen Freunden ein Fest feiern konnte. Kaum aber ist der hier gekommen, dein Sohn, der dein Vermögen mit Dirnen durchgebracht hat, da hast du für ihn das Mastkalb geschlachtet. Der Vater antwortete ihm: MEIN KIND, du bist immer bei mir, und alles, was mein ist, ist auch dein. Aber jetzt müssen wir uns doch freuen und ein Fest feiern; denn dein Bruder war tot und lebt wieder; er war verloren und ist wiedergefunden worden.«

(Lk 15,11–32)

Gedanken zur Erzählung

Es geht in der Erzählung, die wir gerade gelesen haben, um einen Familienkonflikt. Der Geschichte einen Titel zu geben, ist gar nicht so einfach. Den meisten von uns ist sie bekannt als die Erzählung vom »barmherzigen Vater« oder vom »verlorenen Sohn«. Sie könnte aber auch »Der neidische Bruder« oder noch anders heißen — je nachdem, aus wessen Sicht und mit welcher Klangfärbung wir sie hören wollen.

Die Situation der Familie, von der Jesus in der Geschichte erzählt, ist gar nicht so weit weg von der Situation einer Familie in heutiger Zeit. Von zwei fast erwachsen gewordenen Geschwistern ist die Rede und von einem Vater. Alle Drei sind nicht mit Namen genannt; jede und jeder von uns könnte eine dieser drei Personen sein. Der ältere der beiden Söhne eifert dem Vater nach und arbeitet im elterlichen Betrieb. Der jüngere hat andere Pläne: Er will das Leben entdecken, will wissen und ausprobieren, welcher der vielen möglichen Wege sein Weg sein kann. Er will seinen Wissensdurst und seinen Hunger nach neuen Erfahrungen und Entdeckungen stillen. Dazu muss er fortgehen. Also bittet er den Vater um Auszahlung seines Anteils am Vermögen des Vaters. Das ist reichlich anmaßend. Vielleicht stellen Sie sich einmal vor, Ihr eigenes Kind verlangte von Ihnen schon zu Ihren Lebzeiten seinen zukünftigen Anteil an Ihrem Eigentum!

Wie der Vater in der Erzählung darüber denkt, können wir nur vermuten, denn es wird uns nicht erzählt. Er stellt den flügge werdenden Sohn aber nicht zur Rede und weist ihn auch nicht darauf hin, was sich gehört und was nicht — im Gegenteil: Wortlos gibt der Vater dem Sohn, was dieser haben möchte. Der Vater hat ein Gespür dafür, dass dieser Sohn anders ist als der ältere, der seinen Ort und seine Bestimmung offenbar gefunden hat. Der Vater kennt seinen Sohn und bewertet seine Bedürfnisse nicht. Vielmehr lässt er ihn ziehen. Der Sohn geht, so hören und lesen wir weiter, zügellos mit dem Geld um und hat es sehr bald ausgegeben. Als eine Hungersnot im Lande ausbricht, hat der Sohn nichts mehr, von dem er leben könnte, und muss sich eine Arbeit suchen, die ihm das Notdürftigste zum Leben ermöglicht. Er findet Arbeit als Schweinehirt. Ein Bild von Annegert Fuchshuber in einer Bibel für Kinder zeigt ihn in dieser Situation von oben bis unten in Rosa gemalt — wie die Schweine neben ihm und um ihn herum. Das Bild malt aus, wie der Sohn sich vielleicht vorkommen mag: wie ein — Schwein.

Abb. 39: Der **verlorene** Sohn.[44]

Ein im jüdischen Glauben aufgewachsener junger Mann arbeitet als Schweinehirt und hütet die Tiere, die nach dem Gesetz der Juden als unrein gelten (vgl. Lev 11,7). Der Sohn hat nicht nur das Geld, sondern auch seine religiöse Identität verloren — was vielleicht noch schlimmer ist als die Mittellosigkeit. Tiefer kann ein Mensch kaum mehr fallen.

In der Situation der äußersten Verlassenheit kommt der Sohn zu sich. Er beschließt, zurückzukehren und seinen Vater um Verzeihung zu bitten. Würde er diesen Gedanken auch erwägen, wenn er nicht die Chance der Vergebung sähe? Er vertraut seinem Vater. Die Geschichte erzählt uns nicht, wie lange der innere Prozess dauert, bis der Sohn zu dieser Entscheidung gelangt — und das ist auch gut so. Denn es ist ja auch ein individuelles Geschehen. Die Worte, mit denen er den Vater um Vergebung bitten will, legt er sich gut zurecht. Es sind sehr ehrliche Worte, aus denen deutlich wird, dass der, der sie spricht, sich der Schuld bewusst ist, die er auf sich geladen hat. Er ist bereit, diese Schuld im Dienst für seinen Vater abzuarbeiten, um das Unrecht, das er verursacht hat, wieder gutzumachen. Als der Sohn die Entscheidung zur Rückkehr gefasst hat, spricht er sich selbst die Worte vor, die er sagen will, vielleicht, um sich Mut für die Rückkehr zuzusprechen.

Den zuhause ankommenden Sohn sieht der aufmerksame Vater schon von Weitem. Die Augen und Sinne des Vaters sind während der Zeit der Abwesenheit des Sohnes offen für die Rückkehr des Kindes. So bekommt der Vater mit, als es soweit ist. Er läuft seinem Sohn schon entgegen und überhäuft ihn mit Zeichen seiner Liebe. Der so empfangene Sohn beginnt, die Worte zu sagen, die er sich überlegt hat. Der Vater lässt ihn den ersten Satz zu Ende bringen, dann weiß er, warum der Sohn zurückkehrt und dass er es ehrlich meint. Mehr als einen Satz muss der junge Mann nicht sagen. Er muss sich nicht entblößen und sich nicht kleinmachen. Der Vater will kein umfassendes Geständnis; ihm reichen die wenigen Worte des Sohnes, die seinen ehrlichen Willen zur Umkehr und zur Wiedergutmachung deutlich machen. Der Vater lässt den Sohn einkleiden und steckt ihm einen Ring an die Hand. Damit rehabilitiert er den Sohn voll und ganz ohne jegliche Einschränkung. Er gibt ihm die Chance zu einem Neuanfang auf der Basis des Vertrauens. Er gibt ihm die Möglichkeit zu einem neuen Leben in einer durch die Versöhnung gestärkten Beziehung.

Die bedingungslose Rehabilitation des Jüngeren ruft den Neid und das Unverständnis des Älteren hervor. Wer kann es ihm, der immer seiner Pflicht nachgekommen ist und sich selbst die Experimente des jüngeren Bruders nicht erlaubt hat, nach menschlichem Ermessen verübeln? In seiner Verletztheit distanziert der Ältere sich von seinem Bruder. Er bringt seine Distanz auch sprachlich zum Ausdruck: der hier, dein Sohn. In seinem Ärger wird er ungerecht und jubelt dem Jüngeren Verhaltensweisen unter, von denen er, der Ältere, gar nichts wissen kann: der dein Vermögen mit Dirnen durchgebracht hat. Es steckt mehr hinter seinem Ärger und seinem Neid: Offensichtlich ist er unzufrieden mit seinem Leben, sodass er sich nicht mit dem Vater und dem Bruder über die Versöhnung freuen kann. Er versteht die große Freude des Vaters nicht. Seine Aufregung über die Reaktion des Vaters führt zur vorwurfsvollen Darstellung seiner Verdienste: So viele Jahre schon diene ich dir und nie habe ich gegen deinen Willen gehandelt ... — und führt dem Vater, sich selbst und uns vor Augen, dass er sein Leben als unerfüllt empfindet. In seinem Ärger schwingt vielleicht auch der Gedanke einer verpassten Chance mit. Der ältere Sohn will sich die Liebe des Vaters verdienen und glaubt, sich diese Liebe sichern zu können, indem er ausschließlich (nie habe ich ...) den Willen des Vaters tut. Dabei missachtet er jedoch seine eigene Person und letztlich ebenso die Person des Vaters. Der Vater hat auch dafür ein Gespür. Liebevoll spricht er seinen Erstgeborenen an: mein Kind. So kann der ältere Sohn verstehen lernen, was er bisher übersehen hat: Er hat immer ein Zuhause bei seinem Vater gehabt und alles, was dem Vater gehört, gehört auch ihm. Erst wenn er diesen Reichtum tatsächlich als Reichtum empfindet, kann er die Freude des Vaters über die Heimkehr des jüngeren Sohnes teilen!

Die Erzählung ist ein Gleichnis für das Leben in Gemeinschaft. Wo Menschen zusammenleben, kommt es immer wieder zu Konflikten und zu Situationen des Schuldigwerdens. Die Erzählung ist aber auch ein Gleichnis für die Beziehung zwischen Gott und Mensch. Dreh- und Angelpunkt ist der Vater. Sein Handeln ist ein Handeln aus wahrer, selbstloser Liebe. Er hätte dem jüngeren Sohn auch von vorneherein sein Erbe verweigern können. Aber eben das tut er nicht; an keiner Stelle spielt er die Macht, die er als Vater hat, aus. Er hat sich für die Liebe als Maßstab seines Handelns und gegen die Macht entschieden.

So wie der Vater in der Erzählung zu seinen beiden Söhnen ist, so ist Gott Vater zu uns: liebevoll, barmherzig, bedingungslos vergebend. Gott bringt auf den Weg und hält auf dem Weg. Er freut sich über jeden Menschen, der einen Sinnverlust in seinem Leben erkennt und seinen Weg (zurück) findet. Gott trägt uns in seiner Liebe, damit wir unsere Identität (wieder) finden können. Der Vater wiederholt zum Ende der Erzählung noch einmal, was das Entscheidende ist: Dein Bruder war tot und lebt wieder; er war verloren und ist wiedergefunden worden. Es geht um neues Leben aus der Verlorenheit, in die Menschen sich hineinbringen oder hineingebracht werden.

Im menschlichen Miteinander sind das Erkennen und Eingestehen von Schuld und Versagen und die Bitte um Vergebung wichtig. In der Erfahrung von Vergebung in der Familie und durch Gott im Sakrament der Versöhnung kann die Liebe Gottes sich austeilen und wird für uns spürbar!

MARIA — DIE MUTTER GOTTES

Darstellungen der Gottesmutter in Plastik und Malerei sind ein zentrales Thema innerhalb der christlichen Kunst. Deshalb finden wir vor allem in katholischen Kirchen immer Mariendarstellungen, oft sogar mehrere in einer Kirche. In der Gabrielkirche gibt es insgesamt fünf unterschiedliche Mariendarstellungen.

An der Westwand der Gabrielkirche begegnet uns Maria gleich zweimal: in einer Marienikone, einem Bild, das unter dem Titel: »Maria, Mutter von der Immerwährenden Hilfe« bekannt geworden ist, und, auf der anderen Seite, in der Figur einer großen »Pietà«. Vorn, im rechten Seitenschiff der Kirche, befindet sich eine weitere Marienfigur. Und schließlich ist Maria überdeutlich im zentralen Chorraumfenster in zwei Einzelbildern präsent. Wir wollen uns den verschiedenen Marienbildern und -figuren nähern; die Mariendarstellung im Chorraumfenster soll aber an anderer Stelle, im Zusammenhang mit den Fenstern, betrachtet werden.

Maria, »Mutter von der Immerwährenden Hilfe«

Der Westflügel einer Kirche ist eher ein dunkler Ort. Menschen gehen hier durch das Hauptportal aus und ein, aber selten halten sie sich im westlichen Bereich auf. Die beiden Mariendarstellungen im westlichen Teil der Kirche aber laden dazu ein, genau dies zu tun und hier zu verweilen.

Das Bild »Maria von der Immerwährenden Hilfe« ist ein Bild des Bildtypus »Muttergottes der Passion«. Es ist die Nachbildung einer Marienikone byzantinischen Stils. Die Ikone der »Muttergottes der Passion« wird als Gnadenbild sowohl von orthodoxen als auch von katholischen Christen verehrt.

Der Typus der Passionsmadonna hat sich im 15. Jahrhundert im östlichen Raum entwickelt. Vorbilder waren Fresken vor allem in Klosterkirchen des Ostens. Durch zahlreiche Ikonen der sogenannten italo-kretischen Schule fand der Typus große Verbreitung. Der Ursprung des berühmten katholischen Bildes »Maria von der Immerwährenden Hilfe« liegt ebenfalls in Kreta.[45] Einer Legende aus dem 16. Jahrhundert zufolge hat ein Kaufmann die Originalikone aus einer Kirche auf Kreta entwendet. Auf Umwegen soll sie nach Rom gekommen sein.[46]

Im 18. Jahrhundert gelangte das Bild als Geschenk von Papst Pius IX. in die Obhut von Redemptoristenpatres und befindet sich seit 1865 in der Redemptoristen-Kirche Sant' Alfonso auf dem Esquilin in Rom.[47] Papst Pius IX. soll die Redemptoristen gebeten haben, das Bild auf der ganzen Welt bekannt zu machen. Der Vatikan verschickte ab 1866 unzählige Kopien des Gnadenbildes, wodurch es in fast jeder katholischen Kirche seinen Platz fand.[48] Wenn eine Gemeinde das Gnadenbild zur öffentlichen Verehrung erworben hatte, konnte sie den Erwerb beim Vatikan melden. Sie erhielt dann ein päpstliches Schreiben, mit dem Gläubigen, die an bestimmten Tagen unter Beachtung von bestimmten Vorschriften vor diesem Bild beteten, ein Ablass zur Vergebung ihrer Sünden gewährt wurde.

Im Laufe der Zeit ist die Ikone in unzähligen Abwandlungen mit unterschiedlicher Akzentsetzung kopiert worden. Die Ikone in der Gabrielkirche ist eine Kopie aus der zweiten Hälfte des vergangenen Jahrhunderts, erworben in einer Kunsthandlung für christliche Kunst in Kevelaer. Sie ist eine Kopie, die ebenfalls eigene Akzente setzt.

Was ist das Besondere an einer byzantinischen Ikone?

›Ikone‹ (griech.) bedeutet: ›Bild‹, ›Abbild‹. Es ist eine Bezeichnung für das Kultbild der orthodoxen Kirchen. In der byzantinischen Kunst, das heißt in der Kunst des Ostens, des früheren Byzanz, spielt die Ikonenmalerei eine große Rolle. Dem Sinn des Wortes entsprechend, sind Ikonen ursprünglich Heiligenporträts. Im Laufe der Zeit entwikkelten sich komplexere Porträts mit Darstellungen von mehreren Heiligen bis hin zur Darstellung von Ereignissen und Ereignisabfolgen. Die Ikonenmalerei hat Wurzeln, die zum Teil vorchristlich sind. Bilder von antiken Persönlichkeiten wurden zum Vorbild für die christliche Darstellung von Aposteln, Propheten, Evangelisten. Ikonen des herrschenden Kaisers könnten Vorbild gewesen sein für Christus-Ikonen, denn die Kirche sieht in Christus den König der Könige und Herrn der Herren (vgl. 1 Tim 6,15). Die ältesten erhaltenen Ikonen stammen aus dem 6. Jahrhundert nach Christus.

Die Menschwerdung Christi ist der entscheidende Auslöser für die ersten Christus-Darstellungen in der Kunst. Weil Christus realer Mensch war, gelebt hat und gesehen worden ist, weil es also ein »Abbild« vom Mensch gewordenen Gottessohn gab, konnte er, entgegen dem göttlichen Gebot »Du sollst dir kein Gottesbild machen (...)« (Ex 20,4a), dargestellt und abgebildet werden. Damit aber dieses Bildnis eben nicht unter das Verbot des Götzenbildes fiel, musste es — nach orthodoxer Tradition — ein Bildnis sein, das das Aussehen Christi in einem geistigen Sinn »authentisch« wiedergab. Die gleiche Forderung leitete sich aus den Christus-Bildnissen für die Abbildungen anderer Heiliger ab und galt zum Beispiel auch für Abbildungen der Gottesmutter Maria. Die »Ähnlichkeit« zum Urbild verbindet Abbild und Urbild in der byzantinischen Ikone auf eine seltsame, besondere Weise. Der Gedanke in der Ostkirche: Etwas von der Kraft der dargestellten Person muss auch in ihrem Abbild vorhanden sein und wirkt aus dem Abbild heraus nach außen. Von der Ikone geht also nach dieser Auffassung eine göttliche Kraft aus, die ins Leben der Menschen hineinwirkt. Durch diese göttliche Kraft gibt es eine Verbindung zur Sphäre des Göttlichen durch die Ikone. »Eine Ikone kann und darf nie das Produkt freien künstlerischen Schaffens und freier künstlerischer Phantasie sein. Ihre Herstellung ist Gottesdienst, und das Kopieren ist heilige Pflicht und Notwendigkeit.«[49] Die ostkirchliche Ikone ist somit etwas grundsätzlich anderes als ein Heiligenbild in der katholischen Tradition.[50] Nach der Legende sind manche Ikonen auf unerklärliche, wundersame Weise allein durch das Wirken Gottes ohne menschliches Zutun entstanden. Sie werden ›Acheiropoieta‹ (›nicht von Menschenhänden geschaffen‹, griech.) genannt. Einem Acheiropoieton wird in der orthodoxen Kirche eine ganz besondere Kraft zugesprochen. Acheiropoieta genießen deshalb eine hohe Verehrung.

Die römisch-katholische Kirche kennt eine Ikonenverehrung im Sinne der ostkirchlichen Tradition nicht. Unser Zugang zu dieser Marienikone kann über die Erschließung des Bildes und seiner Inhalte erfolgen.

Die Ikone im Kirchenraum

Schauen wir zunächst auf die Einbindung der Ikone in den Kirchenraum: Das Bild ist in der Gabrielkirche in eine großflächige Ausmalung der Wand eingefasst. Die Ausmalung der Wand passt farblich zur Ausmalung des Kircheninnenraums und integriert die Ikone auf diese Weise gut in den Raum. Es handelt sich aber nicht einfach nur um eine besonders dekorative Einfassung des Bildes, die sie allerdings zweifellos auch ist; vielmehr ist das Marienbild eingebunden in ein gemaltes Kreuz, das sich über einen Großteil der Wand erstreckt. Das Kreuz ist ein angefangenes, zu Ende zu denkendes lateinisches Kreuz. Das lateinische Kreuz hilft, die für unser Empfinden etwas fremd wirkende Ikone byzantinischen Ursprungs in den Raum der westlichen Tradition ein-

Abb. 40: Die Ikone **im Kirchenraum**.

zugliedern. Es ist in Erdfarben gehalten und mit einem blausilbrigen Rahmen versehen. Die Erdfarben signalisieren auch hier wieder Erdverbundenheit (das Kreuz ist Teil des irdischen Lebens!), das Blausilber gibt dem Kreuz eine würdigen Rahmen und hebt die Bedeutung des Kreuzes Jesu für die Welt hervor. Die Ikone selbst ist im Schnittpunkt der Kreuzesbalken von einem Kreis umgeben. Im Kreis finden sich die Farben des Kreuzes wieder und versinnbildlichen: Kreis und Kreuz stehen in Harmonie und in enger Beziehung zueinander. Eine schmale, goldene Linie hebt den Kreis deutlich hervor. Der goldene Kreis lässt an ein wertvolles Ganzes denken, er verweist in Form und Farbe auf das Göttliche. Ein wichtiger Gedanke liegt hier zugrunde: Marienverehrung geschieht in Kreuz und Kreis, das bedeutet: Marienverehrung ist eingebunden in die Verehrung Jesu. In der und durch die Verehrung Mariens wird Jesus angebetet. Der Kreis im Kreuz bedeutet das Zusammenfallen von Anfang und Ende in Christus: Christus selbst ist Anfang und Ende, Alpha und Omega (vgl. Offb 22,13).

Was wir im Bild sehen

Im Bild sind die Muttergottes und ihr Kind Jesus dargestellt. Die griechischen Bildinschriften weisen uns darauf hin. Das Kind Jesus ist auf dem Arm seiner Mutter Maria — eine sehr menschliche Abbildung der Zugewandtheit und Zärtlichkeit zwischen einer Mutter und ihrem Kind. Rechts und links im Bild ist jeweils ein Engel zu sehen. Maria und Jesus heben sich klar von dem goldenen Hintergrund ab, ebenso wie die beiden Engel. Was auf den ersten Blick wie traute Zweisamkeit vor goldener Kulisse mit zwei kleinen Himmelsboten aussieht, entpuppt sich bei genauerem Hinsehen schnell als äußerst ernste Angelegenheit.

Schon der Aufbau des Bildes lässt den Ernst der Lage erkennen: Eine Kreuzform wird im Bild sichtbar: Die Engel bilden, wenn man sie horizontal miteinander verbindet, eine Gerade, die sich als Querbalken des Kreuzes Jesu deuten lässt. Maria und das Kind deuten in vertikaler Linie den Längsbalken an.

Maria schaut nach unten. Ihr Blick richtet sich gedankenverloren und traurig abwärts. Marias Augen sind offen und klar, die Lider aber wirken schwer und belastet. Der Mund ist geschlossen, stumm. Sie sieht nicht so aus, als wollte sie etwas sagen. Vielleicht ist ihr nicht nach Reden zumute, vielleicht weiß sie, dass Worte hier nicht helfen können.

Marias Kopf ist leicht zu ihrer linken Seite geneigt, zum Kind, das sie auf dem Arm trägt. Genauer gesagt aber sitzt das Kind eher etwas wackelig auf ihrem linken Arm. Das Kind sieht aus, als wollte es jeden Moment vom Arm der Mutter herunterspringen. Maria trägt es nicht, wie eine Mutter gewöhnlich ihr kleines Kind trägt. Sie gibt Halt — dies drückt ihre Hand aus, die sich um den Körper des Kindes legt — aber es sieht so aus, als könne sie dies nur bedingt tun, als wüsste sie, dass es, was dieses Kind betrifft, kein Festhalten gibt. Maria stützt und hält, aber sie weiß, dass sie loslassen muss.

Die rechte Hand hält Maria dem Kind in Höhe ihres Herzens entgegen: Hier geht es um eine Herzensangelegenheit! Gleichzeitig weisen die Finger ihrer Hand auf den Engel oben rechts im Bild. Die griechische Inschrift im Bild sagt uns, dass es sich um den Erzengel Gabriel handelt. Bei genauerem Hinsehen fällt auf: Der Engel trägt zwei der Leidenswerkzeuge, mit denen Christus später gemartert wird: das Kreuz und einen Korb, in dem sich die Nägel vermuten lassen. Auf der anderen Seite ist ein weiterer Erzengel zu sehen, Michael, wie die griechische Inschrift verrät, ebenfalls mit zwei Leidenswerkzeugen in den Händen. Der Engel Michael trägt die Lanze des Hauptmanns, die

Abb. 41: Maria, **»Mutter von der Immerwährenden Hilfe«** in der Gabrielkirche.

die rechte Seite Jesu durchbohren wird, und den Stab mit dem Essigschwamm, der Jesus am Kreuz gereicht wird. Vier Leidenswerkzeuge — die Zahl Vier gilt symbolisch als Zahl für die Erde, für das Schwere, das Erdbehaftete. Beide Engel kündigen das bevorstehende Leiden an. Sie richten sich in Haltung und Blickrichtung zielstrebig auf Maria und das Kind hin aus. Der goldene Hintergrund im Bild symbolisiert demgegenüber den Bereich des Göttlichen. Maria und ihr Kind sind vom Göttlichen umgeben und auch durchdrungen, wie man an den goldenen Spuren in ihrer Kleidung sehen kann.

Marias trauriger Blick drückt aus, dass sie, auch ohne nach rechts oder links zu schauen, die Dinge erahnt, die ihrem Kind bevorstehen, oder sogar um sie weiß. Ihr Blick sagt: Ich bin unsagbar traurig, aber ich versuche zu verstehen. Würden wir die Ikone in der Gabrielkirche mit der Originalikone in Sant' Alfonso vergleichen, so sähen wir: Die Gesichtszüge Mariens sind im Original markanter als in der Kopie und auch anders: Weisheit, Demut und der Mut, die Dinge kommen zu lassen, die nicht aufzuhalten sind, auch eine gewisse Überlegenheit und Stolz sprechen aus ihnen. Zudem schaut Maria die Betrachtenden in der Ikone in Sant' Alfonso direkt an.

In der Kopie hingegen sind Marias Gesichtszüge weicher, weniger ausgeprägt und zarter. Zudem richtet sie ihren Blick nach unten, nicht auf uns, die Betrachtenden. Die Maria der Kopie sucht nicht den Blickkontakt. Sie ist hier deutlich introvertierter dargestellt. Sie wirkt scheu und in diesem Moment schicksalsergeben.

Der Vergleich beider Bilder zeigt mehrere leicht erkennbare Unterschiede zwischen Kopie und Original. Es ist eine Frage des persönlichen Stils und der künstlerischen Freiheit, welche Akzente der jeweilige Kopist in seiner Nachbildung betonen möchte. Vielleicht finden Menschen zu den weichen Gesichtszügen Mariens in der Andacht einen leichteren Zugang als zur Maria im Original mit ihren strengeren, ausgeprägten Zügen und ihrem festen Blick.

Maria trägt ein rotes Kleid. Schon in römischer Zeit spielte die Farbe Rot bei Hochzeitsritualen eine Rolle. Die junge Braut trug ein rotes Kleid oder ein rotes Tuch zum Zeichen für Fruchtbarkeit und Liebe und für die Jungfräulichkeit. Maria hat über das rote Kleid einen dunkelblauen, fast schwarzen, sehr edlen, mit Pailletten und Bordüren besetzten und in Falten gelegten Mantel mit grünem Innenfutter gelegt. Im späten Mittelalter ist das strahlende Blau des Lapislazuli zur Farbe der Madonna geworden. Der blauen Farbe sprachen schon die alten Ägypter lebensspendende Eigenschaften zu. Sie gilt zudem als Symbol für die Treue und als Zeichen von Schutz und Reinheit.[51] Im Bild deutet sich an, was das theologische Ringen um die Person der Mutter Gottes ergeben hat: Maria ist beides, Leben spendende (Gottes-) Mutter und reine Jungfrau. Das Blau ihres Mantels ist aber kein frisches Lapislazuli-Blau, sondern ein tiefdunkles, fast erdrückendes Schwarzblau. Es dominiert das Bild und gibt ihm seine Schwere. Es verleiht der Traurigkeit Ausdruck, die Marias ganze Person einhüllt.

In der Kapuze des Mantels zeigt sich ein heller Stern. Maria wird auch als ›stella maris‹ (lat.), als ›Meeresstern‹, verehrt. Der Stern ist ein Symbol, das auf den Himmel verweist. Sterne leuchten den Seefahrern in klarer Nacht und geben Orientierung auf den Weiten des Meeres. Nach den Sternen richteten sie jahrhundertelang sie ihren Kurs aus. Gleichzeitig weckt ein Blick in den nächtlichen Sternenhimmel die Sehnsucht des Menschen nach dem Jenseitigen, nach Begegnung und Berührung mit Gott. Maria erleuchtet als wegweisender Stern den Weg für alle Menschen, damit sie die Orientierung zum Himmel, zu Gott hin, nicht verlieren und ihre Sehnsucht lebendig halten. Unter dem Stern ist an der Kapuze ein goldfarbenes Rosettenband angebracht. Hierin ist ein Verweis auf das Buch Exodus zu sehen. Das Kapitel 28 im Buch Exodus enthält Anordnungen für die Priestergewänder: »Mach eine Rosette aus purem Gold und bring darauf nach Art der Siegelgravierung die Inschrift an: Heilig dem Herrn. Befestige die Rosette an einer Schnur aus violettem Purpur und bring sie am Turban an; sie soll an der Vorderseite des Turbans angebracht werden.« (Ex 20,36.37) Das Rosettenband an der Mantelkapuze bringt Maria in Beziehung zu den Hohepriestern des Alten Bundes. Das Siegel Mariens ist der Stern. Marias Stern strahlt das Licht Christi aus.

Die Farben der Kleidung Mariens waren in früher Zeit Königinnen und Königen vorbehalten. Ihre königliche Kleidung sowie die goldene Krone auf ihrem Haupt vor goldener Himmelssphäre zeichnen sie als ›Königin des Himmels‹ aus (›regina caeli‹, lat.). Sie trägt einen Heiligenschein. Die heilige Gottesmutter Maria ist Gott in ganz besonderer Weise nah.

Auch ohne die Inschrift im Bild ist das Kind als Jesus zu erkennen. In seinem Heiligenschein, Nimbus, ist ein Kreuz angedeutet. Ein Kreuznimbus wird in der christlichen Kunst fast ausschließlich für Jesus Christus verwendet, selten für Gott Vater oder den Heiligen Geist. Jesus trägt ebenfalls eine goldene Krone. Das Gold in Nimbus und Krone wirkt nicht leicht und durchsichtig, sondern hebt sich kräftig und deutlich von der Kleidung Mariens ab. Die besondere Heiligkeit des Kindes wird betont; sie überstrahlt das Dunkel des Gewandes seiner Mutter und setzt damit einen Kontrapunkt zur Schwere des Bildes. »Blendendes Licht ist, biblisch vielfach belegt, Zeichen höchster Göttlichkeit und Heiligkeit.«[52] Denken wir an die biblische Erzählung von der Verklärung Jesu auf dem Berg Tabor (vgl. Mt 17,1–8). In strahlendes Licht getaucht, erscheint Jesus dort im Vorgriff auf seine bevorstehende Herrlichkeit als der auferstandene, verklärte Christus.

Auffällig ist am Heiligenschein Jesu: Er trennt Jesu Gesicht vom Gesicht seiner Mutter. Es findet keine Berührung der beiden Gesichter statt. Wie wichtig ist aber doch eine Berührung von Kopf zu Kopf, von Gesicht zu Gesicht, wenn ein Kind Trost bei der Mutter sucht! Welche Mutter drückt nicht ihr verunsichertes Kind nah an sich, um ihm beizustehen? Aber: Das Göttliche, Jesu Auftrag und Wesen, steht bei aller Intimität der Zweisamkeit zwischen Mutter und Sohn sehr deutlich zwischen den beiden und prägt ihre Beziehung zueinander. Sicher trägt auch dieser Abstand zu Marias Traurigkeit bei. Das Verhältnis zwischen Maria und Jesus lässt an die biblische Erzählung von der

Hochzeit zu Kana (vgl. Joh 2,1–12) denken. Bei diesem Fest spricht Jesus seine Mutter nicht mit Mutter an, sondern mit Frau. Jesus betont damit seinen Abstand zu ihr vor allen anwesenden Gästen. Wie anders klingt das zärtliche, fast kleinkindhafte Abba — lieber Vater, Väterchen —, mit dem Jesus Gott Vater anspricht!

Jesus trägt ein grünes Untergewand — Grün für die Hoffnung, die er für viele Menschen ist und sein will. Das rote Gurtband, das um seinen Leib gelegt ist, lässt an sein Martyrium denken, aber auch an die Liebe, mit der er sich ins Leben und in den Tod hineingibt. Jesu Tunika sowie seine Schuhe sind erdfarben. Sie drücken aus: Jesus ist ganz und gar erdverbunden, er ist ganz Mensch. Der ewige Sohn Gottes hat sich mit dem Gewand der Erde umhüllt. Der golden strahlende Nimbus ergänzt: Jesus ist zwar ganz Mensch, aber ebenso ist er ganz und gar Gott. Die Farben der Obergewandung Jesu sind, wie schon bei Maria, die Farben der Könige. Aber im Vergleich zu den Königen der Welt ist das Königtum Jesu ein anderes: »Ich bin dazu geboren und in die Welt gekommen, dass ich für die Wahrheit Zeugnis ablege.« (Joh 18,37b) Jesus selbst ist die Mensch gewordene, wahre und wahrhaftige Liebe Gottes, die er im selbstlosen Dienst an den Menschen lebt.

Mit beiden Händen hält Jesus sich am Daumen der Mutter fest. Sein Blick ist nach rechts gerichtet. Er schaut in Richtung des Engels Gabriel. Im Blick auf den Engel erkennt er die Leidenswerkzeuge, die irgendwann sein Leben beenden werden. Jesu Gesicht bleibt erstaunlich ungerührt angesichts dessen, was er sieht. Er sieht nicht erschreckt aus, wie man erwarten könnte. Seine Gesichtszüge bringen Würde und eine gewisse Gelassenheit zum Ausdruck. Der Mund ist geschlossen und stumm wie der seiner Mutter. Seine Gefühlslage lässt sich nur schwer erahnen. Er wirkt ein wenig scheu und dadurch, dass er die Hand der Mutter ergreift, hilfesuchend. Dennoch ist sein Blick offen und die Augen klar; anders aber als bei seiner Mutter ist sein Blick nicht gesenkt. Bei genauem Hinsehen wird deutlich, dass Jesus den Engel zwar im Blick hat, aber doch noch weiter schaut, an ihm vorbei auf etwas, das wir im Bild nicht mehr sehen können. Was mag er sehen, das seinem Gesicht die Ruhe und Gelassenheit verleiht angesichts dessen, was ihm durch den Engel prophezeit wird?

Der Blick auf das Kind gibt weitere Aufschlüsse: Dieses Kind sieht gar nicht aus wie ein Kind! Es ist zwar klein wie ein Kleinkind, aber ihm fehlen die kindlichen Proportionen. Dies ist gut auszumachen an der Größe des Kopfes: Der Kopf eines Kleinkindes ist normalerweise im Verhältnis zu seinem Körper und im Vergleich mit den Proportionen eines erwachsenen, entwickelten Menschen deutlich zu groß. Kopf und Körper des

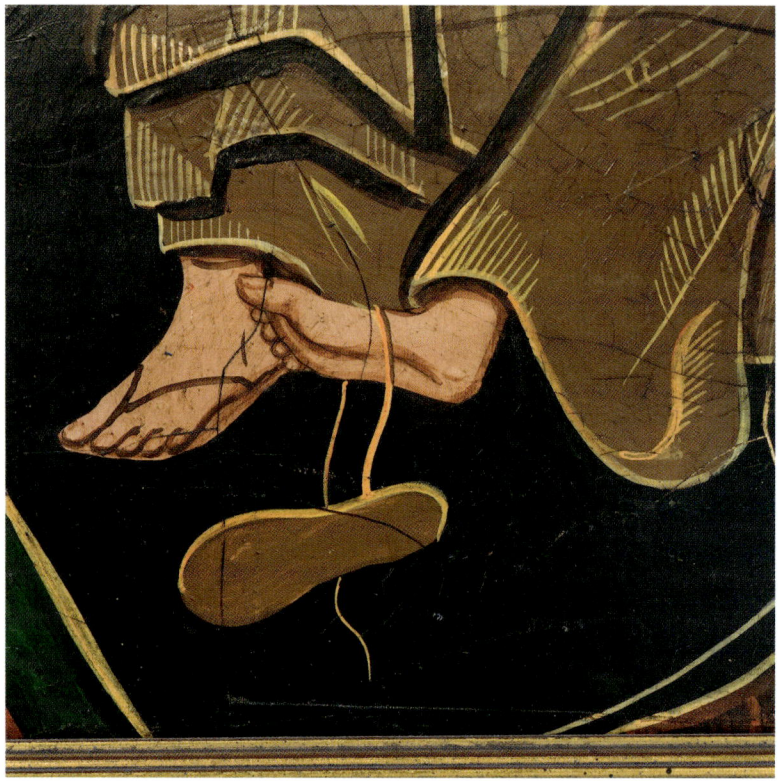

Abb. 42: Die **Füße und Sandalen Jesu** im Bild von der »Immerwährenden Hilfe«.

Jesus-Kindes stimmen aber proportional überein. Es sind die Proportionen eines »kleinen Erwachsenen«, nicht die eines Kleinkindes. Auch die Gesichtszüge Jesu sind zwar zart, aber weniger die eines Kindes als die eines jungen Mannes. Ein Kind in der Größe des Kindes im Bild, das auf der Suche nach Trost ist, sähe viel kindlicher aus.

Haben Sie schon entdeckt, dass sich die Sandale am rechten Fuß Jesu gelöst hat?

Zunächst kann das Lösen des Schuhs ein Hinweis darauf sein, dass das Kind Jesus gerade zu seiner Mutter gelaufen ist und der Schuh sich durch die Bewegung geöffnet hat. Aber für ein Bild, das theologische Aussagen transportieren will, scheint diese Begründung keineswegs ausreichend. Vielleicht ist Jesus auch erschreckt angesichts der Engel mit den Leidenswerkzeugen und ihrer Botschaft für ihn und verliert vor Schreck seine

Sandale. Bleiben wir einen Moment bei diesem Gedanken. Die sich lösende Sandale legt die Ferse Jesu offen. Möglicherweise ist im Bild der sich lösenden Sandale und der entblößten Ferse ein Bezug zum Buch Genesis zu sehen: Gott sagt zu der Schlange, nachdem sie Eva verführt hat: »Feindschaft setze ich zwischen dich und die Frau, zwischen deinen Nachwuchs und ihren Nachwuchs. Er trifft dich am Kopf und du triffst ihn an der Ferse.« (Gen 3,15). Die Schlange drängt in der Sündenfallerzählung zur Grenzüberschreitung und zur Auflehnung gegen Gott. Sie kriecht auf dem Boden und trifft den Menschen an der Ferse. Die Schlange ist als personifizierter Widerstand gegen Gott zu sehen und kann im Bild der Ikone ein Bild für die spätere Auflehnung der Menschen gegen Jesus sein. Der Biss der Schlange mit seiner todbringenden Wirkung löst Schrecken aus. Das Motiv, Sie werden es vielleicht selbst spüren, berührt emotional.

Ein dritter Gedanke: Vielleicht lässt Jesus seine Schuhe auch selbst los, weil er mit nackten Füßen und ohne Schuhe auf der Erde stehen will! Gott selbst lässt sich in Jesus ganz und gar auf das Irdische und damit auf die Bedingungen der Erde ein. In Jesus kommt Gott nackt in die Welt, ohne Schutz. In der Situation größter Not vor seiner Kreuzigung lässt Jesus sich seiner Kleider berauben, wird erneut bloß und nackt, wie er zur Welt gekommen ist, und so ans Kreuz geschlagen. Gottes Sohn ist auch ganz Mensch und will es sein.

Der linke Fuß Jesu verläuft parallel zu Marias Arm. Marias rechter, auf den Engel Gabriel mit den Marterwerkzeugen gerichteter Arm und die Stellung des linken Fußes Jesu weisen auf den Weg Jesu hin. Die Fußspitze deutet genau die Wegrichtung an, die Jesus sehr bewusst einschlägt: Es geht geradewegs hinab: Jesus steigt hinab in das Reich des Todes. Es scheint fast, als wolle er dem Engel mit seinem Fuß sagen und zeigen: Ich weiß doch, wo mein Weg hinführt! Anders der rechte Fuß Jesu, an dem die Sandale baumelt. Deutlich zeigt er in die entgegengesetzte Richtung. Er durchkreuzt gleichsam den Weg des Leidens und Todes und deutet durch die umgekehrte Richtung Jesu spätere Auferweckung und Himmelfahrt an. Dieser kleine, beim ersten Betrachten unbedeutend wirkende Bildausschnitt transportiert eine sehr wichtige Botschaft: Der Tod hat nicht das letzte Wort! Das Bild bleibt trotz der vielen belastenden Eindrücke nicht bei Traurigkeit und Schwere stehen. Die Erschließung macht vielmehr deutlich, dass der Kern der christlichen Botschaft ein anderer, ein hoffnungsfroher und vertrauenswürdiger ist. In dieser Botschaft liegt begründet, warum Jesus auf dem Bild angesichts seiner Zukunft nicht ängstlicher wirkt. Die Trauer aber bleibt im Bild unausgesprochen dominant und erhält ihren so wichtigen Raum.

Das Bild: Botschaft und Andacht

Sie haben sicher erkannt: Diese Ikone ist weit davon entfernt, eine realistische Darstellung zu sein. Das Bild will vielmehr die wesentliche Botschaft vom Geheimnis um die Menschwerdung, von Tod und Leben Jesu und seiner Auferweckung zeigen. Letztlich transportiert es damit das Geheimnis um die Zusammenhänge von Tod und Leben überhaupt, in das wir gemeinsam mit Maria, der Mutter Gottes, hineingenommen sind. Und es will Impulse zur Andacht geben. Wer vor diesem Bild innehält und es intensiv anschaut, wird ins Nachsinnen kommen. Über die theologische Botschaft hinaus will das Bild uns emotional berühren. Maria, diese junge und doch so reife Frau lädt uns ein, mit ihr vor diesem Bild in Kontakt zu kommen. Ihr können wir, wenn uns danach ist, unser persönliches Leid anvertrauen und sie, die Gott so nahe steht, um Fürsprache beim Vater bitten. Marias offene Hand, an der das Kind sich festhält, ist auch offen für alle, die sich an ihr festhalten möchten. Sie will halten, wo Menschen Halt brauchen. Sie will tragen, wo die Sorgen groß sind: Maria, Fürsprecherin bei Gott, Mutter von der immer währenden Hilfe.

Impuls

Nehmen Sie vor dem Marienbild Platz und betrachten Sie es ganz in Ruhe. Lassen Sie es auf sich wirken.
Wie fühlen Sie sich von dem Bild, das Sie jetzt betrachten, angesprochen? Verspüren Sie den Wunsch, mit Maria oder dem Kind in Kontakt zu kommen? Gibt es etwas, das Sie Maria oder Jesus sagen möchten?

Maria, Mutter des Schmerzes — die »Pietà«

Anders als im Bild der Ikone begegnen uns Maria und ihr Sohn Jesus in der »Pietà«. Schon allein durch ihre Größe ist diese Figur auffälliger und dominanter als die Ikone. Maria und Jesus sind lebensgroß dargestellt; auch dadurch sprechen sie die Betrachtenden anders an.

Jesus liegt tot im Arm der Mutter. Die »Pietà« ist ein stummer Ausdruck von Schmerz und Leid. An einen Schmerz erinnert zu werden, wie er in dieser Darstellung liegt, löst Unbehagen aus. Wir gehen in der Regel lieber an dieser Figur vorbei — wohl auch, weil wir einem solchen Schmerz entgehen und nicht gern an ihn erinnert werden wollen. Aber Leben lebt sich nicht ohne Schmerz. Der Schmerz der Trauer um einen lieben Menschen gehört zum Leben dazu. Manchmal kann der Schmerz so groß sein, dass er kaum auszuhalten ist. »Ihr alle, die ihr des Weges zieht, schaut doch und seht, ob ein Schmerz ist wie mein Schmerz!« (Klgl 1,12) Welcher Schmerz kann sein wie der Schmerz einer Mutter, die ihr Kind verliert?

Die »Pietà«

Eine »Pietà« ist eine Darstellung Mariens mit ihrem toten Sohn, in der christlichen Ikonografie dem Typus »Mater Dolorosa« (»Schmerzhafte Mutter«, lat.) zugeordnet. Figuren und Darstellungen in Form einer »Pietà« sind vermutlich nach dem 13. Jahrhundert ins Bewusstsein der Menschen gerückt. Im Nacherleben der Passion Christi sind sie zu dieser Zeit als Andachtsbilder aufgekommen. Menschen hatten immer mehr das Bedürfnis, auch zu sehen, was sie bedachten. Als man im Mittelalter die Stationen des Leidens Christi dem Stundengebet der Mönche zuordnete, wurde diese Station der Vesper, dem Abendgebet, zugewiesen. Sie diente der Meditation des Kreuzwegs Jesu im Rahmen des Stundengebets. Damit erhielt die »Pietà« auch den Namen Vesperbild. Ein Vesperbild kann gemalt oder plastisch ausgeführt sein. (Das erste plastische Marienbild des Abendlandes, das allerdings keine »Pietà«, sondern Maria mit ihrem kleinen Kind darstellt, ist übrigens die Goldene Madonna, 973–982 n. Chr., zu sehen im Domschatz des Bistums Essen.)

Mit der Mystik und im Zuge der Pestwellen im 14. Jahrhundert verbreitete sich das Vesperbild sehr schnell zunächst innerhalb Mitteleuropas, später auch bis nach Italien. Die wohl bekannteste »Pietà« stammt von dem italienischen Künstler Michelangelo und steht im Eingangsbereich der St.-Peter-Kirche in Rom. Diese Plastik, im Jahre 1501 vollendet, ist ein frühes Werk des Künstlers. Maria und Jesus sind aus weißem Marmor in vollendeter, idealtypisch-jugendlicher Schönheit dargestellt. Der sogenannte »Schöne Stil« erfasste den Typus der »Pietà« ab etwa dem 14. Jahrhundert. In dieser Zeit der Spätgotik entstanden auch Darstellungen von der Art wie die Figur in der Gabrielkirche: Jesus liegt nicht auf dem Schoß Mariens (wie beim früheren Typus üblich), sondern zu ihren Füßen, sein Kopf ruht auf ihren Knien.[53]

Die »Pietà« in der Gabrielkirche

Abb. 43: Die »Pietà« **mit Bildzyklus**: Sieben Schmerzen Mariens.

Die Figur in St. Gabriel wurde im Jahre 1917 in Kevelaer aus Holz im Nazarenerstil gefertigt. Der Nazarenerstil geht auf eine Künstlergruppe zurück, die sich Anfang des 19. Jahrhunderts in Wien und dann auch in Rom weiterentwickelte. Sie machte es sich zur Aufgabe, durch bewusste Abwendung von Barock und Klassizismus eine neudeutsche, religiös-patriotische Kunst zu schaffen. Merkmale der Nazarener Kunst sind: klare, schöne Linien (wie bei Raffael), warme Farben (die Farbe tritt hinter der Darstellung zurück, sodass die Darstellung betont wird), Ruhe und Innerlichkeit, ernste Gesichtszüge der dargestellten Personen, oftmals gescheiteltes Haar (woran die Nazarener selbst übrigens auch zu erkennen waren), auffällig weiche Gesichtszüge vor allem der Männer. Ab Mitte des 19. Jahrhunderts wurde der Nazarener Stil nach und nach vom Impres-

Abb. 44: Im **Nazarener Stil**: Jesus.

sionismus abgelöst, wirkte allerdings noch bis ins erste Viertel des 20. Jahrhunderts hinein.[54] Die »Pietà« in der Gabrielkirche ist ein Spätwerk des Nazarener Kunststils. Sie fügt sich in Form und Stil sehr gut in den Rahmen der neo-gotischen Kirche ein.

Im Jahre 1998 wurde der »Pietà« der Bildzyklus der Schmerzen Mariens durch Ausmalung der Wand hinter der Figur hinzugefügt. Heinz Dohmen, Architekt und von 1976–1999 Dombaumeister des Bistums Essen, hat diesen Bildzyklus gestaltet. Die Folge in Form von runden Einzelbildern stellt sechs schmerzhafte Ereignisse im Leben Mariens in Bezug auf Jesus dar. Das siebente ist die »Pietà« selbst. Der Lebensweg Jesu ist in entscheidenden Stationen dargestellt, wo er mit Maria in Kontakt ist. Auch Josef, der Ziehvater Jesu, kommt in den Bildern vor. Er übernimmt die Vaterrolle an der Seite

Mariens. Er ist die dritte Person, die, neben Jesus und Maria, einen Heiligenschein trägt. Der Zyklus der »Sieben Schmerzen Mariens« ist im späten Mittelalter als Typus aus dem Marienkult des 12./13. Jahrhunderts erwachsen.[55] Wovon die Bilder des Kreiszyklus und die plastische »Pietà« erzählen — davon können Sie nun lesen. Die Ereignisse sollen nachfolgend, dem Zyklus der »Sieben Schmerzen Mariens« entsprechend, in der Abfolge der sieben Stationen betrachtet werden.

Was der Bildzyklus und die Bibel erzählen

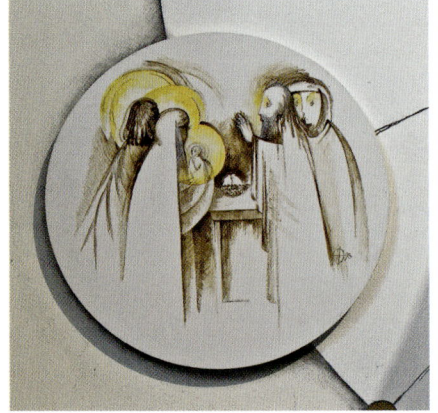

Abb. 45:
Maria und Josef
bringen ihr Kind **zum Tempel**.

»Dir (…) wird ein Schwert durch die Seele dringen.« (Lk 2,35) — So prophezeit der greise Gottesmann Simeon der Mutter Jesu, als sie ihr Kind in den Tempel nach Jerusalem trägt, um es Gott zu weihen. Maria muss von Anfang an geahnt haben, dass ihr mit diesem Kind noch Gewaltiges bevorstehen würde. Sie hat Ja gesagt, als sie spürte, dass Gott Großes mit ihr vorhatte. Sie hat ihre Schwangerschaft bejaht, obwohl sie nicht verheiratet war, und in Kauf genommen, mit ihrem Ja ins soziale Abseits zu geraten. Gott wollte ihr, der einfachen, tiefgläubigen Frau aus dem Volk, Anteil daran geben, dass Menschen eine neue Dimension der Begegnung mit dem Göttlichen erfahren können. Maria muss gespürt haben, dass dieses Kind, das sie erwartete, das sie zur Welt brachte und aufwachsen sehen sollte, die Beziehung zwischen Gott und dem Menschen auf eine neue Ebene heben würde. Im Tempel erkennen Simeon und auch die anwesende

Prophetin Hanna, dass mit dem Kind Jesus die Erlösung des Volkes und das Heil der Menschen verbunden ist (vgl. Lk 2,25–39).

Maria und Josef erfahren von Anfang an mit ihrem Kind alles andere als ein ruhiges Familienleben. Heute würde man das Ereignis der Schwangerschaft Mariens wahrscheinlich als »Schwangerschaft mit ungeklärter Vaterschaft« beschreiben. Kurz vor der Geburt des Kindes treten Maria und Josef eine ungeplante Reise an. Der Befehl des Kaisers Augustus, alle Menschen aus seinem Herrschaftsbereich sollten zu ihrem Geburtsort zurückkehren, damit sie dort in Steuerlisten eingetragen werden könnten, veranlasst das Paar, zu diesem ungünstigen Zeitpunkt aufzubrechen. In einem ärmlichen Stall bei Betlehem, wo Maria und Josef schließlich Herberge finden, kommt der Sohn Gottes und Mariens zur Welt (vgl. Lk 2). Sehr bald nach der Geburt des Kindes muss die junge Familie überstürzt aufbrechen. Drei Weise warnen Maria und Josef vor dem machtbesessenen Herodes, der in dem Kind einen möglichen Nachfolger auf seinem Thron sieht und dem Neugeborenen nach dem Leben trachtet. Die junge Familie flieht vor Herodes und seinen Schergen nach Ägypten, in das fremde Land (vgl. Mt 2), in dem ein Großteil des israelitischen Volkes einst als Zwangsarbeiter für den Pharao Dienst tun musste.

Abb. 46:
Maria und Josef
fliehen **nach Ägypten**.

Die biblische Überlieferung berichtet uns nach den Erzählungen rund um Jesu Geburt und seine frühe Kindheit lange Zeit nichts mehr von der Familie. Vermutlich hat die Familie so zusammengelebt wie andere Familien zu dieser Zeit auch. Wir hören erst wieder von Jesus, als er ein zwölfjähriger Knabe ist. Die Familie befindet sich, wie in jedem Jahr,

Abb. 47:
Maria und Josef finden
den zwölfjährigen Jesus
im Tempel.

auf der Pilgerreise nach Jerusalem, um dort dem alljährlich stattfindenden Paschafest bei-
zuwohnen. Als Maria und Josef nach den Festlichkeiten zusammen mit anderen Pilgern
den Weg zurück antreten, bleibt Jesus unbemerkt in Jerusalem. Im Tempel erregt der
jugendliche Jesus durch seine Auslegung der Heiligen Schrift und durch sein für sein Alter
ungewöhnliches Verständnis der Schriften Aufmerksamkeit. Maria und Josef suchen ihren
Sohn zunächst vergeblich. Sie finden ihn schließlich an dem Ort, wo das Wort Gottes verkündet wird, inmitten der Schriftkundigen, die über den Jungen staunen (vgl. Lk 2,41–52).
Eigenmächtig und eigenverantwortlich tut Jesus, wozu er sich berufen fühlt. Maria und
Josef erleben indes die Sorge um ihr Kind. Als sie Jesus im Tempel sehen, sind sie sehr
betroffen. Voller Angst haben sie ihn gesucht.

Im Alter von etwa 30 Jahren ändert Jesus sein Leben. Er richtet sich ganz auf Gott
aus. Die Botschaft vom Reich Gottes, das er in seiner Person angebrochen und ver-
wirklicht sieht, verkündet er allen Menschen, die ihm zuhören wollen. Manchmal ist
Jesus seiner Mutter fremd, so zum Beispiel in den Momenten, in denen er sich deutlich
von ihr distanziert: »Was willst du von mir, Frau?« (Joh 2,4) Maria erlebt die radikale
Loslösung ihres Sohnes aus seiner Heimatfamilie und seinen bisherigen Beziehungen.
Seine neue Familie, so sagt er, sind alle, die sich seiner Gesinnung und seiner Botschaft
anschließen. Für Jesus ist diejenige Frau seine Mutter, die den Willen Gottes erfüllt
(vgl. Mk 3,31–35). Aber genau dies tut ja seine leibliche Mutter. Es muss schmerzlich für
Maria sein, dass ihr Sohn sie mit vielen anderen Frauen gleichsetzt. Jesus distanziert sich
von ihr, um offen sein zu können für alle Menschen.

Mit seinen Begleiterinnen und Begleitern führt Jesus ein Leben ohne festen Wohnsitz, ohne Arbeit, die den Lebensunterhalt sichern könnte. Er wird ein großer Prediger und Heiland, der ganz aus der göttlichen Liebe lebt und wirkt. Viele Menschen vertrauen ihm und folgen ihm nach. Sein Ruf verbreitet sich schnell im Land. Aber trotz des Ansehens, das er gewinnt, bleibt sein Wirken in Wort und Tat manchen Menschen, vor allem Menschen in seiner Heimat, die ihn aus der Kinder- und Jugendzeit kennen, unverständlich. Jesus erreicht die Menschen dort, wo man ohne Vorbehalte auf ihn zugeht. Wie mag Maria diese Entwicklung empfunden haben?

In welcher Verbindung Maria in der Zeit des Umherziehens Jesu mit ihrem Sohn steht, berichtet uns die Bibel nicht. Die Heilige Schrift erzählt nur von einzelnen Berührungspunkten zwischen beiden. Als Jesus nach seiner Verurteilung den Kreuzweg gehen muss, kommt es, wie die christliche Tradition überliefert, zu einer intensiven Begegnung zwischen Mutter und Sohn, als dieser unter der Last des Kreuzes zusammenbricht.

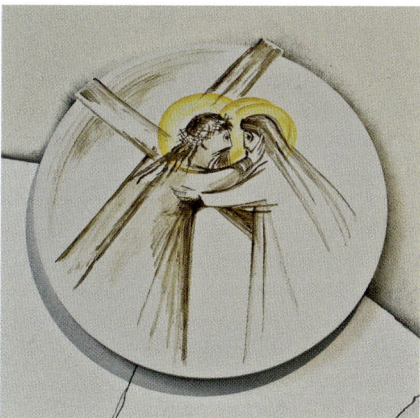

Abb. 48:
Maria und Jesus
begegnen sich
auf dem Kreuzweg.

Dass Maria tatsächlich im Gedränge der Menschen am Rande der »Via Dolorosa« in Jerusalem gestanden hat, ist rein hypothetisch. Es ist auch nicht wichtig, ob diese Begegnung zwischen Maria und Jesus so stattgefunden hat, wie sie überliefert ist. Wahr ist: Jesu Mutter ist für ihn da, als es ihm schlecht geht und er sie braucht. Als Mutter steht sie auch ihrem erwachsenen Kind bei. Das Johannes-Evangelium berichtet, dass Maria zusammen mit anderen Frauen und dem Lieblingsjünger Jesu, Johannes, unter dem Kreuz steht und dort bei ihrem Sohn bleibt.

Abb. 49:
Maria
unter dem Kreuz Jesu.

Der tote Körper Jesu wird vom Kreuz abgenommen, in Tücher gewickelt und in ein Grab gelegt. Die biblische Überlieferung erzählt jedoch nicht, dass Maria ihren toten Sohn noch im Arm hält. Ob dies geschehen ist, lässt sich, wie vieles andere, nur vermuten. Aber vorstellbar ist es doch.

Abb. 50:
Maria trägt Jesus
zu Grabe.

Was wir in der »Pietà« sehen

Abb. 51: Die »**Pietà**«.

Maria ist in sitzender Haltung dargestellt. Sie sitzt auf einem Stein, ihr Oberkörper ist gerade aufgerichtet. Bekleidet ist sie mit einem roten Kleid und einem weiten Mantel. Mantel und Kleid haben auch in dieser Darstellung die Farben einer Königsgewandung. In der Regel wird Maria mit einem blauen Mantel dargestellt, der sie als die Königin des Himmels zeigt. In dieser »Pietà« aber ist der Mantel Mariens grün. Vielleicht ist ein Grün der Hoffnung gemeint?

Maria trägt Schuhe, die zur Kleidung passen. Es sind Schuhe, die sicherlich zu biblischen Zeiten so nicht getragen wurden. Kleidung, Schuhe sowie das goldene Schulter- und Kopftuch verleihen Maria schon äußerlich die Würde jener edlen Frau, die sie tatsächlich ist. Maria ist in der Darstellung der »Pietà« jung, nicht älter als ihr erwachsener Sohn. Maria wesentlich jünger darzustellen, als sie sein müsste, ist ein Motiv, das sich in der christlichen Kunst häufig findet. Hier ist die junge, glaubensstarke und selbstlos

Abb. 52:
Maria hält **die Hand**
ihres toten Sohnes.

liebende Frau zu sehen, die von Gott zur Mutter seines Sohnes erwählt wurde. In diesem Sinne bleibt sie die allezeit jungfräuliche Mutter.

Marias Blick geht in die Ferne, über uns Betrachtende hinweg nach vorne oben. Angesichts des Schmerzes, den sie durchlebt, richtet sie ihren Blick auf den Himmel. Ihr Blick lässt erahnen, welche Gedanken und Gefühle sie in sich trägt.

Vor ihr liegt der tote Körper ihres Sohnes. Seine Wunden sind sichtbar. Dornenkrone und Marterwerkzeuge liegen neben ihm auf dem Boden und rufen uns die grausame und menschenverachtende Art und Weise, wie er zu Tode gekommen ist, in Erinnerung. Der tote Körper Jesu wirkt aber, trotz des Martyriums von Demütigung, Geißelung und Kreuzigung, das er durchlitten hat, und trotz der sichtbaren Stigmata an seinem Körper nicht abstoßend. Jesu Gesicht ist ein schönes und gepflegtes Gesicht wie das seiner Mutter. Anders als das seiner Mutter drückt es aber Ruhe und Frieden aus. Fast könnte man denken, Jesus schliefe nur. Er ist von seinem Leid erlöst und so wirkt er in dieser Darstellung auch. Jesus ist deutlich kleiner dargestellt als seine Mutter. Sein Körper wirkt schmal wie der eines Jugendlichen. Ein schöner Gedanke liegt hier zugrunde: Jesus ist und bleibt ein Kind seiner Mutter.

Der Körper Jesu findet Halt bei Maria. Oberkörper und Kopf liegen angelehnt an Marias Knie. Jesu Kopf liegt aber auch in Höhe ihres Leibes: Maria hat ihrem Kind in ihrem Leib Raum zum Wachsen und Werden gegeben. Sie hat es unter Schmerzen geboren und muss es nun unter Schmerzen zurückgeben. Vielleicht ahnt sie, dass die Grabeshöhle, in die Jesus gelegt wird, seine neue Geburtshöhle ist. Das Grab ist der Raum, in dem das Leben zum zweiten Mal beginnen kann.

Jesu Beine und Gesäß liegen auf dem Boden auf einem Tuch, das auch seinen Unterleib bedeckt. Marias rechte Hand berührt liebevoll Hals und Schulter des Sohnes, ihre linke Hand hält und stützt seine schlaffe Hand am Handgelenk. Die Art, wie Maria das Handgelenk ihres Sohnes greift und hält, lässt an ein bekanntes Motiv in der christlichen Kunst denken, die sogenannte Höllenfahrt Jesu. Nach seinem Tode fährt Jesus ins Reich der Toten hinab und hält sich dort, in der Hölle, auf. Nur der Evangelist Matthäus berichtet von diesem Ereignis und dies auch nur andeutungsweise (vgl. Mt 12,40; 27,51f). Jesus fährt ins Reich der Toten, um Menschen von dort wegzuholen und zu erlösen. Der Abstieg Christi in das Reich der Toten wurde zu einem wichtigen Thema in der christlichen Ikonografie und ist, vor allem im ostkirchlichen Raum, bekannt unter der Bezeichnung ›Anastasis‹ (›Auferstehung‹, griech.). Mit einem Griff ans Handgelenk zieht Jesus Adam, den Menschen, aus dem Reich der Toten zurück ins Leben. Der Griff Jesu ans Handgelenk ist also ein (Lebens-) Rettungsgriff.

Abb. 53: **Anastasis-Bild**, Fresko in der Chorakirche in Istanbul, um 1320.

Ikonografisch ist mit dem Anastasis-Motiv die Heilung = Rettung von Menschen, ihr Zurückholen ins Leben durch göttliches Wirken dargestellt. Maria kann Jesus nicht wieder ins Leben zurückholen, sie weiß das. Aber ihr Griff ans Handgelenk Jesu, verbunden mit ihrem Blick gen Osten, deutet an, dass sie jetzt auf Gottes Rettungshandeln hofft. Die Hoffnung auf Gott zu richten ist das, was sie jetzt noch für ihren Sohn und zu ihrem eigenen Trost tun kann. Sie weiß, Gott ist der Einzige, der jetzt noch helfen kann. Der grüne Mantel zeigt, dass Maria ganz und gar in diese Hoffnung eingehüllt ist.

Der rechte Arm Jesu hängt herunter, die Finger der Hand berühren den Boden. Die Haltung seiner Finger erinnert an die Fingerhaltung bei einem christlichen Segensgestus, der sich in der lateinischen Kirche um 400 n. Chr. herausgebildet hat. In dieser Segensgebärde sind drei leicht gekrümmte Finger (Daumen, Zeige- und Mittelfinger) der segnenden Hand zum Himmel gerichtet. Sie deuten auf den dreifaltigen Gott hin, in dessen Namen der Segen ergeht. Die anderen beiden, stark gekrümmten Finger (Ringfinger und kleiner Finger) verweisen auf Christus, genauer gesagt, auf seine göttliche und seine menschliche Natur. Häufig finden sich in der christlichen Ikonografie Darstellungen des in dieser Weise segnenden Christus. Im Zusammenhang mit dem toten Christus der »Pietà« weist uns die Haltung der Finger darauf hin, dass Jesu Tod Teil seines Erlösungswerks ist. Und dieses wiederum ist ein Segen für die Menschen.

Maria, die schmerzhafte Mutter, für uns

Die »Pietà« ist keine reale Darstellung. Sie will uns nicht zeigen, wie »es wirklich war«. Vielmehr will sie Beziehung schaffen. Marias Leben spielt sich, wie unser Leben auch, zwischen den Polen Leben und Tod, Hoffnung und Verzweiflung, Freude und Trauer ab. Mit ihrem toten Sohn im Arm verkörpert Maria den unsagbaren Schmerz einer Mutter, die ihr Kind verloren hat. In der Figur der »Pietà« nimmt dieser Schmerz Gestalt an. Stumm ruft Maria danach, ihr Leid wahrzunehmen. Sie spricht damit Menschen an, die um eine Person trauern, die aus ihrem Leben genommen wurde. Die Figur will dazu einladen, an dieser Stelle stehen zu bleiben anstatt vorbeizugehen, und der Trauer Raum und einen Ort zu geben. Früher kamen vor allem Frauen und Männer, die ein Kind im Krieg verloren haben, zu dieser Marienfigur. Heute kommen immer noch trauernde Menschen. Sie finden hier Ruhe und können einen Teil ihrer Last an diesem Ort lassen. Als Christinnen und Christen stehen wir nicht allein vor dem Leid, sondern können ihm gemeinsam mit Christus und mit seiner Mutter Maria begegnen.

Wer die »Pietà« anschaut, schaut in Richtung Westen, dorthin, wo die Sonne untergeht. Bevor sich der trauernde Mensch dem Osten, dem Sonnenaufgang, zuwenden kann, ist der Westen der passendere Ort. Hier ist auch der Ort für eine Gedenktafel, auf der die Namen aller Gefallenen des letzten Weltkrieges gegen das Vergessen aufgeschrieben sind. Für jeden Monat des Jahres gibt es eine handgeschriebene Tafel mit den Namen. Auch das »Buch des Lebens«, das die Namen aller Verstorbenen der Gemeinde enthält, liegt hier aus. Es tut gut, sich Zeit zu nehmen und sich hier aufzuhalten, die Namen zu lesen und sich an die eine oder andere Person zu erinnern. Die Kerzen, die vor der »Pietà« immer wieder entzündet werden, sind sichtbare und leuchtende Zeichen des Gedenkens, des Trostes und der Hoffnung.

SEGEN FÜR EINE TRAUERNDE

Gott segne deine Augen,

dass du weinen kannst

und nicht in der Kälte deiner Trauer erstarrst.

Gott segne deine Begegnungen,

damit du Menschen findest,

die dir geduldig und verstehend zuhören.

Gott segne deinen Mund,

damit du Worte findest für deine Trauer

und deinen Schmerz.

Gott segne deine Schritte,

damit du einen Weg findest

in dein neues Leben.

Gott segne dein Herz,

dass deine ERINNERUNG wie ein Nest wird,

in dem du dich bergen kannst.

Gott segne dich damit,

dass dein Glaube nicht zerbricht

und deine Hoffnung wächst,

denn er sieht und hört, tröstet

und befreit unseren Tod

zu neuem Leben.

(Ida Lamp)

Maria, die »Mondsichelmadonna«

Abb. 54:

Die »**Mondsichelmadonna**«.

Im vorderen Teil der Kirche sehen wir auf einem Sockel am Pfeiler vor dem rechten Seitenschiffchor eine weitere figürliche Mariendarstellung. Sie unterscheidet sich deutlich von den beiden Darstellungen im Eingangsbereich der Kirche.

Vielleicht sind Sie gerade in der Überschrift über die Bezeichnung »Mondsichelmadonna« gestolpert. Der Ausdruck ist auch wieder eine Typenbezeichnung. Diese Marienfigur ist dem Typ »Mondsichelmadonna« zuzuordnen. Schauen Sie einmal auf den unteren Saum des Gewandes Mariens: Sie entdecken dort eine auf dem Boden liegende Mondsichel, deren Enden rechts und links von Marias Gewand nach oben zeigen.

Was zu sehen ist

Wir sehen eine schöne junge Frau. Sie ist von zarter Gestalt. Sie trägt ein rotes Kleid, das am Halsausschnitt und unter der Brust mit goldener Bordüre besetzt ist. Über dem Kleid trägt sie einen weiten, goldrot schimmernden Mantel mit einem blauen Innenfutter. Die Farben Rot, Gold und Blau sind uns an Maria auch schon im Bild der »Immerwährenden Hilfe« und in der »Pietà« begegnet. Immer wieder wird Maria mit den Farben der Königinnen und Könige dargestellt. Marias Haupt ist mit einem goldenen Haarband geschmückt, aus Perlen und Tuch kunstvoll als leuchtender Kranz um das Haar gedreht. Auf ihrem Arm trägt Maria ihr kleines Kind.

Das Gesicht der jungen Maria sieht entspannt aus, den Mund umspielt ein kaum wahrnehmbares Lächeln. Die Wangen sind rosig; es scheint ihr gut zu gehen. Maria hat langes, dunkles Haar, das sich in wallenden Locken über ihre edle Gewandung legt. Das braune Haar passt zur Augenfarbe. Die Augen schauen ein wenig verträumt in die Ferne. Versuchen Sie doch einmal, mit dieser Frau Blickkontakt aufzunehmen: Es wird Ihnen kaum gelingen. Von wo Sie es auch probieren: Sie werden immer das Gefühl haben: Maria schaut an Ihnen vorbei. Ihr Blick ist leicht nach oben gerichtet. Sie scheint in diesem Moment gedanklich und gefühlsmäßig in ihrer eigenen Welt zu sein.

Maria hält ihr Kind. Ihre Hände sind zart und ausgesprochen klein für eine Frau. Die Hände zeigen, dass sie noch sehr jung ist, eher ein junges Mädchen als eine Frau. Maria stützt ihr Kind mit beiden Händen. Das Kind ist munter und sieht gut entwickelt aus. Es hat die gleiche Haarfarbe wie seine Mutter und ebenfalls ihre Locken. Auch die Augen- und Mundpartie des Kindes ähneln sehr den Gesichtspartien seiner Mutter. Diese Marienfigur will uns zeigen: Das Kind auf dem Arm der jungen Maria ist unzweifelhaft Marias Kind, ein Menschenkind! Wir bekennen im Großen Glaubensbekenntnis der Kirche Jesus als den Sohn Gottes, der Fleisch angenommen hat durch den Heiligen Geist von der Jungfrau Maria: Seine menschliche Natur hat der Sohn Gottes von seiner Mutter Maria. Jesus ist Gott, aber er ist ebenso ganz und gar Mensch. Die menschliche Natur Jesu wird durch die dargestellte Ähnlichkeit zwischen Maria und ihrem Kind in dieser Figur besonders betont.

Das leichte Lächeln und auch die rosigen Wangen zeigen, dass es dem Kind ebenfalls gut geht. In seiner linken Hand hält es ein Spielzeug, einen Vogel. Mit dem Zeigefinger seiner rechten Hand berührt das Kind den Vogel. Es zeigt auf den Vogel und will uns so darauf aufmerksam machen. Anders als bei seiner Mutter lässt sich der Blick des

Kindes finden und erwidern — allerdings nur, wenn man mit ihm auf Augenhöhe in Kontakt kommt. Das aber ist schwierig, weil die Figur dafür auf ihrem Sockel zu hoch steht. Sie ließe sich besser auf einem niedrigeren Sockel betrachten.

Haben Sie schon entdeckt, dass zwei Finger der rechten Hand Mariens ein Tuch berühren? Erst auf den zweiten Blick fällt das beigegrau-farbige Tuch auf, das sich über den Kopf Mariens und über ihren Mantel legt. Es ist gedreht — etwas ungewöhnlich für ein locker fallendes Tuch. Ebenfalls ungewöhnlich ist, wie das Tuch sich am unteren Ende wieder nach oben zieht. Ein »normales« Hals- oder Schultertuch würde nicht in dieser Weise fallen und wohl keine Frau würde sich so, wie hier dargestellt, mit einem Tuch bekleiden. Erinnert Sie dieses Tuch von seiner Form her auch — an eine Nabelschnur?

Diese Figur will uns offenbar das Abgenabelt-Sein des Kindes vor Augen führen! Das Kind ist abgenabelt im biologischen, aber auch im übertragenen Sinne. Auch wenn das kleine Kind noch körperlich und seelisch von der Mutter abhängig ist (darauf verweist die Nabelschnur), so deutet sich doch in der Figur schon seine Unabhängigkeit von ihr an. Dieses Kind muss seinen eigenen Weg gehen. Ähnlich ist es auch auf dem Bild der »Immerwährenden Hilfe« angedeutet: Die Abnabelung zwischen Mutter und Kind zeigt sich dort durch den Heiligenschein, der als Trennlinie zwischen Mutter und Kind steht. Jesus ist zwar Kind seiner Mutter, aber sein Weg wird ein anderer sein. Sie kann ihn nicht vor dem beschützen, was ihm zustoßen wird. Die Mutter berührt die »Nabelschnur«. Sie empfindet die Nähe zu ihrem Kind emotional und auch körperlich. Sie belässt es aber bei der Berührung, hält die »Nabelschnur« nicht fest — wie sie später auch ihr Kind nicht festhalten wird. Eine Nabelschnur ist die nährende Verbindung zwischen Mutter und ungeborenem Kind, eine Lebensader. Ohne eine funktionierende Verbindung zwischen Mutter und Kind kann ein Kind sich nicht entwickeln. Maria gibt ihrem Kind, was es braucht, um zu werden, wozu es bestimmt ist. Das Kind Jesus braucht seine Mutter und ihr Gespür für das, was zu tun ist.

Die »Nabelschnur« steht in einem Zusammenhang mit dem kleinen Vogel, den das Kind in seiner linken Hand hält. Das Jesus-Kind wird in der christlichen Ikonografie häufig zusammen mit einem Vogel dargestellt. Im apokryphen (das heißt nicht im Kanon der Bibel enthaltenen) Kindheitsevangelium des Thomas beschreibt der Verfasser, wie das Kind Jesus zwölf Vögel aus Lehm zum Leben erweckt. Der Vogel in der Hand Jesu ist in Anlehnung an diese Erzählung lehmfarben gehalten. »Nabelschnur« und Vogel sind Hinweise auf das Leben, das Gott bereithält. Das Leben, das Gott gibt, ist, wie an einer Nabelschnur sichtbar, spürbar pulsierendes Leben. Jesus Christus kann Menschen dieses göttliche Leben geben. Es hält bereit, was der Mensch braucht, um sich gut entwickeln zu können.

Was aber bedeutet die Mondsichel unter und vor dem Gewand Mariens? Jetzt ist es wichtig, den Typus »Mondsichelmadonna« zu betrachten, der sich mit der Zeit aus den Madonnendarstellungen entwickelt hat.

Die »Mondsichelmadonna« als Typus

Allein in der Gabrielkirche haben wir drei voneinander völlig verschiedene Typen von Mariendarstellungen. Gemeinsam ist ihnen, dass sie alle drei Darstellungen der Mutter mit ihrem Kind sind. ›Madonna‹ ist eine auch im deutschen Sprachgebrauch übliche italienische Bezeichnung für Darstellungen von Maria mit ihrem (kleinen) Kind und bedeutet: ›meine Herrin‹. Zu den frühesten Bildbeispielen zählt ein Fresko aus dem 2. Jahrhundert in der Priscilla-Katakombe in Rom.[56] Etwa ab dem 5. Jahrhundert ist Maria in Andeutung ihrer späteren Stellung als Himmelskönigin bereits mit der königlichen Gewandung ausgestattet. In Santa Maria Maggiore in Rom finden wir eine solche Darstellung aus den Jahren 432–40 n. Chr. Sie ist unmittelbar nach dem Konzil von Ephesus, auf dem Maria dogmatisch zur ›Theotokos‹ (›Gottesgebärerin‹, griech.) erhoben wurde, entstanden. Nach diesem Konzil entwickelten sich unterschiedliche Madonnen-Typen. Unter anderem entstand die ›Hodegetria‹ (›Wegeführerin‹, griech.), eine stehende Maria mit ihrem Kind auf dem linken Arm. Ihren Namen hat diese Figur vom Urbild (Mitte 5. Jahrhundert) in der Hodegonkirche im früheren Konstantinopel. Mit dem Übergang zur Gotik löst die stehende, freundliche, schöne Maria die thronende, meist strenge Maria der Romanik ab. Die schöne himmlische Frau wendet sich in der bildlichen und figürlichen Darstellung immer mehr ihrem Kind zu.

Bis Mitte des 14. Jahrhunderts ist das Kind interessanterweise immer bekleidet. Erst dann ändert sich dies: Das Kind ist nun immer häufiger nur noch mit einer Windel oder gar nicht mehr bekleidet. Die Vorstellung des intimen Zusammenseins zwischen Mutter und Kind wächst und drückt sich in der Ikonografie und der figürlichen Darstellung aus. Bei der Madonna in der Gabrielkirche zeigt sich die Intimität in der Nacktheit des Kindes und in der zarten Berührung der »Nabelschnur« durch die Hand Mariens. Die Figur ist dem in dieser Zeit entstehenden sogenannten »Schönen Stil« zuzuordnen —

wie auch schon die »Pietà« in der Gabrielkirche. Im 14. und 15. Jahrhundert entwickelte sich auch der Typus der »Mondsichelmadonna«.

Eine »Mondsichelmadonna« ist, wie sich vom Wort herleiten lässt, eine Madonna, die mit einer Mondsichel abgebildet ist. Das Besondere der Abbildung ist: Maria steht auf der Mondsichel. Diese Darstellung hat sich aus der biblischen Überlieferung entwickelt. Die Vorstellung von einer Frau, die, von der Sonne bekleidet und von den Sternen bekränzt, auf dem Mond steht, geht auf eine Vision des Johannes im Buch der Offenbarung zurück. Der Seher Johannes sieht die »apokalyptische Frau«. Im Text heißt es:

> »Dann erschien ein großes Zeichen am Himmel: eine Frau, mit der Sonne bekleidet; der MOND war unter ihren Füßen und ein Kranz von zwölf Sternen auf ihrem Haupt. Sie war schwanger und schrie vor Schmerz in ihren Geburtswehen. Ein anderes Zeichen erschien am Himmel: ein Drache, groß und feuerrot, mit sieben Köpfen und zehn Hörnern und mit sieben Diademen auf seinen Köpfen. Sein Schwanz fegte ein Drittel der Sterne vom Himmel und warf sie auf die Erde herab. Der Drache stand vor der Frau, die gebären sollte; er wollte ihr Kind verschlingen, sobald es geboren war. Und sie gebar ein Kind, einen Sohn, der über alle Völker mit eisernem Zepter herrschen wird. Und ihr Kind wurde zu Gott und zu seinem Thron entrückt. Die Frau aber floh in die Wüste, wo Gott ihr einen Zufluchtsort geschaffen hatte; dort wird man sie mit Nahrung versorgen, zwölfhundertsechzig Tage lang.«
>
> *(Offb 12,1–6)*

Die Frau ist eine lichtvolle Erscheinung, eine Königin sogar über die Gestirne. Sie wird in der Bibel nicht mit Namen benannt. Unter der mariologischen Deutung in der Gotik wird die »apokalyptische« Frau immer mehr auf Maria bezogen. Ihre Züge werden madonnenhafter. Die Lichtaureole, die die Frau umgibt, wird manchmal mit einem Strahlenkranz dargestellt, manchmal aber auch mit dem Gold ihrer Gewandung und/oder einem Haarkranz wie bei der Figur in der Gabrielkirche. Die älteste monumentale Holzfigur dieses Typs stammt aus dem Jahre 1370.[57] Zunächst wurde der Mond als Vollmond mit oder ohne Gesicht dargestellt; erst ab dem 15. Jahrhundert gibt es die Darstellung des Mondes als Mondsichel. Häufig sind die Statuen als Einzelstatuen zu finden, manchmal auch in Marienleuchtern oder auf einem Altar.

Original in St. Coloman und Kopie in St. Gabriel

Die »Mondsichelmadonna« in der Gabrielkirche ist eine Nachbildung der Colo-man-Madonna aus der Wallfahrtskirche St. Coloman in Schwangau nahe Füssen im Allgäu. Es ist unklar, wann die Nachbildung genau entstanden ist. Vermutlich stammt sie aus dem letzten Jahrhundert. Das Original wurde im ersten Drittel des 16. Jahrhunderts, etwa 1510–20, hergestellt, ist also eine der ersten Figuren vom Typ »Mondsichelmadonna«. Ursprünglich war die Figur in St. Coloman Bestandteil ei-nes ehemaligen spätgotischen Flügelaltars. Die Figur passt in die Entwicklung der Madonnendarstellungen ihrer Zeit. Nach neueren Forschungsberichten stammt der ehemalige Altar von St. Coloman von Hans Kels d.Ä. (1480/85–1559).[58] Die Kopie in der Gabrielkirche unterscheidet sich kaum von ihrem Original. Bei dem Original ist allerdings das Tuch, das wir als Nabelschnur deuten können, im Unterschied zur Fi-gur in der Gabrielkirche weiß. Damit betont die Coloman-Madonna noch mehr die Jungfräulichkeit und Reinheit Mariens und das göttliche Geschenk der Menschwer-dung Christi als ihre Nachbildung. Die Sichel des Mondes ist im Original golden, in der Nachbildung erdfarben wie das Haar Mariens und des Kindes, wie auch die Farbe des kleinen Vogels in der Hand des Kindes Jesus. Der erdfarbene Mond bezieht sich eher auf das Wesen des Mondes, der ja nicht aus sich heraus leuchtet wie die Sonne, sondern von ihr angestrahlt wird.

AUS DEM MAGNIFICAT DER GOTTESMUTTER

»Meine S E E L E preist die Größe des Herrn
und mein Geist jubelt über Gott, meinen Retter.
Denn auf die Niedrigkeit seiner Magd hat er geschaut.«

(Lk 1,46–48)

Abb. 55: Gekreuzigt: Detail aus dem **Chorraumfenster**.

DIE FENSTER — EIN- UND AUSSICHTEN

Wer sich die Mühe macht, die Fenster in der Gabrielkirche einmal zu zählen, wird erstaunt sein. Es sind 43 Fenster!

Funktion und Form

»Das Fenster ist eine Maueröffnung zur Belichtung und Belüftung von Innenräumen.«[59] So sachlich beschreibt ein Fachmann für architektonische Formenlehre, was ein Fenster ist. Rein funktionell gesehen stimmt diese Definition ja auch. Schauen wir uns die Fenster vor allem in katholischen Kirchen an, so sehen wir aber, dass sich zu ihnen weit mehr sagen lässt — was der Fachmann natürlich tut und was wir im Folgenden auch tun werden.

Zunächst waren die Fenster in Kirchen eher klein. Im Laufe der Jahrhunderte variierten die Größen von (Kirchen-) Fenstern dann aber beträchtlich. Dies ist sicherlich nicht nur eine Frage von Belichtung und Belüftung, sondern auch eine Stilfrage und eine Frage der bautechnischen Möglichkeiten. Nicht zuletzt war in früherer Zeit zu bedenken, wie man die Fensteröffnungen in den Wänden so verkleiden konnte, dass nicht zu viel Kälte in den Raum strömte. Man hängte Tücher oder Teppiche, Leinwand oder geölte Häute vor die Fenster oder verkleidete sie mit durchbrochenen oder dünn geschliffenen Marmorplatten und Holzläden. Erst ab etwa dem 12. Jahrhundert wurden Kirchenfenster mit Glas geschlossen.[60]

Kirchenfenster waren und sind sehr unterschiedlich geformt. Sie haben im Laufe der Zeit vor allem auch eine schmückende Wirkung bekommen. Es gibt in besonderen Kirchen prachtvoll gestaltete Fenster. Sie sind schon von ihren Bauformen her mit kunstvollen (Mehrfach-) Bögen und Bogenteilen, mit Stützen, Blenden, Friesen und anderer ornamentaler Gestaltung ein wahrer Blickfang. Glasmalarbeiten vollenden die Formschönheit mancher Fenster zu einem harmonierenden Ganzen. Bei einem groben Gang durch die Kunstgeschichte lassen sich für jede Kunststilepoche eigene Fensterformen erkennen: Die Romanik kennt kleinere Fenster, oft auch in Zweier- oder Dreiergruppen zusammengefasst, die mit Rundbögen abgeschlossen sind, die Gotik hingegen arbeitet mit schmalen, lang gestreckten Fenstern (Lanzettfenstern), meistens mit Spitzbogenabschluss. In der Renaissance werden die Fenster wieder kleiner. Sie leben in reicherer, stärker bewegter Form im Barock weiter und werden dann im Klassizismus wieder einfacher. Im Historismus greift man schließlich in der Wiederbelebung romanischer und gotischer Stile auch bei den Fensterformen re-romanisierend (neo-romanisch) und re-gotisierend (neo-gotisch) auf die klassischen Stilformen zurück. Die Moderne setzt im 20. Jahrhundert eigene bautechnische, stilistische und künstlerische Akzente. Mischformen stilistischer Merkmale einzelner Epochen hat es immer auch gegeben, vor allem dann, wenn die Kirche mehrere Stilepochen durchlebt hat.

Fenster vermitteln zwischen dem Innen und dem Außen eines Raums. Das in einen Raum einfallende Licht beeinflusst die Raumwirkung und die Wahrnehmung der Besuchenden. Lichteinfall kann Wichtiges hervorheben und weniger Wichtiges im Dunkleren lassen. Vor allem in gotischen Kirchen ist der Chorraum auch durch das Licht besonders hervorgehoben. Große Chorraumfenster lassen den Chor im Licht der aufgehenden Sonne hell erleuchten. Der Weg in eine Kirche mit großen Chorraumfenstern ist ein Weg vom Dunkel des Eingangsbereiches ins Licht des Chors. Farbige Fenster tauchen einen Kirchenraum in geheimnisvolles Licht. Das einfallende, bunte Licht will etwas spüren lassen vom Geheimnis Gottes und vom Geheimnis des Glaubens. Ohne Worte drücken die bunten Fenster die Worte Jesu aus: »Ich bin das Licht der Welt.« (Joh 8,12) Probieren Sie es ruhig einmal aus, wenn Sie die Gabrielkirche oder eine andere Kirche betreten. Lassen Sie das Licht bewusst auf sich wirken und der Raum wird Ihnen anders vorkommen. Farbige Bildfenster dienen darüber hinaus auch zur Verkündigung. Sie transportieren die Heilsbotschaft Gottes durch den Inhalt ihrer Darstellung und durch das Licht. Schon beim Außenrundgang um die Kirche haben wir etwas Eigentümliches bemerkt: Bildfenster können von außen betrachtet nicht erkannt werden. Wir müssen schon in die Kirche eintreten, wenn wir ihre Botschaft sehen und verstehen wollen!

Das Maßwerk — filigrane Kunst am Fenster

Ein besonders dekoratives Element bei der Fenstergestaltung ist das Maßwerk. Das Wort »Maßwerk« ist abgeleitet von »gemessenes Werk« und ist ein aus exakten Kreisbögen konstruiertes Element.[61] Es ist dazu gedacht, vor allem das Bogenfeld eines Fensters, das sogenannte Couronnement, dekorativ zu unterteilen. Später gliederte das Maßwerk auch Mauerflächen und Brüstungen oder war als dekoratives Element von einer zur anderen Wandfläche gespannt. Das Maßwerk ist vor allem eine Errungenschaft der Gotik, später wiederbelebt in der Neo-Gotik. Ein Beispiel für schöne, aber eher zurückhaltende Gestaltung von Fenstermaßwerk sehen wir in den Fenstern der Gabrielkirche, die in neogotischer Bauweise — mit Ausnahme der Betonglasfenster (1a, 2a, 3a und 18, 20, 22, 24) — alle mit Maßwerk ausgestattet und verziert sind. In Spätgotik und Neo-Gotik gestaltete man vermehrt auch hölzerne Einrichtungsgegenstände in Kirchen mit Schnitzereien, die dem gotischen Maßwerk nachempfunden waren. Die Holzbänke aus der Gründerzeit der Kirche sind an den Längsseiten mit solchen ebenfalls zurückhaltenden, zu den Fenstern passenden Schnitzereien in Maßwerkornament versehen, ebenso der Beichtstuhl.

Die Formen eines Fenstermaßwerks können sehr unterschiedlich sein. Einzelne Kreis- oder Blattsegmente setzen sich im Bogenfeld zu verschiedenen Formen zusammen. Häufig bestehen die einzelnen Formen aus drei oder vier Kreisbögen. Lassen sich die Bögen zu einem Kreis ergänzen, spricht man von einem »Pass«, lassen sie sich zu einem spitzbogigen Blatt ergänzen, spricht man von einem »Blatt«, wenn die Segmentbögen unterschiedlich groß sind, spricht man von einer »Fischblase«. Alle drei Formen sowie Variationen dieser Formen finden wir bei den Fenstern in der Gabrielkirche vor.

Das Maßwerk bildet zusammen mit den Fenstergewänden eine Einheit. Unterhalb des Bogenfeldes besteht es aus Stäben, die parallel zu den Fenstergewänden verlaufen. Man nennt die Stabkonstruktion Stabwerk. Das Stabwerk ist in der Regel durch verti-

Abb. 56–58: **Maßwerkbögen** im Couronnement: Blatt, Pass, Fischblase und Variationen.

kale und horizontale Eisenstäbe verstärkt. Dadurch entsteht eine Einteilung in rechtek-
kige Felder, die das Fensterglas aufnehmen können.

In der Gabrielkirche sorgt das Stabwerk bei allen großen Fenstern für eine Dreiteilung.
Wir sprechen von einem dreibahnigen Fenstermaßwerk. Den Abschluss einer jeden Bahn
bildet in der Regel ein Blatt, genauer gesagt ein Kleeblatt.

Horizontal ist bei den großen Chorraumfenstern ein schmückendes Maßwerk-
Bandornament zu erkennen, eine Maßwerkbrücke, die den großen Fenstern zusätzliche
Stabilität verleiht. Die spitzbogigen Blattformen bilden unterhalb der Mitte der gesamten Fensterfläche das schmückende Brückenornament. Von oben nach unten und von
unten nach oben kommend treffen die Bögen mit ihren Spitzen aufeinander. Damit
haben sie auch eine symbolische Bedeutung. Sie zeigen, dass Himmel und Erde unmittelbar aufeinandertreffen können.

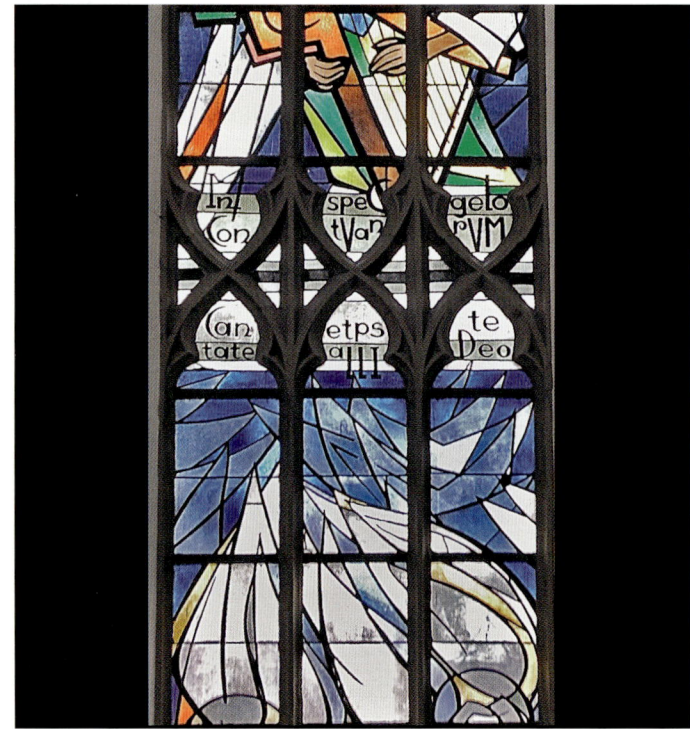

Abb. 59:
Maßwerkbrücke
im linken
Chorraumfenster.

Es ist kein spezielles Motiv im Fenstermaßwerk der Gabrielkirche zu sehen, das sich etwa ständig wiederholte. Die vorliegenden Formen sind die klassischen Maßwerkformen. In unregelmäßiger Reihenfolge wechseln sie immer wieder und beleben auf diese Weise den Raum.

Die Obergadenfenster im Mittelschiff der Kirche sind in der unteren Hälfte mit Blendmaßwerk versehen: Hinter und zwischen dem Stabwerk befindet sich kein Glas, sondern eine gemauerte Wand, die die Fensterform ausfüllt. Das Maßwerk ist diesem Mauerwerk vorgeblendet. Auch diese Form ist ein klassisches Element gotischer Maßwerkideen. Durch das Blendmaßwerk wirken die Fenster im Obergaden von innen sehr dekorativ und zudem viel größer, als sie von außen tatsächlich sind. Schlank und lang, wie sie sind, betonen sie die Höhe des Raums.

Die Fenster in den beiden Seitenschiffen sind alle gleich gehalten. Sie sind, wie die großen Fenster auch, dreibahnig, wobei allerdings die mittlere Bahn größer ist als die rechts und links daneben liegenden. Die Bahnen bilden im Bogenfeld je eine Kleeblatt-Form. Die Chorraumfenster im linken und rechten Seitenschiff (Fenster Johannes der Täufer, Fenster Heiliger Sebastian, Fenster Engel Gabriel) sind die kleinsten Maßwerkfenster im Kirchenraum. Sie sind einbahnig mit je einem Kleeblatt als Abschluss.

Die Glasmalerei — eine alte, wiederentdeckte Kunst

Die Gotik löst die festen Mauern und kleinen Fenster der romanischen Bauweise in große Fensterflächen auf — neue Erkenntnisse der Bautechnik machen es möglich. Der Wunsch nach lichtdurchfluteten Räumen lässt den neuen Stil schnell Ausbreitung finden. Die Glasmalerei entfaltet sich in der Gotik rasch zu ihrer Blütezeit und wird zum »Programm« gotischen Denkens: Nach physikalischen Vorstellungen der gotischen Zeit kommt das Licht direkt aus dem Himmel; das himmlische Licht selbst lässt die Fenster erglühen und vermittelt den Menschen auf der Erde das Gefühl, im Himmel zu sein und schon gemeinsam mit den Verstorbenen an der Herrlichkeit des Himmels teilzuhaben.[62] Das Medium des Lichts soll zwischen irdischer und himmlischer Welt vermitteln. Die prachtvollen farbigen Kunstverglasungen mittelalterlicher gotischer Kirchen vermitteln uns heute noch einen Eindruck gotischen Gedankenguts.

Nach dem Zweiten Weltkrieg bestand großer Bedarf an neuen Kirchenfenstern. Die alte Technik von Glasmalerei und Bleiverglasung rückte wieder deutlicher ins Bewusstsein der Menschen und erlebte eine neue Blütezeit. Im Großen und Ganzen folgte man in den 1950er Jahren unter Einbeziehung der neuen Kenntnisse und Werkzeuge den Arbeitsschritten des mittelalterlichen Kunsthandwerks. Bei dieser Technik wird das Fensterbild zunächst als Entwurf gemalt. Der fertige Entwurf wird dann originalgetreu aus Glas nachgeschnitten. Mit Schwarzlot, einem grau aussehenden Pigment (in Glas gebundene Eisenoxide), werden alle Glasflächen bestrichen, die später schwarz bleiben und kein Licht durchlassen sollen. Besondere Effekte können mit besonderen Schwarzlottechniken erzielt werden. Das Schwarzlot wird im Ofen eingebrannt. Dabei wird es in die Glasoberfläche eingeschmolzen. Mit Weißblech wird die Randumfassung für das Glas hergestellt. Um die einzelnen Glasscheiben legt man angepasste Bleiruten, die die Glasstücke miteinander verbinden und sie halten. Bleiruten und Weißblech werden zum Schluss mit Zinn verlötet. Das fertige Fenster wird im Fensterrahmen befestigt.[63]

Die Fensterverglasung in der Gabrielkirche

Mehr als 40 Jahre lang hatte die Gabrielkirche keine schmuckvollen, bunten Glasfenster. Man sparte zur Bauzeit der Kirche wegen der geringen zur Verfügung stehenden finanziellen Mittel an allen Ecken und Enden. Was nicht unbedingt notwendig war, wurde auf spätere Zeiten verschoben. So wurde die Kirche zunächst mit einfachem Fensterglas ausgestattet. Mit Beginn der 1950er Jahre war gerade die Schuldenlast für die große Reparatur des Kirchendachs abgetragen. Danach erst konnte man sich dazu entscheiden, der Kirche durch bunte Fenster ein neues Bild zu geben. Eine Künstlerin aus Duisburg, Trude Dinnendahl-Benning, erhielt den Auftrag zur Gestaltung der Fenster. Man wurde auf sie aufmerksam, weil sie bei einem Kunsthandwerkermarkt auf dem Neudorfer Markt ihre Entwürfe vorstellte, die sofort Gefallen fanden. Gegen den Entwurf eines anderen Künstlers erhielt Trude Dinnendahl-Benning den Zuschlag für die Gabrielkirche. Der damalige Pfarrer von St. Gabriel machte zwei Vorgaben: Das große, mittlere Chorraumfenster sollte zwei Mariendarstellungen enthalten, die Verkündigung der Geburt Christi durch den Erzengel Gabriel sowie die Darstellung von Maria und Johannes unter dem Kreuz Jesu. Nach den Entwürfen von Trude Dinnendahl-Benning fertigte die Firma Derix aus Kevelaer die

Fenster in Schwarzlottechnik und Bleiverglasung. Im Jahre 1956 wurden auch die Obergadenfenster des Mittelschiffs mit ihrer endgültigen Bleiverglasung in Antikglas versehen.

Trude Dinnendahl-Benning — eine Künstlerin mit Kopf, Hand und Herz

Trude Dinnendahl-Benning gestaltete in den 1950er Jahren nicht nur die Fenster der Gabrielkirche, sondern darüber hinaus die Kirchenfenster in vier weiteren Kirchen der heutigen Pfarrei Liebfrauen, Duisburg-Mitte: in St. Elisabeth, Duissern, in St. Ludgerus, Neudorf, in St. Michael und in St. Petrus Canisius, Wanheimerort.

Gertrud Josefine Benning, genannt Trude, wurde im Jahre 1907 als jüngstes von vier Kindern in Duisburg-Rheinhausen geboren. Ihr künstlerisches Talent war schon zu ihrer Kinderzeit sichtbar. Ihr größter Wunsch war es, als junge Frau Kunst zu studieren, aber dieser Beruf galt in ihrer Verwandtschaft als nicht vertrauenswürdig genug, um damit den Lebensunterhalt zu bestreiten. So sollte Trude Benning zunächst eine Ausbildung zur Lehrerin machen — was sie ganz und gar nicht erbaulich fand und worüber sie nächtelang weinte.[64] Mit viel Glück konnte sie eine Ausbildung zur t e c h n i s c h e n Lehrerin absolvieren, was ihr später noch zugutekommen sollte. Privat besuchte sie Kunstschulen und widmete sich ihrem Lieblingshobby, der Malerei. Nach ihrem exzellenten Examen wurde Trude Benning als Lehrerin für das »Seminar zur Ausbildung von Nadelarbeitslehrerinnen« in Grefrath-Mühlhausen übernommen. Dort fand sie Anregungen zu eigenen Entwürfen in der Paramenten- und Wandbehangstickerei. Daneben suchte sie immer wieder Gelegenheiten, ihre zeichnerischen Fähigkeiten weiterzubilden. In dieser Zeit machte sie die Bekanntschaft von Dominikus Böhm, dem berühmten Professor für Kirchenbau an der Werkschule Köln. Nach Abschluss der Werkschule im Jahre 1933 machte Trude Benning sich selbstständig und bezog ein Atelier in der Gabrielstraße in Duisburg. Damit lebte sie eine Zeitlang im Gebiet der damaligen Pfarrei St. Gabriel. Dass sie im Alter von 27 Jahren das freie Leben einer selbstständigen Künstlerin dem sicheren Leben einer festangestellten Lehrerin vorzog, war sicherlich alles andere als eine Selbstverständlichkeit — gerade für eine Frau. Trude Benning hatte nicht nur viel Energie und Selbstbewusstsein, sondern auch eine gehörige Portion Mut und Lebensfreude. Ihre positive Lebenseinstellung würde sie sich bis ins hohe Alter hinein bewahren.[65] Als sie viele Jahre später ihre Arbeit für die Gabrielkirche begann, war der gläubigen Katholikin der Kirchenraum aus ihrer Zeit in St. Gabriel noch sehr vertraut.

Trude Bennings Fähigkeiten in der Textilkunst sprachen sich herum und bald waren ihre Entwürfe vor allem für die Gestaltung von Wandbehängen mit christlichen Motiven sehr begehrt. Ein Gespräch mit dem kunstbegeisterten Pfarrer Augustinus Winkelmann aus Marienthal brachte ihr Aufträge für die dortige Klosterkirche ein. Eine bessere Reklame für sie konnte es kaum geben — hatte doch Pfarrer Winkelmann die Klosteranlage zu einer Pilgerstätte für moderne christliche Kunst gemacht.

Im Jahre 1939 heiratete Trude Benning den Glasmaler Franz Dinnendahl aus Krefeld. In den Jahren 1940–44 brachte Trude Dinnendahl-Benning vier Kinder zur Welt. Ein schwerer Schicksalsschlag traf die junge Familie noch vor Ende des Krieges: Franz Dinnendahl kam 1944 in einem russischen Gefangenenlager ums Leben. Trude Dinnendahl-Benning war verzweifelt, aber sie gab nicht auf. Sie wollte ihr weiteres Leben mit ihren Kindern und ihrem Beruf meistern! Eine Fülle von Aufträgen ermöglichte es ihr, den Lebensunterhalt für die Familie zu verdienen und noch eine Haushälterin anzustellen, die ihr half. Ihr Atelier hatte sie in ihrem Wohnhaus, sodass sie für ihre Kinder da sein konnte. Die Künstlerin hatte Freude daran, junge, talentierte Frauen auszubilden und so stellte sie Mädchen als Stickerinnen ein.

Trude Dinnendahl-Bennings textile Werke sind von ausgesprochener Schönheit, von starker Kontur, Geradlinigkeit und Ausdrucksstärke. Leider sind viele ihrer Werke heute nicht mehr erhalten. Einem Zufall — oder auch nicht — verdankte Trude Dinnendahl-Benning ihren ersten Auftrag als Glasmalerin. Wieder war es Augustinus Winkelmann aus Marienthal, der sie beauftragte, ein Fenster für seine Kirche zu entwerfen. Obwohl sie bis zu diesem Zeitpunkt nur als Textilkünstlerin einen Namen hatte, konnte sie sich in den Jahren zwischen 1930 und 1940 doch in einem künstlerischen Umfeld entwickeln, in dem die Glasmalerei in einer erneuerten christlichen Kunst einen wichtigen Stellenwert hatte. Es kam ihr zugute, dass man sich in dieser Zeit der Wirkung der monumentalen Bildsprache in den großen Kirchenfenstern wieder bewusst war. Für die Kunst in christlichen Kirchen war es sicher ein großes Glück, dass Trude Dinnendahl-Benning durch ihren Mann mit der Glasmalerei in Berührung kam und ihre Fähigkeiten mutig und bestimmt umzusetzen wagte. Im Laufe der Zeit gewann sie an Selbstvertrauen und probierte verschiedene Stile aus. Ruhigen, relativ statischen Entwürfen folgten Fenster voller Bewegung und Dynamik. Ein Beispiel für dynamische Gestaltung sind die großen Chorfenster in der Michaelkirche in Duisburg-Wanheimerort. Es ist erstaunlich, wie exzellent Trude Dinnendahl-Benning beide Kunstrichtungen, die der Textilgestaltung und die der Kunstverglasung, beherrschte.

Ein bevorzugtes Motiv der Künstlerin waren Mariendarstellungen. Häufig wurde sie darum gebeten, Marienfenster zu gestalten — wie auch für die Gabrielkirche. Am liebsten gestaltete sie figürliche Fenster, aber sie wurde auch wegen der Gestaltung von Ornamentfenstern angefragt. Um die Kosten für eine prächtige Kunstverglasung in Kirchen im Rahmen zu halten, greift man gern auf Ornamentfenster zurück, in denen sich Motive wiederholen und die deshalb schneller und kostengünstiger hergestellt werden können als die aufwändigeren figürlichen Fenster. Zwei von Trude Dinnendahl-Benning gestaltete Ornamentfenster sind im Chorraum der Gabrielkirche links und rechts neben dem großen zentralen Themenfenster zu finden.

Im Jahre 1969 erkrankte Trude Dinnendahl-Benning schwer. Nur langsam erholte sie sich von der Krankheit. Von ihrem Sohn ermutigt, wendete sie sich nach ihrer Genesung wieder der Kunst zu und begann mit freier Malerei. Am 4. Juli 2004 starb sie im Alter von 97 Jahren in ihrem Haus in Düsseldorf-Kaiserswerth.

Blickt man auf ihr Lebenswerk zurück, so lässt sich nur Bewunderung für die Stärke dieser Frau finden. Trude Dinnendahl-Benning gab trotz aller Widrigkeiten, in die sie das Leben immer wieder hineinmanövrierte, nie auf. Mit ihrer Schaffenskraft und ihrer Kompetenz hat sie etlichen Frauen den Weg für eine künstlerische Laufbahn und für eine Akzeptanz von Frauen in (künstlerischen) Berufen in einer Zeit geebnet, in der es alles andere als selbstverständlich war, als Frau berufstätig zu sein. Letztendlich blieb Trude Dinnendahl-Benning die meiste Zeit ihres Lebens auf sich allein gestellt. Förderer hatte sie immer nur zwischendurch und nur für kurze Zeit. Um ihre Existenz musste sie kämpfen — wie auch um ihre künstlerische Aussage.[66] Bei all der Beanspruchung hat sie auch noch den Spagat zwischen Beruf und Familie geschafft. Schön, dass die Gabrielkirche durch ihr Werk so bereichert worden ist! Die Kirche wird noch lange in der Sprache ihrer Fensterbilder von Trude Dinnendahl-Benning erzählen können!

Die Fenster im linken und rechten Seitenschiff

Wenden wir uns zunächst den beiden Fenstern im linken Seitenschiff der Gabrielkirche, der heutigen Taufkapelle, zu. Beide Fenster haben die Abmessungen 2,45 x 0,45 m. Es handelt sich bei dem einen Fenster um die Darstellung des Martyriums des Heiligen Sebastian und bei dem anderen um das Martyrium von Johannes dem Täufer. In früheren Jahren hatte der Chorraum des Seitenschiffs nicht die Funktion einer Taufkapelle wie heute. Die »Pietà« stand hier als Andachtsbild, zusammen mit der Gedenktafel für die im Zweiten Weltkrieg Gefallenen. Die kleine Seitenschiffkapelle war eine Andachtskapelle für Verstorbene; deshalb wurden in den 1950er Jahren die beiden Fenster auch mit den Motiven zweier gefallener Glaubenszeugen versehen. Beide Fenster stammen aus dem Jahr 1957.

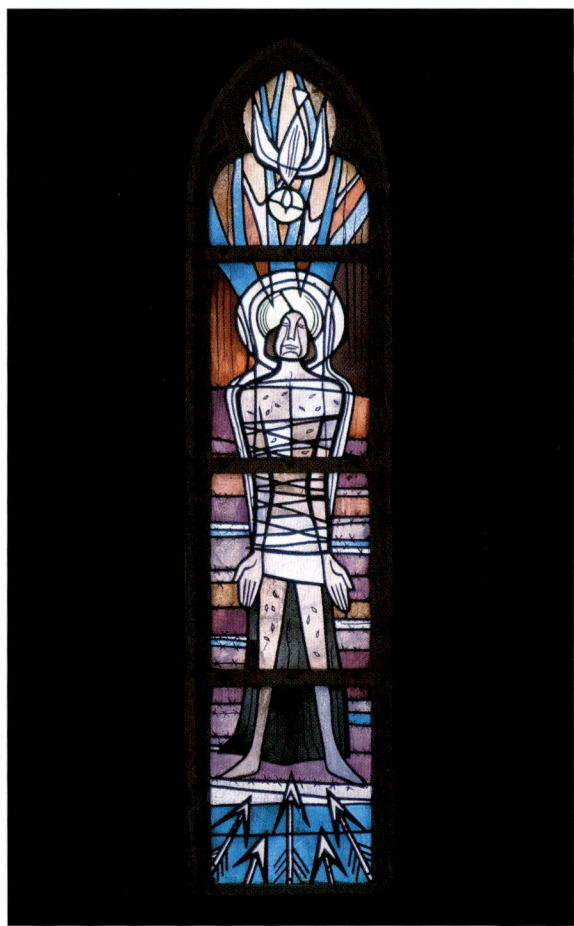

Abb. 60:
Das Martyrium
des Heiligen **Sebastian**.

Sebastian — Kraft von innen und außen

Bei der Betrachtung dieses Fensters und der anderen Fenster in den Seitenschiffen dürfen wir uns nicht von den horizontalen Stützstreben, die das Bild scheinbar in vier Teilbereiche gliedern, irritieren lassen. Die Bildkomposition bietet uns vielmehr eine Dreiteilung des Bildes an: Es gibt ein Oben, eine dominante Mitte und ein Unten. Schauen wir uns zunächst an, was sofort ins Auge fällt.

Was zu sehen ist und wie wir es deuten können

Zu sehen ist ein Mann, nur mit einem Lendentuch bekleidet. Er ist von der Brust bis zur Hüfte an einen Baum gefesselt, sodass er zwar nicht ganz bewegungsunfähig ist, sich aber doch nicht fortbewegen kann. Der Körper des Mannes weist zahlreiche Verletzungen durch spitze Einstiche auf. Wenn wir nach dem Grund für die Verletzungen suchen, sehen wir ihn unten am Bildrand: Fünf große und spitze Pfeile sind bedrohlich auf den Mann gerichtet.

Der Mann steht aufrecht. Beine, Kopf und Hände, die er trotz der Fesseln noch bewegen kann, signalisieren Standfestigkeit. Die Beine sind leicht gegrätscht, aber in den Knien nicht angewinkelt. So steht jemand, der einen guten Stand hat. Kopf und Hals sind gestreckt und gerade. Diesen Mann zeichnet Geradlinigkeit aus. Sein Gesicht ist von Furchen durchzogen, Augen und Mund sind geschlossen. Insgesamt wirkt es — was zunächst paradox erscheint — angespannt und ruhig zugleich. Die Hände liegen durch die Fesseln eng am Körper an, sind aber offen, uns Betrachtenden — und auch den Bogenschützen! — mit den empfindlichen Handinnenflächen zugewendet. Die offenen Hände wirken unverkrampft und zeigen, dass der Mann keine Berührungsängste hat. Stumm signalisiert er durch seine Körpersprache Bereitschaft zum Martyrium. Um ihn herum nehmen wir horizontal verlaufende, schwarze, mit Dornen durchsetzte Linien wahr: Stacheldraht. Der Stacheldraht ist fest gespannt und reicht nach links und rechts über die Bildränder des Fensters hinaus. Er ist keine Verlängerung der Fesseln, denn er verläuft anders. Und doch sind die Drähte als Fortsetzung dieser Fesseln zu verstehen. Sie deuten Gefangenschaft und Unfreiheit auch außerhalb dieses konkreten Bildgeschehens an. Die Künstlerin zeigt uns nicht, wer an diesen weiterzudenkenden Drahtfesseln angebunden ist, oder in welcher Form diese Fesseln Menschen binden und verletzen können. Sie lässt es als Leerstelle offen und gibt uns damit die Möglichkeit, diese Leerstelle mit unseren eigenen Gedanken und Assoziationen zu füllen.

Oben im Bild ist ein Vogel zu erkennen. Die Flügelhaltung zeigt einen Sturzflug von oben nach unten. Ein Vogel ist, weil er fliegen kann, ein Geschöpf, das Himmel und Erde natürlich und fast mühelos und mit seiner ihm eigenen Leichtigkeit miteinander verbindet. So gilt ein Vogel auch im symbolischen Sinn als Mittler zwischen den Ebenen Oben und Unten, zwischen Himmel und Erde. Es gibt auch die Vorstellung vom Vogel als Seelenvogel. In dieser Vorstellung stellt der Vogel die Verbindung zum Inneren, zur Seele des Menschen her.[67] Durch die Äste des Baumes steuert der Vogel den Kopf des Mannes direkt an.

Schauen wir genauer auf die Äste: Die Äste eines so großen Baumes sind in der Natur in der Regel braun, nicht grün wie im Bild. Die Künstlerin irritiert uns mit dieser Darstellung und fordert uns dazu auf, die Deutung offener zu halten. Von ihrem Verlauf her könnten die »Äste«, die aus dem Baum nach oben hin herauswachsen, nämlich ohne Weiteres auch anders verstanden werden: als eine Art »Strahlen«, die von oben nach unten in die Darstellung hineinreichen. Verstehen wir also die grünen Äste oder Strahlen durch ihre Farbe vor allem als Zeichen des Lebens und der Hoffnung.

Die grünen »Strahlen« von oben, in denen der Vogel sich bewegt, erreichen den Mann. Sie dringen in den hellen Bereich um seinen Kopf ein und formen sich zu einer schützenden Haut um seinen Kopf und Oberkörper herum bis zur Hüfte hin aus. Es ist keine Haut, die die nächsten Pfeile abwehren oder die Rettung schenken und den nahenden Tod des Menschen verhindern könnte. Ein anderer Schutz ist gemeint, der aber wirksam ist, denn: Die Stacheldrähte links und rechts können der schützenden Haut um den Körper des Menschen nichts anhaben. Die »Strahlen« von oben scheinen dem Mann eine Stärke zu geben, die äußerlich in seiner Körperhaltung sichtbar wird und die er auch innerlich spürt. Der Mann steht aufrecht in dieser bedrohlichen Situation unter und in dem Schutz der Kraft von oben. Vor dem Unheil in Form der Pfeile verschließt er Augen und Mund; er will es jetzt nichts sehen und auch nichts sagen. Er konzentriert sich ganz auf die Kraft, die über ihn kommt und auf das, was dabei in seinem Inneren geschieht. Er ist ein Vertrauender. Ein goldgelber Heiligenschein legt sich um den Kopf des Mannes. Dadurch wird deutlich, dass der Mann in besonderer Nachfolge Christi steht. Der Kopf des Vogels ist ebenfalls von einem Nimbus in der gleichen Farbe umgeben. Der Nimbus um den Vogelkopf ist in der Horizontale gebrochen; er erinnert so an eine gebrochene Hostie und damit an den gebrochenen Leib Jesu. Der Vogel kann, vor allem auch, wenn wir den Nimbus als Hostie = Lebensnahrung deuten, als Geistkraft Gottes verstanden werden, die dem Mann gibt, was er in diesem Moment zum Leben braucht: das gebrochene Himmelsbrot, Jesus Christus selbst. So, wie hier dargestellt, wird ein Vogel häufig als Zeichen für den Geist Gottes abgebildet. Die göttliche Kraft von oben ist eine deutliche Gegenbewegung zur Bedrohung durch die Pfeile von unten.

Die Farben im Bild sind eher gedämpfte, zurückhaltende Erdfarben. Es werden so gut wie keine leuchtenden Farben verwendet. Denn in dieser Darstellung geht es weniger darum, ein Unrecht zu signalisieren und nach außen zu transportieren. Vielmehr wird im Rückgriff auf die Erdfarben das innere Geschehen betont, das sich ereignet und auf das zu achten uns der Seelenvogel hinweist. Die Mitte des Bildes lässt im Hintergrund verschiedene Violett-Variationen erkennen. Violett gilt im christlichen Sinn als die Farbe Christi: Es ist eine Mischung aus dem Rot der menschlichen Hingabe (Christus, der Mensch) und dem Blau des Himmlischen (Christus, der Sohn Gottes). Die Farbe Violett, gemischt aus »irdischen« und »himmlischen« Anteilen, verdeutlicht, dass Jesus Christus der wahre Mittler zwischen Himmel und Erde ist.[68] Violett gilt auch als Farbe der Märtyrer, denn die Märtyrer nehmen durch ihr Martyrium teil am Schicksal Christi. Sie sind in das Geheimnis der Wandlung hineingenommen, an dem Christus vor ihnen teilhatte.[69] Ein katholischer Bischof trägt als Nachfolger Christi und Hirte für die Menschen in seiner Diözese ebenfalls die Farbe Violett. Auch in der Liturgie der katholischen Kirche begegnet uns die Farbe Violett. Vor allem in der Advents- und Fastenzeit sowie bei Begräbnissen zeigt sie Wandlung und damit einhergehende Erneuerung an. Eine innere Erneuerung, die heilsamen Charakter hat, kann geschehen, wenn ein Mensch sich bewusst den Geheimnissen des Glaubens zuwendet, wie dies in den Vorbereitungszeiten auf Weihnachten und Ostern und im Zusammenhang mit Tod und Trauer geschieht. Wer bereit ist, sich innerlich erneuern zu lassen, erfährt einen Bewusstseinswandel. Der Mensch im Bild befindet sich in einem solchen heilsamen Wandlungsprozess — die grünen Äste beziehungsweise Strahlen deuten es neben der Farbe Violett an: Sie können auch als Bewegung vom Menschen ausgehend und nach oben aus- oder zurückstrahlend gesehen werden. Es ist ein »Geben und Nehmen« der Bewegung von oben zum Menschen hin und vom Menschen nach oben zurück.

Der heilige Sebastian steht im äußeren Spannungsfeld verschiedener Kräfte. Es sind die zerstörerischen und bedrohlichen Kräfte der Pfeile, die von unten wirken, und auch die stärkende Kraft des Geistes Gottes von oben, die ihm innerlich Kraft gibt. Wie Sebastian befinden auch wir uns immer wieder in Kräfteverhältnissen wie diesen. Auch wir müssen mit wie auch immer gearteten Bedrohungen umgehen lernen. Oft ist es nicht leicht zu erkennen, wann und wo und woher mit einer Bedrohung zu rechnen ist. Im Sebastianfenster kommt die Bedrohung durch die Pfeile aus einem ganz grünen Bereich und demnach, wenn wir bei der Deutung der Farbe Grün als Farbe des Lebens und der Hoffnung bleiben, aus dem Leben selbst — vielleicht sogar aus einer Hoffnung, die enttäuscht wurde oder die nicht tragfähig war. Das irdische Leben kann uns unerwarteten Bedrohungen aussetzen. Häufig können wir aber auch selbst entscheiden, wie groß und real wir eine Bedrohung für uns werden lassen wollen. Gegen die Bedrohung von außen steht die Kraft, die Gott uns im Glauben schenkt. Himmel und Erde stehen über das Vertrauen des Menschen in das heilsame Wirken Gottes miteinander in Beziehung.

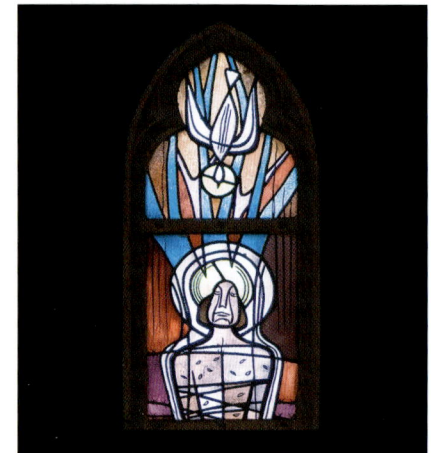

Abb. 61:
Die **Strahlen**
im Sebastianfenster.

Die Erzählung

Der Name ›Sebastian‹ ist griechischer Herkunft und bedeutet: ›der zum Kaiser Gehörende‹.[70] Sebastian war zurzeit des Kaisers Diokletian Hauptmann der Prätorianergarde am kaiserlichen Hof. Es ist überliefert, dass er seinen christlichen Glauben bei Hof für sich behielt, damit er seinen Glaubensgenossen in den Gefängnissen leichter beistehen konnte. Was von Sebastian erzählt wird, dürfte eine Verquickung von römischen Märtyrererzählungen in einer Handlung sein. Die Legenda aurea, eine Sammlung mittelalterlicher Legenden, erzählt die Geschichte so:

»Nachdem SEBASTIAN sich vor dem Kaiser zu Christus bekennt und ihm sogar eröffnet, dass er bei Gott um Beistand für das Römische Reich gebeten habe, ließ Diokletian ihn »sogleich mitten auf einem Feld festbinden und von Soldaten erschießen. Als sie ihm über und über Pfeile in den Leib gejagt hatten, bis er wie ein Igel aussah, hielten sie ihn für tot und gingen davon. Wenige Tage später wurde Sebastian jedoch befreit, und er begab sich zur Treppe am kaiserlichen Palast. Als nun die Kaiser kamen, griff er sie scharf wegen der Leiden an, die sie den Christen bereiteten. Die Kaiser wunderten sich: ›Ist das nicht Sebastian? Wir hatten doch schon längst befohlen, ihn erschießen zu lassen!‹ Und dieser erwiderte ihnen: ›Der Herr hat mich in seiner Gnade von den Toten auferweckt, damit ich zu euch kommen und euch wegen der Qualen anklage, die ihr den Dienern Christi zufügt.‹ Auf diese Worte hin ließ Diokletian ihn mit Stöcken so lange prügeln, bis Sebastian seinen Geist aushauchte. Und um zu verhindern, dass die Christen ihn als Märtyrer verehren könnten, ließ er dessen Leichnam zudem in die Abwasserleitung hinab werfen. In der folgenden Nacht erschien der heilige Sebastian jedoch der heiligen Lucia und offenbarte ihr, wo sich sein Leichnam befinde. Außerdem trug er ihr auf, ihn zu Füßen der Apostel beizusetzen, und so geschah es auch. Sebastian erlitt sein Martyrium unter den Kaisern Diokletian und Maximian, deren Herrschaft etwa im Jahr 287 nach Christus begonnen hatte.«[7]

Johannes der Täufer — ein mutiger Wegweiser

Was zu sehen ist und wie wir es deuten können

Wie schon das Fenster des Heiligen Sebastian ist auch dieses Fenster von der Person in der Mitte bestimmt. Dieses Mal ist die Person eine Frau. Sie ist eine junge Frau und von zarter, sehr weiblicher Erscheinung. Bekleidet ist sie mit einem leichten, festlich schwingenden Kleid. Das Kleid ist verführerisch um ihren Körper gelegt und lässt die rechte Schulter unbedeckt. Der Kopf der Frau ist leicht zur Seite geneigt, ihr Blick wirkt sanft. Ihr Körper ist geschmeidig, die Körperhaltung tänzerisch. Ihr Haar ist in Wallung und das Kleid schwingt rechts und links aus dem Bild heraus: Sie tanzt. Der linke Arm der Tänzerin zeigt nach oben. Sie setzt dazu an, eine Pirouette zu drehen. Die Füße der Frau schauen zierlich unter ihrem luftigen Kleid hervor. Sie trägt Ballett- oder Tanz-

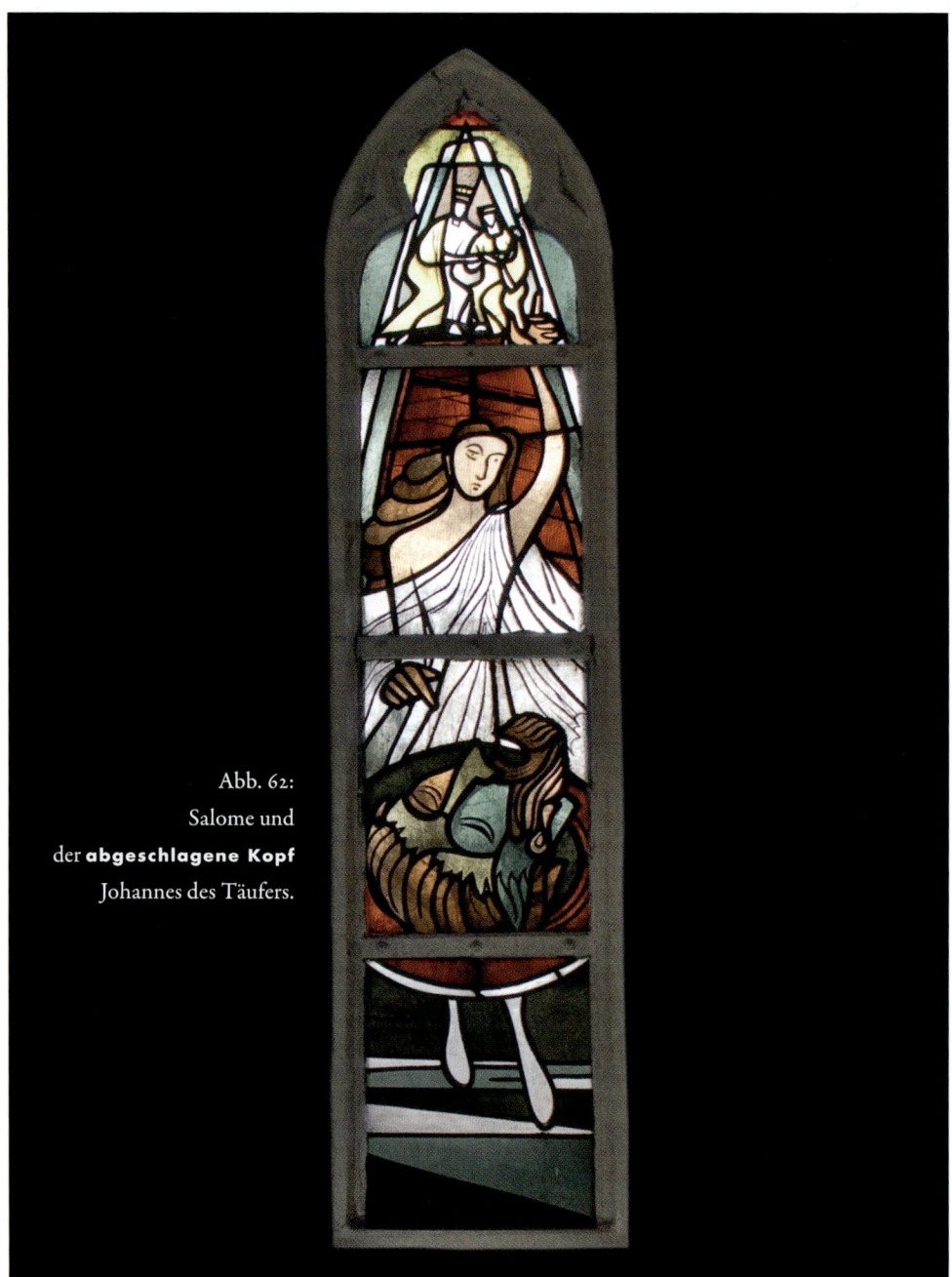

Abb. 62:
Salome und
der **abgeschlagene Kopf**
Johannes des Täufers.

schuhe; ihre Fußhaltung ist die einer Tanzenden, die sich elegant und gekonnt auf dem Parkett bewegt. Im weißen Kleid tanzend verkörpert die schlanke, schöne Frau Leichtigkeit, Anmut, Unschuld.

Aber: Da ist noch etwas im Bild, das gar nicht zu dem bisher Beschriebenen passen will: Ein riesiger menschlicher Kopf liegt körperlos auf einem Tablett wie zum Servieren angerichtet. Die Augen des abgeschlagenen Kopfes sind geschlossen, der Mund geöffnet. Um den Kopf herum ist eine Lache von Blut zu sehen. Schauderhaft, dieser Anblick! Der Kopf liegt übergroß vor der Frau und lässt uns eindringlich fragen, was dieses grausame Szenario bedeuten soll und was diese zierliche Frau damit zu tun hat. Ihre Füße wirken auf einmal anders: wie Füße, die das Tablett tragen, um eine darauf angerichtete Delikatesse hervorzuheben! Die rechte Hand der Frau ist dunkel gefärbt, der Zeigefinger zeigt zielgerichtet und unmissverständlich auf den abgeschlagenen Kopf. Sie weiß also genau, was dort vor ihr liegt — und trotzdem ist ihr kein Entsetzen, außer dem leicht gesenkten Blick nicht einmal eine Gefühlsregung, anzumerken. Die linke Hand weist in den oberen Bildteil hinein. Dort sind zwei Personen sehr eng beieinander zu sehen, offensichtlich Mann und Frau. Ihre Gewandung ist edel; offenbar sind sie hochgestellte Persönlichkeiten, vielleicht König und Königin. Sie schauen nach vorn. Von diesen beiden Personen her eröffnet sich ein Dreieck nach unten, ein Dreieck, in dem die tanzende Frau sich bewegt. Es wirkt wie ein Bühnenvorhang, der sich gerade zu einer Vorführung auftut. Die beiden Personen sind Zuschauende der Darbietung. Gefühlsäußerungen der beiden sind nicht deutlich gemacht.

Mit ihren Händen verbindet die Frau die Bildebenen Oben und Unten zu einem Gesamt. Die dunkel gefärbte Hand nimmt die braune Farbe des Kopfes auf dem Tablett auf. Der abgeschlagene Kopf beziehungsweise die Geschichte, die damit verbunden ist, hat also mit den beiden Personen oben im Bild, vor allem aber mit der Frau selbst zu tun. Die dominante Farbe des Bildes ist Blutrot vor und hinter dem weißen Kleid der Tänzerin.

Das Bild ist irritierend und schockierend. Es ruft beim Anschauen Widerstände und Entsetzen hervor. Was ist das nur für eine Frau? Wie kann sie angesichts dieses Schreckensbildes so anmutig tanzen? Wie ist all das zu verstehen?

Schauen wir auf die biblische Erzählung, die dieser Darstellung zugrunde liegt.

Die Erzählung

»Herodes hatte nämlich Johannes festnehmen und ins Gefängnis werfen lassen. Schuld daran war Herodias, die Frau seines Bruders Philippus, die er geheiratet hatte. Denn Johannes hatte zu Herodes gesagt: Du hattest nicht das Recht, die Frau deines Bruders zur Frau zu nehmen. Herodias verzieh ihm das nicht und wollte ihn töten lassen. Sie konnte ihren Plan aber nicht durchsetzen, denn Herodes fürchtete sich vor JOHANNES, weil er wusste, dass dieser ein gerechter und heiliger Mann war. Darum schützte er ihn. Sooft er mit ihm sprach, wurde er unruhig und ratlos, und doch hörte er ihm gern zu. Eines Tages ergab sich für Herodias eine günstige Gelegenheit. An seinem Geburtstag lud Herodes seine Hofbeamten und Offiziere zusammen mit den vornehmsten Bürgern von Galiläa zu einem Festmahl ein. Da kam die Tochter der Herodias und tanzte und sie gefiel dem Herodes und seinen Gästen so sehr, dass der König zu ihr sagte: Wünsch dir, was du willst; ich werde es dir geben. Er schwor ihr sogar: Was du auch von mir verlangst, ich will es dir geben, und wenn es die Hälfte meines Reiches wäre. Sie ging hinaus und fragte ihre Mutter: Was soll ich mir wünschen? Herodias antwortete: Den Kopf des Täufers Johannes. Da lief das Mädchen zum König hinein und sagte: Ich will, dass du mir sofort auf einer Schale den Kopf des Täufers Johannes bringen lässt. Da wurde der König sehr traurig, aber weil er vor allen Gästen einen Schwur geleistet hatte, wollte er ihren Wunsch nicht ablehnen. Deshalb befahl er einem Scharfrichter, sofort ins Gefängnis zu gehen und den Kopf des Täufers herzubringen. Der Scharfrichter ging und enthauptete Johannes. Dann brachte er den Kopf auf einer Schale, gab ihn dem Mädchen und das Mädchen gab ihn seiner Mutter. Als die Jünger des Johannes das hörten, kamen sie, holten seinen Leichnam und legten ihn in ein Grab.«

(Mk 6,17–29)

Herodias war die Frau des Herodes Antipas. Dieser herrschte zurzeit Jesu als Tetrarch über Galiläa und Peräa, genauer gesagt von 4 v. Chr. bis 39 n. Chr. ›Tetrarch‹ war ein Titel, der im Volk mit ›König‹ gleichgesetzt wurde. Herodes nahm Herodias, die die Frau seines Halbbruders war, unerlaubterweise zu seiner Frau. Sie hatte sich von ihrem ersten Mann getrennt und Herodes dazu veranlasst, seine erste Frau zu verstoßen, damit Herodes und Herodias zusammenleben konnten. Johannes der Täufer kritisierte dieses Verhalten öffentlich, weshalb er der intriganten Herodias ein Dorn im Auge war.

Trude Dinnendahl-Benning setzt die biblische Erzählung in der Gestaltung dieses Fensters eindrucksvoll um. Ihre künstlerische Darstellung verliert nichts von dem, was die Erzählung transportieren will: die Folgen von Grausamkeit und Skrupellosigkeit, von Einfalt, Machtbesessenheit und Egozentrik, die den Charakteren in der Geschichte zu eigen sind. Die Charaktereigenschaften von vier Menschen bieten den Nährboden für die Geschichte.

Die Bibel und die Künstlerin führen uns diese vier Menschen vor Augen: Da ist Herodes, der Regent. Er hat eine Schwäche für schöne Frauen, die ihn leicht beeinflussbar macht. Herodes lässt den ehrenwerten Johannes inhaftieren, weil Johannes angesichts des unmoralischen Verhaltens, das der Tetrarch lebt, mutig protestiert hat. Herodes inhaftiert Johannes aber vor allem, weil seine Frau es so will. Er selbst mag den Propheten sogar, hört ihm gern zu, wenn er erzählt. Denn Johannes hat eine Art von Leben und Glauben zu reden, die Herodes gefällt. Im Gegensatz zu Herodias ist Herodes in der Lage, etwas von der Ausstrahlung und Größe des Johannes wahrzunehmen. An sich hat er nicht die Absicht, Johannes aus den bisherigen Vorwürfen einen Strick zu drehen. Ganz anders Herodias: Sie ist hinterlistig, eitel und verschlagen. Sie weiß sehr wohl, wie sie ihre Trümpfe bei Herodes ausspielen kann, um zu bekommen, was sie haben will. Was sie aber nicht erträgt, ist die Wahrheit über ihren Charakter. Und so erträgt sie auch die berechtigten Vorwürfe des Johannes nicht. Aber sie ist nicht dumm. Sie ahnt, dass Herodes ihrem Wunsch nach sofortiger Hinrichtung des Gottesmannes nicht ohne Weiteres nachkommen würde. Deshalb wartet sie auf eine Gelegenheit, die ihr günstig und geeignet erscheint. Als sich diese Gelegenheit bei einem gesellschaftlichen Ereignis plötzlich ergibt, nutzt sie die Chance geistesgegenwärtig aus. Sie trifft Herodes in einem Moment seiner Schwäche und gewinnt ihn in einer Situation für sich, in die er sich selbst hineingebracht hat und der er sich nun nicht mehr entziehen kann, ohne dabei sein Gesicht vor seinen Gästen zu verlieren, wie er meint. Vor den geladenen Gästen will er jetzt nicht als Duckmäuser dastehen, sondern als jemand, der zu seinem Wort steht und der hält, was er verspricht. Was er wissen müsste, aber nicht bedenkt, als er der Stieftochter zusagt, ihr einen Wunsch ihrer Wahl zu erfüllen: Herodias' Tochter ist ihrer Mutter hörig. Zudem ist sie nicht einmal in der Lage, auf die Frage ihres Stiefvaters nach dem, was sie sich wünscht, eine Antwort zu geben — weil sie gar nicht weiß, was ihr gut tun würde und wo ihre Wünsche liegen. Auf das Zugeständnis des Herodes, sie könne sich wünschen, was sie wolle, fragt sie also ihre Mutter, was sie sich wünschen solle. Das aber ist die Gelegenheit für Herodias! Sie weiß die Situation geschickt und blitzschnell für sich zu nutzen. Tochter Salome hat ihrerseits keine Skrupel, dem brutalen Wunsch der

Mutter nachzukommen. Ohne die Antwort der Mutter zu bewerten oder in Zweifel zu ziehen, befolgt sie sie. Hinter dem abgeschlagenen Kopf des edlen Johannes dreht sie schließlich eine Pirouette. Sie setzt sich in Szene, als sei hier nichts Besonderes geschehen. Salome, Herodias und Herodes sind alle drei auf ihre Weise in das intrigante Spiel verwoben. Die Fingerzeige der Tänzerin im Bild zeigen es.

Vier verschiedene Menschen, deren Charaktereigenschaften auch in Menschen der heutigen Zeit leben. In andere Umstände und in eine andere Zeit hinein übertragen, sind die biblischen Erzählungen so aktuell wie eh und je. Denn es sind Menschen, die durch alle Zeiten im Spiel des Lebens mitspielen und die entscheiden, ob es im gemeinsamen Spiel auch ein gemeinsames Ziel gibt oder ob es ein Spiel wird, das von Gewinn und Verlust bestimmt ist. Damals hießen die Mitspielenden Herodes, Herodias, Salome, Johannes. Heute haben sie andere Namen.

In der Erzählung wie auch im Fensterbild steckt eine unausgesprochene Aufforderung an uns alle. Sie könnte lauten: Werde selbst charakterstark, bilde deinen Charakter, damit du nicht der Einfalt, der Gefühllosigkeit, der Verschlagenheit und der Grausamkeit unterliegst, denen die hier gezeigten drei Menschen unterlegen sind. Erzählung und Bild führen uns Johannes den Täufer als Gegenbeispiel vor Augen, der sich wortgewaltig und lautstark über die Charakterlosigkeit auch von mächtigen Menschen hinwegsetzt, der Missstände unumwunden anprangert und sich selbstlos für die gute Sache engagiert in der Hoffnung, dass Menschen sich ihm anschließen und es ein gemeinsames Ziel geben kann. Der im Fenster übergroß dargestellte Kopf des Johannes verweist, im übertragenen Sinn, auf die Größe dieses Menschen.

Das Fensterbild sagt noch anderes als die Geschichte. Salome, die Frau, die in ihrer gesamten Erscheinung die Anmut in Person ist und mit der wir rein äußerlich Unschuld und Reinheit assoziieren, ist in Wirklichkeit nicht, was sie scheint. Der Schein kann gewaltig trügen. Beispiele dafür gibt es viele. Wir müssen genauer und tiefer hinsehen, hinhören und hinspüren, wenn wir Schein und Sein unterscheiden lernen wollen.

Der Engel Gabriel — Bote Gottes

Abb. 63:
Der Engel **Gabriel**
mit Weihrauchfass.

Im rechten Seitenschiff der Kirche ist ein weiteres Fenster von der Größe des Sebastian- und des Johannesfensters zu sehen. Es handelt sich um eine Darstellung des Engels Gabriel. Trude Dinnendahl-Benning entwarf dieses Fensterbild ebenfalls im Jahre 1957. Das Gabrielfenster befindet sich genau gegenüber dem Johannesfenster.

Was zu sehen ist und wie wir es deuten können

Wir sehen einen großen Engel mit menschlicher Statur. Er trägt einen Heiligenschein. Als Engel ist er aber nur an seinen beiden Flügeln zu erkennen, ansonsten sieht er sehr menschlich aus. — Oder vielleicht doch nicht?! Er trägt ein knöchellanges Gewand mit weiten Ärmeln. Im Bereich des Oberkörpers ist es in Querfalten gelegt. Die Falten geben dem Gewand einen festlichen Charakter. Der Engel hält ein goldenes Weihrauchfass in den Händen, das er schwenkt.

Auffällig ist die Bildkomposition. Die Künstlerin bietet uns in diesem Fenster auf den ersten Blick nicht die Dreiteilung in Oben, Mitte und Unten an wie in den beiden Fenstern im linken Seitenschiff. Vielmehr füllt der Engel das Fenster ganz genau aus. Im Gegensatz zum Sebastian- und Johannesfenster reicht im Gabrielfenster kein Detail der Engelfigur über die Abmessungen des Fensters hinaus. Die Künstlerin konzentriert ihren und damit auch unseren Blick ganz auf den Engel — oder, noch anders gesagt, auf den ganzen Engel. Oben im Bild stoßen die Spitzen der beiden Flügel exakt an die obere Spitze des Fensters an. Seitlich links berühren ein Flügel, der rechte Ellenbogen des Engels sowie sein Knie punktgenau die Fensterwand. Seitlich rechts verhält es sich ebenso mit dem anderen Flügel, dem linken Ellenbogen, dem Weihrauchfass und der Spitze des Engelsgewandes. Lediglich die beiden Füße des Engels lassen etwas Raum zu den Begrenzungen des Fensters. Dieser kleine Abstand zum seitlichen und, etwas deutlicher noch, zum unteren Bildrand, fällt wohl nur angesichts der Genauigkeit der Arbeit insgesamt auf. Hat die Künstlerin hier etwa »unsauber« gearbeitet?

Die offenen Augen des Engels ziehen den Blick der Betrachtenden auf sich. Sie laden uns ein, dem Blick des Engels zu folgen und uns zunächst dem oberen Bildteil zuzuwenden. Der Engel schaut nach oben links. Aus dieser Richtung fallen gelbe und blaue Strahlen diagonal in das Bild hinein. Diese Strahlen sind aber nicht begrenzt durch die Abmessungen des Fensters. Sie sind nach oben und unten hin weiterzudenken. Die

Strahlen verlaufen hinter dem Engel, nicht vor ihm oder durch ihn hindurch. Damit zeigen sie nicht ein »Bestrahltwerden« des Engels von oben an, sondern sind eher Signal für eine Bewegung. Der Engel ist mit dieser Bewegung offensichtlich im Kontakt: Seine Blickrichtung, die Richtung der beiden Flügel und auch die Armhaltung seines rechten Arms zeigen, dass er deutlich nach oben hin ausgerichtet ist. Es sieht so aus, als »beantworte« er die Bewegung von oben. So ist die Bewegung in der oberen Hälfte des Fensters als eine Wechselbewegung zu verstehen.

Schauen wir nun auf die untere Bildhälfte, und hier speziell auf die Füße des Engels. Je nachdem, wie wir das Bild »lesen«, verändert sich die Richtung: Lesen wir von links nach rechts, sieht es so aus, als stiege der Engel eine Stufe hinab. Lesen wir von rechts nach links, steigt der Engel die Stufe hinauf! Unsere gewohnte Leserichtung (von links nach rechts) legt uns als Erstes die Bewegung von oben nach unten nahe. Der Engel ist in Bewegung von oben nach unten, vom Himmel zur Erde. Sein linker Fuß und auch die senkrecht beziehungsweise diagonal verlaufenden Falten und der Saum des Engelsgewandes zeigen uns: Der Engel ist im unteren Bildteil abwärts orientiert. Er hat unten auf der Erde eine Mission zu erfüllen. Seine Rückbindung an »Oben« wird aber auch im unteren Bildteil deutlich — wenn wir unsere Blickrichtung verändern und die Leserichtung von rechts nach links wechseln. Der Abstand der beiden Füße zum Fensterrand ist kein Zeichen für unsaubere künstlerische Arbeit, sondern zeigt: Gabriel ist gerade jetzt in Bewegung!

Wenden wir uns nun der Bildmitte zu. Der linke Arm des Engels befindet sich genau in der Bildmitte. Dieser Arm schwenkt das Weihrauchfass. Die Bewegung des Arms mit dem Weihrauchfass verläuft auf und ab — genau wie die Bewegung im Bild insgesamt. Im Bild des Weihrauchschwenkens fasst die Künstlerin Handeln und Ausrichtung des Engels zusammen. In der Bildmitte konzentriert sich die Aussage des Fensters.

Lesen wir das Bild nun als Gesamtwerk — das heißt, betrachten wir den »ganzen« Engel von links nach rechts — dann sehen wir jetzt, nachdem wir uns das Bild zunächst horizontal erschlossen haben, sehr deutlich: Auch die Vertikale zeigt die Wechselbewegung. Alles an diesem Engel deutet in der linken vertikalen Bildhälfte nach oben (Fuß, Bein, rechter Ober- und Unterarm, Blick, Kopfhaltung, rechter Flügel), um dann, in der rechten Bildhälfte, nach unten zu weisen (linker Flügel, linker Ober- und Unterarm, der Ärmel des Gewandes, das gestreckte linke Bein, der linke Fuß). Das gesamte Fensterbild ist eine einzige große und großartige Bewegung zwischen Himmel und Erde!

Die Erzählung

»Zur Zeit des Herodes, des Königs von Judäa, lebte ein Priester namens Zacharias, der zur Priesterklasse Abija gehörte. Seine Frau stammte aus dem Geschlecht Aarons; sie hieß Elisabet. Beide lebten so, wie es in den Augen Gottes recht ist, und hielten sich in allem streng an die Gebote und Vorschriften des Herrn. Sie hatten keine Kinder, denn Elisabet war unfruchtbar und beide waren schon in vorgerücktem Alter.

Eines Tages, als seine Priesterklasse wieder an der Reihe war und er beim Gottesdienst mitzuwirken hatte, wurde, wie nach der Priesterordnung üblich, das Los geworfen, und Zacharias fiel die Aufgabe zu, im Tempel des Herrn das Rauchopfer darzubringen. Während er nun zur festgelegten Zeit das Opfer darbrachte, stand das ganze Volk draußen und betete. Da erschien dem Zacharias ein Engel des Herrn; er stand auf der rechten Seite des Rauchopferaltars. Als Zacharias ihn sah, erschrak er und es befiel ihn Furcht. Der Engel aber sagte zu ihm: Fürchte dich nicht, Zacharias! Dein Gebet ist erhört worden. Deine Frau Elisabet wird dir einen Sohn gebären; dem sollst du den Namen Johannes geben. Große Freude wird dich erfüllen und auch viele andere werden sich über seine Geburt freuen. Denn er wird groß sein vor dem Herrn. Wein und andere berauschende Getränke wird er nicht trinken und schon im Mutterleib wird er vom Heiligen Geist erfüllt sein. Viele Israeliten wird er zum Herrn, ihrem Gott, bekehren. Er wird mit dem Geist und mit der Kraft des Elija dem Herrn vorangehen, um das Herz der Väter wieder den Kindern zuzuwenden und die Ungehorsamen zur Gerechtigkeit zu führen und so das Volk für den Herrn bereit zu machen. Zacharias sagte zu dem Engel: Woran soll ich erkennen, dass das wahr ist? Ich bin ein alter Mann und auch meine Frau ist schon in vorgerücktem Alter. Der Engel erwiderte ihm: Ich bin GABRIEL, der vor Gott steht, und ich bin gesandt worden, um mit dir zu reden und dir diese frohe Botschaft zu bringen.«

(Lk 1,5–19)

Gedanken zur Erzählung

Ein Engel ist ein Bote Gottes. Der Engel Gabriel kommt in der Heiligen Schrift im Alten und im Neuen Testament vor. ›Gabriel‹ bedeutet: ›Mann Gottes‹, ›Stärke Gottes‹ oder ›Gott hat sich gezeigt‹.[72] Gabriel ist einer der Erzengel. Erzengel stehen in der Hierarchie der Engel über den einfachen Engeln. Die bekanntesten, biblisch bezeugten Erzengel sind: Michael (der Drachentöter und Kämpfer für das Gute), Raphael (der schützende Weggefährte) und Gabriel. Gabriel gilt als der Bote der Verkündigung. Seine wichtigste Botschaft ist die Verheißung der Geburt Jesu an Maria. Meistens wird er deshalb in der Ikonografie mit einem Lilienstängel in der Hand dargestellt.[73] Die Lilie ist Symbol der jungfräulichen Mutterschaft Mariens. In der Erzählung von der Verkündigung der Geburt des Johannes bringt Gabriel zum ersten Mal die Botschaft von einer unerwarteten Schwangerschaft. Das Kind, das zur Welt kommen wird, ist Johannes, der Vorläufer Jesu, des Herrn.

Zacharias, der Vater des Johannes, ist Priester im Tempel in Jerusalem. Die Priesterschaft war in 24 Klassen eingeteilt. Jede Klasse zog nach der Weisung Gottes zweimal im Jahr für eine Woche nach Jerusalem, um dort den Tempeldienst zu verrichten (vgl. 1 Chr 24,1–19). Zum Tempeldienst gehörte unter anderem die Vorbereitung und Durchführung des regelmäßigen Rauchopfers, das Gott einst angeordnet hatte. Das Rauchopfer bestand darin, dass wohlriechende Harze und Pflanzenteile auf glühenden Kohlen im Innern des Tempels auf einem Rauchopferaltar verbrannt wurden.[74] Noch heute kennen wir das Verbrennen von Weihrauch in der Liturgie der Kirche. Weihrauch ist ein Baumharz, das aus dem Weihrauchbaum gewonnen wird. Manchmal wird es noch mit besonderen Duftstoffen angereichert. Verbrannte Weihrauchharze steigen sichtbar als Rauch nach oben auf. Der verströmende Rauch spricht durch seinen angenehmen Duft den Geruchssinn des Menschen an. Neben dem Schauen, dem Hören, dem Sprechen, dem Fühlen und der körperlichen Bewegung können wir auch nun mit unserem Geruchssinn an der Liturgie beteiligt sein. Die Einbeziehung der verschiedenen Sinne in die gottesdienstliche Feier zeigt: Der Mensch steht als ganzer Mensch, mit Leib und Seele, so, wie er ist, vor Gott. Der Weihrauch strömt aus und verteilt sich in jeden Winkel des Raums. Symbolisch bedeutet dies: Wie der Weihrauch sich überallhin verteilt, will auch Gott sich überallhin verteilen, in jeden Winkel des Raums, in jeden Winkel der Erde, in jeden Winkel des menschlichen Seins.

Das Los bestimmte, wer von den Priestern das Rauchopfer darbringen durfte. Es war eine hohe Ehre, diesen Dienst zu verrichten; einem Priester wurde diese Ehre nur ein- oder zweimal in seinem Leben zuteil.[75] Dieses Mal fällt das Los auf Zacharias.

Zacharias ist mit Gott im Kontakt. Trotz seines unerfüllten Kinderwunsches hält er an Gebet und Gottesdienst fest und bleibt sich und seinem Glauben treu. Inständig hat Zacharias Gott immer wieder um die Erfüllung des Kinderwunsches des Ehepaares gebeten. Seinen größten Wunsch bringt er nun erneut vor Gott, dieses Mal unmittelbar vor dem Allerheiligsten und indem er das Rauchopfer darbringt. Und Gott erhört sein

Gebet. Jetzt, wo seine Frau Elisabet ein Alter erreicht hat, in dem eine Empfängnis kaum mehr möglich ist, geschieht doch noch das Wunder. Auf die Furcht des Priesters beim Anblick des Gottesboten geht der Engel unmittelbar ein, indem er ihn bei seinem Namen nennt und ihn mit den Worten beruhigt: Fürchte dich nicht, Zacharias! Die Freude über den zu erwartenden Sohn, die der Gottesbote verkündet, ist nicht allein die Freude, die Eltern, Verwandte und Freunde empfinden, wenn ein Kind zur Welt kommt. Vielmehr ist es eine Freude, die weiter geht und die hineinreicht in die kommenden Ereignisse, in das Kommen Gottes in die Welt. Die Freude, von der Gabriel spricht, ist Teilhabe am Geschehen der Menschwerdung Gottes. Das erwartete Kind Johannes wird der Vorläufer des Messias sein, der spätere Täufer, der die Menschen auf das Kommen des Herrn vorbereitet. Johannes wird mit der Kraft des Geistes Gottes und Elijas, des Propheten, auftreten. Das Wunder der späten Schwangerschaft Elisabets kann geschehen, denn die Bewegung von unten nach oben (Zacharias zu Gott) und von oben nach unten (Gott zu Zacharias) ist lebendig. Hier ist etwas von der Wechselbewegung zu spüren, von der wir bei der Bildbetrachtung gesprochen haben!

In Psalm 141 betet der Psalmbeter: »Wie ein Rauchopfer steige mein Gebet vor dir auf.« (Ps 141,2) Weihrauch steigt auf, indem das Weihrauchfass geschwenkt wird und der Rauch aus den Öffnungen des Fasses austreten kann. Der aufsteigende Rauch soll das Gebet der Gläubigen begleiten und es sichtbar mit auf den Weg zu Gott nehmen. Im Fenster ist der Engel Gabriel als derjenige dargestellt, der das Weihrauchfass aktiv bedient. Er übernimmt diese Rolle stellvertretend für Zacharias und bringt selbst das Rauchopfer dar. Damit begleitet er, der Bote, der von Gott kommt, das Gebet des Zacharias und führt es zu Gott. Gabriel tritt als Mittler auf. Und wieder spüren wir, jetzt verstärkt durch den Engel, die Wechselbewegung zwischen Oben und Unten beziehungsweise zwischen Himmel und Erde! In einer Vision des Sehers Johannes im biblischen Buch der Offenbarung finden wir eine Textstelle, die der Darstellung des Engels Gabriel mit dem Weihrauchfass sehr ähnlich ist. Dort heißt es:

»Ein Engel kam und trat mit einer goldenen Räucherpfanne an den Altar; ihm wurde viel Weihrauch gegeben, den er auf dem goldenen Altar vor dem Thron verbrennen sollte, um so die Gebete aller Heiligen vor Gott zu bringen. Aus der Hand des Engels stieg der Weihrauch mit den Gebeten der Heiligen zu Gott empor.« (Offb 8,3f)

Der Engel ist namentlich nicht genannt. Trude Dinnendahl-Benning verknüpft den Engel Gabriel, der Zacharias die Botschaft von Gott bringt, mit dem unbekannten Engel aus der Offenbarung. Im Text des Lukas-Evangeliums (vgl. Lk 1,5–17) steht

Abb. 64: **Weihrauchfass** in der Sakristei von St. Gabriel.

nicht, dass Gabriel ein Weihrauchfass dabei hat. Dadurch, dass die Künstlerin ihn aber mit dem Räucherfass ausstattet, verbindet sie das Geschehen um die Ankündigung der Geburt des Johannes mit dem endzeitlichen Geschehen, wenn die endgültige Gottesherrschaft anbricht. Und sie verbindet es zeitübergreifend mit dem Geschehen im Gottesdienst in unserer Zeit: Der Engel im Buch der Offenbarung bringt die Gebete aller Heiligen zu Gott, der Engel Gabriel nimmt neben dem Gebet des Zacharias das Gebet aller, also auch das Gebet der Betenden in der Gabrielkirche, mit. Die Künstlerin zeigt uns damit, dass die Beziehung Gott — Mensch über die Zeiten geht und ewig ist. Der Kontakt ist auf Dauer angelegt. Durch seine Engel greift Gott in das Geschehen zwischen Himmel und Erde ein und sendet Signale. Auch wir sind eingeladen, auf die himmlischen Signale zu achten, die Gott uns zusendet!

Gabriel in der Gabrielkirche

Es ist sicher kein Zufall, dass gerade das Fenster im rechten Seitenschiff der Kirche das Gabrielfenster geworden ist. Die Künstlerin hat sich sehr genau überlegt, wie sie den Engel darstellt und wie sie ihn und ihre Ideen in den Kirchenraum integriert:

Erstens: Die biblische Erzählung im Lukas-Evangelium berichtet, dass der Engel Gabriel plötzlich an der rechten Seite des Altares erscheint (vgl. Lk 1,11). Die rechte Seite war die südliche Seite des Jerusalemer Tempels, wo sich die Leuchter beim Allerheiligsten befanden. Die Künstlerin setzt räumlich in der Gabrielkirche um, was uns der Evangelist Lukas vom Geschehen im Tempel erzählt: Das Gabrielfenster befindet sich an der Südseite der Kirche, rechts neben dem Altar!

Zweitens: Gabriel kündet die Geburt Johannes des Täufers an. Auf der gegenüberliegenden Seite, im linken Seitenschiff, zeigt die Künstlerin im Johannesfenster, auf welche Weise Johannes umkommen wird. Sie stellt räumlich eine Verbindung zwischen der Ankündigung der Geburt des Täufers und seinem Tod her. Eine gedachte Linie zwischen beiden Fenstern kann den Lebensweg des Johannes symbolisieren. Diese Lebensweg-Linie kreuzt die Hauptachse der Kirche. Sie bildet die Grundlinie eines zu denkenden, architektonisch aber nicht vorhandenen Kirchenquerschiffs. Hauptachse der Kirche und Lebenslinie des Johannes bilden die Form eines lateinischen Kreuzes. Johannes, der Rufer und Mahner zur Umkehr, macht uns auf Christus aufmerksam. Er ist ein Märtyrer in der Nachfolge Christi, der uns dabei helfen will, in der Spur des Christlichen zu bleiben.

Und drittens: Bitte schauen Sie noch einmal auf die Augen des Engels. Wie wir schon gesagt haben, lenkt der Engel seinen Blick nach oben links. Nicht unbegründet können wir sagen: Er schaut zu Gott hoch, von dem er seine Mission erhält. Aber er schaut auch weiter in den Kirchenraum hinein! Durch das Mauerwerk der Gabrielkirche hindurch schaut Gabriel auf das große Chorraumfenster, auf die Szene, in der er bald in einer weiteren Mission der jungen Frau Maria den Sohn Jesus ankündigen wird! Die Künstlerin zeigt uns im Blick des Engels in der rechten Seitenkapelle, wie die Geschichte Gottes mit den Menschen nach der Ankündigung der Geburt Johannes des Täufers weitergeht. Durch den Engel Gabriel verweist sie auf das Große, das dort dargestellt ist, wo der Blick des Engels hinführt. Trude Dinnendahl-Benning komponiert das wunderbare Geschehen um die Menschwerdung des Gottessohnes meisterhaft in den Kirchenraum der Gabrielkirche hinein!

AN GABRIEL

Gabriel, du Engel der Freude
mit großartiger Botschaft
von IHM, der das Leben will,

Gabriel, du Mittler zwischen zwei Welten,
die mir manchmal zu weit entfernt voneinander scheinen,
als dass ich sie zusammen denken könnte,

GABRIEL, du Wesen des Lichts,
das der hoffenden Seele Nahrung gibt,

halte du für mich den Blickkontakt nach oben,
wenn ich zu schwach bin
und mich verliere
in meinen Zweifeln, in meinem Hochmut, in den Bedrängnissen meines Lebens.
Trage du mein Gebet,
das vom Leben spricht und auch vom Tod,
mit dem Rauch des Weihrauchharzes zu IHM.
ER wird verstehen.

(Juni 2009)

Die Chorraumfenster

Wirklich imposant sind sie, die leuchtend-bunten Fenster im Chorraum der Gabrielkirche. Die vier farbigen Lanzettfenster sind etwa 10 x 1,80 m groß. Die Künstlerin schuf die Entwürfe für das mittlere Fenster und die beiden Fenster links und rechts daneben in den Jahren 1954 und 1956. Das Fenster auf der linken Chorraumseite entwarf sie als viertes Motivfenster einige Jahre später; es wurde 1962 eingesetzt. Leider kann es nur unmittelbar aus dem Chorraum wahrgenommen werden, nicht aus dem Hauptschiff der Kirche. Das ist sehr bedauerlich, denn es ist ein wunderschönes und ausdrucksstarkes Fenster. Es handelt sich bei den großen Fenstern um zwei figürliche Fenster und zwei Ornamentfenster.

Darüber hinaus gibt es im Chorraum drei weitere Spitzbogenfenster, die in ihrer Form den Fenstern im Obergaden des Mittelschiffs der Kirche entsprechen. Sie sind nicht farbig kunstverglast, sondern im Stil der Obergadenfenster in Antikglas gehalten. Es war nicht möglich, auf der rechten Chorraumseite ebenfalls große Fenster einzubauen, weil hier der Sakristeianbau anliegt. Die Anzahl der Spitzbogenfenster im Chorraum beträgt sieben. Die Zahl Sieben ist in der biblischen Tradition die Zahl der Totalität.[76] Die Bibel spricht unter anderem von sieben Himmeln und von sieben Schöpfungstagen. Sieben Jahre dauerte es, bis Salomo den Tempel Gottes aufgebaut hatte. Jesus wird am Ende der Zeiten das Buch mit den sieben Siegeln öffnen (vgl. Off 5f). Die Zahl Sieben ist vor allem im Buch der Offenbarung eng verbunden mit der Herrschaft des Reiches Gottes. Sie kommt dort immer wieder vor. Das himmlische Licht fällt durch sieben große Fenster in den Chorraum der Gabrielkirche ein.

Das große Themenfenster Verkündigung/Kreuzigung

Widmen wir uns zuerst dem Fenster, das schon beim Betreten der Kirche die Blicke der Eintretenden auf sich zieht und auf das uns der Engel Gabriel im Fenster des rechten Seitenschiffs aufmerksam macht: das mittlere Chorraumfenster.

Trude Dinnendahl-Benning erhielt den Auftrag, das Hauptfenster des Chorraums mit zwei Motiven zu versehen: Im oberen Teil sollte die Verkündigung an Maria dargestellt werden, im unteren Teil Maria und Johannes unter dem Kreuz. Maria ist, wie schon deutlich wurde, für die Gabrielkirche ein ganz besonderes Thema.

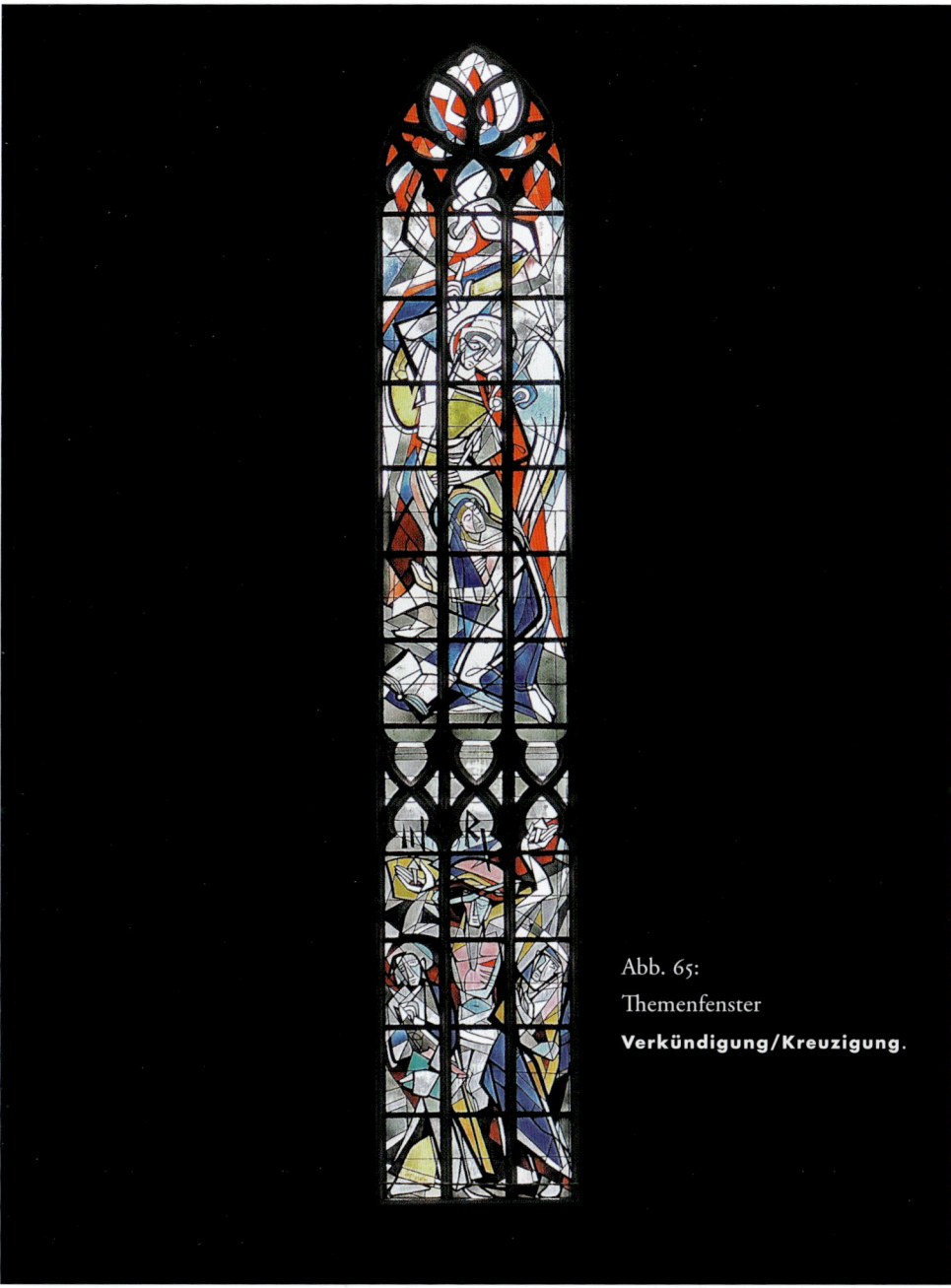

Abb. 65:
Themenfenster
Verkündigung/Kreuzigung.

Die Komposition

Die Künstlerin hat die Freiheit, die Vorgaben nach ihren Ideen umzusetzen. Formal gesehen ist sie mit ihrer Arbeit an die Fensterabmessungen und an die Gliederung durch das Maßwerk gebunden. So unterteilt sie das Fenster künstlerisch so, wie das Maßwerk es vorgibt: Ganz oben ist das Blattmaßwerk als kleinster Teil des Fensters; hier kreiert sie eine individuelle, abstrakte Darstellung. Dann baut sie in fallender Richtung vor dem nächsten Maßwerkornament die Szene der Verkündigung an Maria ein, zuunterst ist die Szene Johannes und Maria unter dem Kreuz Jesu zu sehen.

Das Verhältnis des oberen zum unteren Fensterfeld beträgt 3:2. Schon die äußeren Vorgaben legen das Hauptaugenmerk auf die Verkündigungsszene. Die Künstlerin nutzt die Flächen des Fensters ganz aus. Wir sehen, dass sie sowohl bei dem Engel Gabriel wie auch bei Johannes und Maria unter dem Kreuz bis ganz an die Seitenränder des Fensters herangeht — ähnlich wie sie es auch beim Gabrielfenster im rechten Seitenschiff tut. Im oberen Fensterteil ist eine deutliche Abwärtsbewegung erkennbar: Der Kopf des Engels und der Kopf Mariens sind genau untereinander angeordnet. Dies ist eine ganz besondere, ungewöhnliche Art der Darstellung. Normalerweise kennen wir aus Verkündigungsdarstellungen immer einen Engel Gabriel, der an der Seite Mariens steht, nicht über ihr. Wenn wir genau hinsehen, lässt sich über dem Kopf des Engels ein Vogel erkennen. Er reiht sich mit in diese Bewegung auf der Mittelsenkrechten und in die Komposition dieses Fensterfeldes ein.

Anders unten im Bild: Mittig ist Jesus am Kreuz zu sehen, rechts und links neben ihm Maria und Johannes als gleich große Personen. Der Kopf von Maria und Johannes liegt auf einer horizontalen Linie, die wir uns denken können. Der Kopf Jesu hebt sich von dieser gedachten Horizontallinie nach oben hin ab. Formal können wir sagen: Ein Dreieck wird sichtbar, wenn wir uns Linien zwischen den drei Köpfen vorstellen. Der Kopf Jesu bildet die Spitze des gedachten Dreiecks. In diesem Teil des Fensters verlässt die Künstlerin die Senkrechtbewegung, die sie uns in der Verkündigungsszene anbietet, zugunsten einer horizontalen Betrachtung. Den Blick der Betrachtenden konzentriert sie auf das eben beschriebene Dreieck und damit vor allem auf die Gesichter der drei Menschen im Bild. Sie erreicht diese Konzentration auch dadurch, dass die Körper von Maria und Johannes ganz unten im Bild mit dem Körper Jesu beinahe »zusammenfallen«.

170

Die Gesamtwirkung

Ich lade Sie zu Beginn unserer Betrachtung dazu ein, zuerst einmal nachzuspüren, wie dieses Fenster auf Sie wirkt, bevor Sie gleich weiter lesen. Betrachten Sie es eine Zeitlang in Ruhe.

Nun, wie ist es Ihnen mit dieser Anregung ergangen? Ist es Ihnen gelungen, das Fenster in Ruhe auf sich wirken zu lassen? Nein, eher nicht? Es hat eher Unruhe in Ihnen ausgelöst? — Ja! Trauen Sie bitte Ihren Eindrücken! Dieses Fenster ist ganz offensichtlich nicht zur meditativen Betrachtung gedacht. Dafür ist es viel zu unruhig in sich! So viele Farben und Farbsplitter, bunt durcheinander und vielfach ohne Ordnung aneinandergefügt! Die Figuren haben mehrfarbige Gesichter und sind zum Teil gar nicht vollständig erkennbar, weil zu viele einzelne bunte Teile »stören« (vor allem bei Johannes). Die dargestellten Figuren müssen aus den Farbsplittern regelrecht herausgelesen werden. Ein rascher Blick auf die beiden Fenster rechts und links daneben lässt, obwohl sie ebenso bunt sind, einen anderen ersten Eindruck entstehen.

Was zu sehen ist und wie wir es deuten können

Behalten wir bei unserer Betrachtung des Fensters die formalen Vorgaben, die auch Trude Dinnendahl-Benning hatte, bei. Sie gliedern das Fenster und helfen uns bei der Annäherung.

Ganz oben im Maßwerkbogen sehen wir keine figürliche Darstellung, sondern viele einzelne farbige Glasstücke. Links und rechts strahlt uns leuchtend orange-rotes Glas entgegen, in der Mitte oben vor allen Dingen weißes Glas, das mit einzelnen roten Splittern durchsetzt ist. Das Maßwerk bildet ganz oben im Fenster einen Kreis. Am unteren Rand dieses Kreises werden blaue Glasteile sichtbar, die auch ins Orangerot der Seiten hineinreichen. Die Künstlerin bleibt in diesem oberen Fensterteil bei den drei Farben Weiß, Rot und Blau, wobei Rot dominiert. Weiß ist die Farbe des ungebrochenen Lichts, eine Farbe, die für Gott steht.[77] Die blauen Partikel lassen uns im Zusammenhang mit dem göttlichen Weiß an Himmelsblau denken. Dieses Blau ist kein Tiefblau, sondern eher ein helles, frisches Blau. Himmelsblau und Weiß stimmen uns schon hier darauf ein, dass etwas von Gott zu erwarten ist. Rot und Orange wecken verschiedene Assoziationen: Liebe, Feuer, Leidenschaft, Blut. Die Künstlerin arbeitet

171

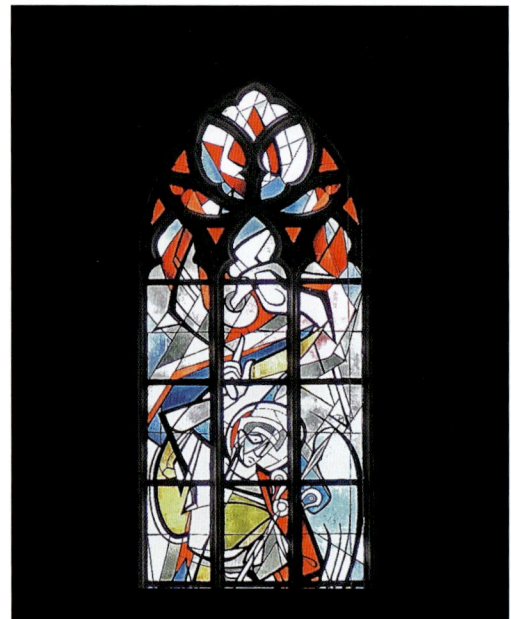

Abb. 66:
Gestaltung
des **Bogenmaßwerks**
im mittleren Chorraumfenster.

mit viel Rot. Sie deutet hier bereits an, worum es weiter unten gehen wird: um Liebe, um Leiden und Leidenschaft. Interessant ist auch: Die roten Farbtupfer entsprechen von ihrer Anordnung her der Dreiecksform, die wir zuvor im unteren Bildteil entdeckt haben. Hier im oberen Bildteil haben die Glasstücke noch nicht den unruhigen Charakter, den sie weiter unten im Bild haben, denn es ist in der Zusammenstellung eine gewisse Ordnung zu erkennen. Sie wirken eher belebend und anregend.

Gleich unter dem Maßwerk zeigt sich in der Mitte ein weißer Vogel. In Beziehung zu dem Weiß oben ist der Vogel als von Gott kommend zu deuten. Aus der biblischen Verkündigungsszene entnehmen wir: Dargestellt ist der Heilige Geist, der in Gestalt einer Taube von Gott kommt. Die Taube fliegt geradewegs aus dem Himmelsbereich abwärts. Ihr Kopf zeigt die Richtung nach unten an. Damit wird auch die »Leserichtung« des Fensters deutlich.

Die Taube fliegt in völliges Durcheinander hinein, in ein ungeordnet aneinandergereihtes Glasstücke-Chaos. Auch die Farben verändern sich jetzt. Viel Grau und Rosa, aber auch Gelb und Grün und ein anderes, dunkleres Blau sind zu sehen. Es ist, als flöge die Taube in einen ganz anderen Bereich hinein, quasi in eine andere Atmosphäre. Der Übertritt eines Raumschiffs aus dem Weltraum in die irdische Atmosphäre fällt mir dazu ein. Nach dem Atmosphärenwechsel ist alles ganz anders. Plötzlich gelten die Gesetze der Erde und der Schwerkraft. Es sieht ganz so aus, als wollte die Künstlerin diesen Übergang vom Himmel zur Erde darstellen. Von der anregenden Ordnung im Himmel geht es ins Chaos der Erde. Mitten in diesem irdischen Durcheinander zeigt der Finger des Engels Gabriel in die Höhe, zur Taube.

Die Erzählung

»Im sechsten Monat wurde der Engel G A B R I E L von Gott in eine Stadt in Galiläa namens Nazaret zu einer Jungfrau gesandt. Sie war mit einem Mann namens Josef verlobt, der aus dem Haus David stammte. Der Name der Jungfrau war Maria. Der Engel trat bei ihr ein und sagte: Sei gegrüßt, du Begnadete, der Herr ist mit dir. Sie erschrak über die Anrede und überlegte, was dieser Gruß zu bedeuten habe. Da sagte der Engel zu ihr: Fürchte dich nicht, Maria; denn du hast bei Gott Gnade gefunden. Du wirst ein Kind empfangen, einen Sohn wirst du gebären: dem sollst du den Namen Jesus geben. Er wird groß sein und Sohn des Höchsten genannt werden. Gott, der Herr, wird ihm den Thron seines Vaters David geben. Er wird über das Haus Jakob in Ewigkeit herrschen und seine Herrschaft wird kein Ende haben. Maria sagte zu dem Engel: Wie soll das geschehen, da ich keinen Mann erkenne? Der Engel antwortete ihr: Der Heilige Geist wird über dich kommen und die Kraft des Höchsten wird dich überschatten. Deshalb wird auch das Kind heilig und Sohn Gottes genannt werden. Auch Elisabet, deine Verwandte, hat noch in ihrem Alter einen Sohn empfangen; obwohl sie als unfruchtbar galt, ist sie jetzt schon im sechsten Monat. Denn für Gott ist nichts unmöglich. Da sagte Maria: Ich bin die Magd des Herrn; mir geschehe, wie du es gesagt hast. Danach verließ sie der Engel.«

(Lk 1,26–38)

Gabriel — ein Engel zum Fürchten?

Vielleicht ist es auch Ihr Eindruck, wenn Sie die Darstellung des Engels Gabriel im oberen Teil dieses Fensters betrachten: Gabriel — ein Engel zum Fürchten? Wie anders als der Engel Gabriel in dem kleinen Fenster im rechten Seitenschiff der Kirche wirkt doch dieser gewaltige Engel!

173

Übergroß erhebt sich Gabriel über dem Mädchen Maria. Zum Fürchten sieht er aus mit dem erhobenen Zeigefinger, dem festen Blick, dem seltsam zweigeteilten Gesicht, mit dem dunklen Rand um das rechte Auge. Sein Gesicht wirkt, abgesehen von der Mundpartie, fremd und streng, fast maskenhaft. Brustharnisch, Schild und die Waffe in der Hand lassen ihn geradezu bedrohlich erscheinen — mehr noch, wenn man die zarte junge Frau Maria mit in den Blick nimmt. Gabriel, der Bote Gottes, als Erzengel in der Hierarchie der Engel hervorgehoben, der Engel der Freude — ein Engel zum Fürchten?

Ja, ich denke, so kann und darf man den Engel hier sehen. Wir kommen um diesen Eindruck nicht herum. Eine himmlische Gestalt bringt eine Botschaft, die ungeheuerlich ist. Ein Kind zu erwarten ohne verheiratet zu sein, das war zur damaligen Zeit undenkbar. Wie soll es anders sein, als dass das Mädchen Maria, das zu diesem Zeitpunkt etwa 12–14 Jahre alt gewesen sein muss[78], zutiefst vor dem Engel und seiner Botschaft erschrickt? Maria ist verlobt. Was wird ihr Verlobter sagen, was werden die anderen sagen, wenn sie plötzlich von der Schwangerschaft erfahren? Werden sie Maria glauben, wenn sie ihnen von dem Engel Gottes erzählt? Und was ist mit ihr selbst? Wird sie die Situation durchstehen, möglicherweise auch ohne ihren Verlobten, der das Recht hätte, sie zu verlassen, da er nicht der Vater des Kindes ist? — Wenn diese Lage nicht furchterregend ist!

Der linke Flügel des Engels reicht weiter ins Bild hinein. Die Flügelfedern wirken wie überlange Finger einer Hand. Sie greifen aber nicht; sie wirken vielmehr zart und gefühlvoll — ganz anders als das Gesicht des Engels. Sanft berühren die »Flügelfinger« Maria. Wenn wir ganz genau hinschauen, sehen wir, dass sie noch nicht ganz bei Maria angekommen sind. Vielmehr berühren sie einen grauen, länglichen Farbsplitter, den die Künstlerin zwischen den Engel und Maria gearbeitet hat. Eine Grauzone … Die Berührung des Engels ist eine ganz besonders zarte Berührung. So zart berührt jemand, der einem anderen Menschen etwas Gutes tun will. Die Berührung spielt sich in einer Art Grauzone ab, in der es mehr um das Ahnen und Nachspüren als um das Wissen und Sehen geht. Etwas geschieht mit dieser Berührung: Die Grauzone sowie Körper und Füße Mariens werden in weißes Licht getaucht, das die Flügelfedern mitbringen. Diese Berührung ist eine direkte Berührung mit dem Göttlichen über den Boten Gottes, den Engel. Die »Kraft des Höchsten wird dich überschatten« (Lk 1,35) — der Schatten des Höchsten ist hier nicht schwarz wie jeder andere Schatten, sondern strahlend weiß! Dieses Überschatten meint nichts Negatives, sondern bedeutet eine Helligkeit, die heller nicht sein kann. Hinter dem Flügel ist der rote Umhang des Engels zu sehen. Er fällt über die linke Schulter des Engels und berührt ebenfalls das Mädchen, legt sich um sie. Auch links im Bild ist ein Teil des Umhangs zu sehen. Seine rote Farbe deutet auf die Liebe Gottes hin, auf die Zärtlichkeit, mit der Gott Maria umgibt. Diese Berührung hat wie die Berührung durch den Engelsflügel nichts Besitzergreifendes an sich. Der Mantel wirkt wie ein Schutzmantel, die Berührung durch den Flügel wie ein sanftes Anklopfen.

Schauen wir nur auf die rechte Schulter und den rechten Oberarm des Engels, so wirkt der Schild anders. Es sieht nun fast so aus, als trüge der Engel keinen Schild, sondern einen goldgelben Rucksack. Ein Riemen, der einem Rucksackriemen ähnelt, ist über Schulter und Oberarm gelegt. Den »Rucksack« aber trägt er nicht so, dass er fest auf den Rücken geschnallt wäre. Sobald Gabriel den erhobenen, auf die Taube verweisenden Zeigefinger senkt, wird dieser Rucksack abrutschen. Wir wissen, wer der Engel ist und wie seine Botschaft lautet. Was liegt näher als zu vermuten, dass die Botschaft sinnbildlich in diesem Rucksack steckt? In den Rucksack können weder Maria noch wir als Betrachtende hineinschauen. Diese Botschaft ist in dem hier dargestellten Moment allein für Maria bestimmt. Sie kann nicht ermessen, was diese Botschaft genau bedeutet und welche Konsequenzen sie haben wird. Die Botschaft ist geheimnisvoll und verborgen. Die Botschaften, die Gott übermittelt, sind in ihrer Tragweite für uns Menschen nicht zu überschauen — auch für die von ihm auserwählte junge Frau nicht. Schauen wir aber auf die Farbe des Rucksacks, sehen wir, dass diese Botschaft Gold wert ist!

In der linken Hand hält Gabriel einen Stab. Der Stab an sich ist ein Botenstab, wie er Herolden oder Götterboten aus anderen Religionen und Kulturen als Attribut beigefügt ist. Herolde überbringen geheime Botschaften — so auch der Engel Gabriel. Betrachten wir das obere Ende des Botenstabes, so erkennen wir zwei Lilienblätter. Die Lilienblätter sind die stilisierten Formen einer Schwertlilie. Wir kennen die stilisierte Lilie auch von Stadt- oder anderen Wappen. Sie ist zum Beispiel, in Kombination mit dem Kreuz, Zeichen der Deutschen Pfadfinderschaft St. Georg.

Der Botenstab des Engels ist ein Lilienstab. Der Lilienstab ist das Attribut, das dem Engel Gabriel am häufigsten zugefügt ist. Der Stab verweist auf seine Eigenschaft und Aufgabe als Bote Gottes, die weißen Lilienblätter auf die Reinheit und Jungfräulichkeit Mariens. In der Ikonografie wurde die Lilie mit Maria in Verbindung gebracht, weil eine der schönsten Liliensorten weiße Blütenblätter hat. Diese Lilie ist nach Maria »Madonnenlilie« genannt worden.

Wenn wir die Schwertlilie im Botenstab des Engels näher betrachten, erkennen wir zwei Blütenblätter. Statt eines weiteren Blütenblattes erscheint in Verlängerung des Stabes eine Lanzenspitze! Dieser Lilienstab gibt schon einen Hinweis auf die Botschaft, die Gabriel bringen wird. Maria kann es nicht sehen: Der Bote verweist schon jetzt auf das, was mit dem Kind, das er ankündigen wird, geschehen wird. Es ist die Lanze, mit der der römische Soldat, in der Ikonografie später »Longinus« genannt, den Körper Jesu am Kreuz durchbohren wird. Die Künstlerin Trude Dinnendahl-Benning bringt die Verheißung der Geburt Jesu schon mit seinem späteren Tod in Verbindung. Diese Verbindung ist in der christlichen Ikonografie sehr häufig zu finden. Achten Sie einmal auf das eine oder andere Weihnachtsbild der Heiligen Familie im Stall von Betlehem: Nicht selten finden Sie auf einem Balken des Stalls oder im Stall an der Wand hängend ein kleines Kruzifix! Krippe und Kreuz gehören zusammen! »Zur Menschwerdung Gottes gehören Geburt und Tod, ›Krippe‹ und ›Kreuz‹ bilden eine Einheit, sind ›aus demselben Holz‹.«[79]

Abb. 67: Rogier van der Weyden: Anbetung der Könige, um 1455. Das **Kruzifix** hängt am mittleren Balken des Stalls.

Krippe und Kreuz gehören zusammen, denn Jesus ist geboren, um die Menschen durch seine Lebenshingabe, die er im Leben und im Angesicht des Todes lebt, zu erlösen. Seine Geburt ist ebenso ein Heilswerk Gottes für uns wie sein späterer Tod. Die Künstlerin zeigt uns diese Zusammengehörigkeit in der Gesamtkomposition des Bildes: oben Verkündigung, unten Kreuzigung. Sie legt uns zum einen die senkrechte Betrachtungsweise nahe, bei der wir zeitlich denken und die Kreuzigung als später geschehend sehen als die Geburt. Darüber hinaus legt sie uns nahe, die gesamte Darstellung zusammen zu sehen. Die Lanzenspitze am Lilienstab des Engels bei der Verheißung der Geburt Jesu zeigt es. Ohne dass Jesus Leid und Tod auf sich nimmt, kann es für uns keine wirkliche Erlösung geben. Im Zusammendenken von Geburt und Tod Jesu liegt etwas sehr Tröstliches, Zeit und Raum Übergreifendes für uns: Seit Jesus dürfen wir das Ende unseres Lebens auf der Erde als unsere Neugeburt in einem anderen Raum bei Gott verstehen.

Die Botschaft des Engels ist also beides: eine furchterregende, aber auch eine überaus tröstliche Botschaft, die die größte Furcht des Lebens wegnehmen kann. Der Engel tröstet Maria. Er sagt ihr seine Botschaft, indem er sie bei ihrem Namen nennt und ihr zuspricht: »Fürchte dich nicht, Maria!« (Lk 1,30)

Maria — ein klares Ja zu Gott

Unter dem Engel kauert Maria, die junge Frau, an die sich die Botschaft von Gott richtet. Maria kniet auf dem Boden. Bis gerade wird sie noch auf ihren Unterschenkeln gesessen haben. Denn aufgeschlagen vor ihr liegt ein Buch, in dem sie offensichtlich gerade noch in dieser Haltung gelesen hat. Beim Lesen aber ist sie unterbrochen worden. Irgendetwas hat ihre Aufmerksamkeit erregt. Maria erhebt sich, verbleibt aber immer noch in kniender Position vor dem Buch. Marias Kopf ist über ihre linke Schulter leicht zur Seite geneigt, Augen und Mund sind geschlossen. Ihr Gesicht ist ebenfalls zweifarbig gestaltet wie das des Engels, aber es wirkt anders. Die Gesichtszüge sind zart und jung. Sie ist eine sehr schöne Frau. Aus ihrem Gesicht sprechen Würde, Stolz, Selbstbewusstsein, auch Demut, nicht aber Unterwürfigkeit. Diese Frau wirkt nicht wie ein junges Mädchen, sondern wie eine selbstbewusste junge Frau. Ihre geschlossenen Augen und der geschlossene Mund signalisieren nicht Desinteresse an dem, was ihr zuteilwird, sondern eher Zuhören, Hinhören, Aufnahmebereitschaft. Sie schaut nicht und sie spricht nicht, denn: Sie hört. Sie hört dem Engel zu, ohne ihn anzusehen. Das ist merkwürdig. Normalerweise schauen wir doch in die Richtung, aus der uns jemand anspricht. Vielleicht aber kommt diese Stimme ja gar nicht von oben? Schauen wir noch einmal auf den Engel: Der Engel hält ebenfalls seinen Mund geschlossen! Im Gegensatz zur biblischen Erzählung spricht dieser Engel hier gar nicht! Seine Botschaft vermittelt er auf andere Weise. Diese Botschaft ist scheinbar nur mit dem inneren Ohr zu hören und wahrzunehmen. Sicher würde Maria hinsehen, wenn der Engel tatsächlich für sie sichtbar und akustisch hörbar wäre. Trude Dinnendahl-Benning bewahrt und schützt das Geheimnis, das mit einer Botschaft von Gott einhergeht, hier mit der entscheidenden Botschaft von der Verheißung der Geburt Jesu. Sie will darauf aufmerksam machen, dass Gott Menschen auf seine eigene Weise anspricht. Dies kann im direkten Kontakt über einen Menschen zu einem Menschen geschehen, es kann im Traum geschehen, es kann ganz unmerklich geschehen über Dinge, die wir sehen, hören und fühlen, es kann sich auch tief im Innern des Menschen, in seiner Seele, abspielen. Gott weiß, wie er seine Botschaften übermitteln kann und was der jeweilige Mensch braucht, um sie zu verstehen. Und: Gottes Botschaften kommen oft sehr plötzlich ...

Maria ist konzentriert. Sie hört und sie versteht, was ihr gesagt wird. Ihre linke Hand hält sie offen wie eine Schale hin. Die Hand ist vom weißen Licht, das der Engel von Gott mitbringt, erfüllt. Die Finger sind locker aneinandergelegt, unverkrampft. Die Hand ist überdimensional groß dargestellt. Sie passt von der Größe her nicht richtig zu Kopf und Körper Mariens. Die Künstlerin betont die Hand, mit der Maria die Botschaft empfängt. Sie zeigt damit, dass Maria bereit ist. Und sie zeigt damit etwas Entscheidendes über die Art des Empfangens, über das WIE der Empfängnis: Es geht nicht um eine körperliche Empfängnis wie bei der Zeugung eines Kindes, sondern um ein Angefülltwerden mit der Botschaft von Gott! Von Gott angefüllt zu sein, umfasst den ganzen Menschen. Maria sagt Ja dazu, dass Gott sie mit seinem Geist erfüllt. Ungewöhnlich ist die Farbe ihrer Hand, ein helles Erdbraun. Maria ist die Frau, die in diesem Bild symbolisch die Erde verkörpert. Die Erde wird durch Maria angefüllt mit dem Göttlichen. Erde und Himmel berühren sich, mehr noch: Sie werden eins in der empfangsbereiten Hand und in der ganzen Person Mariens, die mit dem Geist und der Kraft des Höchsten überschattet wird. In der Fensterdarstellung wird Maria mit dem Rot des Engelsgewandes ummantelt. Es steht für die Liebe, die Gott dieser Frau zukommen lässt. Es steht als Blutrot aber auch für das Leid, das dieser Liebe und der Liebe Mariens angetan werden wird.

Auf dem Boden liegt das aufgeschlagene Buch, in dem Maria bis gerade gelesen hat. Maria kann also lesen — damit kann sie etwas, was kaum eine Frau zur damaligen Zeit konnte. Ob sie tatsächlich lesen konnte, wissen wir nicht. Aber dieses Buch hier vor ihr kann sie lesen, das heißt: Sie kann es verstehen! Mit diesem Buch ist ganz offensichtlich die Heilige Schrift gemeint. Maria hat das Buch etwa bis zur Hälfte gelesen; jetzt ist sie auf einer Doppelseite angekommen, die noch nicht beschrieben ist. Maria sitzt vor einem unbeschriebenen Blatt. Die Heilige Schrift, das Alte Testament, hat sie gelesen. Sie kennt die Verheißung von der Geburt eines Messias bei dem Propheten Jesaja: »Seht, die Jungfrau wird ein Kind empfangen, sie wird einen Sohn gebären und sie wird ihm den Namen Immanuel (Gott mit uns) geben.« (Jes 7,14) Jetzt beginnt etwas ganz Neues, das aber auf dem Bekannten gründet. Jetzt ist es an ihr, mit ihrem Ja zu Gottes Plänen den Anfang zu machen und so diese Seiten des Buches weiterzuschreiben. Bald wird ihr Sohn die Geschichte Gottes mit den Menschen weiterschreiben, dann die Menschen, die ihm nachfolgen. Das Neue Testament nimmt gerade seinen Anfang, es sind noch ausreichend viele Seiten in dem Buch frei. Maria trägt in ihrem Heiligenschein die Farbe Grün, Farbe des Lebens und der Hoffnung. Das Grün ihres Heiligenscheins korrespondiert mit dem Grün der Buchseiten. Maria ist Hoffnungsträgerin, wie auch die Worte Gottes, die in der Heiligen Schrift aufgeschrieben sind. Ebenso verhält es sich mit der Farbe Rosa, Farbe des Fleisches. Auch diese Farbe finden wir bei Maria und auf der aufgeschlagenen, unbeschriebenen Seite des Buches. Gott wird Mensch, Gott nimmt durch Maria menschliches Fleisch an. Das Buch und die junge Frau Maria erzählen von diesem Wunder des Lebens und der Hoffnung für die Menschen. Die Farben Grün und Rosa, die bei Maria und in dem Buch zu sehen sind, zeigen: Wie die Seiten des Buches ist auch Maria ein noch »unbeschriebenes Blatt«. Gottes Handschrift wird in ihr und durch sie sichtbar werden.

Schauen wir noch einmal in den biblischen Text. Nach dem ersten Schreck gewinnt Maria ihre Fassung schnell wieder. Sie stellt die Botschaft von Gott nicht infrage wie etwa Zacharias bei der Ankündigung der Geburt seines Sohnes Johannes, als er zu dem Engel Gabriel sagt: »Woran soll ich erkennen, dass das wahr ist?« (Lk 1,18) Maria lebt so, dass sie mit der Ansprache durch Gott für ihr Leben rechnet, auch dann, wenn sie unerwartet kommt. Hörbar und spürbar wird Gottes Botschaft immer dann, wenn Menschen damit rechnen, dass Gott jederzeit von sich hören lassen kann und sich mitteilt. Denn er ist der, der immer da ist. Maria stellt auch nicht infrage, dass gerade sie die von Gott auserwählte Frau ist. Sie glaubt es einfach. Und deshalb stellt sie eine ganz andere Frage: WIE soll das geschehen? Der Moment, der in diesem Fensterbild festgehalten ist, ist der Moment, in dem Maria ihr Ja sagt: Ich bin die Magd des Herrn; mir geschehe, wie du es gesagt hast.

Ecce homo — Seht, welch ein Mensch!

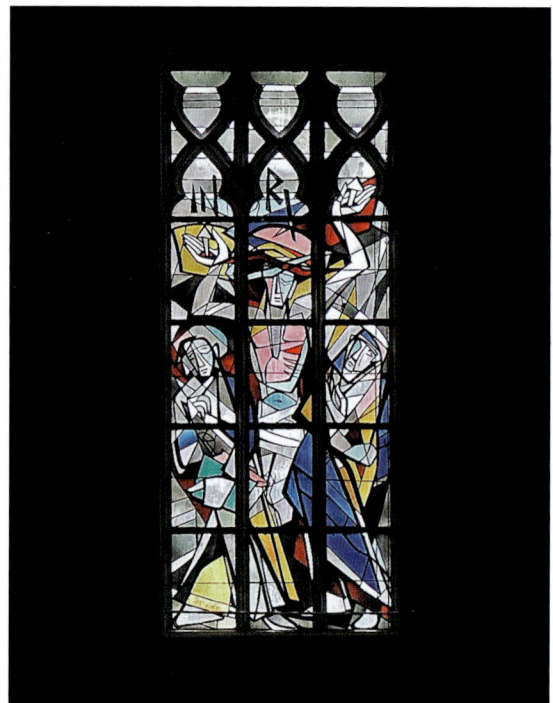

Abb. 68:
Maria und Johannes
unter dem Kreuz Jesu.

Die Erzählung

»Als Jesus seine Mutter sah und bei ihr den Jünger, den er liebte, sagte er zu seiner Mutter: Frau, siehe, dein S O H N!
Dann sagte er zu dem Jünger: Siehe, deine M U T T E R! «

(Joh 19,26.27a)

180

Was wir sehen und wie wir es deuten können

Unter dem Ornament des Brückenmaßwerks sind die vier Buchstaben INRI zu lesen: Jesus von Nazaret, ›König der Juden‹ (lat.: ›Rex Iudaeorum‹). Das letzte I ist »abgerutscht«, es steckt wie ein Stachel in einem rosafarbenen Feld. Das rosafarbene Feld ist Rosa wie das Fleisch Jesu. Der Stachel ist wie ein tiefer Stachel im Fleische Jesu zu sehen, der Schmerzen verursacht. Das Schild bezeichnet, wer Jesus ist: der König der Juden. Für seine Bestimmung zum wahren und wahrhaftigen König seines Volkes muss er Schmerz erleiden. Die Menschen, die dieses Schild gemacht haben, zeigen mit dem Schild Jesu »Schuld« an und treiben mit ihm ihren Spott. Von ihnen versteht zu diesem Zeitpunkt noch niemand, welcher Art das Königtum Jesu ist. Jesus weiß das. Längst nicht alle Menschen wollen ihn verstehen.

Jesus ist angenagelt. Die Nägel an den Händen sind deutlich zu sehen. Die Nägel an den Füßen hingegen werden von den Kleidern der beiden Menschen unter dem Kreuz verdeckt. Aber: Wo ist das Kreuz, an dem Jesus festgenagelt ist? Es ist kein Kreuz zu sehen! Lediglich ein Balken ist erkennbar, der der Querbalken des Kreuzes sein könnte. Er verläuft diagonal von links nach rechts oben, nicht gerade, wie »es sein müsste«. Die Künstlerin deutet mit dem Brett den Kreuzesbalken nur an. Und: Jesus ist nicht daran festgenagelt. Tatsächlich sind Jesu Hände an zwei Glasstücken, an farbigen Fragmenten, festgemacht. Erinnern wir uns an das, was wir zu Anfang schon entdeckt haben: Alles ist Stückwerk. Chaos und Unruhe sprechen aus diesem Fenster. Hier im unteren Teil wird alles noch undurchsichtiger und das Chaos verschlimmert sich. Wer das Bild betrachtet, bekommt Mühe, zu erkennen, was dargestellt ist. Bei so viel Durcheinander legt sich der Gedanke nahe: Jesus ist angenagelt an Fragmentarischem, an dem Chaotischen und Zerbrochenen der menschlichen Welt! Dieses Chaos kann mal gelb sein, mal rot wie die beiden Glasstücke, an denen Jesu Hände festgemacht sind, mal auch noch andersfarbig, wie andere Glassplitter um ihn herum. Da, wo Menschen Chaos verursachen und sich gegen die gottgewollte Ordnung (vgl. die präzise Sieben-Tage-Ordnung im Schöpfungsbericht Gen 1,1–2,4a) entscheiden, ist Jesus festgenagelt.

Der Jünger unter dem Kreuz ist Johannes, der Lieblingsjünger Jesu. Er zeigt auf den Gekreuzigten. Der Zeigefinger erinnert an ein Bildmotiv in der christlichen Kunst: Ecce homo — Sieh / Seht, welch ein Mensch! Pontius Pilatus spricht diesen Satz, als Jesus ihm nach der Geißelung mit Dornenkrone und Purpurmantel noch einmal vorgeführt wird (vgl. Joh 19,5). In der christlichen Kunst wird mit dem Ecce homo-Motiv entweder die genannte Textstelle oder auch daraus losgelöst, nur das Bild des gegeißelten Christus dargestellt. Der Zeigefinger des Jüngers Johannes im Fenster der Gabrielkirche erinnert an den Fingerzeig des Pilatus, mit dem jener das Volk auf die bemitleidenswerte Erscheinung Jesu aufmerksam macht, und an den Zeigefinger von Johannes dem Täufer in der Darstellung des berühmten Kreuzigungsbildes des Isenheimer Altars von Matthias Grünewald in Colmar.

Trude Dinnendahl-Benning bringt durch den Ecce homo-Fingerzeig, den sie im Fenster der Gabrielkirche aufgreift, den Jünger Johannes mit dem Täufer Johannes in Verbindung. Beide verweisen auf Jesus. Sie setzt zudem die Textstelle aus dem Johannes-Evangelium (vgl. Joh 19,26.27) auf ihre ganz eigene Weise um. Das zweimalige »Siehe«, das Jesus an die beiden Personen unter dem Kreuz richtet, überträgt sie auf den Jünger Johannes und legt es ihm wortlos »in die Hand«, »in den Zeigefinger«. Johannes richtet seinen Zeigefinger auf Jesus: »Siehe!« und seinen Blick auf uns. Die Künstlerin sagt uns allen durch den Jünger: Schauen wir hin, damit wir dieses Opfer Jesu nicht vergessen. Schauen wir auch auf das Chaos der Welt und arbeiten mit daran es zu ordnen, so gut es uns möglich ist. Der Finger des Apostels Johannes korrespondiert wiederum mit dem Zeigefinger des Engels im Verkündigungsbild, der auf den Geist Gottes zeigt und verweist. Er ist ebenfalls übergroß dargestellt. Die beiden Fingerzeige im oberen und unteren Fensterbild machen deutlich: Auf Gott und seinen Sohn Jesus sollen wir schauen.

Johannes selbst ist in der Fensterdarstellung aus lauter Glasstücken geformt. Das Chaos der Glassplitter lässt uns nichts weiter von ihm erkennen. Das Chaos des Äußeren will vor allem auf das Chaos im Inneren dieses Menschen hinweisen: Johannes ist über alle Maßen konsterniert. Was er hier miterleben muss, ist für ihn kaum auszuhalten.

Der gekreuzigte Jesus ist in der Mitte des Bildes zu sehen, auf der Senkrechtlinie, die die Abwärtsbewegung im Bild zeigt. Er ist erhöhter Mittelpunkt. Jesu angenagelte Hände haben trotz der Verletzungen durch die Nägel die gleiche Form und Haltung wie die Hand Mariens. Sie sind nicht verkrampft, wie sie es bei einer realistischen Darstellung sein müssten. Die Künstlerin hat sie ebenfalls größer dargestellt, weil sie auch auf diese Hände aufmerksam machen will. Denn auch diese Hände signalisieren Empfangsbereitschaft. Jesus nimmt an, was mit ihm durch die Hand von Menschen geschieht. Jesu Augen und sein Mund sind geschlossen. Er ist ganz bei sich. Er wirkt gequält, aber auch würdevoll. Seine Brust ist freigelegt, das rosafarbene Fleisch sichtbar.

Maria sieht ganz anders aus als im oberen Fensterteil. Eigentlich ist sie nur deshalb als Maria zu erkennen, weil sie denselben blauen Mantel trägt wie im oberen Bildteil.

Abb. 69:

Ecce homo!

Johannes der Täufer,
Isenheimer Altar, Colmar.

Nichts von ihrem Gesichtsausdruck in dieser Kreuzigungsszene erinnert an die Maria aus der Verkündigungsszene. Maria wirkt jetzt sehr viel älter. Sie sieht ebenfalls gequält aus, das Gesicht ist einer Maske ähnlich. Ihre Augen sind nun geöffnet, sie schaut mit offenem Blick zu ihrem Sohn am Kreuz. Oder schaut sie vielleicht auch auf die Verkündigungsszene oben im Fenster? Denkt sie in diesem Moment noch an die Verheißung von der Geburt ihres Sohnes und an das Vertrauen, das Gott ihr entgegengebracht hat und sie ihm? Maria hält den Anblick des gekreuzigten Sohnes aus. Ihre linke Hand hat immer noch die gleiche Form wie ihre linke Hand im Verkündigungsbild. Die Hand ist, wie schon zuvor, wieder sehr groß gezeichnet. Ja, immer noch glaubt Maria, immer noch vertraut sie auf Gott und nimmt an. Immer noch ist ihre Hand weiß wie oben im Bild! Gott hat sie nicht vergessen. Sein Geist ruht immer noch auf ihr. Mit beiden Füßen steht sie fest und sicher auf dem Boden. Eine glaubensstarke, bewundernswerte Frau!

Das Dreieck, das sich aus den gedachten Verbindungslinien zwischen dem Kopf Mariens, dem Kopf Jesu und dem Kopf des Johannes ergibt, zeigt die enge Verbindung der drei Menschen zueinander. Jesus ist darauf angewiesen, dass es Menschen wie diesen Mann und diese Frau unter dem Kreuz gibt, Menschen, die nicht weglaufen, sondern dableiben und aushalten, Menschen, die später von dem erzählen, was sie mit und durch Jesus erfahren haben. Durch Menschen wie diese beiden wird die Geschichte Jesu weitergetragen. Es ist eine Geschichte von Liebe und Leidenschaft, von Hingabe und Leiden, von Wahrheit und Wahrhaftigkeit. Ganz oben im Maßwerk des Fensters deutet es sich in der Anordnung der roten Glassplitter an.

Die Ornamentfenster — ein Rahmen um den Heilsplan Gottes

Um die Kosten für eine prächtige Kunstverglasung in Kirchen im Rahmen zu halten, greift man gern auf Ornamentfenster zurück, in denen sich Motive wiederholen und die deshalb schneller und kostengünstiger hergestellt werden können als die aufwändigeren figürlichen Fenster. Links und rechts neben dem großen Themenfenster befindet sich jeweils ein Ornamentfenster. Was ihre äußere Form angeht, sind diese Fenster ebenso durch das Maßwerk strukturiert wie die anderen beiden großen Chorraumfenster. Für beide Fenster hat die Künstlerin die gleichen Farben wie für das Themenfenster gewählt. Es deutet sich in der Wahl der Farben bereits an, dass diese Fenster-Dreiergruppe eng aufeinander bezogen ist. Die Ornamentfenster sind, da sie seitlich links und rechts neben dem Mittelfenster liegen und keine figürliche Darstellung haben, weniger betont. Sie haben vielmehr eine rahmende Funktion. Sie umrahmen schmuckvoll die Darstellung des Fensters in der Mitte. Über die Farbsynonymie zwischen den drei Chorraumfenstern hinaus besteht, wie sich zeigen wird, auch ein innerer Zusammenhang zwischen den drei Fenstern. Wir finden in den Ornamentfenstern etwas von dem Stückwerk wieder, mit dem die Künstlerin im Mittelfenster gearbeitet hat. Deutlich anders ist jedoch, dass dieses Stückwerk in den Ornamentfenstern in sehr regelmäßige Strukturen gebracht ist. Dadurch ist die Unruhe, die durch das Stückwerk ausgelöst wird, beruhigt, aber nicht aufgehoben. Sie ist immer noch vorhanden, aber sie ist doch in geordnete Bahnen gelenkt. Ich fühle mich wieder an den Schöpfungsbericht der Genesis erinnert: Gott ordnet das Chaos. Wenn Sie genau hinschauen, werden Sie er-

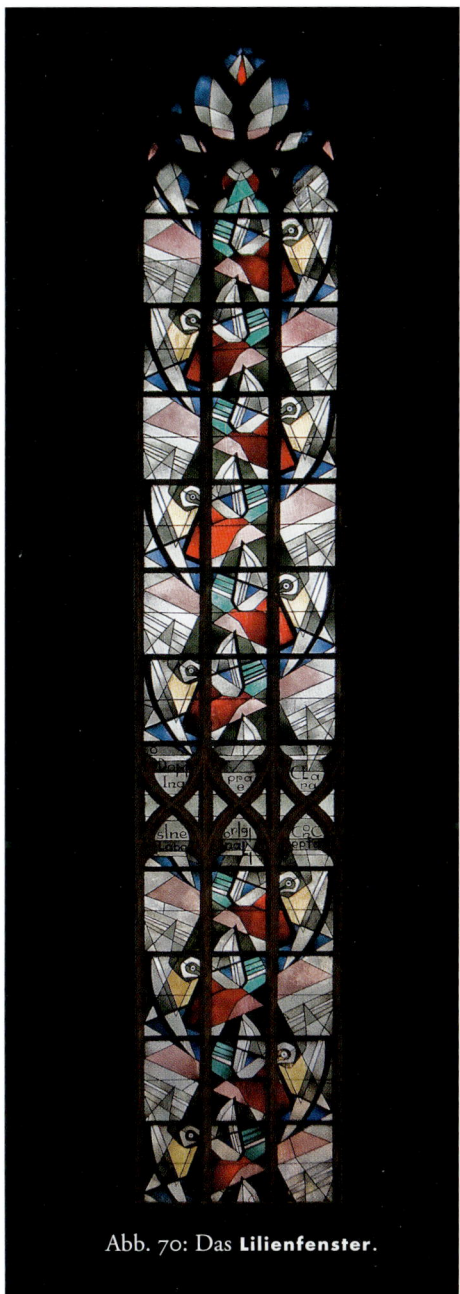

Abb. 70: Das **Lilienfenster**.

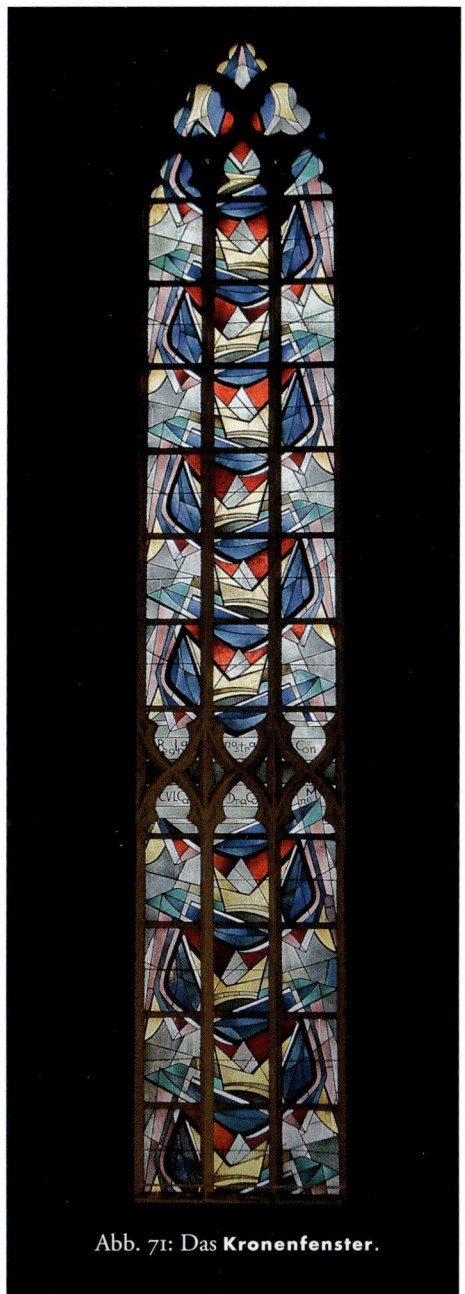

Abb. 71: Das **Kronenfenster**.

kennen, dass die Ordnung der beiden Ornamentfenster in einer klaren horizontalen und vertikalen Symmetrie besteht. Die beiden Fenster sollen deshalb zusammen in den Blick genommen werden.

Beide Fenster sind durch das Stabwerk in jeder horizontalen Reihe in je drei rechteckige Felder aufgeteilt. Die Künstlerin nutzt diese Vorgabe und gestaltet in beiden Fenstern ein Motiv, das sich jeweils über diese drei horizontalen Felder erstreckt und sie quasi zu einem verbindet. Im Fenster links neben dem Themenfenster ist eine stilisierte Lilie zu sehen, im Fenster rechts daneben eine Krone. Im nächsten, darüber oder darunter angrenzenden Dreierfeld findet sich das jeweilige Motiv (Lilie beziehungsweise Krone) wieder, und zwar exakt spiegelverkehrt angeordnet. Einzelne Glasstücke verbinden die horizontalen Reihen miteinander, indem sie in die je nächste Reihe hineinreichen. So entsteht, wenn unser Blick dieser Anordnung folgt, der Eindruck eines Perpetuum mobile. Eine Bewegung ist spürbar, die, wie bei einem Perpetuum mobile, ununterbrochen weiterläuft. Dadurch wird sie zu einer fortlaufenden Bewegung auf der vertikalen Bahn. Wir als Betrachtende werden, ohne es bewusst zu merken, eingeladen, dieser Bewegung zu folgen. Es ist eine Bewegung von oben nach unten — oder auch von unten nach oben, es kommt ganz darauf an, wohin zu schauen wir uns beim Blick auf das jeweilige Fenster eingeladen fühlen. Vermutlich lassen wir uns zunächst eher von oben nach unten führen. In dem Fall stoßen wir irgendwann auf die untere Fensterbegrenzung. Unvermittelt und plötzlich wird hier das Motiv regelrecht abgeschnitten. Hätte die Künstlerin sich nicht die Mühe machen können, einen »ordentlichen« Abschluss wie bei dem Mittelfenster zu entwerfen? Nein, sie tut es nicht. Sie zeigt uns vielmehr, dass ein Abschluss dieser Bewegungskette nicht existiert! Das Motiv, Lilie beziehungsweise Krone, ist nach unten hin weiterzudenken — nach unten hin, also bis ganz auf die Erde. Diese Darstellung nimmt die Abwärtsbewegung vom Himmel zur Erde auf, die im Mittelfenster dargestellt ist. Die Künstlerin entwirft also nicht einfach nur zwei schmückende Ornamentfenster, deren Motive Lilie und Krone als Attribute zu Maria passen (die Lilie als Zeichen der Jungfräulichkeit Mariens, die Krone als Zeichen für Maria, die Himmelskönigin). Lilie und Krone sind natürlich auch, aber eben nicht ausschließlich, zur Verehrung der Gottesmutter gedacht. Trude Dinnendahl-Benning stellt sehr deutlich die Beziehung zur theologischen Aussage des Mittelfensters her, das das entscheidende Thema unseres christlichen Glaubens entfaltet. Es bewegt sich etwas zwischen Himmel und Erde, etwas, das gewaltig ist und sich fortsetzt und fortsetzen wird in alle Schichten und Poren des Irdischen. Gott durchdringt die Welt von oben nach unten, auf die Menschen zu.

Wenn wir unseren Blick nach oben führen lassen, kommen wir irgendwann im Bogenmaßwerk aus. Hier entdecken wir im Gegensatz zu den unteren Abgrenzungen der Fenster jeweils einen Abschluss:

Im Lilienfenster lässt sich eine Blüte mit einem roten Knospenansatz in der Spitze erkennen. Blütenblätter und Knospe richten sich nach oben hin aus. In Verbindung mit der vertikalen Linie entsteht, von unten nach oben betrachtet, ein Blütenstängel mit Lilienblüten und ganz oben jener besonderen Blüte und Knospe. In dieser stilisierten Blume lässt sich ein Hinweis auf Maria sehen, die junge Frau, die sich ganz nach oben hin ausgerichtet und sich im Vertrauen auf Gott so entfalten kann wie die Blüte einer Blume. Unterhalb des Blütenblattansatzes, also im unteren Maßwerkteil des Fensterbogens, beginnt sich in senkrecht abfallender Linie das Motiv der Lilie zu entwickeln.

Im Kronenfenster wird im Bogenmaßwerk eine besonders verzierte Kronenspitze erkennbar. Wie Blütenblätter und Knospe des Lilienfensters ist die Kronenspitze im Kronenfenster ebenfalls nach oben hin ausgerichtet. Spitz läuft das Innere auf die Bogenspitze des Fensterrahmens zu. Darunter, im unteren Maßwerkteil des Fensterbogens, formt sich eine weitere Spitze. Von hier aus entwickelt sich das Kronenmotiv.

Die radikale, horizontal und vertikal erkennbare Symmetrie in beiden Ornamentfenstern macht uns darauf aufmerksam: Die Bewegung Gottes auf die Menschen zu wird nicht nur alles durchdringen, sondern auch beständig und verlässlich Ordnung und Orientierung geben, wie groß auch immer das Chaos sein mag. Es liegt ein Appell in der Aussage der Ornamentfenster, diese Ordnung und Orientierung wahrzunehmen und anzunehmen. Die Kunst hat die Möglichkeit, etwas ohne Worte zu sagen. Ein wortloser Appell muss aber nicht unbedingt ein stiller Appell sein. Je intensiver die Betrachtung ist, umso deutlicher und stärker wird der Appell. Wer einen Appell formuliert, hofft, dass sein (in diesem Fall wortloses) Wort im Menschen Gehör findet.

Haben Sie schon die beiden Schriftzüge entdeckt, die sowohl im Lilien- wie auch im Kronenfenster zu sehen sind? Sie befinden sich in der Maßwerkbrücke, die sich horizontal durch beide Fenster zieht. Die Schriftzüge sind in lateinischer Sprache verfasst. Sie sind gleichzeitig Chronogramme. Aus jedem Chronogramm kann das Jahr, in dem das jeweilige Fenster gefertigt wurde, herausgelesen werden. Dazu muss der Wert aller groß geschriebenen Buchstaben (es sind die römischen Ziffern) addiert werden. Wenn Sie es versuchen wollen: viel Spaß dabei! (Hilfe: M = 1.000, D = 500, C = 100, L = 50, X = 10, U + V = 5, I = 1)

Im Lilienfenster lesen wir:

o DoMIna praeCLara sIne Labe orIgInaLI ConCepta
Dieser Schriftzug bedeutet übersetzt:
O edle Herrin, ohne Makel der Erbsünde empfangen

Im Kronenfenster lesen wir:

RegIna nostra ConCVLCa DraConeM
Dieser Schriftzug bedeutet übersetzt:
Unsere Königin, zerstampfe den Drachen!
Beide Schriftzüge sind marianische Hymnen.

Die drei großen Chorraumfenster: Ein Triptychon

Trude Dinnendahl-Benning hat mit den drei großen Chorraumfenstern eine besondere Fenstergruppe gestaltet, ein Triptychon. Ein Triptychon ist ein dreiteiliges Bild, bei dem die einzelnen Bilder aufeinander bezogen sind. Sie ergänzen sich oder führen einen Gedanken weiter beziehungsweise vertiefen ihn. Im Chor der Gabrielkirche flankieren die beiden Ornamentfenster das Mittelfenster räumlich und beziehen sich inhaltlich darauf. Die zehn Lilien wie auch die zehn Kronen lassen an die zehn Gebote Gottes denken, Weisungen, die Gottes Sorge für und um den Menschen ins Wort bringen. Das wichtigste dieser Gebote wird in dem Mensch gewordenen Gottessohn deutlich, der es den Menschen vorlebt: Liebe deinen Nächsten wie dich selbst. Er, Jesus, ist die Mitte der Gottesgebote. Jedes der von Gott gegebenen Gebote setzt Jesus in Wort und Tat um. Aus seiner Geschichte, die nicht ohne seine Mutter Maria zu denken ist, erzählt das Mittelfenster.

Die Künstlerin greift das hier an der Ostseite dargestellte Triptychon 20 Jahre später an der Westseite, in den Portalfenstern, wieder auf. Sie erinnern sich vielleicht: Die beiden äußeren Fenster der Portalanlage rahmen das mittlere Portalfenster. Mit der Rahmung der Fenster auf beiden Seiten der Kirche wird der Zusammenhang zwischen Westen und Osten hergestellt. Verbindendes Glied zwischen den Richtungen ist die Kirche selbst, besser gesagt: der Weg, den der Mensch beschreitet, wenn er durch die Kirche geht.

Abb. 72: Das Chorraumfenster-**Triptychon**.

Die Betonglasfenster

In den Chorraumnischen sind unterhalb der vier großen Chorraumfenster insgesamt vier kleine, runde Fenster eingearbeitet. Alle haben einen Durchmesser von einem Meter. Man wurde sich erst mit der Gestaltung der großen Fenster wirklich darüber im Klaren, wie die Fenster in den Chorraumnischen aussehen sollten. Die kleinen Rundfenster waren eine ganze Zeit lang zugemauert, weil das durch sie einfallende Licht aus ungefärbtem Glas störend wirkte. Eine geeignete Lösung war (noch) nicht in Sicht und wurde verschoben. Als die Chornischenfenster wieder geöffnet wurden, entschied man sich für eine Gestaltung aus farbigem Betonglas. Betonglas ist eine andere Bezeichnung für Glasstahlbeton. Man versteht darunter eine Konstruktion, bei der Glas in Beton eingefasst ist. Die Besonderheit dabei ist, dass das Glas die Last mittragen kann. In dieser Funktion ist es aber im Chorraum der Gabrielkirche nicht benötigt worden; hier ist das Betonglas ein künstlerisches, gestaltendes Element. Das Glas wurde in einer Stärke von 30 mm nach Zeichnung und Farbangabe der Künstlerin gegossen und in Beton gefasst. Diese Art der Fenstergestaltung belebt nun, ohne zu blenden.

Bei den »Außenansichten« der Kirche sind Sie schon auf die äußere Wirkung der Fenster aufmerksam geworden: Die trichterförmig gemauerten Fenstergewände scheinen die Betrachtenden in die Kirche hineinziehen zu wollen. Wenn wir nun die runden Fenster von innen betrachten, erkennen wir, dass die Sogwirkung von außen nach innen, die in der leuchtend farbigen Mitte kulminiert, sich wieder entspannt. Die Fenstergewände öffnen sich nach innen und werden weit und groß (vgl. Abb. 80). Wir sehen nun auch, dass drei der Fenster zusammengehören und zusammen gesehen werden müssen. Es sind die drei der Fenster unterhalb des Triptychons der großen Fenster. Wir wollen zunächst diese drei Fenster näher betrachten.

Abb. 73–75: Die **drei Betonglasfenster** unter dem Triptychon.

Die Fenster zu beschreiben, ist einfach: Zu sehen ist eine abstrakte Darstellung, dreieckige Formen, die allerdings keine scharf abgegrenzten Ecken haben. Diese Dreiecke wirken nicht spitz. Es sind Dreiecke in drei verschiedenen Größen und drei verschiedenen Farben zu sehen. Drei mal drei mal drei … Es fällt gleich ins Auge, dass die Künstlerin einen Schwerpunkt auf die Zahl Drei legt, eine Zahl, die das Göttliche symbolisiert. Im Christentum steht sie für die Dreifaltigkeit des Einen Gottes. Alle drei Betonglasfenster sind von ihrer Form her gleich gestaltet. Trude Dinnendahl-Benning malt die Dreizahl allerdings jeweils in verschiedenen Farben aus. Wenn Sie sich die drei Fenster einmal nur mit Blick auf die Farben anschauen, werden Sie einen sehr regelmäßigen Farbrhythmus erkennen.

Dominierend ist in jedem Fenster die Mitte, die aus drei jeweils gleichfarbigen Dreiecken besteht. Im mittleren Fenster sind diese Dreiecke rot, im Fenster links daneben unter dem Lilienfenster blau, im rechten Fenster grün. Um die dreieckige Mitte herum gruppieren sich drei mal drei kleinere Dreiecke, jeweils in den anderen beiden Farben. Eingebettet ist das gesamte Muster in weitere Dreiecksformen, kleinere Formen in den drei verwendeten Farben. In jedem der Fenster finden sich auch drei kleine gelbe Dreiecke. Mit der Farbe Rot können wir Liebe, Leiden und Leidenschaft assoziieren, mit der Farbe Blau den Himmel, Treue, Tiefe, inneres Geschehen[80], die Farbe Grün symbolisiert Hoffnung und Leben. Die gelben Punkte könnten kleine Licht- und Sonnenpunkte sein. Sicher kann man nach der ausführlichen Betrachtung des großen Themenfensters sagen: Es ist kein Zufall, dass das Fenster mit den großen roten Dreiecken unmittelbar unter dem Themenfenster Verkündigung/Kreuzigung zu finden ist. Liebe und Leidenschaft — darum geht es ja bei Gottes Weg. Die symmetrische Ordnung, die die Ornamentfenster zeigen, findet sich in der regelmäßigen Struktur dieser Betonglasfenster ebenfalls wieder.

Wenn Sie sich nun dem kleinen runden Betonglasfenster in der linken Chorraumnische zuwenden, so erkennen Sie wieder ein abstraktes, aber doch ein völlig anderes Bildmotiv. Rote und orange-gelbe Flammen züngeln nach oben. Die Flammen rufen Ihnen vielleicht als Erstes die Begegnung, die Mose mit Gott am brennenden Dornbusch hatte, in den Sinn:

»Am Gottesberg Horeb erschien ihm der Engel des Herrn in einer FLAMME, die aus einem Dornbusch emporschlug. Er schaute hin: Da brannte der Dornbusch und verbrannte doch nicht.«

(Ex 3,2)

191

Abb. 76:

Betonglasfenster **Flammen**.

Das Phänomen des brennenden und doch nicht verbrennenden Dornbuschs ist das Phänomen der Gegenwart Gottes. Es ist gleichzeitig aber auch ein mahnendes Zeichen der Unverfügbarkeit Gottes. Ich bin da — das ist die Botschaft, die Gott Mose übermittelt. Diese Botschaft soll und wird Mose an das Gottesvolk weitergeben. Es ist eine Botschaft, der die Menschen trauen können und dürfen. WIE Gott aber sein Dasein für den Menschen lebt und zeigt, das ist sein Geheimnis.

Die Flammen erinnern auch an die Ausgießung des Heiligen Geistes am Pfingstfest. Der Geist ist es, der Menschen für Gott entflammen und brennen lässt. Die Geschichte, die diese Wirklichkeit verdeutlicht, wird im Neuen Testament, in der Apostelgeschichte (vgl. Apg 2,1–41), erzählt. Im zweiten Kapitel heißt es dort: »Und es erschienen ihnen Zungen wie von Feuer, die sich verteilten; auf jeden von ihnen ließ sich eine nieder. Alle wurden mit dem Heiligen Geist erfüllt und begannen, in fremden Sprachen zu reden, wie es der Geist ihnen eingab.« (Apg 2,3.4)

Gott will Verständigung und Verstehen unter den Menschen. Auf jeden Menschen ergießt sich sein Geist. Jeder Mensch kann aus dem Geist Gottes handeln und leben. Da, wo Menschen sich von Gott entflammen lassen und sich für Verständigung, für Frieden, für die Sache Gottes einsetzen — da ist der Geist Gottes am Werk. Dabei entlastet uns Gott von dem Druck, all das allein bewerkstelligen zu müssen: »Gott, der die Herzen der Menschen erforscht, weiß, was die Absicht des Geistes ist: Er tritt so, wie Gott es will, für die Heiligen ein.« (Röm 8,27)

Ein schönes Bild beschreibt den Heiligen Geist als Atem Gottes in uns. Ein Gebet des Heiligen Augustinus um das Wirken des Heiligen Geistes greift dieses Bild auf:

Atme in mir, du Heiliger Geist,

dass ich Heiliges denke.

Treibe mich, du Heiliger Geist,

dass ich Heiliges tue.

Locke mich, du Heiliger Geist,

dass ich Heiliges liebe.

Stärke mich, du Heiliger Geist,

dass ich Heiliges hüte.

Hüte mich, du HEILIGER GEIST,

dass ich das Heilige nimmer verliere.

Augustinus bringt die Sehnsucht des Menschen nach einem erfüllten Leben vor Gott. Es gibt kaum etwas Schöneres, als sagen zu können: Das Leben ist gut, es ist lebens- und liebenswert, es gibt mir Raum, mich zu entfalten und zu wachsen, es stellt mir Menschen an die Seite, die für mich da sind und für die ich da sein kann. Gott füllt unser Leben da, wo wir ihm trauen und mit ihm rechnen.

Das Engelfenster — gemeinsam im Chor des Himmels

Das vierte große Chorraumfenster ist vom Mittelschiff der Gabrielkirche aus nicht zu sehen. Ebenso wie das mittlere Chorraumfenster ist es ein figürliches Fenster. Zu sehen sind zwölf Engel, neun im oberen, drei im unteren Bereich des Fensters. Das Fenster unterscheidet sich deutlich von den anderen drei großen Chorraumfenstern. Farblich dominiert Blau in unterschiedlichen Nuancierungen. Das hier dargestellte Geschehen spielt sich, so legt es die dominierende Farbe nahe, in einer himmlischen Sphäre ab. Die Künstlerin nutzt dieses Fenster im Gegensatz zum Themenfenster in der Mitte nicht zur Verkündigung — was auch wenig Sinn machte, da es doch von der gottesdienstlichen Gemeinde nicht gesehen werden kann.

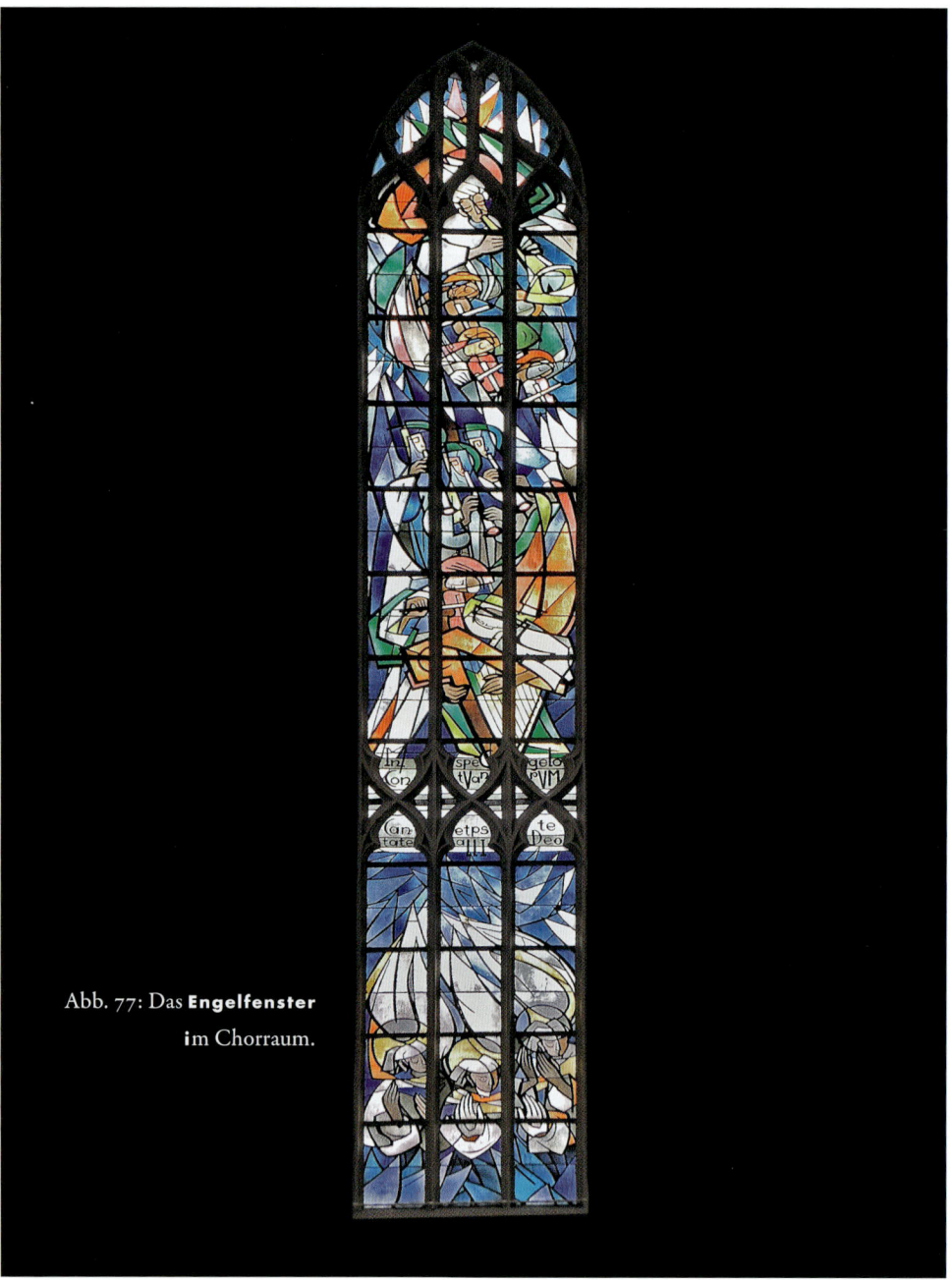

Abb. 77: Das **Engelfenster** im Chorraum.

Trude Dinnendahl-Benning macht sich die Vorgaben des Fenstermaßwerks erneut für ihre Gestaltung zunutze. Im oberen Teil des Fensters, bis zur Maßwerkbrücke, lässt sie den Chor der Engel musizieren. Zu sehen ist ganz oben im Bild ein Engel in weißem Kleid mit einem Blasinstrument, vielleicht einer Trompete, einer Posaune oder einer großen Flöte. Darunter befinden sich drei Engel mit Geigen. Unter diesen spielen drei weitere Engel Flöte. Schließlich sehen wir zwei Engel, den einen wiederum mit einer Geige, den zweiten Engel mit einer Harfe. Die Engel sind, ähnlich wie die Musikanten in einem Orchester, nach ihren Instrumenten in kleinen Gruppen angeordnet. Die Ordnung der Instrumente in einem Orchester trägt dazu bei, dass die Instrumente sich zu vollendetem Klang ergänzen können. Die Ordnung der Engel erinnert an die hierarchische Ordnung der Engel, die die kirchliche Tradition aus der Bibel herausgelesen hat. Alle neun Engel konzentrieren sich ganz auf ihr musikalisches Spiel und auf die Klangreinheit: Sie halten ihre Augen geschlossen.

In der Maßwerkbrücke lesen wir, wie schon bei den Ornamentfenstern, eine Inschrift. Wiederum ist der Schriftzug ein Chronogramm:

In ConspeCtU angeLorUM Cantate et psaLLIte Deo
Singt und spielt für Gott im Angesicht der Engel!

Der Schriftzug teilt uns nicht eine Heilswahrheit mit wie die Inschrift im Lilienfenster oder ein Gebetswort wie der Schriftzug im Kronenfenster, sondern er fordert uns zum Mitsingen und zum Gotteslob auf. Wir sind aufgefordert, mit den Engeln gemeinsam das dreifache Sanctus zu singen:

Heilig, heilig, heilig Gott,
Herr aller Mächte und Gewalten.
Erfüllt sind Himmel und Erde von deiner Herrlichkeit.
HOSANNA in der Höhe!
Hochgelobt sei, der da kommt im Namen des Herrn.
Hosanna in der Höhe!

Das Sanctus ist der Lobpreis der gottesdienstlichen Gemeinde innerhalb des großen eucharistischen Dankgebets. Mit dem Propheten Jesaja stehen wir vor Gott und staunen über seine Größe und Erhabenheit, die menschliches Ermessen übersteigt:

»Der Herr saß auf einem hohen Thron. Der Saum seines Gewandes füllte den Tempel aus. S E R A F I M standen über ihm. Jeder hatte sechs Flügel: Mit zwei Flügeln bedeckten sie ihr Gesicht, mit zwei bedeckten sie ihre Füße und mit zwei flogen sie. Sie riefen einander zu: Heilig, heilig, heilig ist der Herr der Heere. Von seiner Herrlichkeit ist die ganze Erde erfüllt.«

(Jes 6,1–3)

Singen ist Gebet. Im Singen kann der Mensch Töne, die in ihm sind, anders zum Klingen bringen als im gesprochenen Wort. Wir stimmen in die Musik der Engelchöre zum Lobe Gottes singend mit ein. Nur in sehr seltenen Ausnahmen wird das Sanctus im Gottesdienst gesprochen. Menschen und Engel rufen sich mit dem dreimaligen Sanctus die Heiligkeit Gottes zu. Himmel und Erde verbinden sich, wenn die feiernde Gemeinde mit den Chören der Engel gemeinsam singt. Im Gesang drücken Menschen ihre Sehnsucht nach einem Stück Himmel auf ihrer Erde aus. Ein Stück Himmel auf Erden erfahren wir in der Eucharistiefeier, wenn wir uns daran erinnern, dass Gott mit seiner Herrlichkeit Himmel und Erde erfüllt. Das Sanctus stiftet eine Chorgemeinschaft, die zeit- und raumübergreifend ist. Raum- und zeitübergreifend ist auch das Sein Gottes. Vier Wesen im Buch der Offenbarung rufen es uns lobpreisend in Erinnerung: »Heilig, heilig, heilig ist der Herr, der Gott, der Herrscher über die ganze Schöpfung; er war, er ist und er kommt.« (Offb 4,8) Mit den Engeln besingen wir die Freude an Gott. Gleichzeitig drücken wir aus, dass wir auf die Wiederkunft Christi warten. In Brot und Wein kommt Christus in der Eucharistiefeier ins Jetzt und verbindet Himmel und Erde, bis er einst wiederkommen wird »im Namen des Herrn«. Hosanna (vgl. Mt 21,9; Ps 118,25.26) bedeutet: Bring Hilfe! Der Ruf des Sanctus verbindet auch das Alte und das Neue Testament miteinander. Er verweist auf die jüdisch-christlichen Wurzeln unserer Religion. Raum und Zeit, Himmel und Erde, Altes und Neues Testament sind im Moment des Sanctus miteinander im Ein- und im Vielklang. Das Sanctus kann im Gottesdienst nicht einfach durch einen anderen Gesang ersetzt werden.

Trude Dinnendahl-Benning stellt in diesem Fenster nur musizierende, nicht aber singende Engel dar. Sie sagt uns damit: Vor allem wir sind der Chor, der zu den Instrumenten singt. Wir singen gemeinsam mit den Engeln, auch mit den vielen anderen Engeln, von denen die Künstlerin nur einzelne Flügelspitzen dargestellt hat. Schauen wir genau hin: Hinter, neben, über und unter den musizierenden Engeln sehen wir die Flügelspitzen vieler anderer himmlischer Wesen.

Unten im Fenster sind drei weitere Engel zu sehen. Sie haben keine Instrumente. Ihr Instrument sind ihre übergroß dargestellten Hände. Die beiden Engel rechts und links halten die Handinnenflächen zu ihrem Körper hin gerichtet. Ihre Augen und Mund sind, wie bei den Engeln im oberen Fensterteil, geschlossen. Sie sind ebenfalls still und konzentriert. Sie wirken gütig und freundlich. Der Engel rechts im Bild scheint sein Gesicht in seinen Händen wie zum innigen Gebet verbergen zu wollen. Der mittlere Engel zeigt sich anders als seine Nachbarn zur Rechten und Linken: Seine Augen sind geöffnet. Unvermittelt schaut er die Menschen an, die das Fenster betrachten. Sein Blick und der Blick der Betrachtenden begegnen sich unausweichlich. Die Handflächen des mittleren Engels sind auf uns zu gerichtet. Sie wollen nicht abwehren, sondern berühren. Sie wollen in Kontakt treten mit uns Betrachtenden. Sie wollen einladen: Komm, mach mit! Sing mit im Chor der Heerscharen Gottes zum Lobe des Allmächtigen!

Zu der Zeit, als Trude Dinnendahl-Benning das Fenster entwarf, war auf der gegenüberliegenden Seite dieses Fensters im Chorumgang noch die Orgel installiert. Der Orgelspieler, der das Instrument bediente, hatte also immer die musizierenden Engel und den forschen Engel mit der Aufforderung zum Mitmachen vor Augen. So konnte er sich und sein Orgelspiel davon inspirieren lassen.

Die Engelrosette im Turm — Zeit im Wandel

Ein letztes farbiges Kunstglasfenster gibt es im westlichen Teil der Kirche. Es ist die Turmrosette. Je nachdem, von wo wir das Fenster betrachten, kann es allerdings auch das erste Fenster sein, das wir sehen. Wer seinen Blick in die Höhe richtet, bevor er die Kirche betritt, sieht dieses Fenster schon gleich zu Beginn als allererstes Fenster. Was wir zuerst sehen oder zuletzt, kommt, wie so oft, auch auf unseren Blickwinkel an!

Ein Rosettenfenster wie dieses ist ein kennzeichnendes Stilelement der gotischen und der neo-gotischen Zeit. Wie der Turm auch, ist eine Turmrosette in der Regel an der Westfassade einer Kirche zu finden. Während von Osten her das Licht zu erwarten ist, kündigt sich von Westen her das Dunkel an. Die dunkle Westseite einer Kirche ist die Eintrittsschwelle in den Kirchenraum. Wer über die Schwelle der Pforten in die Kirche eintritt, hat den Osten und damit das Licht vor Augen. Die Frage wird noch zu klären sein, warum die Rosette ihren Ort gerade an der dunklen Westseite einer Kirche hat.

Abb. 78: Die Engel-**Turmrosette**.

Die Turmrosette der Gabrielkirche ist — wie könnte es auch bei einer einem Engel geweihten Kirche anders sein — wieder ein Engelfenster. Groß und rund zeigt auch dieses Engelfenster musizierende Engel. Gemeinsam mit der Musik der Orgel, über der sie im Fenster zu sehen sind, und dem Klangspektrum der Turmglocken spielen die Engel auf und bilden das Orchester der Kirchenmusik. Die Engel sind wieder zwölf an der Zahl, wie schon beim Engel-Chorraumfenster. Im Turmfenster haben sie allerdings keine unterschiedlichen Instrumente, sondern alle eine Flöte oder ein flötenähnliches Blasinstrument, vielleicht eine Posaune. Die Engel bilden das Blasorchester — das allerdings, zugegebenermaßen, etwas einseitig ausgestattet ist. Die Engel spielen ihr Instrument konzentriert und mit geneigtem Kopf, alle in der gleichen Haltung. Sie scheinen alle zwölf das Gleiche zu spielen. Von hinten nach vorn spielen sie einander in einer Kreisrotation zu. Die Rotation erfolgt gegen den Uhrzeigersinn. Tatsächlich erinnern die zwölf Engel an die zwölf Stunden, die eine Uhr anzeigt. Diese »Turmuhr« allerdings hat keine Zeiger; hier zeigen Engel die Zeit an. Und: Die Engel-Uhr läuft andersherum — sie zeigt eine andere als die uns vertraute Zeit an! Vielleicht ist dies auch der Grund, weshalb an der Außenseite des Turms eine »gewöhnliche« Turmuhr fehlt …

Die Engel sind mit Gewändern in unterschiedlichen Farben bekleidet. Sechs der Engel tragen ein einfarbig weißes Gewand, drei ein grünes, wieder drei ein rotes Gewand. Auffällig ist bei den Engeln mit grüner Gewandung, dass auch ihr Kopf grün dargestellt ist. Ihr grünes Kleid ist mit goldenen Ärmeln besetzt. Die Engel mit dem roten Kleid tragen weiße Ärmel; ihr Kopf ist aber ebenfalls grün gestaltet. Sie sind also, im Gegensatz zu den anderen neun Engeln, dreifarbig gestaltet. Wir haben es im Zusammenhang mit den zwölf Engeln im Rosettenfenster vor allem mit den Farben Weiß, Grün, Rot und Gold zu tun. Es sei noch einmal auf die Farbsymbolik verwiesen: Weiß gilt als die Farbe des Göttlichen, Grün als die Farbe des Lebens, Rot als die Farbe von Liebe und Leid(enschaft), Gold als Zeichen höchster Herrlichkeit und himmlischer Wirklichkeit. Die Gesichtsfarbe Rosa der weißen Engel deutet darauf hin, dass auch Fleischliches, Menschliches hier eine Rolle spielt.

Eine Fülle von Beobachtungen will gedeutet werden. Bei meinen Deutungsüberlegungen stoße ich erneut auf das letzte Buch der Bibel, das Buch der Offenbarung. Der Seher Johannes gibt uns einen Hinweis darauf, was es mit den Engeln in der Turmrosette der Gabrielkirche auf sich haben könnte. In einer seiner Visionen erzählt er von Engeln, die zum Gericht blasen. Sie kündigen den Untergang des Bestehenden und damit untrennbar verbunden die Vollendung der Herrschaft Christi an — und damit den Beginn einer vollkommen anderen Zeit. Wenn Christus das Buch mit den sieben Siegeln öffnen wird, wird die alte Welt vergehen. Sieben Engel blasen in der Vision des Johannes nacheinander sieben Posaunen. Jeder Posaunenklang kündigt eine neue Katastrophe an: Feuer, Beben und andere Plagen suchen die Welt heim und vernichten sie. Aber die alte Welt wird nicht vernichtet, weil sie unwiderruflich zerstört werden soll, sondern um sie neu werden zu lassen:

»Dann sah ich einen neuen Himmel und eine neue Erde; denn der erste Himmel und die erste Erde sind vergangen, auch das Meer ist nicht mehr. Ich sah die heilige Stadt, das neue Jerusalem, von Gott her aus dem Himmel herabkommen (…). Da hörte ich eine laute Stimme vom Thron her rufen: Seht, die WOHNUNG Gottes unter den Menschen! Er wird in ihrer Mitte wohnen und sie werden sein Volk sein; und er, Gott, wird bei ihnen sein. Er wird alle Tränen von ihren Augen abwischen: Der Tod wird nicht mehr sein, keine Trauer, keine Klage, keine Mühsal. Denn was früher war, ist vergangen. (…) Die Stadt hat eine große und hohe Mauer mit zwölf Toren und zwölf Engeln darauf.«

(Offb 21,1–4.12)

Die Künstlerin stellt im Rosettenfenster der Gabrielkirche nicht die sieben Engel dar, die posauneblasend die Vernichtung ankündigen. Vielmehr zeigt sie uns zwölf Engel. Die zwölf Engel des Turmrosettenfensters symbolisieren die zwölf Engel (vgl. Offb 21,12) der neuen Stadt, die aus der alten entstanden ist. Die Engel blasen zum Wandel mit dem Ziel der Erneuerung. Die Liebe Gottes und die Leidenschaft Christi führen die Menschen aus dem Zustand der Trostlosigkeit und des Todes in ein neues Leben. Die grüne Farbe im Engelfenster deutet dieses neue Leben an. Das neue, veränderte Leben bedeutet höchste, himmlische Herrlichkeit: Die goldene Farbe der ansonsten ganz und gar grünen Engel setzt einen deutlichen Akzent in diese Richtung. Doch vor der Erneuerung muss der Untergang stehen, ohne den es keinen Wandel gibt. Von Gott beauftragte Engel kündigen ihn an und führen ihn herbei. Nach dem Untergang folgt unmittelbar die Zeit des Wandels: Die drei dreifarbigen Engel zeigen den Wandel an. Durch den gottgewollten (weiß) Untergang, der eine Liebestat (rot) ist, führt der Weg ins Leben (grün). Zwölf Engel symbolisieren die ewige Vollendung in Christus. Damit ist die Zusammenführung von menschlicher und göttlicher Welt, von Altem und Neuem Bund, schließlich von Tod und Leben in der Auferstehung der Toten gemeint. Engel sind es auch, die, so glauben wir es, einen verstorbenen Menschen beim Übergang in das neue Leben begleiten. Diesen Gedanken entfaltet die Begräbnisliturgie der katholischen Kirche. Als Geleitworte für den verstorbenen Menschen werden folgende Worte eines lateinischen Hymnus' aus dem 7./8. Jahrhundert gesprochen beziehungsweise gesungen:

Zum PARADIES mögen Engel dich geleiten,
die heiligen Märtyrer dich begrüßen
und dich führen in die heilige Stadt Jerusalem.
Die Chöre der Engel mögen dich empfangen
und mit Christus, der für dich gestorben,
soll ewiges Leben dich erfreuen.

Nur durch den Untergang, durch den Tod hindurch, führt der Weg ins Leben. Symbolisch gehen wir diesen Weg jedes Mal, wenn wir von der Westseite her eine Kirche betreten. Im Gottesdienst haben wir durch den Blick auf den Chorraum ebenso wie beim Verlassen der Kirche durch den Blick auf die Engel in der Turmrosette aber die Vollendung des Reiches Gottes vor Augen[81], die wir als die endgültige Bestimmung erwarten dürfen. Wer schon vor Eintritt in die Kirche daran erinnert werden will, kann seinen Blick als Erstes in die Höhe zum Turmrosettenfenster lenken. Die Engel sind zwar von außen nicht zu erkennen, wohl aber die Struktur des Maßwerks, das die Zwölferstruktur vorgibt und damit die Symbolik der Vollendung auch im äußeren Rahmen andeutet. Das Rosettenfenster hat also als Element der Westseite einer Kirche eine wichtige symbolische Funktion.

Nehmen wir uns zum Schluss noch Zeit für die Betrachtung der Mitte der Turmrosette. Die kleine Mitte ist ganz weiß. Die runde, weiße Mitte erinnert von ihrer Form und Farbe her an eine Hostie: Christus, das Brot des Himmels. Die Mitte ist von einem grünen Kranz des Lebens umgeben. Dieser wiederum ist umrahmt von einem roten Rad mit einzelnen roten Stäbchen. Das Rad ähnelt einem Zahnrad.

Ich lade Sie ein, der Farbe Rot noch weiter zu folgen. Sie nimmt uns von diesem »Zahnrad« ausgehend noch weiter nach außen mit, über das kreisrunde Maßwerk hinaus. Wir sehen in jeder der zwölf aus dem Kreis entstehenden Maßwerkbahnen ganz unten je eine kleine, rote Spitze. Die einzelnen Spitzen ergänzen sich zu einer Art Schaufelrad mit zwölf roten Schaufeln. Ein Schaufelrad gehört zu einer Turbine. Es dreht sich, wenn die Turbine in Gang kommt. Verfolgen wir die Farbe Rot von dem »Schaufelrad« ausgehend noch weiter nach außen, so lassen sich drei weitere Bestandteile einer Turbine erkennen: drei »Rotorblätter«, wie sie von ihrer Art her zu einem Propeller gehören.

Was wir zuvor als drei rote Engelsgewänder wahrnehmen konnten, sehen wir aus einem anderen Blickwinkel, von der Mitte her, als eine (stilisierte) Turbine. Und diese Turbine passt genau hier hin! Der Antrieb zur Rotation kommt nämlich nicht von außen von den Engeln, sondern er kommt aus der Mitte. Christus, die Mitte, ist der Antrieb! Er bringt die Zeit und Raum umwälzende Rotation von innen her in Gang. Ob die Engel aus dieser Mitte hervorgehen oder zu ihr zurückgehen, ist nicht zu sagen. Ihre »Füße« verschmelzen mit der Mitte. Entscheidend ist: Christus ist der Auslöser und Vollender, die Mitte, von der alles ausgeht und zu der alles hinführt.

Wir, die wir aus dem Gottesdienst, nach der Messe, wieder ins »normale« Leben entlassen werden, können diese starken Eindrücke mit auf den Weg nehmen. Das Wort

Abb. 79: Die rote **»Turbine«** im Rosettenfenster.

›Messe‹ stammt vom lateinischen ›missa‹ und bedeutet: ›gesendet‹. Die Messe wird von Osten nach Westen hin zelebriert, also zum Ausgang hin. Ihr Ziel ist Sendung. Wir nehmen mit, wodurch wir gestärkt worden sind, und gehen wieder in unseren Alltag zurück — mit dem Sendungsauftrag, das Erlebte im Leben zu verwirklichen. Lassen wir uns auf diesem Sendungsweg von Christus antreiben, der uns seine Zusage, das Angefangene einst zur Vollendung zu führen, durch das Rosettenfenster zuspricht!

DER CHORRAUM — HIMMEL AUF ERDEN

Mit der Hinwendung zum Chorraum kommen wir zu einer entscheidenden Betrachtung. Eine Kirche wurde und wird von jeher vom Chor her und zum Chor hin konzipiert, gedacht und gebaut, denn im Chorraum geschieht das Wesentliche, die Verkündigung der biblischen Botschaft und des Handelns Jesu in Wort und Tat.

Schon mit Blick aus dem Kirchenschiff auf den Chor einer Kirche wird seine herausragende Bedeutung leicht erkennbar. In den meisten Kirchen gibt es Stufen, die den Übergang vom Langhaus zum Chor optisch gestalten und den Chor, für die Gläubigen gut sichtbar, erhöhen. Die Stufen signalisieren, dass der Chor einen eigenständigen und hervorgehobenen Charakter hat. Wer einen Chorraum betritt, wechselt, wie schon beim Eintritt in die Kirche, noch einmal die Ebene. Häufig ist der Chorraum auch künstlerisch in besonderer Weise gestaltet.

Im Mittelpunkt steht der Altar. Darüber hinaus haben der Ambo sowie häufig, aber nicht immer, auch der Tabernakel mit dem Ewigen Licht ihren Ort im Chorraum. Die Chorapsis ist in der Regel nach Osten gerichtet, in Richtung Jerusalem, dem Ort der Auferstehung Christi, und der Richtung, aus der das Licht der aufgehenden Sonne kommt. Die Sonne soll durch die Fenster der Kirche scheinen und den Chorraum von allen Seiten in strahlendes, aufsteigendes Licht tauchen. Der Osten galt immer auch als der Ort des Paradieses und des Guten. Von Osten her erwartet man die Wiederkunft Christi.[82] Wer Liturgie feiert, soll diese Gedanken vor Augen haben.

Die Bezeichnung »Chor« für den Altarraum kommt übrigens ursprünglich vom Chor-Gesang her. Im Chorraum fanden im Mittelalter die Chorgesänge und Gottesdienste derer statt, die Zutritt zum Chor hatten. Das waren in der Regel Priester, Ordensleute und Stiftsherren. Für sie allein war im Chorraum ein Chorgestühl vorgesehen; die große Menge der Gläubigen musste im Gottesdienst in den Kirchenschiffen, dem Laienbereich, stehen. Durch die Zeit hindurch gab es immer verschiedene Formen der Abgrenzung des Chorraums vom Raum der Gemeinde: Chorschranken und -gitter, Vorhänge, in der weiteren Entwicklung der Ostkirche die Ikonostase (eine Ikonen-Bilderwand) und in der Westkirche den Lettner. Als der kniende Empfang der Eucharistie üblich wurde, übernahmen Kommunionbänke manchmal zusätzlich diese Funktion. Sie sind sogar noch in modernen Kirchen zu finden — wie zum Beispiel in der benachbarten St.-Anna-Kirche in Neudorf.

Meistens wurden in früherer Zeit mehrere Messen täglich in einer Kirche zelebriert, oftmals auch parallel zur Messfeier oder zum Stundengebet der Ordensleute im Chorraum. Die Messfeiern fanden für die Gläubigen an den Seitenaltären statt, mit denen große Kirchen häufig in reicher Zahl ausgestattet waren — wie im Übrigen auch die Liebfrauenkirche in Oberwesel. An mehreren Seiten der Pfeiler standen in der Liebfrauenkirche vor allem in der Barockzeit solche Seitenaltäre. Da die Pfeiler in jener Kirche genauso aussehen wie die Pfeiler der Gabrielkirche, können Sie sich ein Bild davon machen, wie es im Innern der Liebfrauenkirche ausgesehen haben wird.

Mit der Liturgiekonstitution Sacrosanctum Concilium (1963) des Zweiten Vatikanischen Konzils (1962–65) hat sich die Gestalt des Chorraums in katholischen Kirchen, die bis dato größtenteils noch aus der mittelalterlichen Tradition stammte, deutlich verändert. Gab es bis zum Konzil noch die Liturgie in lateinischer Sprache und Hochaltäre, an denen der Priester den Gottesdienst mit dem Rücken zu den Gläubigen feierte, wurden zur Überraschung vieler entscheidende Veränderungen erarbeitet und alsbald auch durchgeführt. Die Liturgiekonstitution sieht eine größtmögliche Beteiligung der Menschen an der Liturgie vor. Christen sollen von nun an dem Geheimnis des Glaubens nicht einfach nur wie Außenstehende beiwohnen, sondern »sie sollen vielmehr durch die Riten und Gebete dieses Mysterium wohl verstehen lernen und so die heilige Handlung bewusst, fromm und tätig mitfeiern, sich durch das Wort Gottes formen lassen, am Tisch des Herrenleibes Stärkung finden«[83]. Bereits die Wortwahl lässt erkennen, wie ernst hier der Mensch genommen wird und wie wichtig sein Wohl und sein seelisches Heil der Kirche, in der Christus für den Menschen wirkt, sein müssen.

Die jeweilige Muttersprache etablierte sich in den verschiedenen Ländern nach und nach als Sprache der Liturgie. Das Konzil befand die Muttersprache in der Liturgie für nützlich und erlaubte sie zusätzlich zur lateinischen Sprache. Die Stellung des Altars veränderte sich: Der Altar rückte von der Ostwand der Apsis in die Mitte des Chors. Wo ein wertvoller, besonderer Hochalter zu einer Kirche gehörte, wurde dieser erhalten, und, soweit die räumlichen Verhältnisse es zuließen, ein weiterer Altar davorgestellt, an dem fortan die Eucharistie mit Blick zur Gemeinde gefeiert wurde. Ein weniger bedeutender Hochaltar wurde manchmal durch einen neuen Altar ersetzt. War zuvor der Hochaltar neben seiner Funktion als Zelebrationstisch auch Ort der Wortverkündigung und Aufbewahrungsort des Allerheiligsten, wurden diese Orte und Funktionen nach dem Zweiten Vatikanischen Konzil räumlich voneinander getrennt. Der neue Ort der Wortverkündigung im Chorraum wurde der Ambo. Der Tabernakel als Aufbewahrungsort der Eucharistie erhielt ebenfalls seinen eigenen Ort und war nun der Gemeinde auch als eigener Ort für die Anbetung präsent. Der Altar diente von nun an ausschließlich zur Feier der Vergegenwärtigung des Pascha-Mysteriums.

Was wir im Chor feiern

»Während sie unverwandt ihm nach zum Himmel emporschauten (…)« (Apg 1,10) — Die Apostelgeschichte sagt uns im ersten Kapitel schon, worum es geht. Wir feiern die Begegnung mit dem auferstandenen, zum Himmel aufgefahrenen Christus im Wort der Schrift und in der Feier des Abendmahls. Deshalb ist die Feier der Liturgie immer auch ein Vorgeschmack auf die zukünftige himmlische Liturgie. Die Liturgiekonstitution Sacrosanctum Concilium formuliert diesen Gesichtspunkt so: »In der irdischen Liturgie nehmen wir vorauskostend an jener himmlischen Liturgie teil, die in der heiligen Stadt Jerusalem gefeiert wird, zu der wir pilgernd unterwegs sind, wo Christus sitzt zur Rechten Gottes, der Diener des Heiligtums und des wahren Zeltes (vgl. Offb 21,2; Kol 3,1; Hebr 8,2). In der irdischen Liturgie singen wir dem Herrn mit der ganzen Schar des himmlischen Heeres den Lobgesang der Herrlichkeit. In ihr verehren wir das Gedächtnis der Heiligen und erhoffen Anteil und Gemeinschaft mit ihnen. In ihr erwarten wir den Erlöser, unseren Herrn Jesus Christus, bis er erscheint als unser Leben und wir mit ihm erscheinen in Herrlichkeit (vgl. Phil 3,20; Kol 3,4).«[84] In einer Sprache, deren Worte uns zum Teil aus dem Gottesdienst bekannt sind, sagen diese Sätze: In der Feier der Liturgie verbinden sich Himmel und Erde in besonderer Weise. Der Himmel soll den Gläubigen in einer Kirche immer vor Augen sein. Viele Kirchenräume setzen diesen Gedanken in ihrer bogenförmig gewölbten Decke um. Das Gewölbe versinnbildlicht, dass der Mensch sich unter dem Himmelszelt geborgen und beschützt wissen darf. In vielen Kirchen ist der Gewölbehimmel des Chors besonders schmuckvoll ausgestaltet. In ihm ist der Himmel der himmlischen Liturgie, aber auch der Himmel, von dem der Geist Gottes in das irdische Geschehen hinein wirksam wird, symbolisiert. Symbolisch betrachtet findet die irdische Liturgie unmittelbar unter dem Himmel statt. Schmuckvolle Baldachine, wie zum Beispiel im Petersdom oder in der Oberen Liebfrauenkirche in Duisburg-Mitte zu sehen, bringen diesen Zusammenhang noch unmittelbarer zutage.

Der Chorraum der Gabrielkirche

Abb. 80: Der **Chorraum**.

Wenden wir uns nun dem Chorraum der Gabrielkirche zu und schauen wir, in welcher Sprache und mit welchen Zeichen er uns in die Begegnung mit dem auferstandenen Christus hineinführen will.

Architektur

Der Hauptchor der Gabrielkirche ist, wie auch die beiden Chöre der Seitenschiffe, gen Osten gerichtet. Die Apsis des Hauptchors verfügt, wie die Apsis der Taufkapelle, über einen polygonalen, das heißt mehreckigen Chorschluss, genauer gesagt über einen 5/8-Chorschluss. Fünf Segmente lassen sich, wenn man sie in den vorgegebenen, gleichmäßig fortlaufenden Abständen in den Kirchenraum hinein gedanklich vervollständigen würde, zu einem geschlossenen Oktogon, einem Achteck, ergänzen.

Die Zahl Acht verweist auf den Raum des Reiches Gottes. In der Symbolsprache der christlichen Bibel wird die Zahl Acht als die Zahl der Auferstehung gedeutet. Christus ist am achten Tag der Woche von den Toten auferweckt worden.[85] Vor allem in gotischen und später dann auch in neo-gotischen Kirchen setzte man den Gedanken an die Auferstehung als Bestimmung des Menschen in der Nachfolge Christi architektonisch um, zum Beispiel im 5/8-Chorschluss.

Den Gedanken an die Auferstehung und die Wiederkunft Christi betont auch der Chorumgang, der sich in Höhe der Spitzen der Bogennischen befindet. Ein Chorumgang ist ebenfalls ein Kennzeichen gotischer Architektur von Kirchenbauten. Der Chorumgang in der Gabrielkirche ist recht unscheinbar und fällt zunächst gar nicht auf. Früher wie heute mag der Chorumgang der Gabrielkirche überwiegend praktischen Zwecken dienen beziehungsweise gedient haben. Vor Jahren war auf ihm eine Orgel installiert und etwas Platz für eine kleine Gruppe von Chorsängern war vorhanden. Von seiner ursprünglichen Funktion her diente ein Chorumgang dazu, auch als solcher benutzt zu werden, damit die Gehenden mit Leib und Seele erfahren konnten, dass der Mensch auf seiner Pilgerreise durchs Leben nicht zum Tod, sondern zum Leben bestimmt ist. Die beiden Türme im Außenbereich befinden sich rechts und links neben dem Chor, dem Ort, wo sich die Vergegenwärtigung des Heilsmysteriums ereignet. Sie rahmen den Chor. Symbolisch stehen die Seitentürme wie himmlische Wächter begleitend und schützend am Ort der Gottesbegegnung. Keine äußere Macht soll das Erleben im Innern stören. In die Außenwand ist der Grundstein eingemauert. Dementsprechend ist im Innenraum des Chors in der Spitzbogennische unter dem Kronenfenster das Jahresdatum der Einweihung der Kirche in die Wand eingeschrieben: 1912.

Insgesamt ist im Chor eine Spitzbogenarkade aus sieben Spitzbögen zu sehen. Die Bögen sind doppelreihig gestuft und damit zurückhaltend betont. Zusätzlich zu den sieben Spitzbögen finden sich sieben große Chorraumfenster. Erinnern wir uns an die Zahl Sieben als die symbolische Zahl der Totalität, im positiven Sinne Zahl der Fülle und Vollendung. Das Geschehen im Chorraum soll ein Vorgeschmack auf ein Leben in Fülle sein, auf das die Schöpfung mit der Vollendung des Gottesreiches hoffen darf.

Wenden wir uns nun dem Chorgewölbe zu.

Das Gewölbe der Chorapsis ist besonders schön gestaltet. Vom Kirchenschiff aus gesehen lässt sich zunächst ein Joch in Form der anderen Langhausjoche als Fortsetzung des Kirchenschiffs erkennen. Dahinter liegt ein Abschlussjoch, bei dem die Rippen des Kreuzrippengewölbes sternförmig angeordnet sind. Die Sternform betont die Himmelssymbolik des Apsisgewölbes. Beide Chorjoche sind im Gegensatz zu den anderen Gewölbejochen mit einem besonders großen, dekorativ bemalten Schlussstein ausgestattet. Die dazu verwendeten Farben Rot, Blau und Gelb/Gold sind Farben, die auch schon in vorchristlicher Zeit eine tiefe Symbolbedeutung hatten und dann später im Christentum für die Innenausmalung von Kirchen und zur Vermittlung der christlichen Glaubensaussagen übernommen wurden. Sie symbolisieren das Reich Gottes (Gold),

Abb. 81: Das **Apsisgewölbe** des Hauptchors.

die Liebe Gottes (Rot) und den Himmel (Blau).[86] Der Schlussstein oder die Schlusssteine in einem Apsisgewölbe sind in der Regel deshalb besonders hervorgehoben, weil sie ein Zeichen für Christus sind, der selbst Schlussstein der Kirche genannt wird. Zu sehen sind in beiden Schlusssteinen die Symbole von Kreuz und Stern, Symbole für die irdische und für die himmlische Dimension: Christus im Himmel und auf der Erde. Im Epheserbrief schreibt der Apostel Paulus an die Gemeinde von Ephesus: »Ihr seid auf das Fundament der Apostel und Propheten gebaut; der Schlussstein ist Christus Jesus selbst. Durch ihn wird der ganze Bau zusammengehalten und wächst zu einem einzigen heiligen Tempel des Herrn.« (Eph 2,20.21) Was Paulus sagt, ist auf die Kirche als Kirche Christi bezogen. Dennoch ist es auch architektonisch richtig: Ein Schlussstein wird zuallerletzt in ein Gewölbejoch eingesetzt. Er hat die besonders wichtige Funktion, das ganze Gewölbe und somit auch das ganze Haus zusammenzuhalten.

Veränderungen des Chorraums nach dem Konzil

Das Zweite Vatikanische Konzil brachte frischen Wind auch in die Gabrielkirche. Im Jahre 1966, kurz nach Ende des Konzils und drei Jahre nach der Verabschiedung der Liturgiekonstitution, wurde der Altarraum neu gestaltet. Inzwischen war vom Vatikan auch eine Instruktion herausgegeben worden, die beschrieb, wie die Umgestaltung von Chorräumen auf der Basis der neuen Liturgiebestimmungen durchgeführt werden konnte.

Beauftragt wurden für die Arbeiten in der Gabrielkirche der Architekt Karl-Heinz Funke sowie der Bildhauer Heinz Oliberius, der im Jahr zuvor bereits den Kreuzweg aus Stein für das rechte Seitenschiff der Kirche gearbeitet hatte. Genau genommen gab es bis Ende des 20. Jahrhunderts zwei verschiedene Phasen des Umbaus. Nach der zweiten Phase im Jahre 1986 erreichte der Chorraum seine heutige Gestalt.

Die beiden Kommunionbänke sowie die Chorgitter, die es bis Anfang der 1960er Jahre als Abgrenzung des Chors von der Gemeinde gab, wurden entfernt. Der Chor öffnete sich baulich und symbolisch deutlich zur Gemeinde hin. Durch die neue Stufengestaltung wurde und ist er bis heute sehr viel besser und von allen Seiten her zugänglich.

Der Hochaltar wurde durch einen neuen, von Heinz Oliberius für die Kirche angefertigten Altar ersetzt. Der neue Altar fand zunächst in der Mitte des Achtecks der Apsis unter dem Schlussstein des Sternengewölbes Aufstellung. Einige Jahre später wurde er noch weiter nach vorn zur Gemeinde, versus populum, wie die Liturgiekonstitution forderte, gerückt und erhielt damit den Platz, an dem er heute immer noch steht.

Ein Ort für den Ambo wurde zunächst im rechten Teil des Chors, später auf der linken Seite eingerichtet. Auch der Tabernakel fand erst in der zweiten Umbauphase seinen jetzigen Ort auf der ehemaligen Altarinsel. Zuvor hatte man probiert, ihn, im Rückgriff auf die gotische Vorstellung eines Sakramentshäuschens, im linken, hinteren Teil des Chorraums an einem der Chorraumpfeiler zu platzieren. Diese Entscheidung wurde später aber wieder revidiert.

Man probierte im Anschluss an das Konzil in fast allen Kirchen verschiedene Möglichkeiten der Chorraumgestaltung aus, so auch in der Gabrielkirche. Unter zwei verschiedenen Pfarrern an St. Gabriel gab es, wie die Geschichte des Umbaus in den letzten 30 Jahren des 20. Jahrhunderts zeigt, ebenfalls unterschiedliche Auffassungen über die am besten geeignete Lösung.

Das Innenleben — Prägung durch Heinz Oliberius

Der Künstler Heinz Oliberius prägte und prägt bis heute das Gesicht der Kirche sehr deutlich: Er schuf für den Chorraum nicht nur den Altar, sondern auch den Tabernakel, den Ambo, das Triumphkreuz, das jetzt im rechten Seitenschiff über dem Seitenaltar angebracht ist, sowie die sechs Kerzenleuchter an den Pfeilern der Chorapsis. Die Absicht des Künstlers war es sicherlich, durch die Verwendung des gleichen Materials wie bei Tabernakel, Ambo und Triumphkreuz, Bronze, auch für die Leuchter, eine künstlerische Einheit zu schaffen und die inhaltliche Zusammengehörigkeit der nun räumlich voneinander getrennten liturgischen Orte im Chor deutlich zu machen.

Heinz Oliberius wurde 1937 in Teplitz-Schönau geboren. Nach Zwangsumsiedlung im Krieg ins Taunusgebiet besuchte er dort die Volksschule und machte anschließend eine Lehre als Steinmetz und Ornamenthauer im Marmor- und Natursteinhandwerk. Die Ausbildung weckte sein Interesse am Gestalten und am kreativen bildhauerischen Arbeiten. 1959 wurde er nach Abschluss seiner Ausbildung an der Staatlichen Hochschule für Bildende Kunst in Frankfurt/Main für die Bildhauerklasse von Hans Mettel aufgenommen, bei dem er bis 1965 studierte. In dieser Zeit entstanden Figuren, die sehr stark an der Sprache Hans Mettels orientiert waren. Heinz Oliberius ließ sich unter anderem von Künstlern wie Wilhelm Lehmbruck und von den Kompositionsgedanken von Hans von Marée und Adolf von Hildebrand inspirieren. Immer mehr gestaltete er bald auch mit anderen Materialien, vor allem mit Metall. In den Jahren, als er Kreuzweg und Chorraum der Gabrielkirche gestaltete, lebte er in Frankfurt und später im Saarland. In dieser Zeit folgte er, vor allem im Figurenbau, noch seinem Lehrer und Vorbild Mettel, löste sich aber bei der Suche nach seinem eigenen Stil im Laufe der Zeit von ihm. Neben seiner freien Tätigkeit führte Heinz Oliberius zahlreiche Auftragsarbeiten für die Gestaltung von Kirchenräumen durch. In den 1970er und -80er Jahren nahm er verschiedene Lehraufträge im Bereich Kunsterziehung, Bildhauerei und Kunstdesign an. Im Saarland wurde er zu einer öffentlichen Größe.

Heinz Oliberius gilt als markante Persönlichkeit innerhalb der Saarländer Kunstszene. Sein Gesamtwerk ist umfangreich und sehr vielseitig. Es ist nicht möglich, es hier zu beschreiben. Charakteristisch für ihn ist: Seine Arbeiten führte er immer aus eigener innerer Überzeugung aus. Er wird als ein sehr religiöser Mensch beschrieben, »der — unerbittlich mit sich selbst, für seine Freunde und alle, die mit ihm zusammenarbeiten — nach der Wahrheit suchte. In diesem Sinn war er direkt, mitunter konfrontierend und unbequem. Trotz dieser Ecken und Kanten seines Charakters — oder vielleicht deshalb — waren seine Meinung und seine künstlerische Konsequenz sehr geschätzt.«[87] Im Jahre 2001 starb er nach langer Krankheit.[88]

Es ist sicher für uns nicht ganz uninteressant, diese charakteristische Einschätzung über den Künstler zu kennen. Sie kann uns helfen, seine Kunstwerke besser zu verstehen. Was er uns in seinen Arbeiten anbietet, will entdeckt und erschlossen werden. Wir erhalten anregende, zugleich aber auch mehr oder weniger irritierende Impulse. Die Symbolsprache ist ausgeprägt und überaus komplex. Alle, die sich intensiv mit der Symbolik in Heinz Oliberius' Werken befassen wollen, werden spüren, dass es d i e Deutung in der Regel nicht gibt und manche Fragen bleiben. Es wird also — oder bleibt — spannend.

Impuls

Ich möchte Sie nun auf die Reise durch den Chorraum mitnehmen. Es ist eine Reise zu den verschiedenen Orten, die der Künstler gestaltet hat. Ich habe diese Reise zuvor allein gemacht. Es sind also meine Reisegedanken und Deutungsüberlegungen, die ich Ihnen zur Anregung mitgeben möchte. Aber bevor wir uns nun gemeinsam auf diese

Reise begeben, bitte ich Sie, die Orte beziehungsweise Kunstwerke im Chorraum auf sich wirken zu lassen.

Was sehen Sie?
Was davon gefällt Ihnen spontan, was nicht?
Gibt es etwas, das Sie irritiert?
Welche beschreibenden Worte finden Sie für Ambo, Tabernakel, Altar, Leuchter?
Sehen Sie Bilder, Symbole, Zeichen?
Welche Bilder erschließen sich Ihnen leicht, zu welchen fehlt Ihnen der Bezug?
Nehmen Sie sich Zeit. Es ist eine Herausforderung!

Abb 82: Ein **tragbares Kruzifix** im Chorraum.

Der Altar — Gott am Tisch des Herrn begegnen

Wortbedeutung

Das Wort ›Altar‹ entstammt der lateinischen Sprache. Es leitet sich vom lateinischen Verb ›adolere‹ = ›verbrennen‹ ab. Die Wortbedeutung lässt schon erkennen, welche Funktion ein Altar im ursprünglichen Sinn hat: Er ist eine Brandopferstätte.[89] Viele Kulturen und Religionen kennen Brandopferaltäre als Opfer- und Gebetsstätten. Opfertiere oder Früchte wurden auf einem Altar dargebracht, indem sie verbrannt wurden.

Es geht um Beziehung!

Immer wird der Altar in religiöser Bedeutung als »Ort göttlicher Präsenz und Kommunikation des Menschen mit der Gottheit«[90] verstanden. Schon die Patriarchen des Alten Testamentes errichteten Altäre an Orten, an denen ihnen eine besondere Gottesoffenbarung zuteilwurde oder wo sie eine Zuwendung Gottes spüren konnten. Denken wir an den Brandopferaltar, den Noach aufstellte, nachdem die Arche nach der großen Flut sicher gelandet war (vgl. Gen 8,20). Es geht im Opfer am Altar also um Beziehung zwischen Gott und Mensch. Der Mensch bringt etwas aus seinem Leben auf dem Altar dar. Er gibt etwas von dem zurück, was er zuvor durch das Segenshandeln Gottes empfangen hat. Die urtümliche Vorstellung davon, dass Gott ein Opfer brauche, um sich selbst dadurch speisen zu können, verblasste im Laufe der Zeit und machte einem »geistigen« Verständnis Platz. Menschen bringen Gott ihre Gaben und zeigen damit, dass ihnen die Beziehung zu Gott wichtig ist. So bringen Christen Brot und Wein, die Früchte der Erde und der menschlichen Arbeit, zum Altar. Wir bitten Gott, dass er die Gaben zum Segen für die Menschen annehme.

Eucharistie — Dank, Mysterium, Gemeinschaft

Der Altar ist im christlichen Verständnis der Tisch des Herrn (vgl. 1 Kor 10,21). Am Altar feiern katholische Christen Eucharistie. In Christi Auftrag: Tut dies zu meinem

Gedächtnis, kommen wir zusammen, um Mahl zu halten und sein Gedächtnis zu vollziehen. Das griechische Wort ›Eucharistie‹ bedeutet ›Danksagung‹. In jeder Eucharistiefeier tun wir das, was auch Jesus bei seinem Abschiedsmahl getan hat: Wir danken Gott für seine Gaben. Und wir danken ihm für Jesus Christus, der uns den Weg zu Gott eröffnet hat, indem er sich zum Segen und Heil für die Menschen ganz gegeben hat.[91] Jesu Tod am Kreuz wird im christlichen Verständnis im Laufe der Zeit als »Opfer« gesehen. Der heilige Tisch, an dem die Eucharistie gefeiert wird, bekommt damit als Altar seine frühere Bedeutung als symbolischer Opferort wieder zurück.[92] Jesus ist Opfer in dem Sinne, dass er sich selbst zur Opfergabe gemacht hat[93], um seinem Weg und dem Vater treu zu bleiben. In der Feier der Eucharistie vergegenwärtigen wir das Opfer Jesu am Kreuz wie auch das gesamte Mysterium von Leben, Tod und Auferstehung Jesu und denken an seine Wiederkunft.

Jesus selbst hat die Eucharistie gestiftet. Sein Opfer war einmalig und hat für alle Zeit Gültigkeit. Es wird in jeder Eucharistiefeier in die Gegenwart übertragen, aber niemals geschieht am Altar eine Wiederholung des Opfers. Stattdessen geschieht Wandlung. Der Priester betet durch Jesus Christus zu Gott um den Geist, der die Gaben von Brot und Wein in Leib und Blut Jesu wandelt. Gleichzeitig mit der Wandlung am Tisch geschieht innere Wandlung an uns, die wir an diesem Geschehen teilhaben. In den Zeichen von Brot und Wein ist Jesus unter uns bleibend gegenwärtig. Das heißt: Er ist in jeder Eucharistiefeier in Brot und Wein selbst unter uns. Die unmittelbare Gegenwart Jesu in den Gestalten von Brot und Wein wurde schon im christlichen Altertum und wird bis in die heutige Zeit hinein so weit ausgedeutet, dass der Altar als Ort, auf dem sich dieses Geschehen vollzieht, selbst Symbol für Christus ist. Christus wird in der Heiligen Schrift als der Fels (vgl. 1 Kor 10,4), der Eckstein (vgl. 1 Petr 2,7f), der Schlussstein (vgl. Eph 2,20), der lebendige Stein (vgl. 1 Petr 2,4) bezeichnet. Deshalb ist ein Altar in der Regel aus Stein gearbeitet.

In jeder Eucharistiefeier teilt sich Jesus in Brot und Wein immer wieder neu an uns aus. Wir, die wir Jesus nicht mehr sichtbar unter uns haben und auf seine Zeichen angewiesen sind, sollen, wie die Menschen, mit denen er gelebt hat, auch aus seinem Geist leben können. Wer an der Feier der Eucharistie teilnimmt, hat Gemeinschaft mit Jesus und gibt sich selbst in das hingebende, liebende Handeln Jesu hinein. Daraus gewinnen wir die Kraft zum Leben in Liebe. Der Apostel Paulus drückt es so aus: »Sooft ihr von diesem Brot esst und aus dem Kelch trinkt, verkündet ihr den Tod des Herrn, bis er kommt.« (1 Kor 11,26) Mit Verkündigung ist Nachfolge Christi in Wort und Tat gemeint.

Dass die Eucharistie auf einem Tisch gefeiert und vollzogen wird, zeigt, dass es sich um ein gemeinschaftstiftendes Mahl handelt. Wir alle wissen: Gemeinsam um einen oder an einem Tisch zu sitzen und dabei auch etwas zu essen, hat verbindenden Charakter. Nicht nur die Gemeinschaft mit Christus, sondern auch die Gemeinschaft der Christen untereinander wird in der Feier der eucharistischen Mahlgemeinschaft erneuert und gestärkt. So stellt die Eucharistie eine starke Kraftquelle für den Menschen dar. Das Zweite Vatikanische Konzil bezeichnet sie als »Quelle und Höhepunkt des ganzen christlichen Lebens«[94].

Ausstattung eines Altars

Der Altartisch sollte in Größe und Gestalt zum Raum der Kirche passen und so in ihr verortet sein, dass er sehr deutlich im Blickpunkt ist. Er muss auf jeden Fall so groß sein, dass auf ihm ein Altartuch, Kerzen, das Evangeliar, ein Messbuch, Gefäße für und mit Brot und Wein sowie ein Kruzifix und an besonderen Festen angemessener Blumenschmuck Platz haben. Die Altarleuchter geben dem Geschehen am Altar einen festlichen Charakter. Im Kruzifix soll dem Priester das Kreuzesopfer Jesu immer vor Augen sein.

Reliquien

Um das 2. bis 3. Jahrhundert nach Christus setzte zunehmend die Verehrung von Märtyrern ein. Man feierte die Eucharistie für Verstorbene, wenn dies möglich war, zunehmend über dem Grab des/der Verstorbenen oder zumindest in der Nähe. In konstantinischer Zeit (4. Jahrhundert) entstanden erste Kirchen als Gedächtniskirchen über Grabstätten. Im Laufe der Zeit wurden Altäre allmählich direkt über Märtyrergräbern gebaut. Berühmtes Beispiel dafür ist das Grab des Heiligen Petrus in St. Peter in Rom. Die Verbindung von Altar und Märtyrergrab erschien im Hinblick auf eine im biblischen Buch der Offenbarung beschriebene Vision des Sehers Johannes sinnvoll. Dort heißt es: »Als das Lamm das fünfte Siegel öffnete, sah ich unter dem Altar die Seelen aller, die hingeschlachtet worden waren wegen des Wortes Gottes und wegen des Zeugnisses, das sie abgelegt hatten.« (Offb 6,9) Man konnte aber nicht für jede Kirche ein

Märtyrergrab zugrunde legen. Nach und nach verbreitete sich deshalb die Praxis, in einen Altar Teil-Reliquien einzulassen.[95] Noch heute werden bei einer Altarweihe in einer feierlichen Zeremonie Reliquien in den Altar eingelassen.

Aus mittelalterlicher Zeit sind uns teilweise extreme Formen der Reliquienverehrung überliefert. Wie konnte es zu diesem hohen Stellenwert von Reliquien kommen? Und wie kam man überhaupt dazu, einen Leichnam in einzelne Teile aufzuteilen?

Im christlichen Auferstehungsglauben haben Märtyrer und Heilige bereits Anteil an der Auferstehung der Toten. Als Auserwählte sind sie schon besonders nah bei Gott. Eine Vision des Johannes im Buch der Offenbarung gibt Grund zu diesem Glauben. Johannes sieht in dieser Vision die Märtyrer, wie sie Christus eine Frage stellen. Sie fragen ihn, wie lange er noch zögern wolle, bis er endlich Gericht halte (vgl. Offb 6,10). Diese Frage beantwortet Christus nicht. Vielmehr geschieht die Antwort als Handlung unmittelbar anschließend: »Da wurde jedem von ihnen ein weißes Gewand gegeben; und ihnen wurde gesagt, sie sollten noch kurze Zeit warten, bis die volle Zahl erreicht sei durch den Tod ihrer Mitknechte und Brüder, die noch sterben müssten.« (Offb 6,11) Die Märtyrer leben dieser Anschauung nach schon in der Ewigkeit Gottes. Allerdings warten sie dort noch auf ihre Vollendung, die sein wird, wenn die volle Zahl erreicht ist. Eine Heiligen-Reliquie im Altar einer katholischen Kirche führt uns vor Augen: Die Gottesdienst feiernde Gemeinde feiert nicht für sich, sondern sie steht in Verbindung zu den Heiligen, zum Himmel, zur Gemeinschaft aller Menschen in der Ewigkeit Gottes. Die ganze Kirche feiert gemeinsam.

Im Mittelalter stand im Christentum die alte Vorstellung im Vordergrund, dass in jedem Teil seines Leichnams der heilige Mensch virtuell anwesend sei. Dieser Gedanke bezog sich auf alles, was mit dem Leichnam dieses Menschen verbunden war.[96] Etwas einfacher ausgedrückt heißt das: Ein Teil seines Leichnams genügt, um »den ganzen Heiligen präsent zu haben«[97]. So etablierte sich im Mittelalter die Aufteilung eines Leichnams in einzelne Teile. Im Hoch- und Spätmittelalter setzte man diese Praxis leider bis fast zur Bedenkenlosigkeit durch. Man wollte den Heiligen als Garant der Verbindung zu Gott bei sich haben, und scheute noch nicht einmal davor zurück, Leichenteile soeben Verstorbener, die im Ruf der Heiligkeit standen, zu rauben.

Über die fragwürdigen Seiten des Reliquienkultes sollte man den eigentlichen, ursprünglichen Gedanken aber nicht vergessen: Die Eucharistie wird in Gemeinschaft mit der ganzen Kirche begangen. Zu dieser Gemeinschaft gehören nicht nur die auf der Erde Lebenden, sondern auch die bereits Verstorbenen. Die Reliquie ist auch ein sichtbares Zeichen der Erinnerung an den verstorbenen Menschen. Von ihrer Wortbedeutung her ist eine Reliquie ein Zeichen für das, was die Toten auf der Erde zurückgelassen haben. Denn ›Reliquie‹ bedeutet übersetzt: ›das Zurückgelassene‹. Einst, so die christliche Hoffnung, werden sich die Seele im Himmel und die sterblichen körperlichen Überreste der Verstorbenen vereinigen[98] und die gesamte Schöpfung zur Vollendung kommen. Manchmal werden Reliquien auch sichtbar in Reliquienmonstranzen gezeigt. Die Reliquienverehrung hat durchaus etwas damit zu tun, dass wir Menschen mit allen Sinnen sehen, hören, fühlen, riechen, schmecken, begreifen möchten, wozu wir bestimmt sind.

Der Altar in der Gabrielkirche

Abb. 83: Der **Altar**.

Der Altar in der Gabrielkirche wurde im Jahre 1966 im Chorraum aufgestellt. Er besteht aus einem einzigen Block Kirchheimer Muschelkalk. Sein Gewicht beträgt sage und schreibe 6,24 Tonnen. Übrigens sind auch die Kreuzwegstationen, die wir an anderer Stelle betrachten werden, aus Muschelkalk gearbeitet. Der Künstler Heinz Oliberius signalisiert durch Äußeres (Material, Farbe, Art der Bearbeitung: Wechsel zwischen glatt polierten und rauen Flächen), dass ein enger Zusammenhang zwischen Kreuzweg und Auferstehung Jesu und dem Geschehen am Altar zu sehen ist.

Am Allerheiligenfest 1966 wurde der Altar von Abt Albert Ohlmeyer aus Heidelberg, einem Schulfreund des damaligen Pfarrers von St. Gabriel, geweiht. Noch heute hat der Altar sichtbare Merkmale, die auf die Rituale beim Weiheritus zurückgehen: Die Brandstellen, die das Verbrennen des Weihrauchs auf der Altarplatte hinterlassen hat, sind noch deutlich zu sehen (vgl. auch Abb. 1)!

Im Rahmen der Altarweihe wurden auch die Reliquien in den Altar eingelassen. Trotz intensiver Recherche ließ sich die Urkunde zur Altarweihe 1966, die darüber genau Aufschluss geben könnte, nicht mehr auffinden. Eine der Urkunden wurde wahrscheinlich bei einem Brandschaden im Archiv des Bistums Essen vernichtet. Es ist aber davon auszugehen, dass die Reliquien, die sich im ursprünglichen Hochaltar befunden haben und bei dessen Weihe im Jahre 1912 eingelassen wurden, auch wieder in den neuen Altar eingefügt wurden. Die Chronik von St. Gabriel erzählt, dass es sich dabei um die Reliquien des »Heiligen Martyrers Theodulus« handelt. Theodulus und seine Gefährten waren Diakone und Priester aus verschiedenen Orten auf Kreta. Sie wurden im Rahmen der Christenverfolgung unter Kaiser Decius im 3. Jahrhundert gefangen genommen, gefoltert und enthauptet.[99]

Schauen wir uns den Altar genauer an. Der wuchtige Altarblock lässt weniger an einen Tisch denken als an einen großen Kasten. Er erinnert sehr an die Form eines altertümlichen Sarkophags. Dieser Gedanke irritiert und löst Unbehagen aus. In der Zeit der Renaissance (in Deutschland etwa im 16. Jahrhundert), als man in Abgrenzung zum Mittelalter die griechische und römische Antike wieder aufleben ließ, gab es die Vorstellung vom Altar als einem Reliquiengrab. Man ließ sich in dieser Zeit dazu inspirieren, Altäre in Sarkophagform zu gestalten. Aber kann denn ein Künstler wie Heinz Oliberius, der gerade den frischen und anhaltenden Wind der die Kirche erneuernden Konzilsbewegung im Rücken spürt, den Gedanken an ein Reliquiengrab betonen wollen, der der Renaissance eine Zeitlang wichtig war? Es scheint mir sehr zweifelhaft. Wenn wir außerdem an die Funktion des »heiligen Tisches« im Christentum denken, ist die Vorstellung vom Altar als Reliquiengrab ohnehin mehr als fragwürdig. Es muss etwas anderes gewesen sein, das den Künstler zu dieser Darstellung bewogen hat. Begnügen wir uns zunächst damit, dass es ihm offensichtlich wichtig war, das Thema Tod zu akzentuieren.

Wenn wir uns nun den Illustrationen auf dem Altar zuwenden, sehen wir, dass der Altar rundum mit eingearbeiteten, senkrecht verlaufenden Kerben versehen ist. An den Kerben sind weitere kleine Einkerbungen zu sehen. Ein erster, spontaner Eindruck: Hier handelt es sich um ein Ährenfeld, das sich ganz um den Altar zieht. Der gesamte Altar, mit Ausnahme der glatt polierten Altarplatte, scheint ein einziges Ährenfeld zu sein. An den Halmen der Ähren sind Blätter zu sehen. Die oberen Spitzen der Kerben hängen herunter wie die reif gewordenen Getreideähren. Das Korn an den langen Halmen scheint größtenteils ausgewachsen.

Die Gemeinde, die beim Gottesdienst auf den Altar schaut, bekommt noch mehr zu sehen. Die Kerben sind auf der vorderen Altarseite von deutlich größeren Einschnitten durchbrochen. Die Bruchlinien verlaufen in alle Richtungen. Bleiben wir bei dem Gedanken des Ährenfeldes, dann können wir an Sensenschnitte denken, mit denen das Getreide abgeschnitten wird. Dem Gedanken liegt eine biblische Symbolik zugrunde: Das Weizenkorn muss sterben, damit es sich zu neuer Frucht entfalten kann und schließlich Brot aus ihm werden kann. In diesem Bildwort aus dem Johannes-Evangelium (vgl. Joh 12,24) kündigt Jesus seinen Jüngern seinen weiteren Weg an. Jesus nimmt das Bild des Weizenkorns als ein Bild für sich selbst, der sich als Samenkorn in die Erde senken lässt (sich opfert), sich spalten lässt (sich verändern lässt), um in den Menschen aufzugehen (zu neuem Leben zu kommen), zu wachsen und gute Frucht zu bringen (im Menschen zu reifen).

Wenn wir uns vom Bild des Ährenfeldes und der Ernte lösen, lässt sich in der Vorderseite auch etwas völlig anderes erkennen: ein Stierkopf! Der Stierkopf erstreckt sich über die gesamte Breite: Der Kopf ist in der Mitte, links und rechts vom Kopf sind die Ohren des Stiers zu sehen. Die beiden großen Kerben ganz rechts und links sind die gebogenen, nach oben gerichteten Hörner. Es ist ein wirklich imposanter Stierkopf!

Schauen wir in Anbetracht dieser Wahrnehmung auf die Symbolik des Stiers. Der Stier ist ein heidnisches Opfertier. Er gilt von jeher als besonders wertvolles Opfertier. Um ihn ranken sich verschiedene Mythen und Kulte. Einer der bekanntesten Kulte ist der Mithraskult, ein Mysterienkult rund um die Göttergestalt Mithras. Der Mithraskult kann schon für die vorchristliche Zeit nachgewiesen werden. Christentum und

Mithraskult existieren eine Zeitlang parallel zueinander — bis zum Verbot des Mithras-kultes und anderer Kulte und Religionen im Römischen Reich durch Kaiser Konstantin im 4. Jahrhundert.

Christentum und Mithraskult wachsen auf demselben kulturhistorischen Hinter-grund. Als Hauptmotiv des Mithraskultes gilt die Stiertötungsszene. Mithras fängt einen Stier, tötet ihn und bringt ihn als Opfergabe zur Erneuerung der Welt dar. Dem Mythos entsprechend, gilt der Stier als Urstier und verkörpert kosmische Fruchtbarkeit. Nach dem Tod des Stiers, so die Vorstellung, wachsen aus seinem Körper alle Arten von Pflan-zen und Tieren. Der Mithraskult kennt das Stieropfer wie auch die Taufe mit Stierblut. Stieropfer und Taufe mit Stierblut stellen die Kräfte dar, die dem Stier zugeschrieben wer-den: Fruchtbarkeit, Tod, Auferstehung.[100] Es handelt sich in dieser Erzählung um einen Schöpfungsmythos. Im kultischen Erleben der Mithrasanhänger sind Neuschöpfung und Auferstehung ausschlaggebende Elemente. In dieser Vorstellung zeigt sich eine deutliche Analogie zum Christentum. Auch in Jesus Christus hat Gott eine neue Schöpfungsperi-ode eingeleitet. Jesus ist die Neuschöpfung des alten Menschen Adam.

Es gibt mehrere solcher Analogien, wenn man Elemente des Mithraskultes mit Ele-menten des Christentums vergleicht. Und doch unterscheidet sich der Mithraskult sehr deutlich vom Christentum. Mithras zum Beispiel opfert den Stier, wohingegen Chri-stus, der Sohn Gottes, sich selbst zu seinem Opfer entscheidet und nicht von Gott geopfert wird!

Was mag der Künstler also mit seiner Stierdarstellung gemeint oder nicht gemeint haben? Sicher hat er keinen heidnischen Kult einführen und sicher hat er auch nicht den Stier mit Jesus Christus gleichsetzen wollen!

Vielmehr scheint, und das leuchtet ein, der Gedanke des Opfertodes und des daraus hervorgehenden neuen Lebens im Vordergrund zu stehen. Damit korrespondiert auch das Bild des Fruchtbringens, das uns aus der Ährensymbolik im Sinn ist: Die Frucht des Säens ist der Tod der Saat, die »Frucht« dieses Todes ist das Leben der verwandelten Saat. Aus der gebrochenen Ähre wie auch aus dem getöteten Opfer geht etwas Neues hervor. Im christlichen Sinn gedeutet, kann uns die Stierdarstellung sagen: Das Opfer Christi ist das neue, wahre und einmalige Opfer, das alle bisherigen Opfer übersteigt und keine weiteren Opfer, eben auch keine Tieropfer, mehr nötig macht. Mit dem ein-maligen, freiwilligen Opfer Christi ist der Mensch für alle Zeiten erlöst.[101] Wir werden in der Deutung des Altars durch den Künstler gezielt auf den Opfergedanken in Bezug auf Jesus Christus verwiesen und aufgefordert, das Opfer Jesu richtig zu verstehen.

Gemeinsam ist der Dreifach-Symbolik von Sarkophag, Ähren und Stier: Neues Leben, neue Frucht zu bringen, ist nur möglich, wenn der Weg durch den Tod gegangen ist! Der Sarkophag zeigt die Wucht und die Macht des Todes. Aber er ist gespickt mit den Zeichen des Lebens und der Fruchtbarkeit. Im Übrigen: Das Wort ›Sarkophag‹ ist in unserer Vorstellung und von seiner Wortbedeutung her negativ besetzt: ›Sarkophag‹ kommt aus der griechischen Sprache und bedeutet ›Fleischesser‹. Aber schauen wir einmal genauer ins Neue Testament. Immer wieder verwendet Jesus in Bezug auf seine Person die Rede vom ›Fleisch essen‹, vor allem in der sogenannten großen Brotrede im Johannes-Evangelium. Jesus sagt:

»Ich bin das lebendige Brot, das vom Himmel herabgekommen ist. Wer von diesem Brot isst, wird in Ewigkeit leben. Das Brot, das ich geben werde, ist mein Fleisch (ich gebe es hin) für das Leben der Welt. Da stritten sich die Juden und sagten: Wie kann er uns sein Fleisch zu essen geben? Jesus sagte zu ihnen: Amen, amen, das sage ich euch: Wenn ihr das Fleisch des Menschensohnes nicht esst und sein Blut nicht trinkt, habt ihr das Leben nicht in euch. Wer mein Fleisch isst und mein Blut trinkt, der bleibt in mir und ich bleibe in ihm. Wie mich der lebendige Vater gesandt hat und wie ich durch den Vater lebe, so wird jeder, der mich isst, durch mich leben.« (Joh 6,51–57)

Diese Rede Jesu von seinem Fleisch als Lebensspeise wollte von denen, die ihm zuhörten, erst einmal geschluckt und verdaut werden! Vermutlich haben Jesu Worte die Menschen damals weitaus stärker irritiert, als uns heute die Darstellung des Altars in der Form eines Sarkophags irritieren kann. Der Künstler Heinz Oliberius will uns mit der Form des Altars in der Gabrielkirche auf diese so wichtige Offenbarung Jesu hinweisen. Hier am Altar geschieht die Wandlung von Brot in das »Fleisch Jesu«. Im Kommunionempfang nehmen wir im Brot Jesus selbst auf.

Fruchtbarkeit, Tod, (neues) Leben — das sind die Themen, die der Künstler in seiner Altargestaltung umsetzt. Es sind die Koordinaten, die den Kreislauf des Lebens bestimmen. Sie werden uns noch weiter begegnen.

Der Ambo — Gott im Wort begegnen

Der Ambo ist der »Tisch des Wortes«, der Ort, von dem aus das Wort Gottes verkündet wird. Das Wort Gottes ist Gottes Botschaft an sein Volk in Schriften des Alten und des Neuen Testamentes. Ihm kommt eine hohe Würde zu, die das Zweite Vatikanische Konzil ausdrücklich betont. Denn dem Wort Gottes Aufmerksamkeit schenken, heißt: Gott selbst im Wort begegnen. Um diesen Gedanken deutlich zu machen, bekommt die Verkündigung des Wortes Gottes im Rahmen der liturgischen Erneuerung auch wieder ihren eigenen Ort — wieder, weil dies bereits in den ersten Jahrhunderten nach Christus so war. Immer wurde das Wort Gottes direkt an die Gemeinde gerichtet. Deshalb befand sich der Ort der Verkündigung ursprünglich auch immer in der Nähe der Gemeinde. In der Regel war dieser Ort erhöht, damit die Gemeinde das Gesprochene auch verstehen konnte. Daher leitet sich auch das Wort »Ambo« ab. Es kommt vom griechischen ›anabainein‹, das ›hinaufsteigen‹ bedeutet.[102] Zum Ambo musste man hochsteigen. Im Laufe der Zeit entwickelten sich auch der Lettner und die Kanzel als Orte der Wortverkündigung.

Vom Ambo aus wird auch das Exultet gesungen, das große Osterlob zu Beginn der Lichterfeier in der Osternacht. Auch für den Antwortgesang zwischen den Wortlesungen und für die Fürbitten kann der Ambo genutzt werden. Für die Gestalt und den genauen Standort des Ambos gibt es keine festen Regeln. Es obliegt dem Künstler, einen passenden, dem Kirchenraum angemessenen Ambo zu schaffen.[103]

Der Ambo in der Gabrielkirche

Im Jahre 1967, ein Jahr, nachdem er den Altar gefertigt hatte, gestaltete Heinz Oliberius den Ambo der Gabrielkirche. Der Ambo steht weit vorn im Chorraum, so nah wie möglich den Zuhörenden zugewandt. Er ist aus Bronze gegossen und passt vom Material her gut zum Tabernakel, zu den großen Chorraumleuchtern und zum Triumphkreuz, das über dem Altar im rechten Seitenschiffchor hängt.

Wenn wir den Ambo aus dem Kirchenschiff heraus betrachten, schauen wir immer ein wenig nach oben. Beim Betrachten des Kunstwerks sehen wir deshalb vor allem den Unterbau. Dieser Unterbau hat die Form eines großen Kreuzes. Es ist ein aufgebrochenes, leeres Kreuz. Es erinnert auch an einen alten Baumstamm, der skelettartig ausgehöhlt wirkt. Das aufgebrochene Kreuz beziehungsweise das tote Holz des Baumes erschließt sich in seiner Deutung im christlichen Verständnis auf das zurückgelassene und damit überwundene Kreuz Jesu hin. Das tote Holz des Marterwerkzeugs ist »Reliquie«,

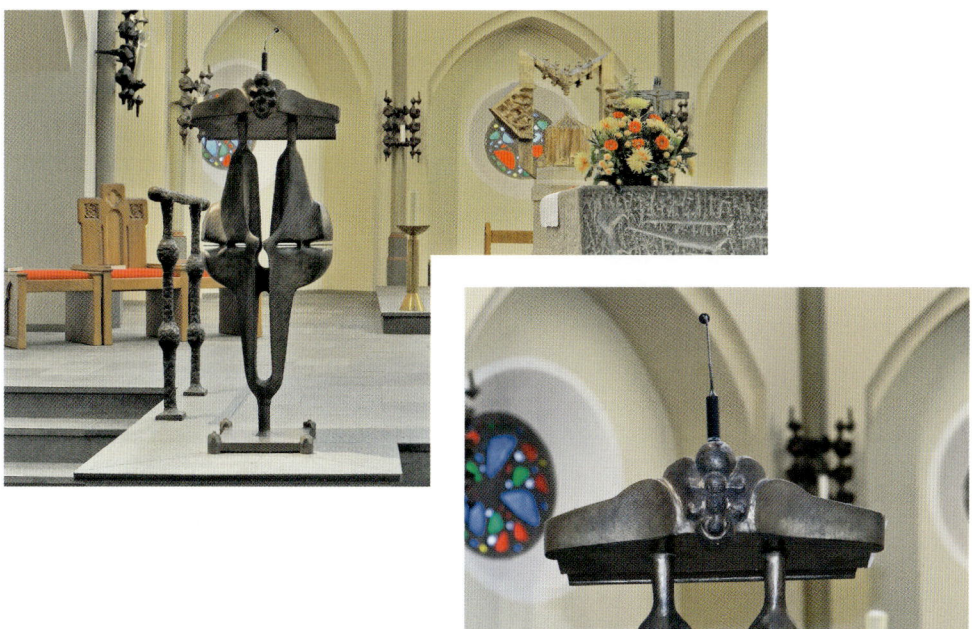

Abb. 84: Der **Ambo**.

zurückgelassenes Mahnmal des Geschehens und Zeichen unserer Verbundenheit mit dem Gekreuzigten. Wer im Gottesdienst dem Wort Gottes folgt und sich zum Ambo hinwendet, hat das Symbol des aufgebrochenen Kreuzes, des Sieges über den Tod, vor Augen. Diese Darstellung zeigt: Das unüberwindlich Scheinende ist überwunden. Der Tod ist besiegt. Das Leben ist frei.

Auf das offene Kreuz ist ein Ablagetisch für das Evangeliar gearbeitet. Kreuz und Wort sind fest miteinander verankert, sie sind im wahrsten Sinne des Wortes zusammengeschweißt. Was real im künstlerischen Ausdruck des Ambos vor uns zu sehen ist, ist auch im übertragenen Sinn zu verstehen. Das Wort Gottes und das Kreuz Christi gehören zusammen. Das Wort der Heiligen Schrift verkündet das Kreuz und das Kreuz verkündet das Wort. Kreuz und Wort zusammen bedeuten für den Menschen Heilung und Leben.

Wenn wir uns den Ablagetisch für die Schrift näher ansehen, fällt auf seiner Vorderseite ein seltsames Ornament auf. Vier unterschiedlich große, aneinandergereihte »Kugeln« sind in ihm zu sehen, wobei die obere die größte ist und wie ein Kopf wirkt. Rechts und links neben den Kugeln sind je zwei weitere Formen zu sehen, nicht ganz rund. Das Ornament könnte eine Blume sein oder auch eine Frucht, vielleicht Trauben. Es könnte auch ein Insekt sein. Es könnte aber, wie jemand kürzlich sagte, auch ein Totenschädel oder eine Fratze sein! Wie aber passen diese verschiedenen Eindrücke zusammen?

Je länger ich hinschaue, umso mehr und deutlicher sehe ich in dem Ornament die Darstellung eines Insekts. Ich sehe darin am ehesten eine Biene, eventuell einen Käfer. Eine Biene hat einen gliedrigen Körper, ähnlich der Darstellung im Ornament. Bienen und Käfer sind Insekten, die auf ihrer Suche nach Nahrung Pollen verteilen und dadurch Pflanzen bestäuben. Die Pflanzen, die zum Überleben von Insekten abhängig sind, haben sich im Laufe ihrer Entwicklung erstaunlich verändert. So begannen einige Pflanzen, Nektar zu produzieren, um Bienen und andere Insekten anzulocken. Die Bienen reagierten darauf, indem ihnen ein langer Rüssel wuchs, mit dem sie den Saft aufnehmen konnten. Die Natur will die Arterhaltung durch Fortpflanzung sicherstellen. Das gegenseitige Geben und Nehmen von Pflanze und Tier macht es möglich.

Das »Bild« von Biene und Pflanze finde ich in der Biene auf dem Tisch des Wortes Gottes wieder. Das Wechselgeschehen, das sich zwischen Pflanze und Biene in der Natur abspielt, entspricht dem Wechselgeschehen von Gottes Wort und Mensch: Das Wort Gottes verhallt ungehört, wenn es nicht wahrgenommen wird — so, wie eine Pflanze sterben muss, wenn sie nicht wahrgenommen wird und sich deshalb nicht fortpflanzen kann. Es will wie süßer Saft sein, den der Mensch gern trinkt. Der Mensch ist derjenige, der das Wort Gottes aufnimmt und es weiterträgt, damit Mensch und Wort weiterleben können. Wie die Biene aus dem Nektar Honig zur Nahrung für ihre Nachkommen produziert, soll der Mensch das Wort Gottes zur süßen Nahrung für seine Kinder machen. Wie Pflanze und Tier sich aneinander angepasst haben, sollen sich Mensch und Wort ergänzen. Die Biene kann sich die Pflanzen aussuchen, aber sie weiß, welche Pflanzen sie anfliegen darf und welche nicht. Auch der Mensch hat die Wahl zwischen verschiedenen geistigen Nahrungsquellen. Wie die Biene soll er wissen, dass das Wort Gottes die Nahrung ist, die er für sein Leben braucht.

Die Biene auf dem Ambo sagt allen Betrachtenden: Nimm das Wort Gottes auf, fliege damit los und trage es wie die Pollen der Pflanzen in die Welt, damit es dort Frucht bringen und sich vermehren kann, damit die Menschen von Gottes Wort befruchtet und gesättigt werden, und aus dem Wort leben können. Zu dieser Deutung passt dann auch das Bild der Traube als süße Frucht, die man in dem Zeichen auch sehen kann.

Und der Totenschädel, die Fratze? Unweigerlich kommt mir die Sarkophagform des Altars in den Sinn. Zu einem Sarg passt ein Totenschädel. Die Impulse, die die Form des Altars gibt, gehen auch vom Ambo-Ornament aus. Der Künstler deutet damit die enge Bezogenheit von Ambo (Wort) und Altar (Eucharistie) zueinander an. Jesus verkündet im Wort, was nötig ist, um das Leben zu haben: sein Fleisch zu essen (vgl. Joh 6,51ff).[104] Zudem mahnt das Ambo-Ornament: So einfach, wie es sich im Bild der Biene nahelegt, geht es nicht immer mit der gegenseitigen Befruchtung von Wort und Mensch! Der Tod ist ein wesentlicher Teil des Kreislaufs vom Fruchtbringen. Er darf nicht ignoriert werden. Auch das skelettartige Kreuz des Unterbaus erinnert daran.

Sich zum Wort Gottes zu bekennen, heißt zu glauben, dass Gott Leben für die Menschen will und bereithält, auch in den todesähnlichen Situationen unseres Lebens und schließlich im großen Tod. In der Biene darf und soll der Totenschädel gesehen werden. Aber im Totenschädel muss auch die Biene erkannt werden!

Die Bibel erzählt uns an mehreren Stellen vom Fruchtbringen. Jesus lädt uns ein, diesen Zusammenhang zu hören und in uns aufzunehmen:

»Ein Sämann ging aufs Feld, um seinen Samen auszusäen. Als er säte, fiel ein Teil der Körner auf den Weg; sie wurden zertreten und die Vögel des Himmels fraßen sie. Ein anderer Teil fiel auf Felsen, und als die Saat aufging, verdorrte sie, weil es ihr an Feuchtigkeit fehlte. Wieder ein anderer Teil fiel mitten in die Dornen und die Dornen wuchsen zusammen mit der Saat hoch und erstickten sie. Ein anderer Teil schließlich fiel auf guten Boden, ging auf und brachte hundertfach Frucht. Als Jesus das gesagt hatte, rief er: Wer Ohren hat zum Hören, der höre!« (Lk 8,5–8)

Der Tabernakel — Gott ist da!

Biblischer Bezug

»Da antwortete Gott dem Mose: Ich bin der ›Ich-bin-da‹«. (Ex 3,14) Im zweiten Buch der Bibel, im Buch Exodus, offenbart sich Gott Mose, dem Führer des Gottesvolkes, mit seinem Namen. In der biblischen Tradition sind Namen in der Regel gut überlegt. Denn sie beinhalten meistens auch, was über die Person, die den Namen trägt, ausgesagt werden soll. So ist der Name Gottes, JHWH, wenn auch nur ungenau, in etwa mit

›Ich-bin-da‹ zu übersetzen. Das hebräische Wort JHWH ist eigentlich kein einzelnes Wort, obwohl es aus vier zusammenhängenden Buchstaben besteht; es lässt sich besser als Satz übersetzen, wobei dieser Satz zeitübergreifend zu verstehen ist. So wie die Gegenwart gemeint ist (ich bin), sind ebenso Vergangenheit und Zukunft mit einbezogen: Gott ist der Ewige, der, der immer da war, ist und sein wird. Seit Gott Mose seinen Namen offenbart hat, weiß das Gottesvolk mehr von seinem Gott. Mit seinem Namen gibt Gott sein Wesen und sein Wirken bekannt.

Nachdem die Flucht aus Ägypten gelungen und die Zeit der Zwangsarbeit für die Menschen vorbei ist, zieht das Volk Israel durch die Wüste. Auch auf dem Weg durch die Fremde in das verheißene Land ist Gott bei seinem Volk. Er gibt den Menschen die Zehn Gebote als Hilfe zum Zusammenleben im Lebensalltag. Dann erteilt Gott den Menschen die Anweisung, ein Heiligtum zu bauen: »Macht mir ein Heiligtum! Dann werde ich in ihrer Mitte wohnen.« (Ex 25,8) Gott liefert die Begründung für den Bau des Heiligtums mit dem Auftrag gleich mit: Er will nicht weit entfernt sein, sondern mitten unter den Menschen wohnen. Das Heiligtum steht auf diese Weise in direkter Verbindung mit den heiligen Stätten, an denen Gott zuvor schon Menschen begegnet ist. Gott fordert das Volk auf, eine Lade herzustellen, in der die Bundesurkunde aufgehoben werden soll. Die Lade ist gedacht als eine Art Kasten und ist das Zentrum des Heiligtums. Sie soll ab sofort das tragbare Symbol für die ständige Anwesenheit Gottes sein. Der Deckel der Lade soll nach Gottes Anweisungen aus purem Gold gefertigt werden und eine besondere Gestaltung bekommen: »Mach zwei Kerubim aus getriebenem Gold und arbeite sie an den beiden Enden der Deckplatte heraus! Mach je einen Kerub an dem einen und dem anderen Ende (…). Die Kerubim sollen die Flügel nach oben ausbreiten, mit ihren Flügeln die Deckplatte beschirmen und sie sollen ihre Gesichter einander zuwenden. (…) Dort werde ich mich dir zu erkennen geben und dir über der Deckplatte zwischen den beiden Kerubim, die auf der Lade der Bundesurkunde sind, alles sagen, was ich dir für die Israeliten auftragen werde.« (Ex 25,18–22)

Keruben oder Kerubim werden als Mischwesen aus Tier und Mensch oder als Mischwesen aus unterschiedlichen Tieren beschrieben. In der altorientalischen Frömmigkeit sind sie die Boten, die Gebete zu Gott bringen oder die heilige Orte bewachen. Sie tauchen bereits im Buch Genesis auf: Gott stellt die Keruben, nachdem die Menschen das Paradies verlassen mussten, in der Nähe des Gartens Eden auf, damit sie den Weg zum Baum des Lebens bewachen (vgl. Gen 3,24). Lade und Keruben werden im Alten Testament häufig zusammen erwähnt, wenn es um die Vorstellung vom Thron

Gottes geht. Im Jerusalemer Tempel zum Beispiel bilden die Keruben zusammen mit der Lade den (leeren) Thron des unsichtbaren Gottes. Sie markieren den Ort der Gegenwart Gottes.[105]

Im Buch Exodus (vgl. Ex 26) beschreibt Gott weiter, wie das gesamte Heiligtum im Einzelnen auszusehen hat. Unter anderem wird gesagt, dass es aus Zelttüchern gefertigt sein soll. Insgesamt soll es drei voneinander getrennte Heiligkeitsbereiche geben: den Vorhof, das Heilige und das Allerheiligste. Die Lade soll hinter einen Vorhang gebracht werden; »der Vorhang trenne auch das Heiligtum vom Allerheiligsten« (Ex 26,33). Das Allerheiligste ist der innerste Raum des Offenbarungszeltes während der Zeit der Wüstenwanderungen des Volkes Israel und später des Jerusalemer Tempels, in dem die Bundeslade aufbewahrt wird.

Ein nie verlöschendes, ewiges Licht soll Zeichen für die immerwährende Gegenwart Gottes sein. »Du aber befiehl den Israeliten, dass sie dir reines Öl aus gestoßenen Oliven für den Leuchter liefern, damit immer Licht brennt.« (Ex 27,20) So spricht Gott zu Mose.

Der christliche Tabernakel

›Tabernaculum‹ ist ein lateinisches Wort und bedeutet in der deutschen Übersetzung: ›Zelt‹. Der Tabernakel geht auf das Zelt des Heiligtums des Volkes Israel zurück, in dem Gott beständig anwesend war.

Der Tabernakel ist ein Kasten, ein kleiner Schrank, in dem das eucharistische Brot, das in den Leib Christi gewandelte Brot, aufgehoben wird. Nach der Lehre der Kirche ist die Gegenwart Christi in den Gestalten von Brot und Wein keine vorübergehende Gegenwart während der Eucharistiefeier, sondern besteht darüber hinaus fort. Lange Zeit hob man das eucharistische Brot in der Wohnung des Geistlichen auf, damit dieser einen Vorrat hatte, aus dem er sich bedienen konnte, um Sterbenden und Schwerkranken eine Wegzehrung zu geben.[106] Später brauchte man einen Aufbewahrungsort für das eucharistische Brot im Gottesdienstraum, um die Kommunion auch in Gottesdiensten auszuteilen, in denen keine Eucharistiefeier vorgesehen war. In der Westkirche ist diese Form zunächst nur für die Karfreitagsliturgie erhalten geblieben. Wir kennen darüber hinaus Wortgottesdienste mit Kommunionausteilung zu bestimmten Anlässen.

Manchmal wird das eucharistische Brot aus dem Tabernakel geholt und den Gläubigen zur stillen Anbetung in einer Monstranz gezeigt. Die Form des anbetenden Schauens kam in der Zeit der Gotik auf: Man wollte den Herrn in der konsekrierten Hostie sehen. Der Kommunionempfang wurde zu jener Zeit nur selten gewährt; die Kirche bemühte sich, das Verlangen der Gläubigen nach dem Sakrament des Heils im Schauen zu stillen. Die frommen Menschen des Mittelalters flohen zur Anbetung geradezu zum Tabernakel und zur Monstranz, weil ihnen der Empfang der Kommunion verwehrt wurde. Als den Gläubigen der Kommunionempfang wieder regelmäßig gewährt wurde, ließen diese Anbetungsformen nach; Mahl und Verehrung im Schauen wurden wieder bewusst in die Messe integriert.[107] Der Tabernakel erhielt seine ursprüngliche Funktion als Aufbewahrungsort des eucharistischen Brotes zurück. So ist es bis heute.

Im Laufe der Zeit gab es verschiedene Stellen im Raum der Kirche, wo man den Tabernakel verortete: über dem Altar hängend (12./13. Jahrhundert), als eigenes Sakramentshäuschen (deutsche Spätgotik, 15. Jahrhundert), mit dem Hauptaltar verbunden (aus Spanien und Italien, 15. Jahrhundert), auf dem Altar oder an einem anderen würdevollen Ort in der Kirche (nach dem Zweiten Vatikanischen Konzil).[108] Ein Tabernakel soll nicht beweglich, aus festem Material gefertigt, nicht durchsichtig und verschlossen sein. Zwei Zeichen sind es, die die Gegenwart Gottes im Tabernakel kenntlich machen: eine Verhüllung des Tabernakels aus Stoff und eine ständig in seiner Nähe brennende Lampe.[109] Beide Zeichen entstammen der biblischen Überlieferung im Buch Exodus.

Das Ewige Licht beim Tabernakel signalisiert jedem, der den Kirchenraum betritt, dass Christus da ist. Seine Gegenwart ist aber nicht auf den Raum der Kirche beziehungsweise auf den Tabernakel begrenzt. Wenn Christus auch hier in besonderer Weise erfahrbar werden kann, so ist er auch an anderen Orten gegenwärtig. Gott ist ein Gott, der mit seinem Volk unterwegs ist und sich nicht an einen einzigen Ort binden lässt. Das Ewige Licht kann uns zeigen: Wir werden von Gott in diesem Raum erwartet. Der Raum der Kirche lädt uns ein, Gott in ihm wahrzunehmen und uns von Gott berühren zu lassen.

Der Tabernakel in St. Gabriel

Nehmen wir uns die Zeit, zum Eingang der Kirche zurückzugehen und von dort aus unseren Blick auf den Chorraum zu richten. Es lohnt sich! Natürlich fallen die großen Chorraumfenster sofort auf. Wenn wir aber den Blick von den Fenstern weg in den unteren Chorraum lenken, sehen wir einen großen, goldfarbenen Stern, der direkt über dem Altar zu schweben scheint. Dieser Stern ist Teil des Tabernakels. Altar und Stern sind unmittelbar aufeinander bezogen.

Die Mitte des Sterns füllt das kleine Rundfenster in der mittleren Bogennische der Chorraumapsis aus. Es sieht so aus, als gehörte diese bunte Mitte zum Tabernakel dazu. In bunten Farben leuchtet das Licht der hineinscheinenden, aufgehenden Sonne durch den Stern hindurch. Der Stern umschließt das Fenster so, dass Stern und Fenster eine Einheit bilden. Der Effekt: Der Stern leuchtet von innen her! Es ist Leben in ihm, und zwar buntes, leuchtendes Leben. Soweit der erste Eindruck aus der Ferne.

Heinz Oliberius gestaltete den Tabernakel in der Gabrielkirche im Jahre 1986. Es war sein zweiter Entwurf — nach einem, man muss wohl sagen, missglückten ersten. Das Modell, das er zuerst geschaffen hatte, stand im Zusammenhang mit der Chorraumgestaltung in den 1960er Jahren. Nach 20 Jahren aber konnte oder wollte man sich nicht mehr mit jenem Tabernakel arrangieren. Immer noch wirkte er fremd und ungewöhnlich. Den Tabernakel, der jetzt zu sehen ist, kreierte Heinz Oliberius nach etlichen gezeichneten Entwürfen. Die Vielzahl und der Variantenreichtum der Zeichnungen lassen erahnen, wie sehr der Künstler um die Gestalt des neuen Tabernakels gerungen haben muss. Es wird nicht ganz leicht für ihn gewesen sein, 20 Jahre nach seiner Arbeit im Chorraum der Gabrielkirche einen neuen Tabernakel zu erstellen, der zum Stil von Altar, Ambo und Leuchtern aus den 1960er Jahren und schließlich auch noch zu seinem eigenen, weiterentwickelten Stil passte. Nähern wir uns nun dem Tabernakel und betrachten ihn genauer.

Was wir sehen …

Wir sehen eine Arbeit, die, grob gesehen, aus zwei Teilen besteht: Der obere Teil ist eine Form aus gegossener Bronze und daher ganz goldfarben. Der untere Teil ist eine Stele aus grauem Stein, die den Bronzeaufbau trägt.

Was aus der Ferne betrachtet wie ein Stern aussieht, wirkt aus der Nähe nun noch anders. Die Form des Sterns ist in dem bronzenen Teil des Tabernakels nicht mehr so eindeutig als Stern zu erkennen. In dem Stern kann nun auch ein Kreuz gesehen werden — was sicherlich kein Zufall ist, wenn wir uns die Gedanken und Zeichen in Erinnerung rufen, die wir bereits aus Altar und Ambo herausgelesen haben. Noch etwas lässt sich bei der

Abb. 85:

Der **Tabernakel**.

Betrachtung der Form entdecken: Auch ein großes ›M‹ wird neben Stern und Kreuz als ein Grundelement erkennbar. Rechts und links an der Seite sind an das ›M‹ zwei kräftige Spitzen angefügt, die aussehen wie Flügel oder Strahlen. In diesen Spitzen sind je zwei Engel zu erkennen. Im oberen Teil ist der Bronzeguss mit Kranz-Ornamenten geschmückt. Rund um den Tabernakel sind senkrecht verlaufende Einkerbungen zu sehen.

Die äußere Gestalt des Tabernakels umschließt einen inneren Kern: ein mit einem runden Knauf zu öffnendes, unverschlossenes Zelt. Hinter ihm verbirgt sich ein kleines, in der Regel verschlossenes Tresor-Schränkchen mit zwei Flügeltüren. Jede der Flügeltüren ist mit vier mal vier blauen Emailquadraten besetzt, wobei die Blau-Töne verschiedene Nuancen und Tiefen haben. Die blauen Flügeltüren erwecken den Eindruck von Panzertüren. Wenn sie geöffnet sind, eröffnen sie den Blick auf einen zweigeteilten Vorhang, der sich als letzter, zur Seite zu schiebender Sichtschutz vor das Innere des Schränkchens legt.

... und wie wir es im Einzelnen deuten können

Der Stern

Ein Stern ist ein Licht am dunklen Nachthimmel. Zu erkennen ist er nur, wenn die Nacht klar und wolkenlos ist. Der Stern durchdringt die Nacht; er wird symbolisch verstanden als das geistige Licht, das die Finsternis durchscheint.[110] Sterne haben etwas Wunderbares, Faszinierendes an sich. Wer einen Sternenhimmel betrachtet, wird still vor Staunen und Ehrfurcht. Menschen verbinden mit Sternen das Göttliche. Die Bewegung der Sterne symbolisiert in verschiedenen Religionen das Zusammenwirken göttlicher Mächte. In manchen mythologischen Vorstellungen stehen die Sterne für Verstorbene, die zwar weit entfernt sind, deren Licht aber immer noch von der Erde aus wahrzunehmen ist. Dieser Gedanke ist auch uns vertraut. Desöfteren finden wir Worte des französischen Schriftstellers Antoine de Saint-Exupéry aus seinem Buch »Der kleine Prinz« auf Totenbriefen. Im Buch tröstet der kleine Prinz, der weiß, dass er bald fortgehen muss, seinen Freund mit diesen Sätzen: »Wenn du bei Nacht den Himmel anschaust, wird es dir sein, als lachten alle Sterne, weil ich auf einem von ihnen wohne, weil ich auf einem von ihnen lache. Du allein wirst Sterne haben, die lachen können!«[111] Es geht um Abschied, aber auch um Hoffnung. Sterne sind Hoffnungszeichen, Zeichen für eine Beziehung zwischen Ferne und Nähe, für eine Verbindung von Himmlischem und Irdischem. Damit sind sie auch Zeichen der Ferne und Nähe Gottes und Zeichen für unsere Sehnsucht nach Gott.

Der Stern des Tabernakels erinnert auch an den Stern von Betlehem. Jener Stern kündet den neuen Stern an, der mit der Geburt Jesu aufgeht. Der Stern ist ein leuchtendes, himmlisches Zeichen, das entdeckt werden will. Es ist schon erstaunlich: Gott macht sich nicht mit lautstarken Zeichen bemerkbar. Selbst in dem wunderbaren Zeichen seiner Menschwerdung in Jesus Christus wählt er lieber den leisen Weg. Er lädt dazu ein, seine leisen Spuren zu finden. Heute bezeichnet der Stern von Betlehem in Betlehem den Ort, wo Gott »zur Welt kommt«. Im eucharistischen Brot kommt Gott zu den Menschen; beim Empfang der Heiligen Kommunion kommt Gott im Menschen immer wieder neu »zur Welt«.

Wenn ich den Stern im Tabernakel betrachte, kommt mir ein Lied des Komponisten Gregor Linßen in den Sinn. Es heißt darin: »Kommt und seht! Über uns steht ein guter Stern! Kommt und seht: Gott ist hier!«[112] Es kommt mir vor wie eine

Aufforderung an die Menschen, die in die Kirche eingetreten sind: Kommt und seht, der Stern zeigt es: Gott ist hier! Vom Ruf Gottes, der uns leiten will wie ein Stern in der Nacht, wird in diesem Lied gesungen — und von einem Lächeln, das sich auf die Finsternis legt. Der Sohn Gottes ist geboren, die Finsternis kann uns nicht mehr bedrohen. Ich denke an das Lächeln der Sterne, von dem auch Saint-Exupérys kleiner Prinz erzählt. Das Lachen des Sterns — das ist es doch, was der Stern in diesem Tabernakel zeigt! Die bunten Farben des runden kleinen Fensters, die durch den Stern leuchten und die nur vom Eingang der Kirche aus — also aus der Ferne! — wahrzunehmen sind: Sie lassen den Stern strahlen — und lachen! Gott ist da. Und er lacht uns zu. Hätte Heinz Oliberius das Wesen Gottes schöner umsetzen können als in einem lachenden Stern?

Das Kreuz

Ob es nun gefällt oder nicht: Das Kreuz ist auch (wieder mal) da. Die seitlichen Arme des Kreuzes spannen sich nach links und rechts wie Flügel aus. Diese Flügel aber wirken nicht bedrohlich, sie machen eher einen beschützenden Eindruck. Dazu passt auch die leichte Neigung und Bewegung der Flügel auf das innere Zelt hin und gleichzeitig nach vorn auf uns Betrachtende zu. Möchte uns da jemand oder etwas in die Arme schließen? — Aber halt: Das Kreuz kommt auf uns zu? Ich werde vom Kreuz umarmt? Da ist sie ja doch wieder, die Bedrohung, die das Kreuz bedeutet, und sie kommt mir auch noch nah! Sie ist nicht wegzudiskutieren!

Nein, sie ist nicht wegzudiskutieren, denn: Es gibt sie. Aber: Dieses Tabernakelkreuz betont trotz seiner Größe nicht in derart dominanter Weise wie die Sarkophagform des Altars die Botschaft vom Weg des Lebens in den Tod. Die »Arme« des Kreuzes sind viel zu »kurz« zum Umklammern und Festhalten. Dieses Kreuz will eine andere Botschaft als die Mahnung von der Allgegenwart des Todes übermitteln. Es wirbt: Nimm mich an. Es geht kein Weg an mir vorbei. Lerne, mit mir umzugehen und spüre dabei neben dem Schrecklichen auch den Schutz, den ich dir geben kann, weil der, der an mir gehangen und gelitten hat, allezeit für dich da ist. Dieses Kreuz, so scheint es, will Frieden schließen. Es ist — ähnlich dem Kreuz des Ambos — ausgehöhlt. Oder, besser gesagt: Es ist neu gefüllt mit dem innen liegenden Zelt und mit dem Licht und Lachen Gottes!

›M‹ wie Maria

Stern und Kreuz beinhalten als ein drittes Zeichen ein großes ›M‹. In der Überschrift ist die Deutung dieses Zeichens schon vorweggenommen. Das ›M‹ steht für Maria. Maria ist die junge Frau, die Gott in ihr Leben einlässt, und die damit erst den Heilsplan Gottes möglich macht — so könnte man die Rolle dieser besonderen Frau in aller Verkürzung beschreiben. Maria ist aus dem Heilsplan Gottes nicht wegzudenken.

Schauen wir in die Höhe. Wir sehen Maria in dem großen Chorraumfenster direkt über dem Tabernakel gleich zweimal, in der Verkündigungsszene sowie unter dem Kreuz Jesu. Ganz am Anfang des neuen Bundes Gottes mit den Menschen stehen Gottes Heilswille und Marias Ja. Am Ende des irdischen Weges Jesu stehen das Kreuz und die Trauer, die in der Trauer Mariens symbolisiert und personifiziert ist. Die vertikale »Leserichtung« des Fensters führt uns weiter zum Tabernakel. Hier, wo Jesus im eucharistischen Brot bleibend gegenwärtig ist, ist auch Maria, im Zeichen des ›M‹. Sie ist die Heilige, die so nah bei Gott ist wie kein anderer Mensch, der zuvor gelebt hat (mit Ausnahme von Jesus), so der Glaube der Kirche. Die Flügel, die seitlich des Buchstabens angebracht sind, wirken wie ein Schutzmantel. Maria ist die Schutzmantelmadonna, die ihren weiten Mantel um die Menschen legt. Und: Sie verweist über sich hinaus auf den Stern, der Menschen in der Dunkelheit den Weg zeigt.[113]

Wasser und Blut — Lebenselixiere

Wir haben an den Rändern des Tabernakels Einkerbungen entdeckt. Sie erinnern in gewisser Weise an die Einkerbungen rund um den Altar, die wir als Ährenfeld gedeutet haben. Die Kerben im Tabernakel sehen aber nicht aus wie Ähren. Vielmehr denke ich dabei zuerst an Wasser. Die Linien verlaufen wie ein Wasserstrom von oben nach unten. Die Leserichtung des Themenfensters wird in den Linien des Tabernakels weitergeführt. Auch die blauen Emailquadrate auf den Flügeltüren des Tabernakeltresors erinnern an Wasser.

Bleiben wir in der Leserichtung und schauen noch einmal nach oben zum Fenster, auf die Kreuzigungsszene. In der Bibel heißt es im Johannes-Evangelium: »Als sie (…) zu Jesus kamen und sahen, dass er schon tot war, zerschlugen sie ihm die Beine nicht, sondern einer der Soldaten stieß mit der Lanze in seine Seite, und sogleich floss Blut und Wasser heraus.« (Joh 19,33f) Der Lanzenstich soll sicherstellen, dass Jesus tatsächlich schon tot ist. Aber er ist auch bildlich zu verstehen: Im Bild vom geöffneten Herzen Jesu, aus dem Blut und Wasser fließen, sieht der Glaube ein Bild für die Heilsgaben, die sich aus Jesus an die Menschen verströmen.[114] Seit frühester Exegese sind Wasser und Blut Bilder für die Sakramente Taufe und Eucharistie. Das Bild vom Wasserstrom, das sich nahelegt, ist passend. Der Strom ist aber nicht nur ein Wasserstrom, sondern ein Strom aus Wasser und Blut, den beiden Lebenselixieren. Noch weiter oben, in der Verkündigungsszene im Fenster, zeigt sich: Die Lanze, das Werkzeug, das diesen Strom auslöst, trägt der Engel Gabriel schon in der Hand!

Engel — Boten des Himmels

Rechts und links in den Spitzen des Tabernakels haben wir schon zu Beginn Engel ausmachen können. Es sind insgesamt vier Engel, an jeder Seite zwei, die halbplastisch aus den Seitenflügeln hervortreten. Sie sind, wie die Keruben im Alten Testament, als Wächter des Heiligtums zu verstehen.

Abb. 86: **Engel** links neben dem Tabernakelzelt.

Abb. 87:

Engel rechts
neben dem Tabernakelzelt.

Die Engelsszene hat etwas zum Schmunzeln an sich: Die himmlischen Wächter haben es sich offenbar recht bequem gemacht und liegen entspannt auf dem Bauch; zum Teil stützen sie sich auf ihren Armen ab. Ihre Flügel sind nicht entfaltet wie die der Keruben auf der Bundeslade. Diese Engel sind nicht in Alarmbereitschaft. Sie scheinen keine akute Gefahr zu erwarten — jedenfalls sind sie nicht kampfbereit. Aber sie sind nicht unaufmerksam; sie halten ihren Kopf hoch und nehmen wahr, was in ihrer Umgebung geschieht. Der Blick der unteren beiden Engel richtet sich auf das Heiligtum, die oberen beiden schauen in den Raum hinein. Sie schauen die Person, die vor dem Tabernakel steht, um das eucharistische Brot zu entnehmen oder wieder hineinzustellen, unmittelbar an. Die Engel haben im Blick, was mit dem Allerheiligsten geschieht!

Die Engel sind nah beieinander und miteinander im Kontakt. Sie sind nicht zu zweit wie die Keruben im Alten Testament, die den heiligen Ort bewachen, sondern zu viert. Abgesehen von ihren Flügeln sehen sie recht menschlich aus. Jeder der vier Engel trägt eine Rüstung und einen Helm. Sehr deutlich ist der Helm vor allem bei dem Engel oben links zu erkennen. Er trägt einen Nasalhelm, einen Helm mit Nasenschutz. Helme dieser Art sind Weiterentwicklungen des römischen Spangenhelms und wurden vor allem im Hochmittelalter in ganz Europa und darüber hinaus getragen. Sie sind auch bekannt als Wikinger- oder Normannenhelme. Die Engel tragen demnach Rüstungen, die unsere Vorfahren in Nord- und Mitteleuropa etwa ab dem 10. Jahrhundert getragen haben. Wollte der Künstler die Engel aus der Tradition des Alten Israel mit unserer europäischen Kultur und Geschichte in Verbindung bringen? Vielleicht hatte er die Ausbreitung des Christentums nach und in Europa im Blick und deutet an, dass wir heute die Nachfolge dieser himmlischen Wächter übernehmen und das Heiligtum bewahren und beschützen sollen. Sicher müssen und sollen wir dabei aber ein Fragezeichen an die Rüstungen machen! Die Aufgabe, das Allerheiligste zu schützen und zu bewahren, kann nicht in kriegerischer Weise geschehen. Was uns heilig ist, können wir nicht mit Waffengewalt beschützen. Die vier Engel deuten es durch ihre Haltung an.

Mir fallen in diesem Zusammenhang die Kreuzzüge ein, die ab dem 11. Jahrhundert geführt wurden, um das Christentum im Heiligen Land und später auch in anderen Regionen gewaltsam durchzusetzen beziehungsweise das Land gegen andere religiöse Vorstellungen wieder zu christianisieren. Ich denke auch an die Friedensbewegungen, die in den 1980er Jahren, als der Künstler den Tabernakel kreierte, überall auf der Welt stark wurden, und damit verbunden an die Abrüstungsforderungen, an die Anti-Atomkraftbewegungen, an Ostermärsche und Kampagnen gegen Wiederaufrüstung, an die Demonstrationen gegen den Nato-Doppelbeschluss und gegen die geplante Stationierung atomarer Mittelstreckenraketen in Europa. Zudem beging man im Jahre 1985 den 40. Jahrestag der Beendigung des Zweiten Weltkriegs. Im Zusammenhang mit der Frage nach gewaltsamen Eingriffen unter religiöser Motivation, wie bei den Kreuzzügen geschehen, sei auf zwei Zitate aus der Heiligen Schrift verwiesen: Im Matthäus-Evangelium sagt Jesus: »Stecke das Schwert wieder an seinen Ort! Denn alle, die das Schwert nehmen, werden durchs Schwert umkommen!« (Mt 26,52) Und im 19. Kapitel im Buch der Offenbarung wird der Kampf Christi gegen das »Tier«, seinen größten Feind, beschrieben: »Und die übrigen wurden getötet mit dem Schwert, das aus dem Mund dessen hervorging, der auf dem Pferd saß.« (Offb 19,21) Das Schwert, das aus dem Mund des Reiters (der Christus ist) hervorgeht, ist das Wort! Christus besiegt das »Tier« mit seinem Wort, nicht mit Waffengewalt! Im Gottesdienst bittet jede und jeder in Gemeinschaft der anderen Betenden für sich persönlich um das Wort Christi: Herr, sprich nur ein Wort und meine Seele wird gesund (vgl. Mt 8,8). Das Wort Christi an den Menschen ist, auch im Falle größter Bedrängnis, zutiefst ein Wort des Friedens und der Versöhnung. Heinz Oliberius erinnert uns daran. Die himmlischen Wächter des Heiligtums bringen mich ins Nachdenken:

Wie verteidige und beschütze ich das, was mir das Allerheiligste ist?

Bin ich ein Mensch des Friedens oder eher nicht?

Was kann ich tun, wenn das, was mir heilig ist, angegriffen wird?

Wie gehe ich mit dem um, was Menschen anderer Religionen heilig ist?

Die Engel helfen bei der Antwortfindung.

Die Ornamente — nur Schmuck?

Im oberen Teil des Tabernakels haben wir schon zu Beginn Ornamente gesehen. Die Ornamente fallen durch ihre Größe und Anzahl gleich auf; sie sind nicht zu übersehen. Sie sind auch nicht versteckt im Tabernakel enthalten, wie zum Beispiel das ›M‹ für Maria, das wir erst entdecken und aus der Darstellung von Stern und Kreuz herauslesen mussten. Der Künstler will uns demnach sehr deutlich auf das Ornament aufmerksam machen.

Wir sehen zunächst Kreise mit aufgesetzten Kugeln. Die »Kugelkreise« sind so auf dem kantigen Stern/Kreuz/›M‹ angebracht, dass sie wie angeklebt aussehen. Es ist keine Luft und kein Raum für etwas anderes dazwischen. Sie passen sich quasi perfekt an die vorgegebene Struktur an. Fünf Kreise sind zu sehen. Auf jedem der Kreise befinden sich unterschiedlich viele Kugeln, außen sieben und acht, innen neun und zehn. Der mittlere Kreis, der genau im Knick des ›M‹ liegt, hat zwölf Kugeln.

Die Kreise mit den Kugeln lassen an Kronen denken. Tatsächlich sehen wir einzelne Zacken einer Krone zwischen den Kugeln. In dem Ornament Kronen zu sehen, leuchtet ein. Christus, der neue Stern am Himmel, der das Kreuz überwunden hat, wird gekrönt und mit ihm seine Mutter Maria. Kronen sind auch das Motiv des großen Chorfensters rechts neben dem Mittelfenster.

Die Kugeln in den Ornamenten des Tabernakels ähneln sehr den Kugeln, mit denen das Ambo-Ornament gestaltet ist. Es deutet sich äußerlich ein innerer, inhaltlicher Zusammenhang zwischen Ambo und Tabernakel an. Außerdem ist die Kugel auch als Knauf zum Öffnen des Zeltschränkchens am Tabernakel zu sehen. Wie sind diese Beobachtungen zu deuten?

Der Ambo malt Jesu Bildrede vom Fruchtbringen aus. Wie die Biene die Pflanzen bestäubt, damit sie Frucht bringen können, so sollen wir das Wort Gottes verkünden, damit es unter den Menschen Frucht bringen kann. Das Bild vom Fruchtbringen haben wir auch bereits in den Symbolen der gebrochenen Ähren und des getöteten Stiers auf dem Altar finden können. Wenn wir uns auf dieses Bild stützen, dann lassen sich die Kugeln am Tabernakel auch als Früchte und die Kreise als Fruchtkränze sehen. Die Frucht, die Gott im Zusammenwirken mit Maria gebracht hat, ist Jesus, die Frucht Gottes und die Frucht des Leibes Mariens. Jesus ist als Auferstandener der Erste der Entschlafenen und damit ist er die Erstlingsfrucht Gottes (vgl. 1 Kor 15,20).[115] Jesus hat sich selbst im Bild des Weizenkorns als Frucht für den Menschen gesehen. Die Frucht der Eucharistie ist die bleibende Gegenwart Jesu im gewandelten Brot.

Die Kränze mit den Früchtekugeln können diese »Fruchtkette« verdeutlichen. Das Bild vom Fruchtbringen ist ein zeitloses Bild. Wie Gott der Ewige, der Zeitlose ist, der Ich-bin-da, so ist Jesus die Frucht, die uns durch alle Zeiten nähren und befruchten will. Jesus, die wahre Frucht, ist die Krönung der Offenbarung Gottes an die Menschen. Die Kronen, die auch im Tabernakelornament zu sehen sind, würdigen das Handeln Gottes, den Glauben Mariens und das Opfer Jesu als Frucht für die Menschen.

Zelt — unter freiem Himmel

Stern beziehungsweise Kreuz, ›M‹, Kronen und Früchtekränze bilden einen äußeren (aber auch einen inhaltlichen) Rahmen um das Innere. In dem bronzen Rahmen befindet sich ein bronzenes Zelt. Dieses Zelt beherbergt den Tresor, den Schatz, das eucharistische Brot, die Frucht des Lebens. Warum der Künstler das Tresorschränkchen als Zelt gestaltet hat, wird in Anlehnung an das Buch Exodus (vgl. Ex 26) leicht verständlich. Es ist aber darüber hinaus lohnenswert, noch einige Gedanken zum Zelt zusammenzutragen.

Die Menschen des Alten Bundes waren auf der Reise durch die Wüste zu dem Land, das Gott ihnen verheißen hatte. Zum Übernachten und zu ihrem Schutz brauchten sie Zelte, denn Häuser zu bauen machte erst nach ihrer Ankunft am Ziel, mit Beginn ihres Sesshaftwerdens, Sinn. Ein Zelt bietet aber nur geringen Schutz. Es ist nicht abschließbar, es hält nur bedingt Wind und Wetter ab, es schützt nur ungenügend vor Angriffen durch wilde Tiere oder menschliche Feinde. Ein Zelt ist eine Übergangslösung.

Leben im Zelt als Bild für eine Übergangssituation kann ein Bild für unser Leben sein. Unser Leben ist auch als ein Weg zu sehen, der zu einem Ziel führt. Auf diesem Weg leben wir mal hier, mal dort, sind immer wieder verschiedenen Einflüssen und auch Gefahren ausgesetzt, gegen die wir uns manchmal nur bedingt zur Wehr setzen können. Das Leben ist wie eine Reise, auf der wir in einem Zelt wohnen. Ein Zelt bietet zwar weniger Schutz als ein Haus, aber es schirmt auch nicht so sehr ab wie ein Haus. Leben im Zelt bedeutet vor allem Leben unter freiem Himmel. Dabei bin ich dem ursprünglichen Leben näher, bin ich anders mit der Schöpfung verbunden, kann ich mich Gott und der Welt näher fühlen. Unter freiem Himmel erlebe ich eher und anders als in einem Haus, wenn, wo und wie Himmel und Erde sich berühren: Ich sehe, höre, spüre, rieche und schmecke den Regen, der vom Himmel auf die Erde fällt und Durstige(s) belebt, und die Sonnenstrahlen, die die Erde von oben erwärmen. Ich habe die zahlreichen Sterne am Nachthimmel vor Augen und denke an die Verheißung Gottes an Abraham. Mir kommen Menschen in den Sinn, die ihr Leben schon gelebt haben und jetzt bei Gott sind. Ich erlebe den kurzen Moment, wenn eine Sternschnuppe am Himmel sichtbar wird, und wünsche mir etwas. Im Zelt zu übernachten bringt mich mit dem Leben der Nacht in Kontakt. Es bedeutet auch: nahezu ungeschützt zu sein, wenn das Bewusstsein sich im Schlaf ausruht und eine mögliche Gefahr nicht so schnell wahrgenommen werden kann. Wer im Zelt wohnt, vertraut.

Diese Gedanken kann ich gut auf den Tabernakel übertragen. Jesu Wohnstatt ist das Zelt, denn er ist mit dem Leben im Kontakt. Wir schützen ihn, so gut wir können, in einem abschließbaren Tresor — so, wie wir uns für unser Leben doch lieber ein Haus bauen als auf Dauer in einem Zelt zu wohnen. Wir Menschen sind nun mal auf Schutz bedacht. Der Tresor ist ein Beitrag zum Schutz des Allerheiligsten. Gott selbst aber zieht ein Zelt für sein Heiligtum vor! So kann er sich freier auf das Leben zwischen Himmel und Erde einlassen. Im Prolog des Johannes-Evangeliums heißt es: »Und das Wort ist Fleisch geworden und hat unter uns gewohnt.« (Joh 1,14a). Die deutsche Übersetzung verfälscht den ursprünglichen Wortlaut etwas; im griechischen Originaltext heißt es nicht hat unter uns »gewohnt«, sondern hat unter uns »gezeltet«! Auch Jesus hat sich frei und ungeschützt im Vertrauen auf den Vater auf das Leben eingelassen. In Jesus erleben wir den Höhepunkt der Berührung von Himmel und Erde: Beide Welten, das Oben und das Unten, fallen ganz und gar ineinander. Der Künstler zeigt uns, wie Gott bei uns sein will: als mitgehender Gott. Das Zelt, das er gestaltet hat, ist abnehmbar!

Der innere Vorhang — Verhüllung

Wenn Zelt und Tresor geöffnet sind, erhalten wir Einblick in das Herz des Schränkchens. Ein Vorhang, der sich leicht zur Seite schieben lässt, verhüllt das Innere. Verhüllt wird der Anblick des eucharistischen Brotes. Der Vorhang erinnert an den Vorhang vor dem Allerheiligsten im Jerusalemer Tempel. Die Frömmigkeit und Ehrerbietung vor dem Ansehen Gottes sah es vor, dass der Ort, an dem Gott zu finden war, nur von ausgewählten Personen betreten und der Vorhang nur von ihnen zur Seite geschoben werden durfte. Denn der Anblick Gottes konnte nicht von jedem Menschen ertragen werden. Als Jesus am Kreuz starb, riss dieser Vorhang im Jerusalemer Tempel entzwei, und zwar so, dass er ganz und gar zerrissen war: Er riss »von oben bis unten entzwei.

Die Erde bebte und die Felsen spalteten sich. Die Gräber öffneten sich und die Leiber vieler Heiligen, die entschlafen waren, wurden auferweckt. Nach der Auferstehung Jesu verließen sie ihre Gräber, kamen in die Heilige Stadt und erschienen vielen.« (Mt 27,51–53) Mit dem Zerreißen des Vorhangs deutet sich schon im Moment des Todes Jesu der Beginn einer neuen religiösen Zeit für alle Menschen an. Die bisherigen Vorstellungen müssen nicht überworfen, aber sie müssen weitergedacht werden! Was an Jesus geschehen ist, hat Konsequenzen für die Zukunft der Menschen! Der Vorhang im Zeltinneren des Tabernakels greift diesen Gedanken auf: Er ist zweiteilig, als wäre er mitten entzweigerissen. Um an das Allerheiligste, um an Jesus herankommen zu können, muss der Vorhang zu beiden Seiten hin weggeschoben werden!

Wenn während einer Eucharistiefeier der Tabernakel geöffnet wird, hält der Priester oder die Kommunionhelferin beziehungsweise der Kommunionhelfer einen Moment inne, macht eine Kniebeuge zur Verehrung Gottes und schiebt dann achtsam den Vorhang zur Seite, um die Schale mit den konsekrierten Hostien, dem Leib Christi, herauszunehmen. Das Innere des Tresors sieht ganz unspektakulär und wenig geheimnisvoll aus — eben wie das Innere eines kleinen Schränkchens.

Die Stele aus Stein — Gott braucht Halt!

Heinz Oliberius hat den Tabernakel auf ein Podest aus Stein gestellt. Die Höhe hat er genau so berechnet, dass vom Eingang der Kirche der Eindruck entsteht, ein Stern stehe über dem Altar und über uns. Der Stein trägt den Tabernakel sicher. Stein ist der solideste Grund, den die Natur ausgebildet hat. Vielleicht hätte ein Fuß oder Podest aus Bronze besser zum Stil des Tabernakels gepasst. Dass der Künstler doch einen Stein gewählt hat, führt mich zu dem Gedanken: Gott, der da ist und Menschen Halt geben will, braucht auch selbst Halt! Er ist darauf angewiesen, dass wir ihn tragen und ihn nicht irgendwo ablegen. Je solider und natürlicher der tragende Halt, desto besser kann sein Wesen sich entfalten. Nicht, dass wir ihn auf ein Podest stellen sollen, um uns dadurch seine Anwesenheit zu sichern. Aber der Stein, der den Tabernakel trägt, hilft uns wahrzunehmen, dass wir Möglichkeiten haben, Gott Halt zu bieten. Der Stein ist übrigens als Pfeiler gearbeitet, dem Symbol für eine tragende Verbindung von Himmel und Erde. Zudem ist er achteckig und verweist auf Auferstehung: Wo das Wort Gottes sich niederlassen darf und Halt und Gehör findet, lebt der Mensch mit der Auferstehung!

Zusammenfassende Gedanken zu Tabernakel und Chorraumkonzeption

Heinz Oliberius hat bei der Gestaltung des Tabernakels den gesamten Kirchenraum einbezogen. Das kleine runde Fenster im mittleren Apsisbogen hat er dazu genutzt, dem Stern des Tabernakels seine Leuchtkraft zu verleihen, ihn zum »Lachen« zu bringen. Der Künstler hat die großen Themen des mittleren Chorraumfensters, die Engel aus dem linken sowie die Kronen aus dem rechten Fenster in der Darstellung des Tabernakels aufgegriffen. Und wenn wir unseren Blick nach ganz oben ins Chorraumgewölbe richten, erkennen wir, dass er sogar auch die Symbole der beiden Schlusssteine verwendet hat: Stern und Kreuz, beide ineinanderfallend, finden sich, ebenfalls ineinanderfallend, im Tabernakel wieder.

Abb. 88 und 89: Die beiden **Schlusssteine** des Chorapsisgewölbes.

Schließlich entspricht die achteckige Steinstele des Tabernakels dem Achteck der Chorraumapsis. Es ist eine durchdachte Chorraumkonzeption, die uns hier präsentiert wird. Das besondere Verdienst des Künstlers liegt darin, dass er mit seiner Gesamtkomposition wesentliche Gedanken über das Wesen Gottes anstößt.

Heinz Oliberius interpretiert in der Gestaltung des Tabernakels das »Ich-bin-da« Gottes. Er greift dazu auf die Überlieferungen der Heiligen Schrift und auf bekannte, symbolträchtige Zeichen und Bilder aus der Bibel und dem Erfahrungsbereich der

Menschen zurück. Die Überlieferungen des Alten Testamentes sind die Grundlage für sein Werk. Er setzt sie in Verbindung zur neutestamentlichen Rede. Damit macht er deutlich, dass JHWHs Ich-bin-da das Ich-bin-da Jesu ist. Denn: Gottes Menschwerdung in Jesus Christus wird zur entscheidenden Offenbarung Gottes. In seiner Menschwerdung zeigt Gott, was er mit Ich-bin-da meint: Er kommt vom Himmel auf die Erde, um eins zu werden mit allem Irdischen. Das Herunterkommen Gottes vom Himmel zur Erde ist nur über den Menschen möglich, sein einmaliges Kommen in Jesus nur über Maria. Der Künstler greift die zeitliche Abfolge der Ereignisse von Verkündigung an Maria und Kreuzigung Jesu, wie sie im mittleren Chorraumfenster dargestellt sind, auf und führt sie inhaltlich und räumlich weiter bis hin zur bleibenden Gegenwart Jesu im eucharistischen Brot. Ursprünglich gab es noch ein weiteres Element in dieser Senkrechtlinie: das Triumphkreuz, das jetzt im Seitenschiff über dem Altar hängt. Es zeigt die Überwindung des Todes, den Schritt zwischen Kreuzestod Jesu und seiner bleibenden Gegenwart.[116] Die Konzeption war demnach wie folgt gedacht:

Abb. 90: **Chorraumkonzeption**, Vertikale.

Heute hängt das Triumphkreuz nicht mehr an seinem ursprünglichen Bestimmungsort. Es fehlt ein wichtiges Glied in der Komposition des Künstlers. Heinz Oliberius stellt die Offenbarung Gottes im Herabkommen Gottes vom Himmel zur Erde als das dar, was es ist: ein Heilsereignis von dauerhaftem Charakter, von Gott auf den Weg gebracht. Ein wichtiges Detail verdeutlicht diesen gewaltigen Prozess: das Dreieck im Buchstaben beziehungsweise in der Darstellung des ›M‹. Es sieht aus wie eine Pfeilspitze.

Abb. 91: Der **»Pfeil«** im ›M‹ des Tabernakels und Ornamente.

Ein Pfeil von oben nach unten gibt die Richtung an: Es geht abwärts. Mit dem Tod Jesu, mit dem die Sache Gottes zunächst gescheitert scheint, zerreißt aber gleichzeitig der Vorhang im Tempel und gibt den Blick auf das gut gehütete und verborgene Geheimnis der Gegenwart Gottes frei. Der Pfeil ist rundum mit Kranz- beziehungsweise Kronen-Ornamenten geschmückt. Der Künstler lässt es sich nicht nehmen, die Bewegung Gottes zu den Menschen zu schmücken und zu bewerten! Auf der Pfeilspitze haben Kranz oder Krone zwölf Kugeln. Die Kugeln verweisen auf die zwölf Stämme Israels und auf die zwölf Apostel Jesu und damit auf die Fortsetzung der Geschichte Gottes vom Alten ins Neue Testament hinein — und darüber hinaus. Die Zwölf als symbolische Zahl meint alle Menschen, die zum Volk Gottes gehören. In der Zeit nach den Aposteln waren zunächst andere gefordert, die Geschichte Gottes mit den Menschen lebendig zu halten und sie mit ihren Möglichkeiten fortzusetzen. Heute ist es an uns, dies zu tun. Der Pfeil macht eine eindeutige Bewegung auf das auf der Steinstele stehende Zelt zu. Das Zelt hat eine Spitze nach oben. Himmel und Erde bewegen sich aufeinander zu. Die Bewegung vom Himmel zur Erde sucht eine Antwort! Gott will bei uns Menschen und sogar in uns wohnen. Er möchte uns so nah wie möglich sein, damals wie heute und morgen. Himmel und Erde, Gott und Mensch, berühren sich für uns dann, wenn wir offen dafür sind, dass Gott uns mit seiner Nähe beschenken will, und die Sehnsucht nach dieser Nähe lebendig halten. An ganz verschiedenen Orten, in Begegnungen mit Menschen und in der Schöpfung kann uns seine Nähe deutlich werden. (Ich muss in diesem Zusammenhang, Sie werden vielleicht darüber schmunzeln, unweigerlich an die Gänseblümchen denken, die ich vor Kurzem mit Kindern betrachtet habe. Will mich die große, gelbe Mitte eines Gänseblümchens, von denen es Hunderttausende auf der Welt gibt, tatsächlich darauf aufmerksam machen, dass Gott die leuchtende Mitte meines Lebens, des Lebens von Hunderttausenden von Menschen sein will?) Kann es wirklich so leicht sein, Spuren von Gott und damit ihn selbst zu finden? — Ja! Denn wenn ich Gottes Zusage, dass er den Menschen nah sein will, wirklich ernst nehme, dann kann ich sicher sein, dass er uns Zeichen gibt, die wir verstehen können. Manchmal aber vermissen wir diese Zeichen. (Im Winter blühen keine Gänseblümchen, um bei dem gerade genannten Beispiel zu bleiben. Manchmal wird eine blühende Blume auch zertreten oder entwurzelt oder gefressen.) Manchmal braucht es Zeit und ein neues Frühjahr, bis wir Dinge, die geschehen, verstehen und bis wir sie annehmen oder das Annehmen nach Enttäuschungen wieder lernen können.

Gott will nicht in erster Linie in einem Tresor gut bewacht sein, sondern er will, dass der Schrank geöffnet wird. Verschlossenes muss geöffnet werden, immer wieder neu, Schränke, Türen, Herzen, Sinne — damit Gott tun kann, was er tun will: sich austeilen an uns, Frucht bringen in uns und in der Welt. Gott braucht unser Staunen, unseren Glauben, unsere Liebe im Umgang miteinander, mit allem Leben und mit ihm, damit seine Frucht in uns wachsen und er dauerhaft in uns wohnen kann!

Heinz Oliberius hat den Tabernakel ganz und gar für die Gabrielkirche »komponiert«. Er hat sicher etwas Besonderes geschaffen: ein Kunstwerk in sich, ein Kunstwerk für die Kirche, ein Kunstwerk für die Menschen und ein Kunstwerk für die Sache Gottes.

Die Chorraumleuchter — Licht zwischen Himmel und Erde

Abb. 92: Ein **Chorraumleuchter**.

Als letztes Kunstwerk im Zusammenhang mit dem Chorraum sollen die Chorraumleuchter betrachtet werden. Sechs große Bronzeleuchter befinden sich in etwa zwei Meter Höhe an den Diensten, die den Pfeilern der Apsiswände vorgelagert sind. Sie tragen jeweils eine Kerze. Die auffälligen Leuchter sind nicht zu übersehen, selbst wenn die Kerzen nicht angezündet sind. Sie betonen die Form der Apsis und die mit Apsis und Chorraum verbundene Symbolik. Sie setzen die Kunstwerke im Chor räumlich, stilistisch und inhaltlich miteinander in Beziehung. Die auffällige, ungewöhnliche Form deutet schon an: Sie sollen gesehen werden.

Kerzenleuchter für den Hauptchor einer Kirche stelle ich mir eigentlich ganz anders vor. Seltsam bizarr und sperrig sehen die Leuchter im Chorraum der Gabrielkirche aus. Sie sind aus einem Guss, aber sie wirken, als bestünden sie aus einzelnen Elementen, die miteinander verkettet sind. Die Elemente sind senkrecht übereinander angeordnet, aber auch horizontal durch wieder anders geformte Elemente miteinander verbunden. Die einzelnen Elemente eines Leuchters sind zwar alle aus demselben Metall und farblich gleich, haben aber doch ein Eigenleben, denn jedes Element sieht anders aus. Sie wirken wie ungeformte Haufen Materie, Klumpen, zusammengeschmolzen wie Schlacke, Aschebrokken, Lavagestein. Während ich die unterschiedlichen Materiehaufen betrachte, kommt mir die Produktion von Eisen in Ruhrgebiet und Rheinland, vor allem in Duisburg in den 1960er Jahren, in den Sinn. Bei der Eisenproduktion fielen große Mengen Schlacke an. Wenn bei der Herstellung von Eisen in den vielen aktiven Hochöfen glühendheiße Schlacke und Roheisen aus den Öfen flossen, zeigten sich Erde und Himmel für einige Minuten leuchtendrot von der entstandenen Hitze und Helligkeit. Was auf der Erde in den (Duisburger) Hüttenwerken passierte, spiegelte sich weithin sichtbar am Himmel wider. Das Phänomen des roten Himmels und der roten Erde zeigt: Himmel und Erde stehen miteinander in Beziehung, nicht nur in der Liturgie oder im Kirchenraum, sondern auch im Leben außerhalb der Kirchenmauern, auch im Duisburg der 1960er Jahre, auch und vielleicht gerade in ungewöhnlichen Zeichen und Zusammenhängen.

In den 1960er Jahren war Neudorf nicht mehr Heideland, sondern gut besiedelter Teil einer Stadt, die sich inzwischen zu einer Großstadt entwickelt hatte und hauptsächlich von der Schwerindustrie lebte. Die Schwerindustrie produzierte und produziert (Thyssen-Krupp in Duisburg ist heute immer noch der Schwerpunkt der Stahlindustrie in Deutschland!) nicht nur Gewolltes, sondern zwangsläufig auch Abfall. Schlacke ist ein Abfallprodukt der modernen Industriegesellschaft — eines von vielen. Heinz Oliberius hat selbst mit Metall gearbeitet; er wusste, wie Metall produziert wurde und welche Abfallprodukte dabei anfielen. Ich frage mich: Will der Künstler mit den ungewöhnlichen Chorraumleuchtern auf die Abfallprodukte der entwickelten und sich weiterentwickelnden Wirtschaft aufmerksam machen? Vielleicht appelliert er mit seinem Kunstwerk an uns, sorgsam und verantwortungsvoll mit Produktion und Wirtschaft umzugehen. Es ist schon etwas skurril, wenn das bei der Metallherstellung anfallende Abfallprodukt Schlacke im Kunstwerk durch das Produkt Metall dargestellt wird! Wie dem auch sei — die Leuchter im Chorraum, die der Künstler 1966 schuf, erzählen von dem, was die Menschen in Duisburg zu dieser Zeit prägte.

Auffällig sind die Spitzen an allen vier Ecken der Leuchter. Sie sehen wie Finger aus. Zwei der »Finger« weisen nach oben, gen Himmel, zwei nach unten zur Erde. Wieder erhalten wir einen Hinweis auf die Beziehung zwischen Himmel und Erde. Es ist denkbar, dass der Künstler das Phänomen des roten Himmels und der roten Erde beim Roheisen- und Schlackenabstich im Blick hatte. Das Kunstwerk erzählt noch weiter: Die Materiehaufen zwischen den »Fingern« können zeigen, dass zwischen Himmel und Erde viel Unterschiedliches vorkommt. Sowohl einzeln als auch in der Verbindung zueinander können sie Zeichen sein für Ungeformtes oder Verformtes, für Erkaltetes, für etwas, das nicht mehr gebraucht wird, aber auch für Veränderung, für noch unentdecktes Neues, für Ungewöhnliches, für Verschiedenheit, Individualität, Gemeinsamkeit, für Verbindungen, Gruppen, Grenzen, für Geheiltes, Verletztes, Vernarbtes, für Geschichtliches, Gewordenes … Die richtungsweisenden »Finger« der Chorraumleuchter fordern dazu auf, die Kette fortzusetzen. Nach oben und unten hin fortgeführt, bilden all diese Dinge eine Leiter bis ins Unendliche hinein. Mir fällt zu dem Bild von der unendlich langen Leiter die biblische Erzählung vom Traum Jakobs von der Himmelsleiter ein, die im Buch Genesis erzählt wird:

»Er [Jakob] nahm einen von den Steinen dieses Ortes, legte ihn unter seinen Kopf und schlief dort ein. Da hatte er einen T R A U M: Er sah eine Treppe, die auf der Erde stand und bis zum Himmel reichte. Auf ihr stiegen Engel Gottes auf und nieder. Und siehe, der Herr stand oben und sprach: Ich bin der Herr, der Gott deines Vaters Abraham und der Gott Isaaks. (…) Jakob erwachte aus seinem Schlaf und sagte: Wirklich, der Herr ist an diesem Ort und ich wusste es nicht.«

(Gen 28,11b–13a.16)

In allem, was zwischen Himmel und Erde liegt, ist Gott erfahrbar. Auch wenn er uns manchmal weit weg erscheint und wir nicht mit ihm rechnen: Er ist doch da und begegnet uns an Orten, an denen wir ihn nicht vermuten und in Zeiten und Zusammenhängen, in denen wir ihn nicht erwarten. Die Kerze bildet die Mitte des Leuchters. Sie kann ein Lichtzeichen für die Gegenwart Gottes sein, das uns zeigt: Immer wieder gibt es Berührungspunkte zwischen Himmel und Erde, zwischen Gott und Mensch — seien sie auch noch so ungewöhnlich. Die Kerze kann auch Hoffnungszeichen für uns sein, dass alles, was zwischen Himmel und Erde krumm und verformt ist oder was sich nicht entwickeln konnte, irgendwann von Christus gerichtet, das heißt: richtig gemacht, vollendet wird.

Heinz Oliberius — Gedanken zu einem streitbaren Künstler

Wenn Sie die Ausführungen über den Chorraum der Gabrielkirche und seine Ausstattung bis hierher gelesen haben, werden Sie jetzt vielleicht froh sein, es geschafft zu haben. Ich habe Sie auf eine ganz besondere Reise mitgenommen, eine Reise nicht nur durch den Chorraum der Gabrielkirche, sondern eine Reise in eine Gedankenwelt, angestoßen von Heinz Oliberius. Sehr wahrscheinlich war diese Reise für Sie nicht immer nur erholsam, sondern zeitweise auch sehr anstrengend. Für mich war sie beides. Sie werden nun zu Ihrer eigenen Meinung in Bezug auf die Kunstwerke von Heinz Oliberius und ihren Wert für die Gabrielkirche gekommen sein.

Aus meiner Sicht lässt sich sagen: Heinz Oliberius ist ein Künstler, der beachtet werden muss. Seine religiöse Einstellung spricht aus seinen Werken zu uns. Entscheidendes zwischen Himmel und Erde versucht er zu verdeutlichen: das Ich-bin-da Gottes, die Auseinandersetzung mit dem Erlösungswerk Jesu, das Bild vom Fruchtbringen, das Thema Frieden und, im Kreuzweg, Fragen im Zusammenhang mit dem Leiden des Menschen und der Antwort Gottes. Die Impulse des Künstlers bringen uns, manchmal im wahrsten Sinne des Wortes, in Bewegung. Wir müssen uns der Sache, die er anstößt, von verschiedenen Seiten nähern, um Zugänge zu ihr zu bekommen und den Rätseln, vor die er uns stellt, auf die Spur zu kommen. Immer wieder zeigt er uns, dass und manchmal auch wie Himmel und Erde sich berühren. Aber es bleiben auch Fragen. Heinz Oliberius macht es uns nicht leicht. Er lässt uns nicht in seichte Antworten auf tiefgehende Fragen abgleiten. Seine Impulse sind kaum ganz auszudeuten, sie wollen bedacht und weitergedacht werden. Ich bin froh darüber. Denn der geheimnisvolle, unnahbare Gott will sich nicht mit allzu einleuchtenden Antworten zu einem für uns erklärbaren Gott machen lassen. Er bleibt der Geheimnisvolle, Unsichtbare, manchmal Unnahbare, über den wir nicht verfügen können, wie wir wollen, der uns vielmehr einlädt, ihm zu vertrauen — trotz oder gerade wegen unserer Fragen.

Einige kritische Worte möchte ich zum Schluss aber noch zum Ausdruck bringen. Symbol, Symbol und noch mal Symbol ... Was der Künstler uns anbietet, ist eine Fülle an Symbolik und Zeichensprache. Meiner Ansicht nach ist es zu viel des Guten. Wie oft ärgere ich mich darüber, wenn mit unserer reichen Symbolik im Christentum regelrecht inflationär umgegangen wird. Was zu viel ist, verwirrt, verstört, kann letzten Endes sogar dem Verstehen der Botschaft abträglich sein. Bezüglich der Mehrfachsymbolik, die uns in den Werken des Künstlers begegnet, muss die Frage nach dem Umgang mit der Symbolsprache noch einmal neu gestellt werden. Die Zusammenhänge, die Heinz Oliberius zum Entdecken anbietet, werden deutlich, wenn sie erschlossen werden. Das erfordert viel Ausdauer und Bereitschaft mitzudenken und sich einzulassen. Dann aber kann sich durchaus eine neue oder eine andere, manchmal unerwartete und überraschende Sichtweise eröffnen. Aber was ist, wenn die symbolischen Zusammenhänge nicht erschlossen werden (können)? Die meisten Besucherinnen und Besucher in einer Kirche werden sich nicht so intensiv mit Impulsen befassen können oder wollen, wie Heinz Oliberius sie vorlegt. Bei aller Achtung vor dem künstlerischen Werk von Heinz Oliberius in der Gabrielkirche möchte ich mich dafür starkmachen, dass wir uns neu auf unsere christliche Symbolsprache besinnen und sie nicht überfrachten. Ein einzelnes Symbol kann durchaus die Inhalte, die es versinnbildlicht, in aller Tiefe entfalten, ohne dass es dabei seiner Ambivalenz beraubt würde. Um es konkret zu machen: In einem Altar müssen nicht unbedingt ein Stier, ein Sarkophag und ein Ährenfeld zu sehen sein, um das Bild vom Fruchtbringen zu entfalten. Ein durchbrochenes Ährenfeld allein hätte dem Bild und den Zusammenhängen von Leben und Tod, die darin enthalten sind, vollkommen Rechnung getragen, ohne zu verwirren. Eine Biene am Ambo, in der kein Totenkopf mit sichtbar wird, ebenso. Es ist auch kritisch zu fragen, ob Stern, Kreuz und ›M‹ für Maria im Tabernakel, die zwar hochinteressant sind, nicht ebenfalls zu viel des Guten sind. Ein einzelnes Symbol sollte reichen, denn es ist in sich schon vieldeutig. Es will nicht erklärt, sondern erfahren werden, um sich auf diese Weise verständlich zu machen. Das ist Aufgabe genug!

Ich äußere diese Kritik als Plädoyer für die Symbolsprache als die Sprache der Religion. Trotzdem möchte ich die Werke des Heinz Oliberius nicht ihrer Faszination berauben. Ohne die quergedachten Impulse dieses Künstlers wären wir ein gutes Stück ärmer. Insofern möchte ich Sie dazu ermutigen, dass Sie sich, wenn Sie den Raum der Gabrielkirche oder auch einen anderen Kirchenraum entdecken wollen, Zeit nehmen. Lassen Sie sich gegebenenfalls in die Sprache der Kunstwerke einführen.

DIE APOSTEL — SÄULEN DES GLAUBENS

An den Pfeilern der Gabrielkirche finden sich die Namen der zwölf Apostel Jesu. Dies ist kein Zufall, sondern biblisch begründet: »Die Mauer der Stadt hat zwölf Grundsteine; auf ihnen stehen die zwölf Namen der zwölf Apostel des Lammes.« (Offb 21,14) Zu deuten ist diese Beobachtung symbolisch.

In Kapitel 21 des Buches der Offenbarung wird die Johannes-Vision von der Heiligen Stadt, dem Himmlischen Jerusalem, beschrieben. Das Himmlische Jerusalem wird von zwölf Grundsteinen getragen. Die Grundsteine einer Kirche auf Erden sind die Pfeiler. Sie symbolisieren die Grundsteine, auf denen die Himmlische Stadt nach dem Buch der Offenbarung erbaut ist. Die Grundpfeiler beziehungsweise Säulen der irdischen Kirche und somit des christlichen Glaubens sind die Apostel. Die Pfeiler tragen den Bau der Kirche, das Gebäude; die Apostel tragen die ›Ekklesia‹, die Kirche Christi, die ›zu Christus Herausgerufenen‹. Jesus hat die Apostel berufen, sein Werk fortzusetzen und Vorbilder zu sein für das Leben der Gläubigen.

Die Namen der zwölf Apostel, die Jesus berufen hat, sind: Petrus, Jakobus, Johannes, Andreas, Philippus, Bartholomäus, Matthäus, Thomas, Jakobus, Thaddäus, Simon und Judas (vgl. Mk 3,16–19 par). Der Apostel Matthias ist erst nach Judas' Tod und nach der Himmelfahrt Christi von der Jüngerschar in den Zwölferkreis aufgenommen worden. Der Name Paulus fehlt in diesem Zwölferkreis. Dennoch wird Paulus zu den Aposteln gezählt. Paulus ist von Jesus durch ein besonderes Offenbarungsgeschehen zum Apostel berufen worden. Jesus offenbart sich Paulus, als dieser auf dem Weg nach Damaskus ist. Daraufhin erkennt Paulus seine Bestimmung zum Apostel Christi. An die Gemeinde von Galatien schreibt der berühmte Völkermissionar später: »Sie erkannten die Gnade, die mir verliehen ist. Deshalb gaben Jakobus, Kephas und Johannes, die als die ›Säulen‹ Ansehen genießen, mir und Barnabas die Hand zum Zeichen der Gemeinschaft: Wir sollten zu den Heiden gehen, sie zu den Beschnittenen.« (Gal 2,9)

Petrus und Paulus gelten als die bedeutendsten unter den Aposteln. Die Kirche feiert das Fest ihres Gedenkens am gleichen Tag, in jedem Jahr am 29. Juni, um die Zusammengehörigkeit der beiden zu zeigen. In der christlichen Ikonografie stellten Künstler sogar immer wieder Szenen dar, in denen Petrus und Paulus gemeinsam mit Jesus im Zwölferkreis abgebildet sind.[117] Meistens ist der eine Apostel rechts, der andere links von Jesus dargestellt. Tatsächlich ist Paulus Jesus aber nie von Angesicht zu Angesicht begegnet! Eine Aussage wird ins Bild gebracht, nicht ein tatsächliches Geschehen:

Paulus gehört zu den Aposteln und ist zusammen mit Petrus in unmittelbarer Nähe zu Jesus zu sehen.

Dieser Gedanke ist künstlerisch auch in der Gabrielkirche umgesetzt. Die Namen von Petrus und Paulus sind an den Pfeilern rechts und links vorn an der Schwelle zum Chorraum angebracht. In der Nähe zum Altar, wo das Heilsmysterium Jesu vergegenwärtigt wird, und damit in der Nähe zum Geheimnis des Glaubens, verbinden sie den Chorraum, der ursprünglich dem Priester als Vertreter Christi vorbehalten war, mit dem Kirchenschiff, dem Raum der Gläubigen. Petrus und Paulus sind Bindeglieder zwischen Gott und Mensch, die wichtigsten und stärksten Verbindungsorgane zwischen Christus und seinem Volk. Sie bringen, bildhaft ausgedrückt, Himmel und Erde näher zueinander. Dabei sind sie und ihre Aufgaben sehr unterschiedlich. Petrus und Paulus haben ihre Missionsbereiche und ihre Zielgruppe; gemeinsam aber sind sie zu allen Menschen gerufen. Sie begegnen sich unter anderem beim sogenannten Apostelkonzil im Jahre 49 in Jerusalem, bei dem es, wenn man so will, zum ersten Mal um die Frage der Einheit der Kirche geht. Die weise Erkenntnis damals: Es gibt verschiedene Wege in Christus, die zum Heil führen.[118] Gott sei Dank folgt die Kirche mit Petrus und Paulus zwei ganz unterschiedlichen Glaubensvorbildern, denn die Kirche Jesu Christi hat keine Einheitsgestalt, sondern sie ist Einheit in der Vielfalt. Petrus und Paulus »sind Zeichen für eine Kirche, die ihre Einheit in der Vielfalt gestalten kann. Das ›Und‹ zwischen Petrus und Paulus ist ein starkes Band.«[119]

Die Apostel als Säulen des Glaubens werden getragen von Christus, der ewig tragenden Säule der Kirche. Der Kirchenlehrer Augustinus fragt: »Was wären die Säulen, hätte er (Christus) sie nicht gefestigt? Wie durch ein Erdbeben waren selbst die Säulen ins Wanken geraten, da bei der Passion des Herrn alle Apostel zweifelten. Diese Säulen nun, die beim Leiden des Herrn gewankt hatten, wurden gefestigt durch die Auferstehung … Ich halte ihre Säulen fest, spricht er; ich bin auferstanden.«[120] Jeder einzelne der Apostel wiederum trägt auch selbst Christus, das Licht Gottes. Jeder von ihnen ist ein Leuchter für das Licht Christi. Deshalb sind die Namen der Apostel in einer Kirche meistens in Verbindung mit Kerzenleuchtern gebracht. Die Kerzenleuchter mit den Apostelnamen an den Kirchenpfeilern erinnern uns daran, dass die Zwölf Säulen sind, weil sie Christusträger sind. Die Leuchter werden auch »Apostelleuchter« genannt.

Unter den Apostelleuchtern in der Gabrielkirche ist jeweils ein kleines Kreuz in Mosaikoptik angebracht. Die Kreuze weisen darauf hin, dass die Apostel in der Nachfolge ihres Herrn Jesus stehen. Gleichzeitig stellen die Kreuze die Weihekreuze der

Kirche dar. Zum Weiheritus einer Kirche gehören gemäß dem Buch der Offenbarung (vgl. Offb 21,14) zwölf Salbungen mit Chrisam-Öl an den Grundsteinen, den Kirchenwänden. Die Salbungen werden in Form eines Kreuzzeichens vorgenommen. Sie weisen für die Zeit des Bestehens der Kirche darauf hin, dass diese Kirche ein irdisches Abbild der Heiligen Stadt Jerusalem ist. Die Salbkreuze nennt man auch »Apostelkreuze«, weil sie in der Regel an den »Apostelpfeilern« vorgenommen werden. Vielleicht haben Sie es schon bemerkt: Sowohl beim Petrus- als auch beim Paulus-Leuchter fehlen die Mosaikkreuze. Warum das so sein könnte, ergaben Recherche und Beobachtungen:

Die Apostelleuchter und die Mosaikkreuze wurden zeitgleich erst Mitte der 1950er Jahre installiert, nach der großen Kirchenrenovierung. Sie wurden an zehn Pfeilern im Mittelschiff und an zwei Chorraumpfeilern in Nähe zum Altar angebracht. Die beiden Mosaikkreuze im Chorraum sind unter zwei großen Chorraumleuchtern leider kaum zu sehen. Diese beiden Kreuze markieren wahrscheinlich die Salbstellen, die bei der Kirchweihfeier im Jahre 1912 im Chorraum vorgenommen wurden. Möglicherweise wurden diese und auch die anderen Salbstellen an den Kirchenwänden zur Zeit der Kirchenkonsekration nicht durch deutlich sichtbare Kreuzzeichen hervorgehoben. Vielleicht aber sind die Weihekreuze auch, falls sie doch hervorgehoben wurden, irgendwann übermalt oder entfernt worden. Deshalb ist heute nicht mehr zu sagen, wo genau die Salbstellen waren. Alte Fotografien zeigen die Pfeiler und Chorraumwände ohne sichtbare Weihekreuze.

Vermutlich brachte man den Petrus- und den Paulus-Leuchter zunächst zusammen mit den Mosaikkreuzen an den beiden Chorraumpfeilern in Altarnähe an. Als man im Zuge der Neugestaltung des Chorraums in den 1960er Jahren die neuen, jetzigen Chorraumleuchter angeschafft hat, wird man die beiden Apostelleuchter an die unteren Chorraumpfeiler »ausgelagert« haben. Bei der Montage der neuen Chorraumleuchter ist man leider wenig rücksichtsvoll mit den Mosaikkreuzen umgegangen: Beide Mosaikkreuze sind durch die Leuchter überlagert worden; eines wurde sogar angebohrt und beschädigt. Leider sehen wir den Petrus- und den Paulus-Leuchter in der Gabrielkirche also ohne Apostelkreuze. Dennoch ist es passend und gut, dass »Petrus« und »Paulus« am Übergang zum Chorraum ihren Platz bekommen haben und dadurch ihre verbindende Funktion zwischen Christus und der Kirche Christi deutlich wird. Dass die beiden Leuchter einander genau gegenüber sind, ist mindestens ebenso treffend: Petrus hat in Paulus und Paulus hat in Petrus immer ein Gegenüber, eine »Gegenposition«, eine jeweils andere Denkweise, die sie sich »zurufen« können.

Jedem der zwölf Apostel ist ein Attribut zugeordnet, das sich als Symbol unter ihrem Namen befindet. Die speziellen Attribute sind ihnen zugewiesen worden, weil sie mit ihrer Lebensgeschichte in Verbindung gebracht werden. Die Geschichten, wie es dazu gekommen ist, werden nachfolgend erzählt.

Wie die Apostel zu »ihren« Attributen kamen …

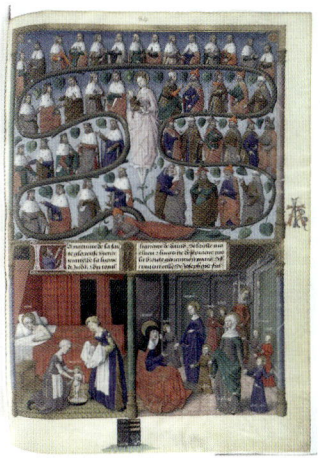

Abb. 93:

Legenda aurea,

gedruckt 1488 von Anton Koberger in Nürnberg.

… lässt sich nur in einem Fall biblisch beantworten. Wir müssen uns vor allem der Lektüre der ›Legenda aurea‹, der ›Goldenen Legende‹, widmen. Jakobus de Voragine, Dominikaner und später Erzbischof von Genua (geb. um 1230, gest. 1298), hat mit der Legenda aurea eine einzigartige Sammlung von Geschichten und Legenden des Lebens und Leidens von Heiligen zusammengestellt. Er machte es sich zur Aufgabe, die im Volksglauben überaus beliebten Heiligenlegenden zu sichten und zu einem Standardwerk zu vereinigen. Dazu verwendete er Quellenmaterial wie die Bibel, apokryphe Evangelien, Märtyrerakten sowie vor allem in Klöstern überlieferte Erzählungen.[121] Die Zusammenstellung aus verschiedenen, damals zur Verfügung stehenden Quellen entwickelte sich zum Grundwerk der Heiligenkunde. Im christlichen Mittelalter war die Legenda aurea das meistübersetzte und -kopierte religiöse Buch.[122] Bei den nachfolgend aufgeschriebenen Geschichten aus der Legenda aurea ist im Blick zu behalten, dass es sich um Legenden handelt, deren Wesen es ist, dass sie einen wahren Kern, aber vor allem ein großes Maß an Ausschmückung enthalten. Sie wollen vor allem verdeutlichen, dass die Apostel Säulen des christlichen Glaubens sind.

Petrus mit Schlüssel

Abb. 94:
Der **Schlüssel**, Attribut des Petrus. Die Attribute, wie sie hier und im Weiteren abgebildet sind, entstammen den Apostelleuchtern in der Gabrielkirche (vgl. dazu Abb. 105).

Petrus, der eigentlich Simon heißt, wird als einer der Ersten in die Jüngerschar Jesu berufen. Der Name ›Petrus‹ ist griechischen Ursprungs: ›Petra‹ und bedeutet ›Fels‹, aramäisch ›Kefa‹.[123] Den Namen Petrus erhielt Simon von Jesus: »Ich aber sage dir: Du bist Petrus und auf diesen Felsen will ich meine Kirche bauen und die Mächte der Unterwelt werden sie nicht überwältigen.« (Mt 16,18) In der katholisch-kirchlichen Tradition hat Petrus vor allem durch diese Rede Jesu eine herausragende Rolle erhalten. Auf Jesu Worte geht das Papsttum der katholischen Kirche mit Petrus als dem ersten Papst zurück.

Petrus wird in der Regel mit einem Schlüssel als Attribut dargestellt. Dieser Schlüssel gewährt Einlass ins Himmelreich. Jesus sagt Petrus eine Schlüsselfunktion zu: »Ich werde dir die Schlüssel des Himmelreichs geben; was du auf Erden binden wirst, das wird auch im Himmel gebunden sein, und was du auf Erden lösen wirst, das wird auch im Himmel gelöst sein.« (Mt 16,19) Immer wieder finden sich in der christlichen Ikonografie und vereinzelt auch in der Buchmalerei (vgl. Evangeliar Heinrichs III., 1043/46, Madrid) Bilddarstellungen dieses Themas. In der frühchristlichen Kunst ist die Schlüsselübergabe an Petrus häufig auch verbunden mit der Übergabe der Gesetze an ihn. Als Einzelbild wird die Schlüsselübergabe an Petrus im späten 15. Jahrhundert wichtig. Im Zuge der Gegenreformation wurde das Thema betont, um die besondere Rolle des Papstes als Nachfolger des Apostels Petrus herauszustellen.[124] Das Attribut des Schlüssels ist biblisch begründet. In der Legenda aurea finden sich weitere Erzählungen zu Petrus.[125]

Paulus mit Schwert

Abb. 95:

Das **Schwert**, Attribut des Paulus.

Paulus, Jude und Eiferer für das jüdische Gesetz, erlebt nach den Berichten in der Apostelgeschichte (vgl. Apg 9) auf seinem Weg nach Damaskus eine Erscheinung Christi. Die Erscheinung wirft ihn zu Boden und blendet ihn. Nach diesem Ereignis, das Paulus als Offenbarung Christi versteht, ändert er sein Leben und wird zum glühenden Eiferer für Christus. Fortan unternimmt er Missionsreisen nach Griechenland und Kleinasien. Dort verkündet er das Evangelium von Christus, dem Gekreuzigten und Auferstandenen. Vermutlich wurde er nach längerer Gefangenschaft in Rom durch Kaiser Nero ermordet.

Paulus wird manchmal mit einem Buch, fast immer jedoch mit dem Schwert dargestellt. Das Schwert soll das Instrument gewesen sein, mit dem Paulus umgebracht wurde. Diese Vorstellung geht auf folgende Legende aus der Legenda aurea zurück:

»Als Paulus nach Rom kam, war Neros Herrschaft noch nicht gefestigt. Der Kaiser hörte zudem, dass die Auseinandersetzungen zwischen Paulus und den Juden das jüdische Gesetz und den Glauben der Christen betrafen. Deshalb scherte Nero sich nicht weiter um die Angelegenheit und gestattete Paulus, sich frei zu bewegen, sodass dieser ohne Einschränkung predigen konnte. Hieronymus schreibt in De viris illustribus: ›25 Jahre nach der Passion Christi — und damit im zweiten Herrschaftsjahr Neros — wurde PAULUS in Ketten nach Rom überstellt. Dort blieb er über einen Zeitraum von zwei Jahren hin in freiem Arrest und disputierte gegen die Juden. Anschließend verkündete er, ohne dass Nero das untersagt hätte, die Frohe Botschaft in den westlichen Reichsprovinzen. Dann aber, im 14. Regierungsjahr Neros, wurde Paulus enthauptet: Im selben Jahr und am selben Tag, da Petrus gekreuzigt worden ist.‹«[126]

Johannes mit Kelch

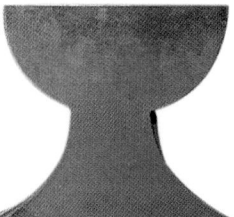

Abb. 96:
Der **Kelch**, Attribut des Johannes.

Johannes war ein Sohn des Fischers Zebedäus aus Betsaida und der Bruder von Jakobus dem Älteren. Johannes war nach der biblischen Überlieferung der Jünger, den Jesus liebte (vgl. Joh 20,2). Bevor Johannes sich Jesus anschloss, gehörte er dem Kreis um Johannes dem Täufer an. Jesus hat Johannes und seinen Bruder wegen ihres Temperaments auch als Donnersöhne (vgl. Mk 3,17) bezeichnet. Dem Apostel Johannes wird das Attribut des Kelches zugeordnet. Der Inhalt des Kelches aber ist nicht Wein, wie man meinen könnte, sondern Gift:

»Da der heilige Antonius nun in ganz Kleinasien den Glauben verkündet hatte, stachelten die Verehrer der Götzenbilder einen Aufruhr der Bevölkerung an und ließen Johannes gewaltsam zum Tempel der Artemis in Ephesus bringen, um ihn zu einem Opfer für die Göttin zu zwingen. Da schlug Johannes ihnen Folgendes vor: dass entweder sie selbst mit einem Gebet zu Artemis die Kirche Christi einstürzen ließen und er dann den Götzen opfere, oder dass er seinerseits mit einem Gebet zu Christus den Tempel der Artemis einstürzen lasse und sie dann an Christus glauben sollten.

Als sich die Mehrheit der Leute mit diesem Vorschlag einverstanden zeigte, verließen alle den Tempel, und der Apostel begann zu beten. Da stürzte der Tempel sofort ein, und das Bildnis der Artemis wurde völlig zerstört. Aristodemos, der Oberpriester der Götzen, stachelte Teile der Bevölkerung jedoch zu heftiger Aufruhr an, sodass sich die einen Bürger zum gewaltsamen Kampf gegen die anderen rüsteten. Da wandte sich der Apostel an Aristodemos mit den Worten: ›Ich will tun, was du verlangst, um dich zu besänftigen.‹ Der antwortete ihm: ›Wenn du willst, dass ich an deinen Gott glaube, werde ich dich Gift trinken lassen. Falls ich dann sehen sollte, dass es dir keinen Schaden zufügen kann, soll das erweisen, dass dein Herr der wahre Gott ist.‹ JOHANNES sagte zu ihm: ›Tu, wie du gesagt hast.‹ Und der Tempelpriester: ›Vorher will ich aber, dass du andere an dem Gift sterben siehst, damit deine Furcht umso größer wird.‹ Aristodemos ging daraufhin zum Prokonsul und erbat von ihm zwei Männer, die zum Tode verurteilt worden waren. Denen verabreichte er vor aller Augen das Gift. Und kaum, dass er es ihnen gegeben hatte, hauchten sie ihren Geist aus. Als der Apostel nun den Kelch nehmen musste, wappnete er sich mit dem Zeichen des Kreuzes, trank das ganze Gift aus und nahm keinen Schaden. Angesichts dessen begannen alle, Gott zu loben. (…)«[127]

Matthäus mit Beil

Abb. 97:
Das **Beil**, Attribut des Matthäus.

Matthäus, der Evangelist, ist mit einem Beil dargestellt. Diese Zuordnung ist ungewöhnlich; normalerweise ist ein Buch, das Evangelium, sein Attribut oder ein Engel,
eines der vier Evangelisten-Symbole. Dass er mit einem Beil dargestellt ist, beruht vermutlich auf einer Verwechslung mit Legenden über den Apostel Matthias, der erst nach
Jesu Himmelfahrt in den Kreis der Zwölf aufgenommen wurde (vgl. Apg 1,15–26).[128]
Die Überlieferungen zu Matthias sind sehr unterschiedlich. Matthias wirkte nach einigen Legenden in Judäa, wurde wegen seiner Predigten dort vom Hohen Rat verurteilt,
gesteinigt und anschließend, wie es römischer Brauch war, mit dem Beil enthauptet.
Anderen Überlieferungen zufolge soll er, wie Matthäus, in einem Gebiet am Schwarzen
Meer den Glauben verkündet haben.[129]

Simon mit Säge

Abb. 98:

Die **Säge**,

Attribut des Simon.

Der Apostel Simon hat zwei Beinamen. Der Evangelist Lukas nennt ihn Simon, den
Zeloten (= Eiferer, vgl. Lk 6,15; Apg 1,13), Markus gibt ihm den Beinamen Kananäus
(vgl. Mk 3,18). Sehr wahrscheinlich handelt es sich bei Simon, dem Zeloten und Simon
Kananäus um ein- und dieselbe Person; die unterschiedlichen Beinamen sind vermutlich ein Indiz für die unabhängigen lukanischen und markinischen Traditionszweige.[130]
    Die Legenda aurea sieht in Simon einen Bruder des Apostels Jakobus. Simon soll
in Babylonien und Persien gewirkt haben, wo er auch zusammen mit Judas Thaddäus
den Märtyrertod erlitten haben soll, Simon durch Zersägen, Judas Thaddäus durch
Erschlagen mit einer Keule.[131]

Philippus mit Buch

Abb. 99:

Das **Buch**, Attribut des Philippus.

Der Apostel Philippus wird häufig mit dem Evangelisten Philippus verwechselt. Letzterer wurde von den Aposteln zu einem der sieben Diakone[132] der Jerusalemer Urgemeinde bestellt (vgl. Apg 6,1–6). Philippus, der Evangelist, wirkte in der Folgezeit in der Gegend um Cäsarea (vgl. Apg 8,40). Die Apostelgeschichte erzählt weiterhin, dass auch seine vier Töchter als Missionarinnen predigten (vgl. Apg 21,8.9). Immer wieder wurde, auch exegetisch, erwogen, ob es sich bei beiden Männern um ein- und dieselbe Person handeln könne. Die Untersuchungen brachten aber keine ernsthaften Ergebnisse zutage. Die Konfusion setzt sich in den apokryphen Apostelakten fort. Diese schreiben Episoden aus Acta 8 dem Apostel Philippus zu – daher das Attribut des Buches für ihn. Umgekehrt wurde das Märtyrertum des Apostels nach Hierapolis verlegt, wo aber das Martyrium des Evangelisten Philippus stattgefunden haben soll.[133]

Jakobus der Jüngere mit Walkerstange/Keule

Abb. 100:

Die **Walkerstange/Keule**,
Attribut von Jakobus
dem Jüngeren.

Jakobus erhielt zur Unterscheidung von dem zweiten Apostel Jakobus den Beinamen »der Jüngere«, weil er erst zu einem späteren Zeitpunkt von Jesus zu den Aposteln berufen wurde.[134] Das Neue Testament erzählt uns von ihm lediglich, dass er der Sohn des Alphäus war (vgl. Mk 3,18 par). In der Tradition der katholischen Kirche wird er mit dem Herrenbruder Jakobus gleichgesetzt, was aber, ebenso wie die Tradition, er sei der Verfasser des Jakobusbriefes, nicht haltbar ist.[135] Die Legenda aurea erzählt uns, warum ihm die Walkerstange/Keule als Attribut zugeordnet ist:

»So stellten die Juden Jakobus auf die Zinne des Tempels und riefen mit lauter Stimme: ›Du bist der gerechteste Mensch! Nach dir müssen wir uns allesamt richten! Das Volk aber geht in die Irre, seit Jesus gekreuzigt worden ist. Sag uns: Was scheint dir richtig?‹ Mit schallender Stimme gab Jakobus da zur Antwort: ›Was fragt ihr mich über den Menschensohn? Ihr müsst wissen: Er sitzt im Himmel zur Rechten der Macht Gottes, und als Richter über die Lebenden und die Toten wird er kommen.‹ Als die Christen das hörten, brach große Freude unter ihnen aus und sie folgten seinen Worten gern. Die Pharisäer und Schriftgelehrten aber sagten zueinander: ›Wir haben einen großen Fehler gemacht, uns für ein solches Zeugnis über Jesus zu verbürgen! Kommt, steigen wir auf die Zinne und stürzen wir ihn in die Tiefe hinab! Das wird die Übrigen in Angst und Schrecken versetzen. Dann werden sie nicht wagen, ihm zu glauben.‹ Also schrien sie sogleich lauthals: ›Ach, ach! Auch der Gerechte ist dem Irrglauben verfallen!‹ Und sie stiegen hinauf und stürzten ihn jäh hinunter. Als er aber dort unten lag, warfen sie über und über Steine auf ihn und riefen: ›Los! Wir steinigen JAKOBUS den Gerechten!‹ Dem war nun kein schneller Tod vergönnt, und trotzdem wandte er sich auch zu seinen Peinigern hin, stützte sich nach dem Sturz auf seine Knie und betete für sie: ›Herr, vergib ihnen, denn sie wissen nicht, was sie tun.‹ Dann rief einer von den Priestern, der von den Söhnen Rahabs abstammte: ›Verschont ihn! Ich bitte euch, was tut ihr denn? Dieser Gerechte, den ihr da steinigt, betet für euch!‹ Daraufhin ergriff einer aus der tobenden Menge eine Walkerstange, schmetterte sie mit vollem Schwung gegen Jakobus' Kopf und ließ dessen Hirn herausspritzen. All das steht bei Hegesippus. (…)«[136]

Thaddäus mit Keule

Abb. 101:

Die **Keule**, Attribut des Thaddäus.

Thaddäus wird nur im Markus- und im Matthäus-Evangelium (vgl. Mk 3,18; Mt 10,13) erwähnt. Die altkirchliche Tradition identifiziert Thaddäus mit Judas, dem Sohn des Jakobus.[137] Schon in den Schriften des Origines (gest. um 254) wurden beide Namen miteinander zu Judas Thaddäus verbunden. Auch bei Judas Thaddäus finden viele Verschmelzungen mit anderen namensgleichen Personen statt, so zum Beispiel mit Judas Iskariot oder einem anderen Thaddäus aus der Schar der 72 Jünger Jesu.[138] Nach der Legenda aurea wurde Judas vom Apostel Thomas nach der Himmelfahrt Christi unter dem Namen Addai zu König Abgar von Edessa geschickt — dem König, der ein Bild von Christus malen lassen wollte, weil dieser ihn geheilt hatte. Dabei soll der Maler dann aber von solchem Glanz geblendet worden sein, dass er nicht weitermalen konnte, und, so die Legende, Gott selbst das Bild vollendete.[139]

»Nach anderen Überlieferungen wirkte J U D A S zusammen mit Simon Zelotes in Syrien und Mesopotamien, dann in Persien, wo beide dem Feldhauptmann des Königs von Babylon — dem heutigen Han-al-Mahawil —, Baradach, Sieg und Frieden prophezeiten, was tatsächlich gleich am nächsten Tag Wirklichkeit wurde. Als Götter in Menschengestalt zu König Xerxes geführt, tauften sie ihn, den ganzen Hofstaat und viele Tausend im Land. Wiederholt zum Vernichten der feindlichen Gewalten aufgefordert, wiederholten sie ihr ständiges Wort: Nicht zu töten, sondern lebendig zu machen sind wir gekommen. Nach zahlreichen Wundertaten, mit denen sie die Machtlosigkeit der Zauberer bewiesen und die Abgötter stürzten, organisierten die Zauberer im Lande einen Aufstand der Priester, die beide Apostel erstachen, nach anderen Legenden enthaupteten, nach wieder anderer Version Judas mit einer Keule und Simon mit einer Säge zu Tode martern ließen. Ein gewaltiges Unwetter erschlug daraufhin Priester und Zauberer. Der König ließ die Leichen der beiden Heiligen suchen, bestatten und eine große Kirche darüber bauen.«[140]

Andreas mit »Andreaskreuz«

Abb. 102:
Das »**Andreaskreuz**«,
Attribut des Andreas.

Der Apostel Andreas gehört sicher zu den bekanntesten unter den Aposteln — nicht nur, weil sein Name auch heute noch aktuell ist, sondern sicher auch, weil das ihm zugeordnete Attribut, das »Andreaskreuz«, immer noch ein gebräuchliches Zeichen ist. In der Chemie wird es als Gefahrensymbol für gesundheitsgefährdende und reizende Stoffe verwendet. An Bahnübergängen signalisiert es: Achtung! Schienenverkehr hat Vorrang!

Andreas war ein Bruder des Simon Petrus und von Beruf ebenfalls Fischer. Andreas war der Erste, den Jesus in die Schar der Zwölf berief. Zuvor war er Anhänger Johannes des Täufers (vgl. Joh 1,35–40). Es gibt unterschiedliche biblische Angaben über die Herkunft des Apostels. In den biblischen Erzählungen kommt er kaum vor.[141]

»Am Morgen darauf wurde Andreas vor Gericht gestellt, und wieder verlangte Ägeas (nach der Legende Prokonsul in Achaia — Anm. d. Verf.), er solle den Götzenbildern opfern: ›Wenn du mir nicht gehorchst, sollst du selber an dem Kreuz, das du so rühmst, hängen.‹ Doch obwohl ihm verschiedenste Folterqualen angedroht wurden, antwortete ANDREAS: ›Denk dir ruhig die schlimmsten Qualen aus, die es aus deiner Sicht für mich gibt. Denn je standhafter ich die Folter im Namen meines Königs ertrage, desto lieber werde ich ihm sein.‹ Da ließ Ägeas ihn von 21 Männern auspeitschen und ihn zerschunden mit Händen und Füßen an ein Kreuz binden, um seinen Tod möglichst lang und qualvoll zu gestalten. Als Andreas aber zum Kreuz geführt wurde, strömten die Leute zusammen und riefen: ›Sein Blut wird ohne Schuld und ohne Grund vergossen!‹ Doch der Apostel bat sie, sein Martyrium nicht zu verhindern, und als er das Kreuz von Weitem erblickte, grüßte er es mit den Worten: ›Sei mir willkommen, Kreuz! Du, geweiht vom Leib Christi und geziert von seinen Gliedern wie Perlen. Bis der Herr an dir hinaufstieg, hattest du irdischen Schrecken verströmt — aber jetzt wohnt die himmlische Liebe in dir, und es ist eine Freude, dich zu empfangen. […] Nimm mich von den Menschen und gib mich meinem Meister zurück: Durch dich möge er mich annehmen, denn durch dich hat er mich ja erlöst.‹ Mit diesen Worten zog sich Andreas aus und schenkte seine Kleider den Peinigern, die ihn wie befohlen am Kreuz festmachten. Zwei Tage blieb er so noch am Leben und predigte zwanzigtausend Menschen, die sich dort versammelten […].«[142]

Jakobus der Ältere mit Kreuzstab und Beutel

Abb. 103:
Kreuzstab und **Beutel**,
Attribute von Jakobus dem Älteren.

Jakobus der Ältere, Sohn des Zebedäus und der Maria Salome und Bruder des Apostels Johannes, wurde nach einem Bericht in der Apostelgeschichte auf Veranlassung von Herodes Agrippa I. durch Enthauptung hingerichtet (vgl. Apg 12,2). Der Legende nach wurden seine Gebeine nach Spanien überführt, wo er missionarisch tätig gewesen sein soll. Die berühmte Wallfahrtstätte Santiago de Compostela wurde über seinem angeblich im 9. Jahrhundert gefundenen Grab errichtet. Zunächst wurde Jakobus dem Älteren häufig das Schwert seiner Enthauptung als Attribut zugewiesen. Ab dem 14. Jahrhundert galt er als Schutzpatron der Pilger; infolgedessen wurde er fortan in der Tracht des Wallfahrenden mit Stab und Pilgermuschel, Tasche oder Flasche dargestellt. Zahlreiche Wunderszenen, die man seinem Leben zuschreibt, finden sich vor allem in der spanischen und italienischen Barockkunst wieder.[143]

Bartholomäus mit Messer

Abb. 104:

Der **Krummdolch**,

Attribut des Bartholomäus.

Bartholomäus ist nur in der Apostelliste (vgl. Mk 3,18 par) genannt; spätere Darstellungen beruhen auf Legenden.[144] Der Legende nach missionierte Bartholomäus unter anderem in Mesopotamien, Großarmenien und auch in Indien, wo er eine Abfassung des Matthäus-Evangeliums hinterlassen haben soll.[145] Er wird mit einem Messer beziehungsweise Krummdolch dargestellt, weil ihm, wie die Legende berichtet, bei lebendigem Leib die Haut abgezogen worden sein soll:

»BARTHOLOMÄUS [wurde] eines Tages zum König Polymios von Armenien gerufen. Als er dessen besessene Tochter geheilt und den König besucht hatte, wobei er durch verschlossene Türen kam, bekehrte sich der König und mit ihm das ganze Königshaus zum Christentum. Polymios ließ ein Götzenbild niederreißen, aus dem ein böser Geist sprach; der von Bartholomäus beschworene Teufel fuhr aus, stürzte selbst diese Statue und alle anderen im Tempel. Er wurde durch Bartholomäus allen sichtbar gemacht: schwärzer als Ruß, mit scharfem Angesicht, langem schwarzem Bart und schwarzen Haaren, die bis auf seine Füße gingen, die Hände aber mit feurigen Ketten auf dem Rücken gebunden. Die überwundenen Priester des Tempels zogen daraufhin zu Astyages, dem feindlichen Bruder des Polymios. Der schickte eintausend Soldaten aus, die Bartholomäus fangen und vor ihn bringen sollten. Er erfuhr zudem, daß durch Bartholomäus auch sein Gott Baldach zerstört worden sei, ließ ihn daraufhin mit Knütteln schlagen, ihm bei lebendigem Leib die Haut abziehen und ihn dann kreuzigen. Christen begruben den Leichnam; Astyages aber und seine Priester fielen in Besessenheit und starben unmittelbar darauf.«[146]

Thomas mit Lanze

Abb. 105:
Leuchter St. Thomas
mit **Lanze**.

In der Frömmigkeit der Menschen ist der Apostel Thomas sehr beliebt. Einige Legenden berichten, dass das Leben des Apostels einen ähnlichen Lauf genommen habe wie der Lebensweg Jesu. Vielleicht nannte man ihn deshalb Didymus, den Zwilling (vgl. Joh 20,24) — vielleicht aber auch, weil er uns so ähnlich ist. Denn Thomas wollte es ganz genau wissen:

Als Jesus gestorben ist, verbarrikadiert Thomas sich mit den anderen aus Angst vor den Leuten. Jesus kommt durch die verschlossene Tür zu ihnen ins Haus. Thomas ist sein Glaube so wichtig, dass er von Jesus ein Zeichen verlangt, durch das er begreift: Es ist tatsächlich der Herr, der vor ihm steht. Thomas will unbedingt glauben (vgl. Joh 20,24–29)! Jesus fordert Thomas auf, seine Wundmale zu berühren. Als Erster der Jünger Jesu erkennt Thomas daraufhin die göttliche Natur Christi: »Mein Herr und mein Gott!« (Joh 20,28)

Legenden nach durchzog Thomas unter anderem auch Indien, wo er auch als Baumeister des Königs Gundoforus gearbeitet haben soll. Anstatt den von ihm geforderten Königspalast nach römischer Bauweise zu errichten, soll er mit der Begründung, einen »himmlischen Palast« errichten zu wollen, das Geld für den Palastbau unter den Armen verteilt haben. Tatsächlich soll der König sich daraufhin bekehrt haben. Im heutigen Chennai in Indien, der Legende nach in Madras, soll er von feindlich Gesinnten mit der Lanze durchstochen worden sein.[147]

ELISABETH VON THÜRINGEN UND FRANZ VON ASSISI — LEBEN TEILEN DAMALS UND HEUTE

Elisabeth und Franziskus in St. Gabriel

Zur Ausstattung der Gabrielkirche gehört seit 1984 eine Figur der Heiligen Elisabeth aus Thüringen und seit 1994 eine Figur des Heiligen Franz von Assisi. Die Figur der Heiligen Elisabeth steht auf einem Sockel am Eingang der Seitentüre zum linken Seitenschiff der Kirche. Ihr gegenüber, an der Eingangstüre zum rechten Seitenschiff und ebenfalls auf einem Sockel, ist die Figur des Heiligen Franziskus angebracht. Beide

Figuren sind in der gleichen Höhe zu sehen; sie sind auch nahezu gleich groß. Wenn wir uns durch die Pfeiler des Mittelschiffs hindurch eine Verbindungslinie zwischen den Figuren vorstellen, nehmen wir sie als Anfangs- beziehungsweise Eckpunkt einer geraden Linie von einer Seite der Kirche bis zur anderen Seite hin wahr: zwei einzelne Figuren, die uns anbieten, sie gemeinsam zu betrachten.

Tatsächlich sind Elisabeth und Franziskus zwei Menschen, die manches miteinander verbindet und manches voneinander trennt. Ihre Wege sind unterschiedlich. Aber sie sind Menschen derselben Zeit und desselben Geistes. Gemeinsam ist ihnen vor allem, dass sie beide zutiefst aus dem Geist Gottes gelebt haben. Dass die beiden Figuren, die die Heiligen abbilden, in der Kirche einander gegenüberstehen, kann uns sagen: Der Geist, der in Elisabeth und Franziskus und aus ihnen gewirkt hat, »weht« auch in der Kirche. Er weht symbolisch aus den beiden Figuren durch die Kirche und die Menschen in ihr hindurch. Wer die Kirche durch das Hauptportal betritt und weiter nach vorn geht, geht immer zwischen den beiden Figuren hindurch und an ihnen vorbei, ob nun der Weg durch das Mittelschiff oder der Weg durch eines der beiden Seitenschiffe gewählt wird. Wir kommen, räumlich und bildlich gesehen, nicht um diese beiden herum! Die beiden Figuren begleiten die Eintretenden auf ihrem Weg durch die Kirche, einem Weg, der symbolisch als Lebensweg des Menschen vom Dunkel zum Licht zu verstehen ist. Damit »tun« die Figuren das, was die Heiligen, die sie verkörpern, zu ihren Lebzeiten auch getan haben: Sie haben Menschen auf ihrem Lebensweg begleitet. Was Franziskus und Elisabeth taten, taten sie beide als ihre persönliche und individuelle Antwort auf den Ruf Gottes, den sie gehört haben. Deshalb ist es gut, dass die beiden Figuren in der Kirche einzeln stehen.

Zum Hintergrund

Elisabeth und Franziskus waren Menschen des 13. Jahrhunderts. Elisabeth, die ungarische Königstochter, lebte von 1207 bis 1231, Franziskus von 1182 bis 1226. Elisabeth kam im Alter von vier Jahren an den Hof des thüringischen Landgrafen Hermann, die Wartburg, und wuchs dort auf. Mit 14 Jahren heiratete sie Ludwig, den Sohn des Landgrafen, und wurde Landgräfin von Thüringen. Franziskus lebte in Umbrien in Italien. Er kam aus einer im wahrsten Sinne des Wortes gut betuchten Familie: Sein Vater war ein angesehener und erfolgreicher, aufstrebender Tuchhändler. Franziskus wuchs im bürgerlichen Wohlstand auf.

Im 12. und 13. Jahrhundert gab es starke Armutsbewegungen; Menschen wählten freiwillig das Leben in Armut, wie Jesus Christus es gewählt hatte. Es war das gemeinsame Ideal der wichtigen geistlichen Strömungen dieser Zeit. Man wollte offen sein für die Begegnung mit Gott und vertraute darauf, dass Gott dem Menschen täglich geben würde, was er brauchte. Die Armutsbewegungen hatten ihre Wurzeln im kirchlichen und im gesellschaftlichen Leben. In Bezug auf die Kirche war es Protest vor allem gegen ihre weltliche Macht und ihren Reichtum sowie gegen die Verweltlichung des Klerus. Die Kirchen profitierten vom wirtschaftlichen Aufschwung der Zeit. Industrie- und Handelsbeziehungen entwickelten sich und die Bevölkerung nahm zu. Die Spanne zwischen Arm und Reich wurde größer. Die Gesellschaft teilte sich in reich Gewordene und noch mehr arm Gewordene. Menschen, die am Leben der Höhergestellten nicht teilhaben konnten, fielen durch das gesellschaftliche Raster in die Armut. Wer arm war, war bald auch krank. Und wer eine schlimme, ansteckende Krankheit hatte, wurde verstoßen — ein Teufelskreis. Die Menschen in Thüringen und Umbrien litten zusätzlich unter den kriegerischen Auseinandersetzungen der Höfe und Königshäuser, Streitigkeiten, die auf dem Rücken der Armen ausgetragen wurden. Von den erpressten Steuergeldern leisteten sich die Adelshäuser den Wohlstand, in dem sie lebten.

Elisabeth und Franziskus wurde der Egoismus der herrschenden Welt zunehmend fremd und schließlich unerträglich. Beide wählten ganz bewusst den Weg in die Armut, um mit den Armen ihr Leben und ihre Lebensnot zu teilen und ihnen beizustehen. Die beiden Heiligen sind einander nie begegnet. Vieles gäbe es über beide Persönlichkeiten zu erzählen. Wir aber wollen uns in unserer Betrachtung auf das beziehen und beschränken, was uns die Elisabeth- und die Franziskusfigur in der Gabrielkirche zum Erzählen, Nachdenken und Nachspüren anbieten.

Elisabeth — Schwester und Mutter der Armen

Was wir sehen

Wir sehen eine schöne, junge und gepflegte Frau. Ihr Gesicht ist glatt und zart. Der Mund ist geschlossen, die Lippen lächeln ein wenig. Die Augen sind geöffnet, die Au-

Abb. 106:

Elisabeth von Thüringen.

genlider leicht gesenkt. Aus ihren Augen sprechen Wachheit, aber auch Introversion und Demut. Das Gesicht strahlt Freundlichkeit und Ruhe aus. Froher Mut, Zufriedenheit, Selbstsicherheit, Entschiedenheit sind wahrzunehmen. Die Wangen der Frau sind rosig, sie wirkt gesund.

Elisabeth ist mit edler Gewandung bekleidet. Sie trägt ein blaues, langes Kleid, einen roten Mantel mit goldfarbenem Innenfutter und goldene Schuhe. Ihre Gewandung und der goldene Kopfschmuck verweisen auf ihre königliche Herkunft und ihren adligen Status als Landgräfin. Außer dem Kopfschmuck trägt sie — ungewöhnlich für eine Frau ihres Ranges — keinen weiteren Schmuck. Unter dem goldenen Haarreif wird ein graues Kopftuch erkennbar, das ihr langes, nach hinten gekämmtes Haar bedeckt. Ein Tuch dieser Art und Farbe will aber nicht recht zur Kleidung einer fürstlichen Dame passen. Elisabeth steht aufrecht in lockerer, entspannter, leicht tänzerischer Körperhaltung. Eine angenehme Leichtigkeit liegt in ihrer Körpersprache. Die rechte Hand liegt an ihrem Mantel, die Finger der Hand sind gestreckt. Der Mantel ist von der rechten Schulter heruntergerutscht. Elisabeth hält ihren Arm ein Stück weit weg von ihrem Körper, so, als wollte sie den Mantel vom Körper weghalten oder ihn sogar ganz wegnehmen. So, wie sie den Mantel berührt, muss er ihr durch die Finger gleiten und jeden Moment auch von ihrer linken Schulter abrutschen. Vielleicht hat sie ihn zuvor auch schon selbst von der rechten Schulter gezogen. Sie scheint sich mit diesem Mantel nicht passend gekleidet zu fühlen. In ihrer linken Hand trägt Elisabeth einen bemalten Krug, den sie eng an ihrem Körper hält. Ihre Finger sind geschlossen um den Henkel des Krugs gelegt. Der Griff ihrer linken Hand ist, anders als der Griff der rechten Hand, fest und zupackend. Diesen Krug will sie nicht loslassen! Ihr linker Arm ist im Ellenbogen angewinkelt, sodass der Krug höher gehalten wird. Einen schweren, eventuell noch gefüllten Krug dieser Größe längere Zeit so zu halten, ist anstrengend. In dieser Haltung bleibt man nicht lange. Es ist also hier eine Momentaufnahme einer Bewegung dargestellt, nicht etwas Statisches. Mit einem Krug kann man Wasser schöpfen und man kann Wasser aus ihm ausgießen. Was Elisabeth in diesem Moment damit tun möchte, sagt uns die Darstellung nicht. Schräg, wie Elisabeth den Krug hält, kann er, wenn überhaupt, nur zum Teil gefüllt sein. Wenn er also teilgefüllt ist, ist er entweder halb leer oder halb voll, je nachdem, wie wir es sehen wollen. Schöpfen und Ausgießen bedingen einander. Elisabeth ist Schöpfende und sie ist auch Ausgießende.

Aus dem Leben der Heiligen Elisabeth

»Wir müssen die Menschen so glücklich machen, wie wir nur können.«[148] — Das ist es, was Elisabeth will, und was sie auch tut. Elisabeth lässt sich zutiefst berühren vom menschlichen Leid ihrer Zeit. Mit tiefer Hingabe setzt sie sich für Arme und Kranke ein. Ihre fürstliche Gewandung und ihren Schmuck legt sie am liebsten ab und kleidet sich, wann immer es ihr möglich ist, in einfache Wolle, die Kleidung der Armen. In schlichter Gewandung, die auch Jesus getragen hat, fühlt sie sich wohl und angemessen gekleidet. Das graue Tuch unter dem goldenen Haarreif der Elisabethfigur deutet es an. Gleichzeitig kann es auf den Witwenschleier verweisen, den verwitwete Frauen im Mittelalter trugen. Elisabeth wird bereits als junge Frau und Mutter dreier kleiner Kinder Witwe. Ihren geliebten Mann Ludwig verliert sie durch Krankheit.

Die Figur zeigt, dass Elisabeth dabei ist, sich von ihrem edlen Mantel zu befreien. Es scheint ihr gut zu tun, dieses Kleidungsstück abzulegen: Weder Zwang noch Unsicherheit oder Widerwille liegen in ihrem Gesichtsausdruck, vielmehr ein frohmachender, innerer Friede. Die Gefährtinnen Elisabeths, von denen uns glaubwürdige Berichte aus dem Leben der Heiligen überliefert sind, sprechen immer wieder von der Fröhlichkeit Elisabeths. Nach dem Tod ihres Mannes verlässt Elisabeth den fürstlichen Hof. Ihren königlich-fürstlichen Stand gibt sie auf. Den edlen Mantel legt sie ab und verschenkt ihn an eine Bedürftige. Unter ärmlichsten Bedingungen lebt sie zunächst in Eisenach, dann in Marburg. In Marburg stiftet sie mit den Mitteln ihres Witwenteils, den sie erhalten hat, ein Hospital. Sie benennt es nach Franz von Assisi, dem sie sich sehr verbunden fühlt. Elisabeth arbeitet als Krankenschwester in diesem Hospital. Sie bekleidet sich mit grauem Wollkleid, das dem Bußgewand der Franziskaner ähnlich ist. Das einfache Gewand aus ungefärbter Wolle wird die Tracht der Hospitalschwestern und -brüder.

Elisabeth lebt im Hospital ein klösterliches Gemeinschaftsleben nach den Gelübden von Armut, Keuschheit, Gehorsam und Dienst an Kranken und Armen. Beseelt von dem Wunsch, Schwester und Mutter der Erniedrigten und Ausgestoßenen zu sein, sucht Elisabeth »mit Eifer, alle Wünsche der Armen zu erfüllen«[149]. Viele Krüge füllt sie mit Wasser. Sauberes Wasser ist, was die Armen und Kranken dringend brauchen, nicht nur zum Trinken. Elisabeths Sorge gilt vorrangig den Kranken, später vor allem den Kranken im Hospital. Sie nimmt die Kranken im Hospital auf und badet sie. Für ein Bad sind viele Krüge mit Wasser nötig. Die Kleider der Kranken müssen gereinigt, die Bettwäsche muss immer wieder gewaschen werden. Elisabeth bettet die Kranken und deckt sie zu. Sie spült und wäscht die eiternden Wunden der Aussätzigen. Häufig setzt sie Waschungen als Medikation ein.[150] Für Elisabeth gilt Jesu Wort: »Was ihr für einen meiner geringsten Brüder getan habt, das habt ihr mir getan.« (Mt 25,40) Konsequent handelt sie danach. In jedem Menschen, der ihr begegnet, sieht Elisabeth einen von Gott geliebten Menschen, in jedem Armen Christus selbst.[151]

Elisabeth ist aber nicht nur in der körperlichen Not für die Armen da, sondern auch, wo sie geistigen Durst und Hunger empfinden. Sie versucht, die Menschen auch seelisch satt zu machen. An Gründonnerstagen wäscht sie den Armen die Füße, wie Jesus es an seinen Jüngern getan hat. Die Eltern eines Neugeborenen mahnt Elisabeth, ihr Kind sehr bald zur Taufe zu bringen. Es ist ihr wichtig, dass die Menschen mit den Sakramenten der Kirche in Berührung kommen und auch die Seele der Armen und Kranken Heilung durch die Berührung mit Christus erfährt. Die leeren Seelen der Menschen füllt Elisabeth mit dem lebendigen Wasser, mit dem auch Christus die Seelen der Menschen gefüllt hat (vgl. Joh 4,1–26).

Folgende Begebenheit mag Elisabeths Tun und Sinnen verdeutlichen. Sie trägt sich zu, als Elisabeth alle Armen aus der Umgebung in den Hof des Hospitals einlädt. Sie hat den ersten Teil ihres Witwengeldes bekommen und verteilt das Geld an die Armen. Die Verteilung dauert den ganzen Tag. »Als die Nacht hereinbrach und sich die Meisten auf den Heimweg gemacht hatten, blieben die Schwächeren und Kranken im Hof zurück, um dort zu übernachten. Als Elisabeth das bemerkte, sagte sie: Seht, die Schwachen sind zurückgeblieben, wir wollen ihnen noch etwas geben. Jedem ließ sie nochmals sechs Kölner Pfennige geben [Anm. d. Verf.: Für einen Kölner Pfennig erhielt man ein Huhn oder zwölf Heringe!], auch den Kindern. Danach ließ sie Brot austeilen und sagte: Wir wollen ihre Freude vollkommen machen. Zündet Feuer für sie an! Das geschah in der ganzen Länge des Hofes. Auch wurden Vielen die Füße gewaschen und gesalbt. Die Menschen fühlten sich wohl und begannen zu singen. Elisabeth freute sich mit ihnen und sagte zu ihren Helfern: Seht, ich habe euch gesagt, dass wir die Menschen froh machen müssen!«[152]

Zeit ihres Lebens dürstet Elisabeth nach ihrer Quelle, nach dem lebendigen Wasser, nach der fließenden Liebe Gottes. Ihre dürstende Seele mag Ausdruck in einem Vers des Psalms 63 finden: »Gott, du mein Gott, dich suche ich, meine Seele dürstet nach dir.« (Ps 63,2) Elisabeth empfindet schon als Kind ihre tiefe Sehnsucht nach Gott. Sogar im Spiel fühlt sie sich zu ihm hingezogen. Sie betet aus eigenem Antrieb, huscht mitten im Spiel immer wieder in die Kapelle, um zu beten, zum Lobe Gottes zu tanzen oder sich vor Gott zu verneigen. In ihrem Elternhaus, wie auch später am thüringischen Hof, gehören Gebet und Gottesdienst zum täglichen Leben dazu. Die Liebe, die das kleine Kind im Elternhaus erfährt[153], mag Elisabeth geholfen haben, selbst zu einer starken Liebe zu ihrer Familie und zu ihren Nächsten zu finden. Wo ihr Liebe entzogen wird, setzt sie all ihre Hoffnung auf Gott.[154] Im Gebet werden der erwachsenen Elisabeth Visionen zuteil, in denen es zur unmittelbaren Begegnung zwischen dem Göttlichen und ihr kommt. In der Fastenzeit 1228 hat Elisabeth folgende Vision:

»Ich habe den HIMMEL offen gesehen und meinen süßen Herrn Jesus, wie er sich zu mir neigte und mich tröstete über die verschiedenen Ängste und Bedrängnisse, die mich umgeben. Wenn ich ihn sah, war ich froh und lachte, wenn er aber sein Antlitz abwandte, als ob er gehen wolle, weinte ich. Er erbarmte sich meiner, wandte sein strahlend helles Gesicht mir zu und sagte: Wenn du mit mir sein willst, will ich mit dir sein. Ihm habe ich geantwortet.«[155]

Elisabeth hat einen tiefen Blick in göttliche Geheimnisse erhalten. Der süße Herr Jesus neigt sich zu ihr herab. Der Ausdruck »süß« meint in der Sprache der Mystik die Barmherzigkeit Gottes, Heil und Leben. So, wie Elisabeth Jesus erfahren hat, will sie nie mehr von ihm getrennt sein.[156] Elisabeths Visionen stellen sie in die Reihe der Mystikerinnen und Mystiker des Mittelalters, die ähnliche Erfahrungen machen. Elisabeth spricht in dieser Vision auch von Tränen. Wenn sie von der Begegnung mit dem Göttlichen derart erfüllt ist, lässt sie ihren Tränen freien Lauf. Als ganzer Mensch konzentriert sie sich auf Gott, bezieht all ihre Sinne und ihre Gefühlswelt ins Gebet mit ein. Auch in ihren nächtlichen Gebetszeiten, zu denen sie sich regelmäßig wecken lässt, weint sie viel. Es sind vor allem Tränen der Freude über die tiefe Erfahrung der Gottesbegegnung, die sie vergießt, körperlicher Ausdruck für die Fülle, die sie in diesem Moment empfindet. Der Krug ihrer Sehnsucht nach Gott ist dann zum Überlaufen mit lebendigem Wasser gefüllt. Tränen der Andacht beschreiben die Mystikerinnen und Mystiker als Quelle der Gnade und leiblichen Ausdruck der Begnadung, die die Begnadeten hoffnungsfroh und fröhlich stimmen.[157] Elisabeth ist eine begnadete Frau. Sie hat die Gabe der Tränen[158] und die Fröhlichkeit der Begnadeten.

Elisabeth hat ihren fürstlichen Mantel nie wieder angelegt. Mit nur 24 Jahren stirbt sie in dem Hospital in Marburg, das sie gestiftet hat. Weil sie die Liebe Gottes selbst erfahren hat, konnte Elisabeth zum Segen für die Menschen werden.

»All meine QUELLEN entspringen in dir.«

(Ps 87,7)

Franziskus — Bruder der Armen und der Schöpfung

Was wir sehen

Die Figur des Heiligen Franziskus wurde im Jahre 1992 von einem kroatischen Künstler gefertigt. Sie zeigt Franz von Assisi in der Gewandung der Franziskanermönche, einer braunen Kutte mit Zingulum. Nur mit einfachen Riemensandalen an den Füßen steht Franziskus auf ziemlich hochgewachsenem Gras. Die Kutte reicht bis an das Gras heran, liegt aber dort nicht auf. Es sieht aus, als gehe der Mantel nahtlos in die Graspflanze auf dem Boden über. Hase und Igel, sonst scheue Tiere, sitzen rechts und links neben Franziskus im Grün — ein seltsames Bild. Ein Hase flüchtet normalerweise, sobald er einen Menschen in seiner Nähe wittert, ein Igel ist in der Regel nur nachts unterwegs, wenn er weniger auffällt und sich im Schutze der Dunkelheit leicht verstecken kann. Beide Tiere sehen aber hier nicht so aus, als ob sie flüchten wollten, sondern sie fühlen sich in Gegenwart des Mannes offenbar wohl — ein friedliches Idyll. Eine Blatt- und Blumenranke wächst an der linken Seite des Mannes hoch. Sie scheint an der Kutte festgewachsen zu sein. Die Ranke blüht prächtig, ist nicht welk, als wenn sie abgepflückt wäre. Sie hat ihre Wurzeln im Boden. Franziskus hält seinen linken Arm einem Buntspecht hin, der hier seinen Platz gefunden hat und offenbar ebenfalls die Absicht hat, zu bleiben. Es ist ein friedliches und beschauliches Bild, das Bild einer erstaunlichen, unglaublichen Symbiose von Mensch, Tier- und Pflanzenwelt, das sich uns hier zeigt.

Die rechte Hand des Franziskus ist wie zum Gruß erhoben. Sie wirkt im Verhältnis zur Größe des Mannes überdimensioniert. Sie ist dadurch besonders auffällig. Die Handinnenfläche ist uns, den Betrachtenden, zugewandt, die Finger sind entspannt und locker. Die offen hingehaltene Handinnenfläche signalisiert Kontaktsuche, Suche nach Berührung. In der Handinnenfläche sehen wir ein Blutrinnsal, das aus einer Wunde kommt. Es ist auch auf der linken Hand zu sehen.

Franziskus' Augen sind weit offen. Sie sind tiefblau, freundlich, wach und klar. Sie schauen hin. Sie suchen Blickkontakt mit Menschen, die ebenfalls hinschauen. Leicht hängende Augenlider aber lassen vermuten, dass diese Augen auch anderes sehen oder gesehen haben als den hier dargestellten Frieden unter den Geschöpfen. Der Mund ist leicht geöffnet. Vielleicht schließt dieser Mann den Mund nach dem Gruß wieder, weil er nicht gern viel redet. Vielleicht will er aber auch gerade jetzt erst etwas ausdrücken.

Abb. 107:

Franz von Assisi.

Auch in dieser Figur ist, wie bei der Elisabeth-Figur, wieder ein Moment festgehalten. Der Gesichtsausdruck der Figur ist offen, freundlich, gütig. Es liegt eine Zärtlichkeit und Sorge darin, aber auch eine gewisse Traurigkeit. Leidenschaftlichkeit und eine Art kindlichen Vertrauens und Unschuld sprechen aus diesem Gesicht, aber auch eine leichte Verträumtheit und Naivität. Franziskus ist blau-äugig — oder ist er etwa blauäugig? Hoffnungslos romantisch gar?

Möglicherweise spricht diese Figur Sie weniger an als andere Figuren in der Kirche. Es mag daran liegen, dass die Kindlichkeit, die in diesem Erwachsenen sichtbar wird, aber auch die unrealistische Beschaulichkeit der Szenerie Sie irritieren. Vielleicht scheint Ihnen diese Figur eher für Kinder geeignet. Ja, ich denke, sie ist sicherlich eine

Figur vor allem für kleinere Kinder. Kinder etwa im frühen Kindergartenalter können sich einen Frieden, wie er hier gezeigt ist, gut vorstellen. Sie sind Freunde vor allem der Tiere und hinterfragen nicht, warum Hase, Igel und Vogel hier vollkommen furchtlos bei dem Menschen sitzen. Kinder nehmen die Darstellung einfach so, wie sie ist. Auch die verschiedenen Gefühlsregungen, die aus dem Gesicht des Mannes sprechen, sind Kindern vertraut. Kinder freuen sich, sind traurig, sie leiden und weinen auch mit anderen, sie träumen von Großem und Großartigem, sie suchen und geben Zärtlichkeit, sie sind offen, klar und unverstellt. Sie lassen ihren Gefühlen freien Lauf und tun, was sie fühlen. Im Spiel drücken sie aus, was in ihnen ist. Kinder lassen sich munter auf das Leben ein, sie begegnen der Welt mit ihrem angeborenen Urvertrauen. Sie vertrauen arglos den Menschen, bei denen sie sich geborgen fühlen, und Gott, von dem sie alles erhoffen. Kinder staunen über Dinge und Zusammenhänge, die Erwachsene kaum noch staunenswert finden, sie sind ständig auf der Suche nach Dingen, die entdeckt werden wollen, sie stürzen sich kraftvoll und unbefangen in kleinere und größere Abenteuer und wollen hoch hinaus. Kinder sind leidenschaftlich und nehmen mit allen Sinnen wahr — wie der Mann, den die Figur abbildet. Ja, Kinder können mit dieser Figur etwas anfangen und sie sprechen lassen. Auch wenn sich manche von Ihnen vielleicht eine andere Franziskusfigur für die Gabrielkirche wünschen — diese Figur kann eine ganze Menge von dem Heiligen erzählen.

Aus dem Leben des Heiligen Franziskus

Franziskus wächst in Assisi, seiner Geburtsstadt, auf. Er ist ein ausgelassener und lebenslustiger, sehr leidenschaftlicher Mensch, der gern singt, tanzt und dichtet, Theater spielt, der Freunde hat und der gern feiert — ein Troubadour. Er träumt davon, Ritter zu werden. Feinfühlig, wie er ist, berührt ihn schon als Kind die Not, die er um sich herum wahrnimmt. Immer wieder verschenkt er etwas von seinem Geld an Arme. Im Alter von 20 Jahren zieht der angehende Ritter in einen der unseligen Kleinkriege seiner Zeit, eine Städtefehde zwischen Assisi und dem benachbarten Perugia. Franziskus erlebt die Grauen des Krieges und der Gefangenschaft. Nach seiner Rückkehr wird er schwerkrank. Das bürgerliche Leben, das er bisher geführt hat, kann ihm keine befriedigenden Antworten auf die Fragen geben, die sich ihm stellen. Er spürt, dass die Wahrheit im Einlassen auf das ungeschützte Leben zu suchen ist.

Franziskus ist zeit seines Lebens kindlich geblieben. Wie ein Kind öffnet er sich allem, was ihm begegnet, wie ein Kind vertraut er sich dem Leben an. Die Franziskusfigur macht diese Charaktereigenschaft des Heiligen sehr deutlich. Beeindruckend an Franziskus ist seine Unschuld, seine Begeisterung für die Natur, seine Zärtlichkeit gegenüber allen Wesen, seine Fähigkeit zum Mitleiden mit den Armen, seine Kraft. Alles, was ihm begegnet, scheint ihm rein und voller Farbe. Der Buntspecht auf dem Arm der Franziskusfigur weist uns mit seinem farbigen Federkleid darauf hin. Aus der kindlichen Reinheit und Klarheit, die Franziskus sich bewahrt, entspringen Staunen und Ehrfurcht. Sie führen ihn zu einem zärtlichen Umgang mit allen Lebewesen und Dingen und zu einer tiefen Geistigkeit.[159] Franziskus rührt damit an die Seele auch des modernen Menschen. Denn die Seele strebt danach, gehört zu werden und sich auszudrücken. Franziskus' Seele sucht nach dem Vater-Gott, dem Schöpfer des Lebens, das ihm begegnet. In seiner Öffnung für das Heilige wird Franziskus klar, dass, wer heilig sein will, menschlich sein muss, feinfühlig, zart, gütig. Der Mensch ist, und das zeigt sich am unverstellten und ursprünglichen Verhalten eines Kindes, in der Lage zum Mitleiden, zur zärtlichen Fürsorge, zur Ehrfurcht vor dem Heiligen. Franziskus' Fähigkeit zum Lieben und Mitleiden führt ihn zu einer tiefen Begegnung mit Jesus Christus. In mystischem Erleben erhält Franziskus vor dem Bild des Gekreuzigten in der zerfallenen Kapelle von San Damiano von Jesus die Botschaft, die Kirche wieder aufzubauen: »Franziskus, geh hin und stelle mein Haus wieder her, das, wie du siehst, ganz verfallen ist.«[160]

Franziskus missversteht diese Botschaft zunächst und baut die kleine Kirche San Damiano wieder auf. Später versteht er im Hören auf das Evangelium seine Mission als Sendungsauftrag. Wie Jesus seine Jünger in die Welt sendet, ohne Vorräte und arm, aber mit der Vollmacht ausstattet, die unreinen Geister auszutreiben (vgl. Mk 6,7–9), so beginnt Franziskus seinen Pilger- und Predigerweg. In radikaler Armut erlebt er die unverhüllte Wirklichkeit. Er sieht die Welt mit den Augen der Armen und in ihnen den vergegenwärtigten Christus. Leidenschaftlich und zärtlich, fürsorglich und fröhlich, wie er ist, lebt er sein Leben und damit auch die Brutalität der Armut. Franziskus drängt es, sein inneres Verlangen in Handeln umzusetzen — wie ein Kind. Alles an ihm bleibt jung und was er tut, tut er mit voller Hingabe. Seine Seele verlangt danach, sich vollkommen mit Christus zu identifizieren. In seinem Verlangen spielt er, wie es seine Natur ist, immer wieder Szenen aus dem Evangelium. Einmal spielt er das Weihnachtsevangelium mit den Armen — nicht, um ein schönes Spiel nachzustellen und zu betreiben, sondern um in die Gegenwart zu transportieren, was geschehen ist, als Gott in Jesus Kind wurde. Das

Geheimnis der Menschwerdung Christi begreift er als »Demütigung und Identifikation Gottes mit dem Allerniedrigsten«[161]. Franziskus ist der Troubadour für Gott. Sein Spiel und sein Gesang sind, wie sein gesamtes Leben, Übereinstimmung mit dem Leben Jesu. Mit allen Sinnen lebt Franziskus das Evangelium. Sein großes Mitleiden und seine Hingabe machen ihn Jesus immer ähnlicher. Franziskus' Verlangen nach Einheit mit Jesus bricht eines Tages in Form der Wundmale Jesu an seinem Körper durch.[162]

Franziskus erkennt, dass alles, was ist, eine große Einheit ist. Er kommt zu einer mystischen Einheit und Geschwisterlichkeit mit dem gesamten Kosmos. Franziskus erlebt den Gleichklang von äußerer und innerer Welt, von Körper und Seele, von Männlichem und Weiblichem, von Leben und Religion. Er sieht das Dunkle der Wirklichkeit und sogar den Tod in diesen Gleichklang integriert und verbrüdert sich mit ihm. Alles ist eingebunden in die Vaterschaft Gottes. Dass Gott der Vater aller ist, ist ja auch der Mittelpunkt der Botschaft Jesu. Franziskus versteht den Vatergott nicht mit dogmatischen Formeln, sondern indem er ihn selbst als den liebenden Vater erfährt.[163] Der Schöpfer begegnet ihm in Jesus Christus und in allem Geschaffenen. Franziskus hat die Fähigkeit, die Botschaft zu erspüren, die in dem Geschaffenen ist und darüber hinaus auf die dahinterliegende Wirklichkeit verweist. Er steht im wahrsten Sinne des Wortes mit bloßen Füßen auf dem Boden. Die nackten Füße bringen ihn in Kontakt mit der Erde, die ihn trägt und mit dem Ursprung, Gott. Dem Vater überlässt Franziskus sich, vertrauend, loslassend und alles von ihm erhoffend wie ein Kind. Die Menschen, die Tiere, die Pflanzen, die Dinge sind seine Schwestern und Brüder geworden. Franziskus spricht mit allen, predigt den Vögeln und achtet darauf, Pflanzen nicht zu verletzen. Wenn er auf einen Stein tritt, bittet er ihn um Entschuldigung, denn der Stein ist ein Bild für Christus. Es fällt wohl kaum jemandem — außer Kindern, Verliebten, Dichtern und Narren — noch ein, mit Tieren, Pflanzen und Steinen zu sprechen!

Franziskus hat die Welt und die menschlichen Beziehungen menschlicher gemacht. Zärtlich und kraftvoll spricht er der ganzen Schöpfung, vor allem den Armen und Erniedrigten, Würde zu. Sein Gespür, mit allem Geschaffenen aufs Engste verbunden zu sein, drückt Franziskus zwei Jahre vor seinem Tod in seinem Sonnengesang aus. Er dichtet das Lied in einer Zeit, als er sehr krank und fast erblindet ist. Die letzte Strophe fügt er später an, als er den Tod unmittelbar vor Augen hat. Gemeinsam mit allen Geschöpfen singt er den Sonnengesang, den großen Lobgesang für den Schöpfer. Es geht in diesem Lied nicht um eine romantische Verklärung der Schöpfung. Franziskus war kein Romantiker in diesem Sinne und das Leben des Heiligen in der Schöpfung war keine Idylle. Es geht um echte Verbundenheit mit allem, auch mit dem Kreuz und Leid der Welt. Der Sonnengesang ist Ausdruck einer versöhnten Welt, die im Herzen des Heiligen Franz von Assisi Gestalt wurde[164], Verkündigung eines universalen Friedens, ein »Gotteslob (…), das Himmel und Erde verbindet«[165]. Die etwas kitschig-friedlich-unglaubliche Symbiose von Mensch, Pflanze und Tier in der Franziskusfigur der Gabrielkirche deutet diesen universalen Frieden an. In Assisi ist von dem franziskanischen Geist immer noch etwas zu spüren.

SONNENGESANG

»Erhabenster, allmächtiger, guter Herr,

dein sind der Lobpreis, die Herrlichkeit

und die Ehre und jegliche Benedeiung.

Dir allein, Erhabenster, gebühren sie,

und kein Mensch ist würdig, dich zu nennen.

Gepriesen seist du, mein Herr,

mit allen deinen Geschöpfen,

zumal der Herrin, Schwester Sonne,

denn sie ist der Tag,

und spendet das Licht uns durch sich.

Und sie ist schön und strahlend in großem Glanz.

Dein Sinnbild trägt sie, Erhabenster.

Gepriesen seist du, mein Herr,

durch Bruder Mond und die Sterne,

am Himmel hast du sie gebildet,

hell leuchtend und kostbar und schön.

Gepriesen seist du, mein Herr,

durch Bruder Wind und durch Luft und Wolken

und heiteren Himmel und jegliches Wetter,

durch welches du deinen Geschöpfen Unterhalt gibst.

Gepriesen seist du, mein Herr,

durch Schwester Wasser,

gar nützlich ist es

und demütig und kostbar und keusch.

Gepriesen seist du, mein Herr,

durch Bruder Feuer,

durch das du die Nacht erleuchtest;

und es ist schön und liebenswürdig

und kraftvoll und stark.

Gepriesen seist du, mein Herr,

durch unsere Schwester, Mutter Erde,

die uns ernährt und lenkt

und mannigfaltige Frucht hervorbringt

und bunte Blumen und Kräuter.

Gepriesen seist du, mein Herr,

durch jene, die verzeihen um deiner LIEBE willen

und Schwachheit ertragen in Frieden,

Selig jene, die solches ertragen in FRIEDEN,

denn von dir, Erhabener, werden sie gekrönt.

Gepriesen seist du, mein Herr,

durch unseren Bruder, den leiblichen Tod;

ihm kann kein Mensch lebend entrinnen.

Wehe jenen, die in schwerer Sünde sterben.

Selig jene, die sich in deinem allheiligen Willen finden,

denn der zweite Tod wird ihnen kein Leid tun.

Lobt und preiset meinen Herrn

und erweist ihm Dank

und dient ihm mit großer Demut.«[166]

Impulsgedanken

Elisabeth und Franziskus waren zwei außergewöhnliche Menschen, heilige Menschen. Gott hat ihnen tiefe Einblicke in das Geheimnis des Ursprungs geschenkt. Vielleicht erscheinen Ihnen diese beiden Menschen eher fremd und gänzlich unerreichbar. Doch auch wenn unser Leben ganz anders verläuft als das der beiden Heiligen, so können wir uns doch, wie jeder Mensch, für die Sprache unserer Seele und für die Sprache Gottes in uns und um uns herum öffnen. Auch uns beschenkt Gott immer wieder mit Botschaften, die uns die große gesamte Wirklichkeit, in der er der Vater ist, erahnen lassen, und die uns wegweisend sein können. Menschen wie Elisabeth und Franziskus können uns Hilfe und Begleitung sein.

Ich möchte gern noch einmal auf die gedachte Verbindungslinie zwischen Elisabeth und Franziskus zurückkommen, die ich zu Anfang der Betrachtung erwähnt habe. Die beiden Figuren in der Kirche laden uns — sehr unaufdringlich — ein, uns mit ihnen in Verbindung zu bringen. Räumlich können wir diese Verbindung von jedem Ort eingehen, den wir in der Kirche aufsuchen. Elisabeth und Franziskus sind die »Eckpunkte« der gedachten Linie. Sie als Leserin oder Leser sind, wo auch immer Sie sich gerade in der Kirche befinden, ein weiterer »Eckpunkt«, der die Linie zwischen den Figuren zu einer neuen Form, einem Dreieck, erweitert.

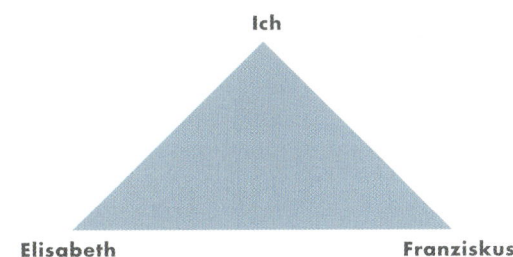

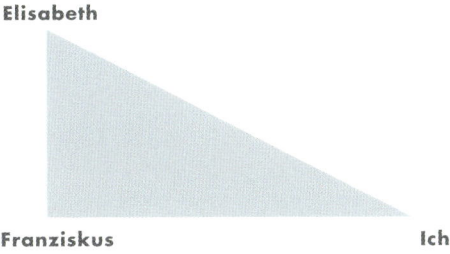

Abb. 108: **Beziehungsdreiecke**.

Das gedachte Dreieck kann gleich lange Seiten haben oder ungleich lange, je nachdem, wo Sie stehen. Es bleibt immer eine geometrische Dreiecksform — es sei denn, Sie stehen genau auf der geraden Linie zwischen den Figuren. Jede Form, die entsteht, ist immer individuell, denn es befinden sich nicht zwei Menschen zusammen an demselben Ort in der Kirche. Je nach dem Ort, den Sie für sich in der Kirche wählen, verändern sich die Seiten- und Winkelverhältnisse des Dreiecks. Sie allein bestimmen die Form des Dreiecks. Vermutlich werden Sie Ihren Lieblingsplatz in der Kirche haben. Schauen Sie sich doch einmal an, welches gedachte Dreieck Sie von diesem Ort aus mit den beiden Heiligen bilden. Schauen Sie in Richtung der Heiligen und »denken« Sie sich dabei durch die Pfeiler des Gebäudes hindurch. Wenn es Ihnen angenehm ist, schließen Sie die Augen und spüren Sie dem Beziehungsdreieck in Ruhe nach. Können Sie Elisabeth oder/und Franziskus »hören«?

Nachklang

GEBET DES HEILIGEN FRANZISKUS
VOR DEM KREUZBILD VON SAN DAMIANO

»Höchster, glorreicher Gott,
erleuchte die Finsternis meines Herzens
und schenke mir rechten Glauben,
gefestigte Hoffnung
und vollendete Liebe.
Gib mir, HERR,
das [rechte] Empfinden und Erkennen,
damit ich deinen heiligen und wahrhaften Auftrag erfülle.«[167]

MIT DEM KREUZ LEBEN — DEN KREUZWEG GEHEN

Eine Hinführung

In nahezu jeder katholischen Kirche gibt es einen Kreuzweg. Die Stationen sind einzelne Darstellungen des Leidensweges Jesu. Seinen Ursprung hat der Kreuzweg im religiösen Leben der Christen in Jerusalem. Schon im Altertum machten sich Menschen immer wieder betend und singend auf den Weg über die später so benannte ›Via Dolorosa‹ (›Straße des Schmerzes‹, lat.) bis zur ›Schädelhöhe‹ (aramäisch: ›Golgota‹, lat.: ›Calvaria‹), dem Ort, an dem sich die Kreuzigung Jesu nach biblischer Überlieferung ereignet hatte. An einzelnen Stationen hielten die Gehenden inne und betrachteten die jeweilige Szene im Gebet. Pilger, die aus dem Heiligen Land zurückkehrten, begannen damit, in ihrer Heimat Kreuzweg-Nachbildungen anzulegen, um die Stationen des Leidens und Sterbens Jesu auch zu Hause gehen zu können. So entstanden Gedenkorte in Form von Kalvarienbergen und Kreuzwegen. Ein Kalvarienberg ist eine Darstellung der Kreuzigungsgruppe, meist auf einem kleinen Hügel errichtet. Häufig ist der Kalvarienberg das Ziel eines Kreuzweges. Auch Menschen, denen es nicht möglich war, ins Heilige Land zu pilgern, konnten so den Kreuzweg ihres Herrn nachgehen. Mit der Zeit erst fand der Kreuzweg seinen Ort im Kirchenraum.

Inhalt und Anzahl der Stationen variierten im Laufe der Geschichte. In der Regel hat ein Kreuzweg 14 Stationen. Diese Form verdanken wir den Franziskanermönchen im 17. Jahrhundert. Die Anzahl ist nicht zufällig gewählt. 14 ist zweimal sieben. Erinnern wir uns an die Symbolik der Zahl Sieben: Sie ist in biblischer Tradition immer Ausdruck der Totalität und der Fülle — auch unter negativen Vorzeichen. Die Zahl 14 verdoppelt den symbolischen Wert der Zahl Sieben und deutet die Schwere des Kreuzweges an. Modernere Kreuzwege aus jüngerer Zeit haben häufig zusätzlich eine 15. Station, die den auferstandenen Jesus zeigt. Entstanden ist die 15. Station aus dem Bedürfnis des Menschen, den Kern des Christlichen, den Sieg über den Tod, nicht nur in der Zahl 14 anzudeuten, sondern auch sichtbar zu machen.

Die Franziskaner sorgten für die weltweite Verbreitung des Kreuzweges. Eine Kreuzwegandacht ist eine Tradition der römisch-katholischen Kirche geworden und geblieben; der Ostkirche ist diese Form der Meditation fremd. Zur Vorbereitung auf das Osterereignis kommt dem Kreuzweg Jesu eine besondere Rolle in der Fastenzeit zu.

Beim Gehen eines Kreuzweges geht es nicht darum, historisch an Jesus Geschehenes nachzuvollziehen. Wir wissen, rein historisch betrachtet, nichts vom Kreuzweg Jesu. Auch sind nur sehr wenige Stationen biblisch belegt. Manche Stationen sind im Laufe der Zeit aus der Volksfrömmigkeit, aus Geschichten- und Legendenbildung hinzugekommen, so wie die Begegnung Jesu mit seiner Mutter und mit Veronika, der Frau, die ihm das Schweißtuch reicht. Auch das dreimalige Fallen Jesu unter der Last des Kreuzes gehört zu diesen Stationen. Es geht im Gehen des Kreuzweges auch nicht um möglichst realistischen Nachvollzug des Leidens Jesu, sondern um Meditation, um Nachspüren und Sich-Einlassen auf den Leidensweg eines oder mehrerer Menschen. Wer den Kreuzweg geht, wendet sich etwas sehr Menschlichem zu: Leiden, Schmerz, Trauer und Verzweiflung, aber auch den Hoffnungspunkten auf diesem Weg. Im Leiden eines jeden Menschen spiegelt sich das Leid Jesu.

Jeder Mensch hat im Leben Kreuzwege zu gehen. Ein Kreuzweg ist das Leiden, vor dem Menschen stehen, wenn Tragisches in ihre Lebenspläne einbricht und sie durchkreuzt. Beispiele hierfür wird jeder Mensch auch aus seinem eigenen Erfahrungsbereich nennen können: Krankheit und Not, Erfahrungen von Krieg, Unterdrückung und Tod, Trennung vom Partner oder andere schwere Verluste, Ausgrenzung, ungerechte Urteile und deren Konsequenzen, auch eigenes zerstörerisches Handeln. Niemand kommt am Kreuzweg vorbei, ob dieser nun unverschuldet ist oder nicht.

Der Kreuzweg ist aber nicht nur eine Konfrontation mit dem Unabwendbaren. Dabei darf und will er nicht stehen bleiben. Im Gehen des Kreuzweges beginnt ein innerer Heilungsprozess oder setzt sich fort: Wir können loslassen und dabei spüren, dass wir die eigene Last oder die eines anderen Menschen an Jesus abgeben können. Wir können lernen, die eigene Kreuzsituation anzunehmen und mit ihr umzugehen. Wir können unsere Schuld verstehen lernen und durch das Verstehen den Anstoß für versöhnendes Handeln erhalten. Wir können erkennen, dass und wenn Verzeihen nötig und wann die Zeit dafür gekommen ist. Wer den Kreuzweg geht, solidarisiert sich in tiefer Weise mit den Menschen, mit dem Menschsein und mit dem Leben. Der Kreuzweg führt schließlich in der 15. Station das Heilsgeschehen zur Vollendung.

»Für uns Menschen und zu unserem Heil« — so lesen und bekennen Christinnen und Christen im großen christlichen Glaubensbekenntnis. Diese Worte leiten den Kreuzweg in der Gabrielkirche ein.

Der Kreuzweg in der Gabrielkirche — eine Meditation

Im März 1965 erhielt die Gabrielkirche ihren jetzigen Kreuzweg. Der Künstler Heinz Oliberius aus St. Wendel im Saarland hat ihn als eine seiner Anfangsarbeiten gefertigt. Oliberius' Werk ist Mitte bis Ende der 1960er Jahre sehr von der figürlichen Arbeit im Stil des Bildhauers Hans Mettel geprägt, bei dem Heinz Oliberius studierte.[168] Kopf und Antlitz der Figur bei Mettel sind vereinfacht auf geometrische Grundformen im Kopftypus; die Nase fügt sich ordnend in die Gesichtspartien ein.[169] Diese Formsprache begegnet uns auch in den Bildern des Kreuzwegs in der Gabrielkirche. Im Jahre 1998 wurde der Kreuzweg im Rahmen der neuen Innenausmalung der Kirche farblich so eingefasst, wie er derzeit zu sehen ist.

Der Kreuzweg in der Gabrielkirche ist gestaltet als eine Reihe von 14 Stationen im rechten Seitenschiff der Kirche und einer 15. Station, dem großen Auferstehungsbild über dem rechten Seitenaltar. Der Weg des Kreuzweges ist ein Weg von Westen nach Osten, vom Sonnenuntergang hin zum Sonnenaufgang, vom Abend zum Morgen, von Karfreitag nach Ostern. Von Osten her strahlt übergroß der auferstandene Christus seinen Segen und sein Licht in den Raum hinein. Die Bilder sind Halbplastiken, in Muschelkalkstein gehauen und gemeißelt. Raue und glatte Oberflächen erscheinen hell beziehungsweise dunkel; sie lassen Vorder- und Hintergründe erkennbar werden. Farben sind durch diese Technik der Bildhauerei nicht nötig. Der schwarzgraue Stein wird durch die Kontraste lebendig. Seine Farbe passt gut zum Inhalt des Dargestellten. Überhaupt ist es passend, den Kreuzweg Jesu in Stein zu schlagen. Der Stein ist ein Naturprodukt, das Bestand hat. Auch die Gesetze Gottes, die Zehn Gebote, waren in Stein eingemeißelt. Der Kreuzweg Jesu und die Gesetze Gottes haben dauerhaft Gültigkeit und wollen Hilfe zum Leben geben. Der Kreuzweg des Menschen ist bei aller Tragik auch etwas Natürliches und eine Situation, in der der Mensch Hilfe braucht, auf die er sich verlassen kann. Die Bilder sind von unterschiedlicher Größe. Dadurch wird darauf hingewiesen, dass ein Kreuzweg nichts Starres ist, sondern bei jedem Menschen anders verläuft.

Heinz Oliberius verzichtet bei den Bildern dieses Kreuzweges auf alle Nebensächlichkeiten: Es gibt keine Landschaft, keinen Weg, keine Sonne, nichts Gegenständliches außer dem Wesentlichen. Die Menschen stehen im Blickpunkt, sie füllen das jeweilige Bild ganz aus. Aber auch bei ihnen fehlt jegliche Ausschmückung. Sogar auf die Haare wurde verzichtet. Die Gesichter der Menschen sind einander sehr ähnlich, sie sind nahezu identisch — mit einer Ausnahme in Station 1. Selbst Größe und Kleidung sind

285

gleich. Wir als Betrachtende mögen denken: Konnte der Künstler das nicht weniger ein-fach, besser, eindrucksvoller darstellen? — Aber: Das Einfache wirft Fragen auf (wie gera-de geschehen!) und provoziert das Nachdenken. Durch die »einfache« Darstellung ist es zum Beispiel nicht ohne Weiteres auszumachen, um welche Person es sich im jeweiligen Bild handelt. Wer ist hier Mann, wer Frau? Es ist nicht zu erkennen, wie jung oder alt der Mensch ist, wie klein oder groß (auch im übertragenen Sinne!), wie gebildet oder unge-bildet, wie arm, wie reich … Gefühlsregungen in den Gesichtern sind nur vereinzelt und auch nur undeutlich wahrzunehmen. Die Figuren legen uns nicht mit einer vorgegebenen Gefühlslage fest. Vielmehr ist in den Gesichtszügen eine Offenheit gewahrt, die es den Betrachtenden ermöglicht, eigene Gefühle in die jeweilige Figur zu legen.

Jede der dargestellten Figuren schaut uns an, sucht den (Blick-) Kontakt zum Ge-genüber. Die Gesichter fordern ihr Gegenüber mit wachen Augen stumm und mit freundlicher Mimik auf: Auch du bist angesprochen. Ich kann diesem Blick begegnen und mich fragen, was die Figur mir sagen will, auf wen oder was sie mich aufmerksam machen will. Hier geht es vorrangig um Identifikation mit Person und Situation. In der persönlichen Auseinandersetzung erkenne ich: Im Verlaufe meines Lebens durchlebe ich jede der Rollen, die mir die Menschen und die Momente in diesen Kreuzwegbildern anbieten. In den einzelnen Phasen und Personen des Kreuzweges finde ich mich selbst in unterschiedlichen Phasen und Beziehungen meines Lebens wieder. Mal bin ich die Person, der ein schweres Kreuz aufgeladen wird. Mal bin ich aber auch die Person, die dem leidenden Menschen ein Schweißtuch reicht wie Veronika oder die das Kreuz tra-gen hilft wie Simon von Zyrene oder die durch Dasein und Aushalten existenziell Anteil nimmt wie Maria, die Mutter und die anderen Frauen.

Der Kreuzweg in St. Gabriel ist ein sehr persönlicher Kreuzweg. Wir sind eingela-den, diesen Kreuzweg zu gehen und ihn zu betrachten — nicht nur in der Passionszeit, wenn das Leiden Jesu im Mittelpunkt der Meditation steht, sondern vor allem dann, wenn wir ihn im Blick auf unser Leben und das Leben anderer brauchen. Der Kreuzweg will uns ermöglichen, gerade in einer kritischen Lebensphase in ihm die Erfahrung von Heilung zu machen.

Ein Kreuzweg ist kein Spazierweg. Er geht ans Herz und an die Nieren. Ich lade Sie ein, ihn so zu gehen, zu betrachten und zu lesen, wie und wenn und solange es für Sie gut ist und solange die Figuren, die aus den Bildern zu Ihnen sprechen, Ihnen helfen können. Wenn Sie etwas anderes mit einigen Bildern verbinden, als die Deutung Ihnen anbietet, dann darf das natürlich, sicher auch im Sinne des Künstlers, sein!

1. Station: Jesus wird zum Tode verurteilt.

Abb. 109:

Station 1:

Jesus wird **zum Tode verurteilt**.

»Darauf ließ P I L A T U S, um die Menge zufriedenzustellen, Barabbas frei und gab den Befehl, Jesus zu geißeln und zu kreuzigen.«

(Mk 15,15)

Zum Hintergrund

Alle vier Evangelisten berichten, dass jüdische Hohepriester, Älteste und Schriftgelehrte Jesus vor Pontius Pilatus führen ließen. Pilatus war zur Zeit der Gefangennahme Jesu der römische Statthalter in der damaligen Provinz Judäa. In seinem Machtbereich hatte er die Befugnis, Recht zu sprechen. Die Todesstrafe durfte allein vom römischen Befehlshaber verhängt werden, nicht vom jüdischen Synhedrion. Von zeitgenössischen Geschichtsschreibern wird Pilatus als ein rücksichtsloser und unnachgiebiger Mann geschildert.[170]

Lukas begründet Jesu Verhaftung vor allem politisch. Er lässt ein Mitglied des Hohen Rates sagen: »Wir haben festgestellt, dass dieser Mensch unser Volk verführt, es davon abhält, dem Kaiser Steuer zu zahlen und dass er behauptet, er sei der Messias und König.« (Lk 23,2b) Von politischer Motivation sprechen Matthäus, Markus und Johannes nicht. Tatsächlich werden verschiedene Gründe zur Ablehnung Jesu geführt haben. Jesus wird suspekt durch sein charismatisches Auftreten und seine Rede von Gott. Er löst mit seiner Fähigkeit, Menschen von verschiedenen Leiden zu heilen und in seine Nachfolge zu holen, Irritationen aus, aber auch dadurch, dass er mutig die Gesetze Gottes zum Wohle der Menschen und gegen manche bestehende, verhärtete Glaubenspraxis auslegt, und sicherlich, weil er von seiner exklusiven und einzigartigen Sendung durch Gott überzeugt ist: »Niemand kommt zum Vater außer durch mich.« (Joh 14,6) Sein Auftreten löst überall Menschenaufläufe aus. Jegliche Art von Menschenansammlungen aber war den römischen Besatzern suspekt, denn sie vermuteten hierin schnell den Keim eines möglichen Aufstandes. Einen Aufstand aber wollten sie unter allen Umständen vermeiden. Gegen Verdächtige gingen sie deshalb hart vor.

Die Darstellung im Bild

Zwei Menschen schauen mich an, der eine ist klein mit gedrungenem Kopf. Sein Gesichtsausdruck wirkt verängstigt, verhärtet, voll Gram. Er sitzt auf einem mächtigen Stuhl, in seinem Schoß liegt möglicherweise ein Buch.

Die andere Person steht, ihre Augen sind weit offen, ihr Gesichtsausdruck wirkt freundlich und sanft — ganz anders als bei der Person neben ihr. In den Händen hält sie eine Schale — oder sind die Hände selbst die Schale?

Deutende Gedanken

»Als Pilatus sah, dass er nichts erreichte, sondern der Tumult immer größer wurde, ließ er Wasser bringen, wusch sich vor allen Leuten die Hände und sagte: Ich bin unschuldig am Blut dieses Menschen. Das ist eure Sache!« (Mt 27,24)

Pilatus sitzt auf dem Thron des Machthabers. Als römischer Präfekt des Kaisers Tiberius hat er das Sagen in der Stadt. Er blättert im römischen Gesetzbuch, um einen

288

Grund für die Verurteilung Jesu zu finden. Obwohl er keine Schuld an Jesus findet, ist er nicht mutig und nicht gewissensorientiert genug, sich über die Vorwürfe der Ankläger hinwegzusetzen. Stattdessen gibt er den Unschuldigen zur Kreuzigung frei. Vorher aber wäscht er seine Hände. Symbolisch will er damit seine Schuld abwaschen und seine Unschuld zeigen.

Und Jesus? Er hält beziehungsweise ist selbst die Schale mit Wasser: Er bietet seinem Richter Pilatus an, sich in ihm, dem unschuldig Angeklagten, an dem ein Todesurteil vollstreckt werden wird, reinzuwaschen! Er zeigt Pilatus mit dieser Geste, dass Umkehr sogar jetzt noch möglich ist, und eröffnet ihm, wie dieser Weg zu gehen ist: über Jesus selbst (vgl. Joh 14,6). Jesus, der scheinbar Ohnmächtige, empfängt aus der Hand des nach außen hin Mächtigen das Urteil und nimmt es an. Er selbst verurteilt nicht, sondern bietet Heilung an.

Pilatus ist Richter und Opfer zugleich: Gefangen in seinem Charakter und seiner Position disqualifiziert er sich mit seinem ungerechten Urteil selbst: Er ist machtbesessen, unberechenbar, charakterschwach, gewissenlos. Pilatus und Jesus unterscheiden sich deutlich — nicht nur in der Form ihres Kopfes und in ihrem Gesichtsausdruck: Charakterschwäche und Charakterstärke treffen als extreme Kontrastpole in den beiden Personen aufeinander.

Impuls

Und wer bin ich? Wo bin ich wie Jesus, wo wie Pilatus?
Wie gehe ich mit Urteilen um — als Urteilende(r) und als Verurteilte(r)?
Wer bin ich, wenn über andere geurteilt wird?

GOTT, schenke mir das Maß an Liebe, das ich brauche, um mich selbst und andere zu verstehen und richtig zu beurteilen. Gib mir Kraft und Mut, wenn Menschen mich verurteilen, mich meiden oder gemein zu mir sind. Hilf mir, für Frieden und Barmherzigkeit einzutreten, wenn Unrecht sich breitmacht.

2. *Station: Jesus nimmt das Kreuz auf seine Schultern.*

Abb. 110:
Station 2:
Jesus nimmt **das Kreuz**
auf seine Schultern.

»Er trug sein K R E U Z und ging hinaus zur so genannten Schädelhöhe, die auf hebräisch Golgota heißt.«

(Joh 19,17)

Zum Hintergrund

Die Kreuzigung war eine unter römischer Herrschaft weitverbreitete Todesstrafe für Schwerverbrecher, Hochverräter, entflohene Sklaven und Aufrührer gegen das römische System. Sie ist eine extrem grausame Form der Tötung eines Menschen, weil sie die Qualen des Sterbenden verschärft und verlängert. Über den Vorgang selbst gibt es unterschiedliche Berichte. Es wurden verschiedene Methoden und Techniken angewandt. In der Regel musste der Verurteilte den Querbalken des Kreuzes selbst zur

Hinrichtungsstätte tragen. Als Längsbalken diente ein Pfahl, manchmal auch ein Baum. Zu der ohnehin schon über alle Vorstellungen hinausgehenden Qual gehörte zusätzlich die öffentliche Demütigung. Der Kreuzigung ging manchmal die Geißelung des Verurteilten voraus, die auch Jesus Christus erleiden musste. Die römischen Soldaten hatten den Auftrag, die Prozedur durchzuführen und darüber zu wachen, dass der Tod am Kreuz auch tatsächlich eintrat. Im Judentum galt ein durch Pfählung beziehungsweise Kreuzigung Gehenkter als von Gott verflucht (vgl. Dtn 21,22.23).

Die Darstellung im Bild

Ein Mensch ist zu sehen, mitten im Bild und unter dem Kreuz. Seine Arme sind nach oben gerichtet, um das Kreuz in Empfang zu nehmen. Das Kreuz ragt oben über den Bildrand hinaus und ins Bild hinein. Die Haltung des Menschen unter dem Kreuz ist gebückt. Unter der zu tragenden Last wird er niedergedrückt. Der Mensch kommt uns aus der Tiefe des Bildes entgegen, sein Weg führt auf uns zu. Was will er mir sagen?

Deutende Gedanken

Jesus nimmt das Kreuz in Empfang. Seine ausgebreiteten Arme signalisieren: Ich bin bereit, dieses Kreuz, das mir auferlegt wird, zu tragen. Jesu Blick ist immer noch offen und klar, obwohl er weiß, was auf ihn zukommt, und obwohl die Geißelung bereits hinter ihm liegt. Er müsste zu diesem Zeitpunkt bereits halbtot sein. Die ausgebreiteten und hochgehobenen Arme Jesu nehmen die Haltung des später am Kreuz angenagelten Menschen hier schon vorweg und verweisen auf das, was diesem Menschen bevorsteht. Wenn wir noch weiter nach vorn zum großen Altarrelief schauen, erkennen wir aber auch: Die Armhaltung ist ebenso die des auferstandenen Jesus in Station 15. Der Auferstehung Jesu geht die Kreuzigung voraus. Übertragen bedeutet das: Wahres Leben ist ohne Leid nicht möglich. Die Erfahrung von Leid führt in die tiefste Tiefe und schließlich in die größte Weite.

Das Kreuz lastet schwer auf Jesus. Wir sehen vom Kreuz nicht viel, nur die Ausmaße des einen Querbalkens. Es ist nur zu erahnen, wie schwer es sein mag. Es ist im Bild wie im Leben präsent und hat seinen Raum.

291

Impuls

Worin besteht das Kreuz, das ich tragen muss?
Kann ich es annehmen — und wie kann ich es annehmen?

Gott, ich erahne den Weg, der vor mir liegt. H I L F mir, dass ich mein Kreuz tragen kann, wenn dieser Weg für mich unausweichlich ist. Steh mir bei, damit ich meinen Weg mit diesem Kreuz gehen kann.

3. Station: Jesus fällt zum ersten Mal unter dem Kreuz.

Abb. III: Station 3: **Jesus fällt** zum ersten Mal unter dem Kreuz.

»Er wurde misshandelt und N I E D E R G E D R Ü C K T, aber er tat seinen Mund nicht auf.«

(Jes 53,7)

Zum Hintergrund

Das Fallen Jesu unter dem Kreuz ist historisch und biblisch nicht belegt. Im traditionellen Kreuzweg-Schema fällt Jesus insgesamt dreimal unter dem Kreuz.

Fallen ist in unserer Sprache negativ besetzt. Hochmut kommt vor dem Fall, sagen wir. Fallen bringen wir schnell in Verbindung mit Versagen und Schwachheit. Wer fällt, hat vorher eben nicht aufgepasst oder sich etwas zuschulden kommen lassen, das den Fall verursacht. Fallen bedeutet: Es geht abwärts mit oft schlimmen Folgen.

Die Darstellung im Bild

Das Bild wird von Mensch und Kreuz bestimmt. Der Mensch liegt auf dem Boden. Mit den Händen hält er das Kreuz. Linke Schulter und Kopf tragen den schweren Längsbalken des Kreuzes. Das Kreuz ist deutlicher zu sehen und größer dargestellt als zuvor. Übergroß und mächtig nimmt es jetzt seinen Raum im Bild ein. Schwer liegt es auf dem Menschen. Nach rechts und nach oben hin ragt es aus dem Bild heraus. Ungewöhnlich gerade und rechtwinklig zum Boden steht der Querbalken auf der Erde.

Deutende Gedanken

Jesus fällt unter dem Kreuz. Auf ihn bezogen wäre es mehr als unpassend, von Schuld, von Versagen oder von Hochmut vor dem Fall zu sprechen. Jesu Fallen ist die Folge des menschenunwürdigen Umgangs mit ihm und stellt die Frage nach der menschlichen Schuld. Wir kommen nicht daran vorbei, in unserem Sprachgebrauch das Wort Fallen weiterzudenken — auch bezogen auf unser Schuldigwerden an anderen. Wie selbstverständlich weisen wir manchmal Schuld zu, vor allem in Bezug auf Menschen, bei denen uns die Zusammenhänge zwischen ihrem Tun und ihrem Fallen allzu leicht und klischeehaft einleuchten (»Das musste ja so kommen.«) und die wir deswegen vorschnell verurteilen. Auch Jesus wurde vorschnell abgeurteilt!

Jesus hält das Kreuz fest. Wenn wir nicht wüssten, dass der große, jetzt viel Raum einnehmende Gegenstand im Bild das Kreuz ist, könnten wir es auch für eine Brücke oder einen Unterschlupf halten. »Kommt alle zu mir, die ihr euch plagt und schwere

Lasten zu tragen habt. Ich werde euch Ruhe verschaffen. Nehmt mein Joch auf euch und lernt von mir; denn ich bin gütig und von Herzen demütig; so werdet ihr Ruhe finden für eure Seele. Denn mein Joch drückt nicht und meine Last ist leicht.« (Mt 11,28–30) Jesus bietet uns an, uns bei ihm, unter dem Schutz, den er gewährt, auszuruhen. Er kann uns unseren eigenen Weg nicht abnehmen, aber er will unsere Last erträglicher machen. Unter dem großen Kreuz/Unterschlupf ist noch Platz für uns!

Wenn wir das Bild um 90 Grad nach rechts drehen und anschauen, bekommen wir eine Vorstellung von der Größe des zu tragenden Kreuzes/Unterschlupfes. Realistisch gesehen wird Jesus diesen großen Gegenstand aus seiner halb liegenden Position heraus kaum alleine halten können. Hält und trägt hier noch eine unsichtbare Kraft mit, sodass auch Jesus sich ein wenig festhalten und ausruhen kann? Das Kreuz wäre dann auch für ihn ein Schutzraum. Nehmen wir diese Fragen und Gedanken mit auf den weiteren Kreuzweg.

Impuls

Bei Jesus kann ich Schutz finden für meine Seele, wenn Lasten mich niederdrücken. Auch andere Menschen, deren Kreuz und Last zu groß werden, haben bei ihm Raum.

G O T T , du stellst meine Füße auf weiten Raum. Ich kann kaum ermessen, welches Geschenk dein Sohn Jesus mir hier macht. Hilf mir, dass ich dieses Geschenk annehmen kann. Hilf mir auch, bei ihm Schutz zu finden, wenn ich Schutz brauche.

4. Station: Jesus begegnet seiner Mutter.

»Seine M U T T E R bewahrte alles, was geschehen war, in ihrem Herzen.«

(Lk 2,51b)

Zum Hintergrund

Von einer Begegnung Jesu mit seiner Mutter auf seinem Weg nach Golgota ist weder in der Bibel noch in außerbiblischen Quellen die Rede. Dennoch hat diese Station im Kreuzweg ihren Ort gefunden.

Abb. 112:

Station 4: Jesus

begegnet seiner Mutter.

Um einen bedeutenden Menschen in der Erinnerung lebendig zu halten und um seine Bedeutung auch für die Nachwelt zu unterstreichen, wurden und werden gern Geschichten von dieser Person erzählt. Es sind in der Regel Geschichten, die in ihrer Biografie fehlen, deren Überlieferung man sich aber gewünscht hätte. Diese erzählten Geschichten passen zum Leben des Menschen.

So gibt es auch Erzählungen zur Biografie Jesu, biblische und außerbiblische. Das Matthäus- wie auch das Lukas-Evangelium berichten von Kindheitserzählungen Jesu, in denen auch seine Mutter Maria vorkommt. Die anderen beiden Evangelien kennen diese Erzählungen nicht. Die Kindheitserzählungen Jesu wurden in den Kanon der Bibel aufgenommen, weil sie deutlich machen, dass Gott durch Maria im Kind Jesus Mensch geworden und ganz real zur Welt gekommen ist. Maria nimmt in der Biografie Jesu und im Heilsplan Gottes mit den Menschen eine besondere Rolle ein. Durch sie wurde Gottes Heilsplan erst möglich.

Von dieser bedeutenden Frau wird erzählt. Es scheint doch sehr wahrscheinlich, dass sie den schwersten Weg ihres Sohnes begleitet hat. So kommt es durch erzählte Geschichten an dieser Stelle zur Begegnung zwischen Jesus und Maria.

Die Darstellung im Bild

Zwei Personen sind zu sehen, die sich eng aneinanderschmiegen. Ihre Hände berühren sich, die Köpfe sind zusammengesteckt. Ihre Gesichter schauen uns freundlich an. Die inneren Schultern verschwinden hinter Kopf und Händen. Die beiden Oberkörper gehen ineinander über, die äußeren Schultern der beiden sind etwas unnatürlich nach oben gezogen. Die Untergewänder fließen an einer Stelle ineinander, ansonsten sind sie deutlich voneinander getrennt. Vor allem Berührung und Nähe, aber auch Trennung und Distanz sind im Bild wahrnehmbar.

Deutende Gedanken

»Einer trage des Anderen Last; so werdet ihr das Gebot Christi erfüllen.« (Gal 6,2) Die Schultern Jesu und Mariens sind breit, sie können auch ungewöhnliche Lasten tragen — auch und sogar das Kreuz, das zum Tode führt. In dieser vierten Station bleibt zum ersten Mal völlig rätselhaft, wer von diesen beiden Personen Jesus und wer Maria ist. Gemeinsam tragen sie das Leid. Das Kreuz ist im Bild nur im oberen und seitlich linken Bildrand zu erahnen, zu sehen ist es nicht. Für die kurze Zeit der Begegnung zwischen Maria und Jesus wird das Kreuz zur Nebensache. Entscheidend sind die Begegnung und ihre Qualität. Im gemeinsam getragenen Leid wird Maria ihrem Sohn Jesus zum Verwechseln ähnlich.

Jeder Mensch sehnt sich in einer Leidsituation nach der Nähe eines anderen Menschen, der ihm in Liebe zugeneigt ist. Die Begegnung zwischen Maria und Jesus ist derart liebevoll und dicht, dass beide Personen unzertrennbar wirken. Sie sind nicht in Bewegung, sondern ruhen sich in dieser Zweisamkeit aneinander und miteinander aus. Nichts scheint das Miteinander der beiden in diesem Moment stören zu können. Und dennoch: Die Haltung der Hände und Arme beider ist so, dass zwischen ihnen ein Kreuz entsteht. In diesem Augenblick tiefster Innigkeit der Begegnung hebt es die notwendige Trennung hervor. Jesus ist jetzt derjenige, der den Weg zum Kreuz gehen muss, nicht Maria. Er muss sich von Maria trennen. Das Kreuz erzeugt einen Riss zwischen den beiden, der sich als Spalt von den Knien abwärts zwischen den Gewändern Mariens und Jesu zeigt. Einheit und Trennung liegen dicht beieinander. Das Kreuz trennt die beiden Liebenden, aber: Die Gewänder laufen unten wieder ineinander. Am Ende werden beide wieder vereint sein.

Impuls

Wer wird da sein, wenn ich in äußerster Not bin?
Werde ich da sein, wenn ein geliebter Mensch mich dringend braucht?

G O T T, hilf mir zu lieben und lass meine Fähigkeit zu lieben größer werden, damit auch ich Menschen auf ihrem Kreuzweg beistehen kann. Hilf mir, dass ich meinen eigenen Kreuzweg ertragen kann, wenn er auf mich zukommt und das Letzte von mir fordert.

manchmal
wenn sich zwei Menschen
begegnen
passiert etwas Wunderbares:
zwei Instrumente
gleich gestimmt
spielen die gleiche M E L O D I E

Eine Melodie
zwischen hier und dort
zwischen gestern und morgen
zwischen dir und mir

(Andrea Schwarz)

5. Station: Simon von Zyrene hilft Jesus das Kreuz tragen.

»Auf dem Weg trafen sie einen Mann aus Zyrene namens S I M O N; ihn zwangen sie, Jesus das Kreuz zu tragen.«

(Mt 27,32)

Zum Hintergrund

Die aktive Hilfe des Simon von Zyrene ist in allen drei synoptischen Evangelien, also bei Matthäus, Markus und Lukas, überliefert. Johannes steht nicht in der Tradition

Abb. 113: Station 5:
Simon von Zyrene hilft
Jesus das Kreuz tragen.

der Synoptiker; bei ihm fehlt diese Passage. Johannes verzichtet ohnehin auf jegliches Detail zum Kreuzweg. Markus erzählt uns etwas mehr über Simon von Zyrene: Er ist Vater des Alexander und des Rufus. Wir wissen sonst nichts weiter von Simon, außer noch, dass er gerade vom Feld kam (Arbeitete er dort? Hat er vielleicht von Weitem den Ereignissen zugesehen?) und dass er diese Hilfe nicht freiwillig leistet. Die Synoptiker scheinen aber ein besonderes Interesse an der Überlieferung des Namens der Person zu haben, die Jesus das Kreuz tragen hilft — sonst hätten sie seinen Namen sicher nicht genannt. Vielleicht wird Simon später Christ, vielleicht erfährt er in der Begegnung mit Jesus Heilung, die für andere spürbar wird.

Die Darstellung im Bild

Wir sehen zwei Personen unter dem Kreuz. Der Querbalken des Kreuzes liegt auf einem größeren Gegenstand auf. Die Menschen sind jeder für sich; sie wenden sich einander nicht zu. Der eine lehnt sich an den Kreuzesquerbalken an. Die Arme des anderen sind in Bewegung. Oben an den Schultern und unten an den Gewändern berühren sich die Personen; ansonsten sind sie voneinander getrennt. Im Bild sind, wie schon zuvor bei der Begegnung in Station 4, wieder Trennung und Berührung, Distanz und Nähe, wahrzunehmen. Im Gegensatz zum Bild in Station 4 dominiert hier die Distanz.

Deutende Gedanken

Simon von Zyrene wird rein zufällig ausgewählt, das Kreuz Jesu zu tragen. Er ist gerade in der Nähe. Er hat sich nicht von sich aus dazu bereit erklärt. Es ist kein Freundschaftsdienst.

Die beiden Männer, Jesus und Simon, sind sich offenbar fremd. Sie kennen einander nicht. Vielleicht sind sie sich auch in anderer Hinsicht fremd. Auch wir wissen nicht, wer Simon ist. Ein Freund Jesu war er nicht, sonst hätten wir schon früher einmal von ihm gehört. Das Bild signalisiert Distanz. Jesus wendet sich eher dem Kreuzbalken zu als dem Mann, der ihm tragen hilft. Resignation? Bewusste Abgrenzung? Oder ist er vor Erschöpfung nur nicht mehr in der Lage zu erkennen, dass jemand ihm helfen will? Simons Kopf ist nach vorn unten gebeugt. Seine Schultern sind hochgezogen, die Arme zum Tragen bereit. Sein linker Arm ist zum Kreuz hin hochgehoben. Seine rechte Schulter berührt zaghaft die linke Schulter Jesu. Die Berührung sieht aus wie ein Funke, der überspringt. Simon scheint zu verstehen, dass er für den Gequälten in diesem Moment eine wichtige Funktion übernimmt. Es ist der Anfang einer kleinen Berührungskette. In der Mitte im Bild und unten wird der Funke von Gewand zu Gewand durch erneute Berührung weitergeleitet. Bei aller Distanz gibt es einzelne Berührungspunkte, Momente der Nähe zwischen Jesus und Simon.

Das Bild nimmt uns mit in diese Begegnung hinein. Es richtet die Frage von Nähe und Distanz in der Beziehung zu Jesus auch an uns.

Impuls

Wo ist Jesus mir nah, wo ist er mir eher fremd? Wo versuche ich, meine Nähe zu Jesus zu leben, wo ihn zu verstehen, wenn er mir fremd ist?
Werde ich erspüren, wenn jemand meine Hilfe dringend braucht? Oder muss ich mich auch erst zur Mithilfe zwingen lassen?
Wer trägt mein Kreuz mit, wenn ich am Ende meiner Kräfte bin?

GOTT, du führst manchmal ganz unterschiedliche Menschen scheinbar zufällig zusammen. So führst du auch Menschen mit dir zusammen. Lass den Funken der Mitmenschlichkeit überspringen, wo und wenn er gebraucht wird.

Wenn durch einen Menschen
ein wenig mehr LIEBE und Güte,
ein wenig mehr Licht und Wahrheit
in der Welt war, hat sein Leben
einen Sinn gehabt.

(Alfred Delp)

6. Station: Veronika reicht Jesus das Schweißtuch.

Abb. 114:
Station 6: Veronika reicht Jesus das
Schweißtuch.

»Ich suchte ihn und fand ihn nicht. Mich fanden die Wächter bei ihrer Runde durch die Stadt. Habt ihr ihn gesehen, den meine SEELE liebt? Kaum war ich an ihnen vorüber, fand ich ihn, den meine Seele liebt.«

(Hld 3,2–4)

Zum Hintergrund

Die heilige Veronika ist keine historisch bestimmbare Gestalt. Vielmehr ist ihr Bild nach mittelalterlichen Legenden entstanden. Sie soll jene Frau gewesen sein, die Christus von ihrem Blutfluss heilte (vgl. Mt 9,20). Die Legende erzählt, dass sie, um immer ein Bild Christi bei sich zu haben, diesen um ein Abbild gebeten habe. Sie soll ein Tuch, das sie ihm gereicht hat, mit seinem darin eingedrückten Antlitz zurückerhalten haben. Das Tuch soll heilende Wirkung gehabt haben. Der Name Veronika leitet sich aus einer griechisch-lateinischen Wortverbindung ab: ›vera‹ (›wahr‹, lat.) und ‚Icon‹ (›Abbild‹, griech.).

Später, um 1400, entstanden verschiedene, erweiterte Fassungen der Veronika-Legende. Veronika wird nun mit der Passion Christi in Verbindung gebracht. Als eine der Frauen, die am Kreuzweg Jesu gestanden haben (vgl. Lk 23,27–31), soll sie ihm, als er zusammenbrach, ein Schweißtuch gereicht haben. Seither soll der Abdruck des Gesichtes Jesu mit Dornenkrone darauf sichtbar sein.

Im späten Mittelalter und im Zuge des Wunsches nach Sichtbarkeit des Segens Jesu wurde das Tuch als selbstständiges Andachtsbild verehrt und im 13. Jahrhundert in die Passionsreliquien aufgenommen. Bis in 16. Jahrhundert hinein wurde das Motiv als Andachtsbild, Buch- und Tafelmalerei weit verbreitet. Einzeldarstellungen der Heiligen Veronika gibt es nicht; sie kommt nur in den Kreuzwegerzählungen vor. Als Attribut ist ihr stets das Schweißtuch zugeordnet. Angeblich ruhen Veronikas Gebeine in der Kirche St. Seurin in Bordeaux in Frankreich.[171]

Die Darstellung im Bild

Das Bild zeigt nur eine einzige Person. Sie nimmt den ganzen Bildraum ein. Sie hält ein größeres Tuch vor ihrem Körper, auf dem ein Abdruck zu sehen ist. Die Linien auf dem Tuch lassen einen menschlichen Kopf erkennen.

Deutende Gedanken

Im Bild sehen wir eine Frau, zu erkennen an dem Kleid, das sich im Bereich des Oberkörpers in runde Stoffbahnen legt. Veronika hält allen Betrachtenden das Schweißtuch mit dem Antlitz Jesu sichtbar hin. Sie steht ganz im Licht. Erfüllt von der Begegnung mit Jesus nimmt sie das Gedenken an ihn als Bild in dem Tuch, das sie ihm gereicht hat, mit nach Hause. Sie trägt Jesus nun für immer bei sich. Was hier bildhaft im Tuch ausgedrückt ist, spielt sich im Innern ihrer Seele ab. Dort ist der Ort, wo sie Jesus bei sich hat.

Veronikas Tat ist — anders als bei Simon von Zyrene — von Anfang an eine Liebestat an Jesus. Sie muss nicht zur Hilfe gezwungen werden, sondern sie wagt mutig den Schritt auf Jesus zu, vorbei an den anderen, die am Straßenrand stehen, vorbei an den Soldaten, die für einen freien Weg sorgen. Veronika hat sich durch ihre Tat von der Masse der Menschen, die Jesu Kreuzweg ansehen, abgesetzt. Sie will nicht in der Menge derer bleiben, die dem Leiden lieber zuschauen, anstatt sich selbst zu engagieren und zu helfen. Sie lädt uns Menschen in heutiger Zeit ein, es ihr gleichzutun, Christus entgegenzugehen, indem wir auf andere Menschen zugehen, die uns brauchen, und in Christi Sinne an ihnen handeln. »Was ihr für einen meiner geringsten Brüder getan habt, das habt ihr mir getan.« (Mt 25,40) Der Gesichtsabdruck auf dem Tuch könnte ebenso gut jedem anderen Menschen gehören. Jedes Leid hat ein menschliches Gesicht.

Impuls

Wo und wie ist meine spontane und akute Hilfe gefragt?
Wage ich es, mich aus der Masse zu lösen wie Veronika, um Menschen zu geben, was sie jetzt brauchen?

GOTT, hilf mir zu erkennen, wo ich gebraucht werde. Gib mir den Mut, mich aus meinen eigenen Verstrickungen, Ängsten und Hinderungsgründen loszureißen, damit ich frei werde für den Menschen, für dich. Gott, präge dein Antlitz ein in meine Seele, damit ich in jedem anderen Menschen dich sehen kann.

Lass nicht zu,
dass du jemandem begegnest,
der nicht nach der BEGEGNUNG
mit dir
glücklicher geworden ist!

(Mutter Teresa)

7. Station: Jesus fällt zum zweiten Mal unter dem Kreuz.

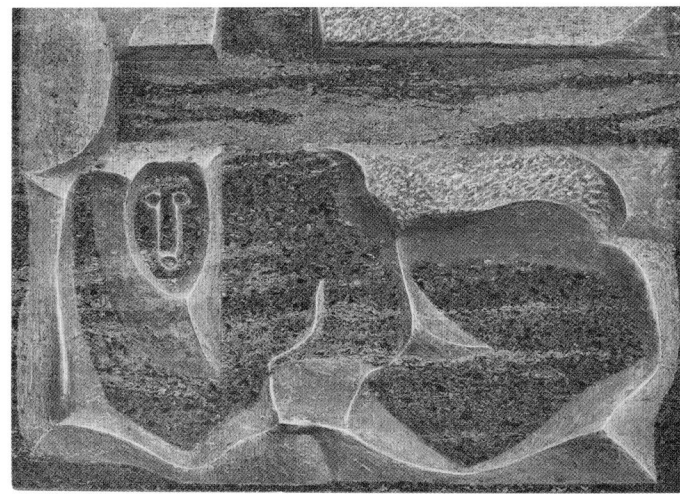

Abb. 115:
Station 7: Jesus **fällt**
zum zweiten Mal
unter dem Kreuz.

»Ich aber bin ein W U R M und kein Mensch, der Leute Spott, vom Volk verachtet. Alle, die mich sehen, verlachen mich, verziehen die Lippen, schütteln den Kopf.«

(Ps 22,7.8)

Zum Hintergrund

Nach dem ersten Fall und Aufrichten: ein zweites Fallen. Wieder am Boden. Der zweite Fall ist tiefer und schlimmer als der erste.

Die Darstellung im Bild

Auch dieses Bild wird, wie schon das Bild vom ersten Fallen Jesu, allein von Mensch und Kreuz bestimmt. Der Mensch am Boden. Dieses Mal befindet sich sein Kopf auf der anderen Seite des Kreuzesquerbalkens. Hinter und unter dem Kreuz ist der Körper ein Stück nach links vorgerückt. Wieder umklammern die Hände das Kreuz. Das Kreuz ist im Vordergrund, der Mensch liegt hinter dem Querbalken.

Deutende Gedanken

Die Position des Körpers Jesu hat sich im Vergleich mit dem Bild vom ersten Fallen verändert. Jesus kommt voran auf diesem Weg, aber die Last wird schwerer. Seine ganze Kraft setzt er ein, um das Kreuz zu halten und zu tragen. Immer noch gewährt er Raum. Es ist ihm anzusehen, dass seine Kraft schwindet. In sich zusammengesackt, windet er sich unter dem Kreuz wie ein Wurm. Wie viele Menschen, die ihn so gesehen haben, mögen ihn verachtet, verlacht haben? Wie viele Menschen mögen sich an diesem »Schauspiel« ergötzt haben? Wie viele Menschen mögen auch um ihn geweint und mit ihm gelitten haben? Jesus schaut alle Menschen liebevoll an. Er bietet Raum für alle, die zu ihm kommen — so gut er es noch kann.

Wenn wir dieses Bild, wie zuvor das Bild in Station 3, nun auch um 90 Grad nach rechts drehen und es dann betrachten, erkennen wir: Jesus kann das Kreuz nicht mehr allein halten. Jemand, der nicht im Bild ist, trägt und hält ganz offensichtlich mit. Leerstellen im Bild wollen gefüllt werden. Ist es Simon von Zyrene, der hier hilft? Oder ist Gott Vater die mittragende Kraft? Oder beide? Auch wir können Jesus tragen helfen, wenn er uns in heutiger Zeit in der Person eines anderen Menschen in Not begegnet. Wir, die wir den Schutzraum, den Jesus gewährt, jederzeit in Anspruch nehmen dürfen, können diese uns geschenkte Kraft an andere weiterschenken.

Jesus hält das Kreuz. Und: Er erfährt im Festhalten des Kreuzes und im Festhalten am Kreuz auch selbst Halt. Im Bild deutet sich zaghaft an: Im Kreuzweg sind auch für ihn Momente des Heils.

Impuls

Wie ist es möglich, dass in diesem Weg des Leidens Heil liegen kann? Wenn ich so am Boden liege wie Jesus, wie ein Wurm, zum Zertreten freigegeben, dann kann ich das kaum glauben.

Gott, du bist mir manchmal unheimlich und fremd, dann, wenn ich dich nicht spüren kann. Und dann wiederum fühle ich ein anderes Mal: Du bist doch da, wenn ich dich brauche. Deine Liebe trägt die Last mit. Warum nur bringen wir deine Liebe immer wieder zu Fall? Warum trauen wir ihr so wenig zu? Deine Liebe ist so tief, dass sie sogar bereit ist, sich zertreten und kreuzigen zu lassen, damit unsere verletzte Liebe heilen kann.

Wie gehe ich mit meiner Liebe und mit den Verletzungen um, die aus ihrer Missachtung entstanden sind?
Wie sorgsam oder wie unbedacht gehe ich mit der Liebe anderer um?

Ich will immer wieder neu versuchen zu lieben, auch, wenn ich falle. Denn ich weiß: Es geht gar nicht anders. Und ich spüre: Die Liebe allein lässt leben. Danke, G O T T , für dein Ja zu uns, danke für deinen Sohn Jesus. Danke, Jesus, für den Raum, den du gibst, für deine Liebe, deinen Halt und deine Treue.

Manchmal begegnet man Menschen,

die strahlen eine

so unverwüstliche Zuversicht,

eine so freudige Hoffnung,

einen so klaren Optimismus,

eine solch starke Sicherheit aus,

dass man meint,

sie gingen ununterbrochen an der Hand Gottes.

Lernt man sie näher kennen,

so erfährt man gar oft, dass auch sie

diese Zuversicht und Sicherheit

erst mühsam erwerben mussten,

dass auch sie Freundschaft

und Liebe

und Zärtlichkeit brauchen,

dass auch sie Menschen brauchen,

die ihnen H A L T bieten.

(Adalbert Ludwig Balling)

8. Station: Jesus begegnet den weinenden Frauen.

»Es folgte eine große Menschenmenge, darunter auch Frauen, die um ihn klagten und weinten. Jesus wandte sich zu ihnen um und sagte: Ihr F R A U E N von Jerusalem, weint nicht über mich; weint über euch und eure Kinder! Denn es kommen Tage, da wird man sagen: Wohl den Frauen, die unfruchtbar sind, die nicht geboren und nicht gestillt haben. Dann wird man zu den Bergen sagen: Fallt auf uns!, und zu den Hügeln: Deckt uns zu! Denn wenn das mit dem grünen Holz geschieht, was wird dann erst mit dem dürren werden?«

(Lk 23,27–31)

Abb. 116: Station 8: Jesus begegnet den **weinenden Frauen**.

Zum Hintergrund

Wie eingangs bereits erwähnt, halten sich alle Evangelien in den Überlieferungen zum Kreuzweg Jesu zurück. Die Begegnung Jesu mit den weinenden Frauen ist nur bei Lukas überliefert, dort aber als einzige längere Textsequenz auf dem Weg Jesu nach Golgota (vgl. Lk 23,27–31). Unmittelbar auf diese Sequenz folgend berichtet Lukas schon von der Kreuzigung Jesu. Er legt Jesus aber zuvor die Worte an die weinenden Frauen in den Mund. Lukas, der sein Evangelium vor allem für die Menschen schreibt, die als Nicht-Juden zum Glauben an Jesus Christus gekommen sind, lässt Jesus ein letztes Mal vor seinem Tod als Lehrer in Erscheinung treten. Das Evangelium nach Lukas ist nach der Zerstörung Jerusalems durch die römischen Besatzer (70 n. Chr.), etwa im Jahre 80–90 n. Chr., entstanden. Lukas blickt zurück auf dieses Ereignis, bei dem neben der Stadt und den Wohnhäusern auch der Tempel und somit die religiöse Identität der Gläubigen zerstört worden sind.

Die Darstellung im Bild

Drei Menschen sind zu sehen. Sie berühren einander mit ihren Körpern. Aber wie schon zuvor bei allen anderen Bildern schauen sie nicht einander an, sondern ihr Gegenüber im Kirchenraum. Es ist nicht zu erkennen, ob es sich nur um Frauen oder auch um eine oder mehrere männliche Personen handelt.

Deutende Gedanken

Jesus begegnet auf seinem Weg Frauen, die um ihn weinen. Wir erfahren nicht, wer diese Frauen sind. In der biblischen Erzählung sind sie nicht mit Namen genannt, auch im Bild können die Personen für jeden Menschen stehen. Jesus sieht die Frauen um ihn weinen, aber er lässt nicht zu, dass sie ihn trösten. Vielmehr ergreift er die Initiative, kommt ihnen auf diese Weise zuvor und spricht sie von sich aus an. Die Worte aber, die er dabei wählt, klingen seltsam unpersönlich und sind der Situation nicht angemessen: Ihr Frauen von Jerusalem. Jesus meint aber gar nicht diese drei Frauen persönlich, sondern er meint viele Frauen. Jesus lenkt von sich ab. Er fordert die Frauen auf, die Energie, die in ihren Tränen ist, nicht für ihn zu geben. Denn er weiß, dass bei allem Schmerz und Leid sein Weg auch ein notwendiger Weg ist.

Jesus fordert die Frauen nicht auf, mit dem Weinen aufzuhören. Vielmehr will er, dass sie mit ihren Tränen auf ihr eigenes Leben und das ihrer Kinder schauen. Denn im Weinen liegt mehr als nur Trauer. Wer weint, ist sensibel und nimmt Leiden wahr. Im Weinen lösen sich Verkrampfung und Traurigkeit, mit den Tränen werden sie aus dem Körper und aus der Seele gespült. Traurig zu sein und dabei weinen zu können, ist heilsam. Wer weint, lässt los. Wer sich ausgeweint hat und leer ist, kann sich wieder neu anfüllen lassen. Jesus fordert die Menschen auf, sich anfüllen zu lassen und grünes Holz zu werden, um im biblischen Bild zu bleiben. Wir können Leid und Schmerz besser tragen, wenn wir angefüllt sind mit dem Glauben an den mitgehenden und liebenden Gott.

Impuls

Erlaube ich mir, gönne ich mir meine Tränen über mich und meine Kinder? Erlaube ich es mir von Zeit zu Zeit, leer wie eine Schale zu werden, um mich wieder neu anfüllen zu lassen mit dem Wasser des Lebens?

GOTT, lass mich weinen können über mich, über die Menschen, über das Leben und die Ungerechtigkeiten und Leiden der Welt. Ich will loslassen können, was mich am Leben hindert und was mich lähmt, und meinen Blick neu auf das Leben hin ausrichten.

9. Station: Jesus fällt zum dritten Mal unter dem Kreuz.

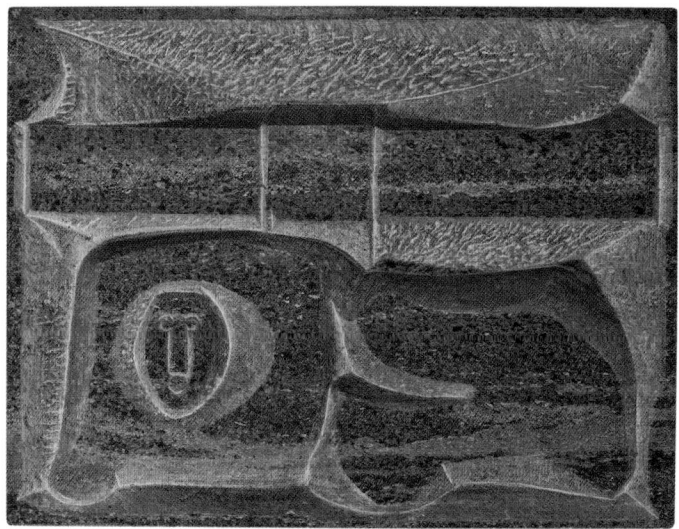

Abb. 117: Station 9: Jesus **fällt zum dritten Mal** unter dem Kreuz.

»Ich hielt meinen Rücken denen hin, die mich schlugen, und denen, die mir den Bart ausrissen, meine Wangen. Mein GESICHT verbarg ich nicht vor Schmähungen und Speichel.«

(Jes 50,6)

Zum Hintergrund

Ein drittes Mal fällt Jesus, bricht ein drittes und letztes Mal unter der Last zusammen. Die Zahl Drei ist eine Zahl mit einer großen symbolischen Kraft. Sie ist in allen Religionen sowie in Mythologie und Philosophie von maßgeblicher Bedeutung. Das Christentum kennt die drei Tugenden Glaube, Liebe, Hoffnung. Wir Christen glauben an den drei-einen Gott, den wir im Symbol des Dreiecks darstellen. In Ägypten ist die göttliche Dreiheit verkörpert in den Göttern Isis, Osiris und Horus, im Hinduismus in Brahma, Vishnu und Shiva. In Märchen begegnet uns die Zahl Drei oft als Zahl der Erfüllung eines in sich geschlossenen Ganzen, zum Beispiel als Anzahl der zu bestehenden Prüfungen oder der zu lösenden Rätsel. In der Philosophie spielt bei Hegel die Drei als Prinzip des dialektischen Fortschritts eine Rolle.[172] Dreimal verleugnet Petrus Jesus (vgl. Mt 14,66–72 par), dreimal geht Jesus am Abend nach dem letzten Abendmahl wieder zurück in den Garten Getsemani, um zu seinem Vater zu beten (vgl. Mt 14,32–42 par), dreimal fleht Paulus den Herrn an, Satan möge von ihm ablassen (vgl. 2 Kor 12,8). Die Zahl Drei erscheint als Indikator der Bewährung und der Standfestigkeit im Glauben.

Die Darstellung im Bild

Der Mensch liegt noch einmal am Boden. Wieder bestimmen allein Mensch und Kreuz das Bild. Der Kopf des Menschen wirkt gedrungen. Eine Hand ist unten im Bild zu sehen, die andere verschwindet unter seinem Oberkörper. Im Unterschied zum ersten und zweiten Fallen hält er nun das Kreuz nicht mehr fest. Sein Rücken trägt es. Es lastet schwer auf ihm.

Deutende Gedanken

Das dreimalige Fallen Jesu potenziert den Charakter des Fallens und Sinkens ins Unermessliche. Es deutet auf einen Fall hin, wie er tiefer und erniedrigender kaum sein kann. Wie kann ein Mensch eine solche Prüfung aushalten? Wenn wir auf die symbolische Bedeutung der Zahl Drei schauen, erkennen wir in diesem letzten Fallen nicht nur die Größe der Prüfung, sondern auch schon das Werden des großen Ganzen: Die Erfüllung der Aufgabe Jesu bahnt sich an. Aber noch ist er der Bewährung im Leid ausgesetzt.

Jesu Körper liegt schwer auf dem Boden. Er ist nun nicht mehr in der Lage, das Kreuz mit seinen Händen zu halten. Stattdessen bietet er seinen Rücken dafür an. Mit beiden Unterarmen stützt er sich am Boden ab. Immer noch kann er die Last in Schach halten. Immer noch ist er bereit, seinen Rücken hinzuhalten für die Aufgabe, die er zu bewältigen hat. Jesu Körper sieht aus wie der eines Löwen. Mit den Kräften eines Löwen stützt er das Kreuz ab. Wenn wir in physikalischen Gesetzmäßigkeiten denken, müsste das Kreuz nach rechts hinunterkippen. Aber das geschieht nicht. Die unsichtbare, mittragende Kraft ist noch da.

Es ist nicht zu erkennen, wie das Kreuz auf Jesus liegt. Ist es ein Querbalken, auf den wir im Schnittpunkt der beiden Kreuzesbalken schauen oder ein Teil des Längsbalkens? Wie auch immer — das Kreuz kommt uns aus der Tiefe entgegen. Und Jesus schaut uns an. Egal, welcher Art die Last ist: Jesus signalisiert, dass er sie trägt. Er trägt auch das Kreuz, das auf uns zukommt und unseren Kreuzweg bestimmt, mit seinen Kräften. Ein drittes Mal wird Jesus nach dem Fallen wieder aufstehen. Er wird seine Aufgabe zu Ende führen.

Impuls

Jesus, wie stark du bist! Wie werde ich meine Aufgabe meistern, wenn sie mir so schwer wird? Werde ich versuchen meine Haut zu retten wie Petrus, wenn meine Zeit der Bewährung anbricht?
Wie setze ich mich für andere ein, die ein Kreuz zu tragen haben?

GOTT, stärke mein Vertrauen in dich und in die Aufgabe, die du mir stellst. Gib mir die Kraft, die ich brauche, um sie zu Ende zu führen. Wenn ich sehe, dass Menschen vor mir an ihrem Bewährungspunkt angekommen sind: Lass mich das Richtige tun.

10. Station: Jesus wird seiner Kleider beraubt.

Abb. 118:

Station 10:

Jesus wird **seiner Kleider**

beraubt.

»Dann kreuzigten sie ihn. Sie warfen das L O S und verteilten seine Kleider unter sich und gaben jedem, was ihm zufiel.«

(Mk 15,24)

Zum Hintergrund

Alle vier Evangelisten berichten vom Aufteilen der Kleidung Jesu unter den Soldaten in etwas unterschiedlicher Akzentuierung. Es war üblich, die Verurteilten unbekleidet zu kreuzigen. Der Evangelist Johannes beschreibt den Vorgang ausführlicher als die anderen drei: Die Soldaten machten vier Teile aus Jesu Kleidern, damit jeder von ihnen ein Teil bekommen konnte. Sein Untergewand verlosten sie unter sich, weil es durchgewebt und ohne Naht war (vgl. Joh 19,23f). Johannes erzählt dies nicht, um einen historischen Beleg über die Vorgänge bei der Kreuzigung zu liefern, sondern damit sich das Wort der Heiligen Schrift erfülle. Über das ungeteilte Gewand Jesu gibt es unterschiedliche Auslegungen. Es wird vielfach verstanden als Zeichen für die Kirche Jesu, die ungeteilt und einig in der Nachfolge Jesu bleiben soll.

311

Die Darstellung im Bild

Der Mensch steht aufrecht im Bild. Seine Schultern sind hochgezogen, die Arme liegen eng an seinem Körper an. Der Oberkörper ist unbekleidet. Dies ist zu erkennen an der Art, wie der Künstler den Stein bearbeitet hat: Er ist an dieser Stelle nicht poliert wie unten. Das Kreuz ist nicht zu sehen. Im unteren Teil des Bildes ist viel Bewegung.

Deutende Gedanken

Bevor Jesus ans Kreuz geschlagen wird, nimmt man ihm seine Kleidung ab. Im Bild ist eine Bewegung von oben nach unten erkennbar. Es sind zwar keine Hände zu sehen, die an Jesu Kleidern zerren, aber Jesu Körpersprache zeigt, dass er seine Kleidung nicht selbst ablegt. Hier geschieht etwas mit ihm — durch andere. Er wehrt sich nicht. Ganz und gar unbekleidet muss Jesus vor allen Anwesenden stehen. Jeder kann ihn in seinem äußersten Leid nackt sehen. »Die Schande bricht mir das Herz; ganz krank bin ich vor Schmach.« (Ps 69,21) Zu Jesu körperlichen Schmerzen kommen die seelischen der weiteren Demütigung hinzu.

Jesus ist am Ende seines irdischen Lebens nackt wie bei seiner Geburt. Es deutet sich an, dass sich sein irdischer Lebenskreis bald schließen wird. Nackt hat Gott sich in der Geburt Jesu auf das Leben als Mensch eingelassen, ungeschützt und unverstellt. So ist die bedingungslose Liebe Gottes, die Jesus gelebt hat: nackt, ungeschützt und unverstellt. In der Nacktheit Jesu zeigt sich, dass Gottes Liebe auch schutzbedürftig ist. Sie wehrt sich nicht gegen ihr Wesen. Sie lässt geschehen, was geschehen muss, auch dann, wenn sie dabei schwer verletzt wird.

Impuls

Wo fühle ich mich von anderen »ausgezogen«, meiner Kleidung und meines Schutzes beraubt, vorgeführt und bloßgestellt?
Wie gehe ich mit Menschen um, die mir im Weg sind, die ich nicht mag, die mir Unrecht getan haben, die ich am liebsten »ausziehen« würde?

GOTT, Menschen können einander sehr wehtun. Ich kenne auch Hassgefühle in mir. Hilf mir, mit meinem Hass und meiner Rache umzugehen. Hilf mir, dass ich loslassen kann. Ich will sie in deine Hände legen, damit du sie heilst.

11. Station: Jesus wird ans Kreuz genagelt.

Abb. 119: Station 11:
Jesus wird **ans Kreuz genagelt**.

»Es war die dritte Stunde, als sie ihn kreuzigten. Und eine Aufschrift (auf einer Tafel) gab seine Schuld an: Der KÖNIG der Juden. Zusammen mit ihm kreuzigten sie zwei Räuber, den einen rechts von ihm, den andern links. [] Die Leute, die vorbeikamen, verhöhnten ihn, schüttelten den Kopf und riefen: Ach, du willst den Tempel niederreißen und in drei Tagen wieder aufbauen? Hilf dir doch selbst, und steig herab vom Kreuz! Auch die Hohenpriester und die Schriftgelehrten verhöhnten ihn und sagten zueinander: Anderen hat er geholfen, sich selbst kann er nicht helfen. Der Messias, der König von Israel! Er soll doch jetzt vom Kreuz herabsteigen, damit wir sehen und glauben. Auch die beiden Männer, die mit ihm zusammen gekreuzigt wurden, beschimpften ihn.«

(Mk 15,25–32)

313

Zum Hintergrund

Ähnlich wie der Evangelist Markus berichten auch Matthäus und Lukas von den Vorgängen bei der Kreuzigung Jesu. Alle drei betonen die Verspottung des Verurteilten durch Menschen, die dabeistehen und zusehen, sowie durch die Hohenpriester und Schriftgelehrten und die beiden anderen Verurteilten. Der Akt der Kreuzigung selbst wird nur sehr spärlich beschrieben. Die Berichte in den drei synoptischen Evangelien wollen deutlich machen, dass Jesu »Schuld« letztlich darin besteht, dass er von vielen nicht verstanden wurde. Von der jüdischen Obrigkeit wurde er als Gefahr für den rechten Glauben gesehen. Andere geben sich keine Mühe, Jesu Bild- und Gleichnisreden und seine Rede von Gott ernsthaft zu bedenken.

Die Darstellung im Bild

Ein Mensch, festgenagelt. Zwei Nägel sind deutlich sichtbar durch die Hände getrieben. Er allein ist im Bild zu sehen. Sein Oberkörper ist aufrecht und gerade, die Beine sind in den Knien angewinkelt. Die Unterschenkel liegen auf dem Boden. Das Gesicht des Menschen ist zerfurcht. Zu sehen ist kein Kreuz, sondern nur noch ein Balken. Von der Unterseite des Balkens aus verläuft eine Verbindung zu dem Menschen.

Deutende Gedanken

Das Bild dieser Kreuzwegstation wirft mehrere Fragen auf: Jesus wird ans Kreuz genagelt. Liegt Jesus hier im Bild auf dem Kreuz, also mit dem Kreuz auf dem Boden? Ist deshalb der Längsbalken nicht zu sehen, weil sein Körper ihn verdeckt? Die Antwort ist unbefriedigend, denn in dem Fall müsste zumindest der obere Teil des Längsbalkens zu sehen sein, der nicht von Jesu Körper verdeckt wird. Kniet Jesus denn etwa auf dem Boden und hält, angenagelt, den Balken hoch? Kann er jetzt immer noch solche Kräfte haben? In der Tat legt sich dieser Gedanke von der Körpersprache Jesu her nahe. Es scheint, als bäume er sich mit letzter Kraft auf. Die Kraftanstrengung und die Schmerzen sind in seinem Gesichtsausdruck zu sehen. Jesu rechte Hand ist unten an den Balken angenagelt — anders als die linke Hand, die mittig am Balken festgemacht ist. Mit der rechten Hand trägt Jesus, obwohl angenagelt — den Balken immer noch mit.

Menschen, die vorbeikommen, schleudern Jesus Beleidigungen und Verhöhnungen entgegen. Sie verstehen nicht, dass Jesus der Tempel Gottes ist, der in drei Tagen wieder aufgebaut sein wird. Die Auferweckung aus dem Tode, so verspricht er, wird mit und an jedem Menschen geschehen, der Gott Wohnraum in sich gibt. Für die Menschen, die Jesus verspotten, ist diese Botschaft nicht wichtig. Jesus beschwert sich nicht und äußert sich nicht zu dem Spott. Er lässt geschehen, mehr noch: Er trägt sogar noch die Last der Schuld dieser Menschen mit. Etwas Unklares, vom unteren Balken ausgehend, legt sich Jesus um den Hals. Es schnürt ihm die Kehle zu. Es ist der körperliche und seelische Schmerz, den er fühlt. Und es ist ein deutliches Zeichen für die Atemnot, an der er bald am Kreuz sterben wird.

Impuls

Ich denke darüber nach, wo ich andere Menschen festnagele. Mit welchen Worten, Gesten, Reaktionen habe ich Menschen am Leben gehindert oder tue es immer noch? Was macht mich unfrei, was hält oder nagelt mich fest und wie kann ich mich davon lösen?

G O T T, du willst keinem Menschen Fesseln anlegen — im Gegenteil: Zur Freiheit hast du alle Menschen berufen, in deiner Freiheit dürfen wir wählen und entscheiden. Hilf, dass wir unsere Freiheit für das Leben einsetzen.

12. Station: Jesus stirbt am Kreuz.

»Bei dem Kreuz Jesu standen seine Mutter und die Schwester seiner Mutter, Maria, die Frau des Kleopas, und Maria von Magdala. Als Jesus seine Mutter sah und bei ihr den Jünger, den er liebte, sagte er zu seiner Mutter: Frau, siehe, dein Sohn! Dann sagte er zu dem Jünger: Siehe, deine Mutter! Und von jener Stunde an nahm sie der Jünger zu sich. Danach, als Jesus wusste, dass nun alles V O L L B R A C H T war, sagte er, damit sich die Schrift erfüllte: Mich dürstet. Ein Gefäß mit Essig stand da. Sie steckten einen Schwamm mit Essig auf einen Ysopzweig und hielten ihn an seinen Mund. Als Jesus von dem Essig genommen hatte, sprach er: Es ist vollbracht! Und er neigte das Haupt und gab seinen Geist auf.«

(Joh 19,25–30)

Abb. 120: Station 12:
Jesus **stirbt** am Kreuz.

Zum Hintergrund

Jesus stirbt, wie uns die drei synoptischen Evangelien berichten, zur neunten Stunde, das ist nachmittags um 15 Uhr. Alle vier Evangelien zeigen in den Worten Jesu am Kreuz den Zusammenhang zwischen Altem und Neuem Testament auf. Die Schrift soll erfüllt werden. Noch einmal wird, sogar und vor allem in seiner Sterbestunde, deutlich: Jesus steht nicht außerhalb, sondern ganz innerhalb der Schriften des Ersten Testamentes. Das Bild des jüdischen Leuchters, das links neben der 14. Station an der Wand der Kirche angebracht ist, weist auf Jesu Glaubensgrundlage hin.

Wiederum setzen die Evangelisten auch an dieser Stelle unterschiedliche Erzählakzente. Nur das Johannes-Evangelium berichtet von den genannten Frauen, die unmittelbar bei Jesus unter dem Kreuz standen, sowie von Johannes, dem Lieblingsjünger Jesu (vgl. Joh 13,23). Der Jünger Johannes ist nach biblischer Überlieferung auch der Verfasser des Johannes-Evangeliums (vgl. Joh 21,24). Johannes gilt gewissermaßen als das Idealbild des Jüngers, als Glaubensvermittler und Garant der Glaubensüberlieferung für die Menschen. Er hat den Tod Jesu miterlebt und bezeugt ihn: »Und der, der es gesehen hat, hat es bezeugt, und sein Zeugnis ist wahr. Und er weiß, dass er Wahres berichtet, damit auch ihr glaubt.« (Joh 19,35) In der Regel sind in der zwölften Kreuzwegstation Jesus mit Maria und Johannes unter dem Kreuz zu sehen. Letztlich bleibt, trotz mannigfacher Deutungsversuche des Gespräches Jesu mit Maria und Johannes, unklar, welche Aussageabsicht des Evangelisten dahintersteckt.[173]

Am Karfreitag eines jeden Jahres wird zur Todesstunde Jesu um 15 Uhr eine Gedenkfeier in christlichen Kirchen gehalten. Nach katholischer Tradition schweigen, nach dem Gloria-Gesang der Abendmahlsmesse am Gründonnerstag vorher, alle Musikinstrumente und die Glocken aus gegebenem Anlass und stimmen erst wieder zum Gloria in der feierlichen Osternachtliturgie an.

Die Darstellung im Bild

Ein Mensch breitet seine Arme über zwei anderen Menschen aus, die rechts und links von ihm stehen. Die Arme überspannen beide Personen ganz. Die Arme sind vollkommen gerade, nicht gebeugt wie im Bild zuvor. Die Füße des Menschen sind nun auch festgenagelt. Er ist erhöht und hat keinen Kontakt mehr zum Boden. Ein Kreuz ist nicht zu sehen. Das Bild ist größer als die anderen 13 Kreuzwegbilder.

Deutende Gedanken

Maria und Johannes sind bei Jesus. Sie ertragen auch noch diesen Anblick, der für beide eine schreckliche Qual sein muss. Sie geben sich ganz unter die gestreckten Arme Jesu. Sanft berühren sie seinen Körper mit ihrem eigenen Körper. Jesus kann die Berührung nicht aktiv erwidern, weil ihm die Möglichkeit dazu genommen ist. Festgenagelt ist er bewegungsunfähig. Er registriert aber die Anwesenheit der beiden und ihre Zuneigung. Er beginnt ein Gespräch mit ihnen. Es ist offenbar sein letzter Wille, dass diese beiden Menschen, die ihm viel bedeuten, nach seinem Tod füreinander da sind.

Die Darstellung des Körpers Jesu im Bild wirkt unnatürlich. Seine Arme »wachsen« gleichsam rechts und links aus seinem Kopf heraus. So hängt ein Gekreuzigter nicht am Kreuz. Sein eigenes Gewicht würde ihn nach unten ziehen. Dass der Künstler durchaus in der Lage gewesen wäre, die Arme gebeugt darzustellen, sehen wir an dem Bild in Station 11. Hier aber zeigt er uns etwas anderes: Die Arme Jesu hängen zwar am Kreuzesbalken, vor allem aber s i n d sie der Kreuzesbalken! Und sein Körper i s t der Längsbalken! Das Kreuz ist hinter oder im Körper Jesu verschwunden. Es ist eins geworden mit dem Menschen, der an ihm hängt — oder anders gesagt: Jesus ist eins geworden mit dem Kreuz. Das Kreuz soll nicht einfach nur als Instrument gezeigt werden, durch das Jesus zu Tode kommt. Vielmehr wird deutlich: Jesus ist ohne das Kreuz nicht zu denken. Das Kreuz wird zum Symbol des Christentums, das in Jesus begründet ist, nicht die Sonne der Auferstehung. Umgekehrt gilt dasselbe: Das Kreuz ist nicht ohne Jesus zu denken. Immer, wenn wir ein Kreuz sehen, werden wir, auch ohne Korpus daran, an den Kreuzestod Jesu erinnert.

Jesus ist den Weg eines jeden Menschen gegangen. Dass er der Sohn Gottes war, wie die Menschen erst später erkennen (vgl. Mk 15,39: Der heidnische Hauptmann erkennt Jesus als Gottes Sohn), bewahrt ihn nicht vor den Qualen des Todeskampfes. Das Kreuz ist ein Symbol des Todes und des Leids. Aber es ist auch ein Symbol, das für die Überwindung des Todes steht und den Weg dorthin aufzeigt: Nur durch das Kreuz, nur durch Jesus, kommen wir zum Leben. Jesus wird am Kreuz erhöht gezeigt. Sein Opfer ist es wert, über alles andere erhöht zu werden. In der Erhöhung ist auch die Auferstehung angedeutet.

Wieder suchen alle drei Menschen mit ihrem Blick ihr Gegenüber. Jesus lädt uns ein letztes Mal ein, unser Kreuz anzunehmen und wie er unseren Weg zu Ende zu gehen. Maria und Johannes zeigen uns, dass Jesus seine Arme schützend auch über uns hält und im Kreuz den Menschen nah ist. Wenn wir beim Eintritt in eine Kirche ein Kreuzzeichen mit Weihwasser über uns zeichnen, denken wir daran. Maria und Johannes erinnern uns auch daran, dass wir Menschen in ihrem Leid nicht alleine lassen dürfen.

Impuls

Jesus, bestimmt werde ich in meiner Todesstunde nicht so stark sein wie du. Du musst die Kräfte eines Löwen gehabt haben. Gott, wirst du mich durch Jesus tragen, wenn ich mit dem Tode ringe?
Werde ich mich von dir tragen lassen oder werde ich in Verzweiflung versinken?

G O T T, du weißt, wie schwer das Sterben sein kann. Lass alle Menschen spüren, dass du sie in dieser schweren Zeit nicht im Stich lässt, auch, wenn es vielleicht manchmal für uns so aussieht. Du bist der Gott, der uns das Leben versprochen hat. Gott, wir glauben dir und nehmen dich vertrauensvoll bittend bei deinem Wort!

Die W E L T braucht Menschen, die für andere da sind.

(Joseph Kardinal Höffner)

13. Station: Jesus wird vom Kreuz abgenommen und in den Schoß seiner Mutter gelegt.

Abb. 121: Station 13: Jesus wird vom Kreuz abgenommen und **in den Schoß seiner Mutter gelegt.**

»Josef [von Arimathäa] kaufte ein Leinentuch, nahm Jesus vom Kreuz, wickelte ihn in das T U C H und legte ihn in ein Grab, das in einen Felsen gehauen war.«

(Mk 15,46)

Zum Hintergrund

Ähnlich wie Markus erzählen auch die anderen Evangelisten diese Textsequenz. Allen Evangelienberichten ist gemeinsam: Josef von Arimathäa hat den Körper Jesu vom Kreuz genommen. Er gilt als wichtiger Zeuge des Todes Jesu. An keiner Stelle wird aber erzählt, dass Maria ihren toten Sohn im Arm hielt. Diese Vorstellung entsprach und entspricht ganz dem menschlichen Bedürfnis, als Eltern auch das tote Kind noch zu halten und an sich zu drücken. So setzte sich dieses Bild als Vesperbild, als »Pietà« in der Frömmigkeit der Menschen durch und fand Gestalt in Andacht, Kunst und Volksglaube. Die »Pietà« ist eines der bekanntesten Bilder der Kreuzwegstation und ist normalerweise neben den Kreuzwegdarstellungen in jeder katholischen Kirche zu finden.

Die Darstellung im Bild

Wir sehen drei Personen im Bild. Zwei von ihnen sitzen nebeneinander und sind eng miteinander verbunden. Ihre Oberkörper berühren sich — mehr noch: Sie gehen ineinander über. Ein Mensch liegt auf den Knien der anderen beiden. Sie halten ihn mit ihrem Körper. Sein Kopf schaut aufrecht nach oben; der Blick ist gezielt auf die Betrachtenden gelenkt. Seine Oberschenkel ruhen auf den Beinen einer der beiden haltenden Personen, die Unterschenkel sind in den Knien abgewinkelt. Seine Arme liegen eng am Körper an, ohne herunterzuhängen.

Deutende Gedanken

Endlich ist der gefolterte Körper frei. Es ist ihm anzusehen. Drei Personen sind im Bild: Jesus, seine Mutter Maria — und wer noch? Es könnte sich um Johannes handeln oder auch um Josef aus Arimathäa — oder …? Und welche Person von beiden ist Maria? Es sind keine Arme der beiden sitzenden Personen zu erkennen — und doch halten die beiden offenbar den Körper, Jesu Körper. Oder kann Jesus sich etwa selbst halten? Jesus ist tot, zweifelsohne. Aber er sieht so lebendig aus! Die Darstellung Jesu im Bild lässt eindeutig einen lebendigen Menschen erkennen! — Hier ist sicher nicht jemand dargestellt, der vielleicht doch noch nicht ganz tot ist. Das wäre absurd. Vielmehr zeigt uns das Bild: Jesus ist die lebendige Verbindung zwischen diesen beiden Menschen, die nebeneinander zu sehen sind. Er lebt in den beiden Menschen weiter, die eine Verbindung mit ihm eingegangen sind — in Maria und in der anderen Person. Er schaut uns Außenstehende mit weit offenen Augen an. Mit unaufdringlichem Blick lädt er uns ein, an dieser Verbindung teilzuhaben, damit sie auch in uns lebendig wird und bleibt. Vielleicht sind ja wir die Menschen, bin ich der Mensch, der den Platz der unbekannten Person neben Maria ausfüllt. Das Bild bietet mir diese Rolle an.

Jesu Kopf liegt im Schoß der Person links im Bild. Es ist zu vermuten, dass diese Person Maria ist. Sein Kopf befindet sich im Schoß der Mutter, genau unter ihrem Kopf. Dieses Bild zeigt eine besondere Verbundenheit zwischen zwei Menschen, so, wie sie von Natur aus zwischen einer Mutter und ihrem Kind besteht.

Die Verbindung zu Jesus kann nur lebendig sein, wenn wir sie tragen — wenn wir ihn, Jesus, tragen, damit er wiederum uns tragen kann. Beziehung lebt erst dann wirklich, wenn sie wechselseitig trägt. Gemeinsames Tragen ist leichter und verbindet untereinander. Maria will uns helfen, die Verbindung einzugehen und zu halten. Sie bietet sich uns als Begleiterin an. Sie ist an unserer Seite, ohne uns überragen zu wollen mit ihrem starken Glauben und ihrem Ja zu Gottes Gedanken. Im Bild ist ihr Gesicht genau auf einer Linie mit dem Gesicht ihres Nachbarn/Ihrer Nachbarin — mit unserem Gesicht. Sie ist nicht größer dargestellt als wir. Halten, ohne zu klammern, das können wir in diesem Bild von Maria lernen. Wer hält und dennoch nicht klammert, so wie sie, ermöglicht anderen und sich selbst Freiheit zum Leben.

Impuls

Wie steht es im Moment um meine Verbindung zu Jesus?
Traue ich ihr und traue ich dir, Jesus?

GOTT, stärke die Verbundenheit zwischen mir und dir. Lass immer mehr Menschen diese Verbundenheit spüren, die du durch Jesus mit uns allen eingehen willst, wenn wir dich lassen. Lass uns leben aus der lebensspendenden Verbundenheit im Glauben an dich.

14. Station: Der Leichnam Jesu wird ins Grab gelegt.

Abb. 122: Station 14: Der Leichnam Jesu wird **ins Grab gelegt**.

»An dem Ort, wo man ihn gekreuzigt hatte, war ein Garten, und in dem Garten war ein neues G R A B, wo noch niemand bestattet worden war. Wegen des Rüsttags der Juden und weil das Grab in der Nähe war, setzten sie Jesus dort bei.«

(Joh 19,41)

Zum Hintergrund

Es war nicht üblich, dass der Leichnam eines Gehenkten auf die Weise beigesetzt wurde, wie es mit Jesu Leichnam geschah. Normalerweise wurde er auf entehrende Weise »entsorgt«. Das Johannes-Evangelium erzählt, dass Josef aus Arimathäa und Nikodemus, ein Bekannter Jesu, mit dem er nächtelang Gespräche geführt hatte, den Leichnam Jesu mit wohlriechenden Salben versorgten und ihn in ein Leinentuch wickelten (vgl. Joh 19,39.40). Die Menge der Salben wird beschrieben: etwa hundert Pfund — das sind in unserer Gewichtsrechnung fast 33 Kilogramm! Gemeint sind Myrrhe und Aloe; diese wurden zwischen den Toten und das Leinentuch gestreut. Es geht hier nicht um Einbalsamierung des Körpers. Die gewaltige Menge soll die übergroße Ehre symbolisieren, die diesem Toten erwiesen wird.[174] Sie setzten Jesus in einem neuen Grab in einem Garten bei. Das neue, noch unbenutzte Grab gibt dem Toten die Ehre zurück, die ihm kurz zuvor auf so schändliche Weise genommen wurde.

Die Darstellung im Bild

Ein Mensch liegt auf der Seite. Seine Knie sind angewinkelt. Der Kopf liegt auf einem Stein oder einer anderen Unterlage; seine Augen sind offen. Über seinem Kopf ist eine runde Ausbuchtung erkennbar, in der es hell ist. Der Körper liegt und ruht, aber um ihn herum im Bild ist dennoch Bewegung.

Deutende Gedanken

Aus dem Zusammenhang des Kreuzweges herausgenommen, würde wohl kaum jemand dieses Bild mit dem Titel »Grablegung Jesu« in Verbindung bringen. Jesus sieht wieder nicht aus wie ein Toter. Und wieder wäre es völlig abwegig zu denken, der Künstler wolle uns nahelegen, dass dieser Mensch nicht tot war. Was also will uns das Bild dieses Mal sagen?

Jesus liegt mit angezogenen Beinen auf der Seite, sein Kopf ruht auf einem »Kissen«. Einen verstorbenen Menschen auf diese Weise zu betten, scheint doch sehr ungewöhnlich. Jesus erweckt eher den Eindruck, als sei er entweder kurz vor dem Einschlafen oder gerade aufgewacht. Die Bewegung, die im Bild erkennbar ist, lässt Letzteres vermuten. Hier ist nicht die Ruhe der Nacht oder des Todes wiedergegeben!

Das Bild gibt keinen Hinweis darauf, wie lange Jesus schon im Grab liegt. Könnte hier nicht der Moment eingefangen sein, in dem Gott Jesus von den Toten wieder auferweckt? Jesus wirkt, als habe er einen Ruf vernommen, den er selbst noch nicht richtig einordnen kann. Es ist, als frage er: Wer hat mich gerufen? Bin ich gemeint? Wo bin ich? Soll ich aufstehen? Jesus hat die Beine schon angezogen. Es ist ausreichend Raum da.

Der Körper Jesu ist nicht mit Erde oder einem Grabdeckel bedeckt. Der Blick auf den Menschen im Grab ist ungehindert frei. Faszinierend: Der Künstler nimmt uns mit in das Grab hinein! Wir können dabei sein und dem Ereignis zusehen und werden

damit zu Zeugen des Momentes der Auferstehung Jesu. Wir können uns davon über-
zeugen, dass Jesus wirklich auferweckt wird.

Der Körper Jesu wird in einen Garten gelegt. Dieser Garten lässt an den Paradiesgar-
ten denken. Der (Paradies-) Garten ist der Ort der Schöpfungstaten Gottes. Hier kann
Gott Neues wirken. Jeder Garten zeigt es uns immer wieder aufs Neue. Jesus schaut uns
an: Sieh, auch an dir wird Gott dieses Werk tun!

Impuls

GOTT, immer wieder neu staune ich über deine Werke. An jeder Blume, die im Frühjahr in meinem Garten zu wachsen beginnt, zeigst du mir den Kreislauf des Lebens auf. Nach
jedem Absterben, nach jedem Tod sorgst du immer wieder neu für das Leben. Wann habe ich
mir diesen Gedanken zuletzt bewusst gemacht? Ehrfurcht umfängt mich, wenn ich daran denke,
dass du Tote zum Leben zu erwecken vermagst.

15. Station: Jesus ist von den Toten auferstanden.

»Seid gewiss: Ich bin BEI EUCH alle Tage bis zum Ende der Welt.«

(Mt 28,20)

Zum Hintergrund

Die Auferstehung Jesu ist, auch wenn es keine historischen Belege dafür gibt, biblisch unzweifelhaft bezeugt. Alle vier Evangelien berichten davon, viele Menschen haben Jesus nach
seiner Kreuzigung unabhängig voneinander lebend gesehen und mit ihm gesprochen. In
den Evangelien steht die allererste Nachricht von der Auferweckung Jesu im Zusammenhang mit einem Engel. Bis Jesus sich den Menschen selbst als wieder ins Leben Zurückge-
kehrter zeigt, ist es zunächst der Bote Gottes, der die Nachricht überbringt. Der Engel lässt
erkennen: Jesus ist nicht aus eigener Kraft auferstanden. Hier ist Gott am Werk. Es ist deutlicher, von Jesu Auferweckung als von Jesu Auferstehung zu sprechen. Jesu Auferweckung
signalisiert uns: Er, der Lebendige, ist nach wie vor und für alle Zeit für die Menschen da.

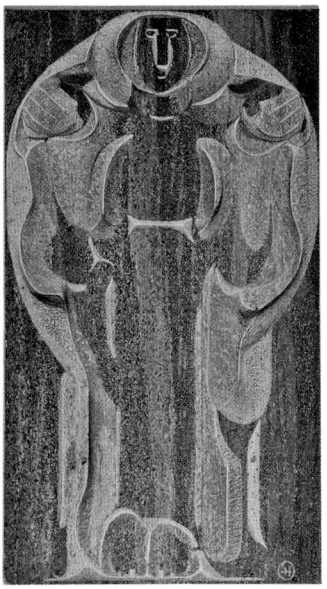

Abb. 123: Station 15: Jesus ist von den Toten **auferstanden**.

Die Darstellung im Bild

Der Mensch steht ganz im Mittelpunkt des Bildes. Er breitet die Arme aus, die Hände sind offen. Sie weisen von ihm weg auf die Betrachtenden hin. Die Finger liegen dicht beieinander. Die Beine und vor allem die Füße sind deutlich überproportioniert. Helligkeit umgibt den Körper in runden Formen; sie macht ihn zur Silhouette in einer Umgebung aus Licht. Der Gesichtsausdruck hat sich verändert. Am Körper ist ein weites, wehendes Gewand zu erkennen.

Deutende Gedanken

Das Bild des auferstandenen Jesus hängt nicht in der Reihe der Kreuzwegbilder. Überdimensional groß im Vergleich zu den andern Bildern der Kreuzwegstationen hat es seinen Platz über dem Seitenaltar, über dem Ort, an dem Eucharistie gefeiert wird. Sogar ohne zu wissen, was die Inhalte des Bildes ausdrücken, wird hier schon deutlich, dass dieser Darstellung eine besondere Bedeutung zukommt.

Jesus lebt. Das Bild zeigt es mehr als deutlich. Aufrecht steht er vor uns. Seine übergroß dargestellten Füße führen uns vor Augen: Dieser Mensch steht wieder auf beiden Füßen auf dem Boden des Lebens. Ein Blick auf die Füße irritiert: Diese Füße sind nicht die Füße eines Menschen, sondern die eines Löwen. Erinnern wir uns an Station 9. Der unter dem Kreuz zum dritten Mal gefallene Jesus ließ uns schon hier an einen Löwen denken. Aber nun, ins Leben zurückgerufen, braucht Jesus doch nicht mehr die Kräfte eines Löwen! Ein Blick auf den Löwen als Symbol hilft weiter. Der Löwe taucht sowohl in positiver wie in negativer Bedeutung auf. Er gilt als »König« unter den Tieren der Erde. Ihm werden vor allem die Eigenschaften Kraft, Wildheit, Erhabenheit, auch Weisheit zugeschrieben. Als Sinnbild der Macht und Gerechtigkeit begegnet er uns häufig an Herrscherthronen und -palästen. Wegen seiner goldenen Farbe und der Mähne, die sich strahlenförmig um sein Haupt legt, wird er auch mit der Sonne in Verbindung gebracht. Das christliche Mittelalter sah in dem Löwen ein Symbol der Auferstehung — zurückgehend auf die Vorstellung, dass ein Löwenbaby tot geboren und ihm von seinem Vater nach drei Tagen der Lebensatem eingehaucht würde.[175] Sonne, Kraft, Macht, Auferstehung/Auferweckung — wir täuschen uns also nicht, wenn wir in den Füßen Christi die Füße eines Löwen erkennen.

Jesu Gesicht sieht zum ersten Mal anders aus als in den Bildern zuvor. Es wirkt verklärt, entrückt, verwandelt. Um seinen Kopf herum ist ein Heiligenschein zu sehen. Der ganze Körper ist eingehüllt in Licht. Christus ist der wahre König, verherrlicht und über alle Menschen erhöht von Gott. Aber er bleibt nicht bei sich: Aus dem Licht kommt er uns entgegen. Mit seinen Händen öffnet Christus den Blick auf seine Person. Wir können und sollen erkennen, dass wir keiner Illusion unterliegen, wenn wir diesen Menschen lebend vor uns stehen sehen. Seine offenen Arme signalisieren die Bereitschaft, die Menschen, die sich ihm zuwenden, in seine Arme zu schließen. Seine Arme und Hände sind in Orantehaltung (= Gebetshaltung) dargestellt. Diese Haltung nimmt der Priester für längere Zeit beim Sprechen des Hochgebetes am Altar ein. Hier, am Altar, dem Opfertisch, hat der von den Toten auferweckte Christus, seiner Sendung entsprechend, seinen Ort. Mit seiner ganzen Person teilt Christus aus. Sich selbst, sein Person-Sein, sein Wesen teilt er aus und will Menschen dadurch zu Gott führen: »Nehmt, das ist mein Leib. […] Das ist mein Blut, das Blut des Bundes, das für viele vergossen wird.« (Mk 14,22f) Er ist leuchtendes Symbol eines nie endenden Lebens in Fülle, das Gott allen Menschen bereitet, die ihn durch Christus suchen.

326

Impuls

Das gesamte Wunder des Lebens, zu dem Tod und Leben gehören, werde ich wohl zu Lebzeiten nie verstehen. Aber ich habe doch eine leise Ahnung davon bekommen. Immer wieder wird mir in Geschehnissen, Begegnungen und Betrachtungen meines Lebens diese Ahnung zur Kraft, zur Sicherheit. Ich spüre, manchmal zaghaft, manchmal deutlich, dass dieser Weg, den Christus uns in seinem Leben vorgelebt hat, der richtige Weg ist.

GOTT, dir vertraue ich mich und mein Leben an. Begleite mein Leben an allen Tagen, in allen Begegnungen, in jedem Für und Wider, vor allem aber dann, wenn ich nicht mehr weiter kann und den Halt zu verlieren drohe. Lass mich aus dem Vertrauen auf dein Handeln an mir leben. Führe alle Menschen einst zum Leben in deiner Fülle.

Eine Nachbetrachtung

Wir haben den Kreuzweg Jesu betrachtet, haben ihn gelesen und meditiert, manche von Ihnen sind ihn vielleicht vor Ort in der Kirche gegangen. Wir haben dabei einen sehr persönlichen und emotionalen Weg beschritten. Möglicherweise beschäftigt Sie noch der eine oder andere Gedanke. Vielleicht aber drängt sich Ihnen auch die Frage nach dem Warum mit ihrem bitteren Beigeschmack auf: War eine solche Qual, wie Jesus sie erleiden musste, nötig? Gab es denn keine andere Möglichkeit?

»Der Menschensohn ist nicht gekommen, um sich dienen zu lassen, sondern um zu dienen und sein Leben hinzugeben als Lösegeld für viele.« (Mk 10,45) In seinem Handeln, so sagt Jesus selbst, geht es um Erlösung. Jesus muss seinen Weg gehen, um uns Menschen zu erlösen. So befreiend der Gedanke an Erlösung einerseits ist, so fremd wird er aber auch im konkreten Zusammenhang mit Jesu Opfertod am Kreuz. Jesus gibt sich selbst als Opfer hin, um uns von unserer Schuld zu befreien? Ein Mensch opfert sich für uns, für mich, lässt sich foltern, erträgt die größten Qualen bis hin zum grausamsten Tod, den man sich vorstellen kann, damit ich erlöst werde? Ehrlich gesagt: Mich schaudert bei diesem Gedanken. Will ich solch ein Opfer eines Menschen für mich? Sind wir Menschen denn so verderbt und schuldbeladen, dass wir mit dem Blut eines Unschuldigen bei Gott freigekauft werden müssen? Was ist das für ein Gott, der dieses Erlösungsopfer will und solches Leid zulässt? — Es ist die Weise, wie Jesus sein Leben gelebt hat, die uns hilft, Antwort zu finden. Wir dürfen den Kreuzestod Jesu nicht losgelöst von seinem Leben betrachten.

Schauen wir aber zunächst auf uns. Jeder Mensch ist von seiner Natur her so angelegt, dass er Gutes und auch Schlechtes denken und tun kann. Diese Veranlagung an sich ist kein Makel, sondern ganz und gar naturgegeben. Es ist allerdings unsere Aufgabe, uns dem Guten zuzuwenden und danach zu leben. Dabei will Gott uns helfen. Er macht uns keinen Vorwurf aus unserer Veranlagung — im Gegenteil: Gott selbst hat den Menschen als sein Ebenbild geschaffen (vgl. Gen 1,26), obwohl er „weiß", dass der Mensch nicht makellos sein kann (mit Ausnahme von Jesus, der Gott selbst ist). Der Mensch ist Gott so wichtig, dass Gott in jeden Menschen Göttliches eingepflanzt hat. Das will die Rede von der Ebenbildlichkeit des Menschen mit Gott zum Ausdruck bringen. Der Mensch hat von Natur aus eine Beziehung zu Gott, die sich manchmal zunächst nur in seiner Affinität zum Transzendenten bemerkbar macht. Es ist schon in der Natur des Menschen vorgegeben, nach Gott zu fragen und zu suchen.

Und Gott? — Er will sich von uns finden lassen. Er „weiß" aber, dass es dem Menschen schwerfällt, sein Leben auf Dauer in einer intakten Beziehung zu Gott zu leben. In Jesus hat Gott sich ganz auf uns Menschen und auf die menschlichen Bedingungen eingelassen und sich uns in seinem Sohn über die bisherige Offenbarung hinaus weiter zu erkennen gegeben. Mit seinem ganzen Leben hat Jesus deutlich gemacht, dass wir uns auf Gott verlassen und ihm vertrauen dürfen.

Wenn wir auf Jesus schauen, dann sehen wir einen Menschen, der sich mit größter Leidenschaft für das Wohl und das Heil der Menschen einsetzt. Sein Leben ist fest eingebunden in das jüdische Glaubensleben und in die jüdische Tradition. Jesus lebt die Gesetze, die Gott seinem Volk für ein gutes (Zusammen-) Leben gegeben hat. Dort, wo die Gesetze gegen den Willen Gottes verstanden und ausgelegt werden, schaltet Jesus sich korrigierend und konsequent ein. In der Person Jesu wird deutlich: Gott will Menschen nicht knechten! Jesus hat gezeigt, dass Gott nicht der Strafende, Fordernde, Bedingungen Stellende ist, sondern der ganz Andere, der, der sich mitteilen und sich austeilen will, der, der Freiheit bewirkt. Gott will Menschen frei machen von Unfreiheit, von unnötiger Einengung, aus Verstrickungen, von Sachzwängen, falschen Bildern und Vorstellungen und von Schuld. Wir können auch sagen: Gott will Menschen erlösen. Jesus muss uns nicht bei Gott freikaufen. Sein Handeln ist das Handeln Gottes, nicht Handeln in Gottes Auftrag!

In Jesu Wort und Tat wird Gottes Wesen offenbar, das reine Liebe ist. Liebe sucht den Anderen und will sich finden lassen; sie wirbt, ohne sich aufzudrängen. Liebe teilt sich aus und dient. Liebe ist Hingabe, sie fordert nicht und straft nicht.

Es ist Liebe, die Gott wie ein Samenkorn, das in die Erde gesät wird, in uns eingepflanzt hat! Seine Liebe will in uns aufgehen. Sie macht uns fähig, selbst zu lieben. Wir leben die Liebe in unseren Beziehungen so gut wir vermögen, aber manchmal pflegen wir sie zu wenig, manchmal missverstehen wir sie auch, missachten oder verraten sie gar. Menschen werden dadurch verletzt und damit auch Gott. Jesus ist den Weg der Liebe zum Menschen konsequent gegangen. Wer sich so auf Menschen einlässt, wie Jesus es getan hat, erntet nicht nur Gegenliebe, sondern auch den Neid und das Unverständnis mancher. Jesus muss, so sehr er von vielen auch geschätzt und geliebt wurde, damit gerechnet haben, auch unverstanden zu bleiben und schlimmstenfalls verraten zu werden.

Jesus ist seiner Sendung treu geblieben, obwohl seine Liebe verraten wurde. Die Liebe aber hat er dennoch nicht preisgegeben, sondern er hat sie selbst unter schwersten Bedingungen weitergelebt und für die Menschen erfahrbar gemacht. Jesu irdisches Leben war ein Werk unermesslicher Liebe, grenzenloser Hingabe. Seine Liebe ist so stark, dass sie alle irdischen Grenzen überwindet. Sie hat Bestand für ewig. Durch Jesus konnten und können Menschen erfahren, wie wahre Liebe ist. In diese Liebe sind wir hineingenommen!

Im Raum der Liebe Gottes werden Entfaltung und Entwicklung hin zum wahren Leben möglich. Gott »weiß« um unsere Grenzen und um die Umstände, die diese Entfaltung auch schwierig machen. Liebend ist er uns in unseren Grenzsituationen nah, trägt mit und macht Entwicklung selbst dort möglich, wo sie uns nahezu unmöglich erscheint.

In Jesus, mit ihm und durch ihn ist das Reich Gottes, das Reich der Liebe, schon auf Erden Wirklichkeit geworden. Das Leben Jesu, sein Leiden, sein Tod und seine Auferweckung, waren notwendig, damit wir an seiner Liebe körperlich und seelisch heil werden können. In diesem Sinne und zu dem Ziel, das Heil heißt und das wahres Leben, Liebe und Freiheit bedeutet, hat Jesus uns erlöst! In der Begegnung mit Jesus können wir frei werden. Wir können (neu) verstehen lernen und erfahren, dass wir über alles geliebte Kinder Gottes sind. Um unsertwillen hat Gott den Weg Jesu mit allen Konsequenzen zugelassen, ihn bejaht und mitgetragen.

Das innerste Wesen der Liebe ist **HINGABE**.
Gott, der die Liebe ist, verschenkt sich an die Geschöpfe,
die er zur Liebe geschaffen hat.

(Edith Stein)

Die Nacht geht
Doch du bleibst
Nacht aller Nächte

Ein neuer Tag kommt
und mit ihm kommst Du
Tag aller Tage

Das Tagwerk beginnt
und in ihm wirkst Du
Kraft aller Kräfte

Auf mich warten Menschen
und in ihnen wartest Du
MENSCH unter Menschen

Lass mich nicht verzweifeln
wenn die Nacht über mich kommt

Lass mich nicht verzagen
wenn der Tag mich erdrückt

Lass mich nicht schwach werden
wenn das Werk alle Kräfte fordert

Lass mich Dich nicht enttäuschen
wenn Du im Menschen auf mich wartest.

(Anton Rotzetter)

330

MIT DEM KREUZ WEITERGEHEN —
DER TOD HAT NICHT DAS LETZTE WORT!

Im Zeichen des Kreuzes

Seit vielen Jahrhunderten ist das Kreuz das zentrale Zeichen des Christentums. Die vier Richtungen des Kreuzes stehen für die Ausgerichtetheit des christlichen Glaubens in alle Himmelsrichtungen der Welt. Die horizontale Linie des Kreuzes symbolisiert zudem die Erdenlinie und die Beziehung der Menschen untereinander, die vertikale Linie symbolisiert die göttliche Linie und die Beziehung des Menschen zu Gott.

Zunächst war das Kreuz kein rein christliches Symbol, sondern in den verschiedensten Kulturkreisen als Symbol für Gottheiten, als Glücks-, Licht- oder Himmelssymbol bekannt. Anfangs traute man sich im Christentum an Darstellungen im Zusammenhang mit dem gekreuzigten Christus nicht heran. Der Tod am Kreuz galt als anstößig, eine Kreuzesdarstellung daher als unzumutbar. Erste kreuzähnliche Zeichen, die sich auf Christus bezogen, waren die Buchstaben ›Tav‹ und ›Chi‹ aus dem griechischen Alphabet, die zum Christusmonogramm wurden.[176] Erst mit dem römischen Kaiser Konstantin verbreitete sich das Kreuzzeichen als Sinnbild für das Martyrium Christi und somit als speziell christliches Zeichen. Und das kam so:

Im Jahre 312 hatte Konstantin eine Kreuzesvision: Er sah das Kreuzzeichen und hörte dazu in lateinischer Sprache die Worte: ›In diesem Zeichen wirst du siegen.‹[177] Tatsächlich siegte er gegen seinen Gegner Maxentius. Konstantin bekehrte sich daraufhin zum Christentum. Er erklärte das Christentum zur ›religio licita‹ (lat.), zur ›erlaubten Religion‹ neben dem römischen Götterkult. Konstantin etablierte das Zeichen des Kreuzes als Siegessymbol seiner Herrschaft und der Herrschaft des christlichen Glaubens. Kurze Zeit später, im Jahre 380, machte Kaiser Theodosius I. das Christentum zur Staatsreligion des Römischen Reiches. Darstellungen von Kreuzzeichen fanden ab dem 5. Jahrhundert ihren Weg in Privathäuser, in Kulträume und in die Apsiden der Kirchen. In der christlichen Ikonografie setzten sich nach vier Jahrhunderten der Bilderlosigkeit und des Ringens um die Darstellbarkeit Gottes und Jesu in dieser Zeit auch langsam erste Darstellungen der Kreuzigung Jesu durch.

Die Ausdrucks- und Gestaltungsformen von Kreuzzeichen und Kruzifix waren durch die Geschichte des Christentums hinweg sehr verschieden und sind es bis heute. Kruzifixe betonten immer wieder unterschiedliche Aspekte des Kreuzestodes Jesu. Im Mittelalter kamen für den Kirchenraum große, monumentale Kruzifixe auf, Triumphkreuze genannt. In der Bezeichnung »Triumphkreuz« spiegelt sich die zu jener Zeit verbreitete Auffassung vom Tode Jesu am Kreuz wider: Betont wird der Triumph über die Macht des Todes, weniger die Vollendung seines irdischen Leidensweges. Man zeigte den Gekreuzigten lieber als Sieger, nicht als den Mann der Schmerzen und des Todes. Ein Triumphkreuz wurde zeitweise auch gern mit Blumen- oder Blätterrankwerk geschmückt, um den Gedanken des Kreuzes als Lebensbaum hervorzuheben.[178] Erst mit Beginn der Gotik, als man sich mitfühlend und mitleidend in den Anblick des Gekreuzigten versenken wollte, entwickelten sich auch Darstellungen des leidenden und toten Christus am Kreuz.[179]

Ein Triumphkreuz wurde in der Regel sichtbar hängend oder stehend auf einem Balken im Chorbogen oder an der Nahtstelle zwischen Langhaus und Chor der Kirche auf einem Lettner aufgerichtet. Auch heute noch ist den Gläubigen im Chorraum einer katholischen Kirche ein erhöhtes Kreuzzeichen vor Augen.

Das etwas andere Triumphkreuz in St. Gabriel

Auch in der Gabrielkirche gibt es ein Triumphkreuz. Es befindet sich über dem Altar an der Wand des rechten Seitenschiffchors der Kirche. Es ist von ganz anderer Art als seine mittelalterlichen Vorgänger.

Zeitgeist und Kunstverständnis der modernen Zeit sind natürlich auch anders. Das Triumphkreuz ist ein kleines Kreuz, nicht zu vergleichen mit den monumentalen mittelalterlichen Triumphkreuzen. Es ist nur etwa 48 x 62 cm (Länge mal Breite) in seinen Abmessungen. Entworfen und gefertigt wurde das Kreuz im Jahre 1969 von Heinz Oliberius. Es wurde für die Apsis des Hauptschiffchors konzipiert und erhielt seinen Platz am Bogen unter dem großen Themenfenster. Dort war es Teil der von dem Künstler dargestellten theologischen Linie Verkündigung — Tod — Auferstehung — bleibende Gegenwart.[180] Das Triumphkreuz zeigte im Zusammenhang mit der Chorraumkonzeption an, dass Jesu Weg mit dem Kreuz nicht zu Ende war. Es hing sichtbar für alle über dem Altar, der zu diesem Zeitpunkt noch im Mittelpunkt der Apsis auf dem breiten Altarsockel stand. 1986 wurde das Kreuz aus dem Hauptchor ausgelagert und in den Chor des rechten Seitenschiffs verlegt. Es ist damit aus dem Zentrum des sonntäglichen Geschehens zur Seite hin weggerückt. — Kann man sagen: Es wurde abgeschoben? Konnte man sich mit ihm nicht arrangieren? In der Tat ist es ein sehr ungewöhnliches und gewöhnungsbedürftiges Kreuz. Es stellt sich anhand dieses Kunstwerks die sicherlich berechtigte Frage, inwieweit sich moderne sakrale Kunst in ein Kirchengebäude aus einer anderen Kunststilepoche einfügen lässt, beziehungsweise wo die Grenzen der Akzeptanz sind. Derzeit steht das Vortragekruzifix, ein früheres Altarkreuz, im Hauptchor der Gabrielkirche.

Das Triumphkreuz ist ein sehr interessantes Kreuz. Tasten wir uns langsam an die Sprache des Kreuzes und somit auch an die Sprache des Künstlers in diesem Werk heran. Wir gehen dabei zunächst von einem ersten Eindruck aus. Dann erschließen wir uns das Kunstwerk von außen nach innen und wenden uns schließlich einigen Detailbetrachtungen zu.

Abb. 124: Triumphkreuz, **Frontalansicht**.

Ein erster Eindruck

Das Kreuz ist aus Metall gearbeitet, außen ist es aus Stahl, innen aus Bronze. Auf den ersten Blick wirkt es fremd, vielleicht könnte man sogar sagen: ziemlich durcheinander, »chaotisch«. Möglicherweise nehmen Sie als Betrachtende dieses Kreuz zunächst auch gar nicht als Kreuz, sondern vielleicht als einen Stern oder als noch etwas anderes wahr. Dieser Eindruck sollte Sie nicht verunsichern, denn die Formensprache des Werkes ermöglicht verschiedene Assoziationen und setzt schon ganz zu Anfang unterschiedliche Gedankenprozesse in Gang. Zwei Farben bestimmen das Kreuz, die gegensätzlicher kaum sein könnten: Schwarz und Gold. Sie deuten bereits an, dass wir es in diesem Kunstwerk mit starken Kontrasten zu tun haben. Beide Teile des Kreuzes, der schwarze äußere wie auch der goldene innere Teil sehen grundsätzlich verschieden aus. In der Frontalansicht wirkt das Kreuz zweidimensional und eher ruhig; von der Seite betrachtet aber wird die Dreidimensionalität erkennbar und damit auch die »Unruhe«.

Abb. 125: Blick von der **Seite** auf das Triumphkreuz.

Das »Außen«

Das Äußere des Kunstwerks ist ganz in Schwarz gehalten. Es sieht aus wie ein Rahmen um das Innere. Insgesamt betrachtet, ähnelt der schwarze Rahmen einem auf die Spitze gedrehten, aber deutlich verformten Quadrat, das in sich gestaucht ist, einer Raute ähnlich. Das »Quadrat« besteht aus vier gleichen, austauschbaren Bauteilen. Vier ist symbolisch die Zahl für das Erdbezogene, sie ist aber auch die Grundlage für ein Kreuz.[181] Im Spiel mit der Vierzahl als Grundform des Kreuzes hat Heinz Oliberius mit diesem schwarzen äußeren Teil des Kunstwerks bereits ein eigenständiges Kreuz innerhalb des Gesamtkunstwerks kreiert.

Die schwarzen Oberflächen sind matt und leicht rau. Einzelne Teile setzen sich zu kurzen, schmalen Flächen, ähnlich Stücken eines Lineals, zusammen. Die Flächen schließen mit Ecken und Kanten ab. Verschiedene Winkel entstehen, die verschiedene Blick-Winkel zulassen. Es sind keinerlei Rundungen zu sehen. Ecken und Kanten stehen rein äußerlich und auch symbolisch für etwas, das eben nicht »rund« ist, sondern spitz und kantig. Heinz Oliberius hat den Gedanken der Anstößigkeit des Kreuzes aus den frühen Zeiten des Christentums hierhin übersetzt. An diesem Kreuz kann man sich sinnbildlich und real stoßen!

Die Farbe Schwarz signalisiert Tod, Trauer, Schattenhaftes, Grabesdunkel, Stillstand. Oben und unten sind deutlich ausgeformte, offene Bruchstellen in der Form zu erkennen. Die Bruchstellen haben eine vertikale Ausrichtung. Nach oben und unten formen sie einen Balken und deuten so die Kreuzform an. Das Metall sieht an diesen Bruchstellen aus wie abgeknickt. Aber: geknickter Stahl? Stahl ist so hart, dass er sich nur sehr schwer verformen lässt. Der Künstler lässt uns assoziieren: Hier muss eine große Kraft gewirkt haben. Wenn wir von allen Seiten auf das schwarze Kreuz schauen, also aus verschiedenen Blickwinkeln, wird erkennbar, dass es nicht nur oben und unten, sondern auch rechts und links sowie in der Mitte mehrdimensional aufgebrochen ist. Wir können es noch umfassender ausdrücken: Alles, was schwarz ist, was tot, traurig, dunkel und ohne Bewegung ist, ist aufgebrochen! Das Kreuz zeigt uns: Hier ist etwas Entscheidendes geschehen. »Verursacht« hat diese Aufbruchstellen ganz offensichtlich das goldene Innere. Was hier zu sehen ist, regt an zu fragen: Wie war der Zustand des schwarzen Kreuzes vor dem Aufbruch? Wenn etwas aufgebrochen ist, muss es vorher anders ausgesehen haben. Vielleicht war die Ursprungsform ein regelmäßiges, geschlossenes Quadrat? Vorher — nachher: Die Dimension der Zeit spielt hier neben den Dimensionen von Fläche und Raum auch eine Rolle. Zu einem bestimmten Zeitpunkt muss sich etwas Kraftvolles ereignet haben, das zu dieser gewaltigen Veränderung geführt hat.

Das »Innen«

Das Innere des Kunstwerks ist völlig konträr zum äußeren Schwarzen. Schon die goldene Farbe macht den Kontrast auf den ersten Blick sichtbar. Gold ist etwas Besonderes; es ist edel und wertvoll und es ist begehrt. Gold ist auch die Farbe des Göttlichen. Goldfarben nehmen wir die Sterne am Himmel wahr.

Das Innere ist deutlich dicker und wirkt im Vergleich mit dem schwarzen Stahl außen viel massiger. Die Oberflächen der goldfarbenen Bronze sind im Gegensatz zum schwarzen Stahl glatt und glänzend poliert. Auch die Formensprache im Innern ist anders als außen. Das Innere hat auch eine Kreuzform, aber es ist die Form eines einfachen griechischen Kreuzes, +, der ältesten Form des christlichen Kreuzes. Es liegt als ebenfalls eigenständiges Kreuz in dem schwarzen äußeren Rahmen-Kreuz. Wir sehen ein »Kreuz im Kreuz«. Weiterhin sind vielfältige kleinere Formen zu erkennen, eine variantenreiche Mischung aus hauptsächlich runden und einigen kantigen Teilen. Sie ergänzen sich zu wellenförmigen Strängen. Die Formen erinnern an Wellen sowohl im technischen wie auch im natürlichen Sinn. Kurbelwellen kommen mir in den Sinn. Ich denke an das Innere einer neuen, noch nicht abgenutzten Maschine, die mit Kurbelwellen angetrieben wird. Auch der wenig fachkundige Blick erkennt allerdings sofort: Diese Maschine kann nicht in Wirklichkeit arbeiten. Wir müssen wohl an eine andere »Maschinerie«, an eine andere Wellenbewegung, denken.

Die Wellen strömen links und rechts bereits durch die aufgebrochenen Stellen des schwarzen Kreuzes hindurch nach außen. Oben und unten strömen sie noch nicht durch die Aufbruchstellen hindurch, sondern noch auf sie zu. Bewegung und Veränderungen durch Bewegung sind Kennzeichen für die Arbeit des Künstlers: »Betrachtet man das Werk [gemeint ist hier das allgemeine Werk des Künstlers — Anm. d. Verf.] von Heinz Oliberius, so findet man … eine ständige Beschäftigung mit der Bewegung, den fließenden Übergängen und Veränderungen, die allen Wesen und Oberflächen eigen ist.«[182] Wellenförmige Bewegung, nicht Stillstand wie im äußeren Kreuz, bestimmt den Charakter des inneren Kreuzes. Alles ist im Fluss und drängt nach außen, um dort aus dem Rahmen zu fließen. Der schwarze Rahmen ist aufgesprengt, die goldene Bewegung hat freien Lauf und wird nicht gehindert. Hier im Inneren ist Leben das bestimmende Thema, nicht Tod! Der Eindruck entsteht, dass in den Wellen das Auf und Ab des Lebens dargestellt ist. Manche der Wellen sind voneinander verschieden, andere sind völlig identisch. Sie liegen dicht aneinander, können sich aber doch unabhängig voneinander bewegen. Jede der Wellen hat ihren eigenen Fluss. Sie schlagen manchmal höher, manchmal auch weniger hoch. Es ist wie im »richtigen« Leben!

Zahlensymbolik des inneren Kreuzes

Schauen wir auf die Anzahl der Teile, aus denen das innere Kreuz zusammengebaut ist. Grob betrachtet sind drei Hauptteile beziehungsweise Hauptstränge zu sehen: ein großer Strang, das ist die gesamte Senkrechte, und zwei kleinere, identische Stränge in der Waagerechten. Das äußere schwarze Kreuz (aus vier Teilen bestehend) ist also auch durch die Formensprache des inneren goldenen Kreuzes (aus drei Teilen bestehend) aufgebrochen. Das Innere, die innere Bewegung, bestimmt die Form des äußeren Kreuzes.

In der Vertikale sehen wir drei lange Wellenlinien. Die Zahl Drei haben wir in ihrer symbolischen Bedeutung schon als Verweis auf das Göttliche, im Christentum auch auf die Dreifaltigkeit, kennengelernt. Die drei Wellen lassen vermuten, dass der dreifaltige Gott am Werk ist. Die Wellenlinien sind durchgängig, das heißt, sie werden in der Mitte nicht unterbrochen. Das kann bedeuten: Die Richtung Gott-Mensch, die diese Vertikale ja auch versinnbildlicht, ist nicht unterbrochen, sondern sie ist durchgängig: Der Kontakt Gott-Mensch fließt in beide Richtungen und ist intakt. In der Horizontale sind in beide Richtungen jeweils vier untereinanderliegende, kurze Wellenlinien zu erkennen. Der Fluss der horizontalen Wellen ist nicht durchgängig, sondern in der Mitte unterbrochen. Er ist aber nur unterbrochen, nicht abgebrochen. Es sieht eher »geflickt« aus. Die horizontale Beziehungs-Linie Mensch-Mensch ist demnach »geflickt« und deshalb (wieder) intakt …

Abb. 126:
Die beiden **»Kupplungen«**.

Und schließlich: Wenn wir die beiden Zahlen Drei und Vier addieren, kommt in der Summe Sieben heraus. Zählen wir die Anzahl der insgesamt durchgängigen vertikalen Wellenlinien in der Mitte, so kommen wir auf sieben. Die Zahl Sieben symbolisiert Totalität und Vollendung. Die Mitte hat es wirklich in sich!

Die Mittelachsen

Der Künstler arbeitet mit Spiegelungen. Zu erkennen sind die Spiegelungen, wenn wir uns die beiden Mittelachsen des Kreuzes vorstellen. Sie sind leicht vorstellbar, wenn wir genau frontal auf das Kreuz schauen. Beide Mittelachsen, die senkrechte und die waagerechte, sind Spiegelachsen. Sie sind die Spiegelachsen sowohl des schwarzen äußeren wie auch des goldenen inneren Kreuzes. Durch die Spiegelung werden die einzelnen Teile erst zu einem Ganzen, die schwarzen Teile zum schwarzen Kreuz, die goldenen Teile zum goldenen Kreuz. Auf einen tieferen Sinn bezogen heißt das: Die Achsen geben dem Tod, dem Stillstand, dem Dunklen einerseits, wie auch dem Leben, dem Fluss der goldenen Wellen andererseits, jeweils die Form eines Ganzen. Das aber bedeutet: Der Tod ist eine eigene Größe wie das Leben. Er wird durch das Leben nicht einfach seiner Existenz beraubt. Aber das Leben verändert den Tod, bricht ihn auf und nimmt ihm seinen Schrecken.

Ein wichtiger Effekt von Spiegelungen ist, dass Symmetrie entsteht. Die Form wird regelmäßig, der Eindruck von Ruhe und Ordnung breitet sich aus. Bei zwei im rechten Winkel aufeinander stehenden Spiegelachsen wird die Symmetrie vollkommen. Wir entdecken in dem symmetrischen Kreuz die vollkommene Ruhe. Der Eindruck der Zweidimensionalität verstärkt diese Ausstrahlung noch. Ruhe, Ordnung und Zweidimensionalität sind nur erkennbar, wenn wir uns frontal zum Kreuz und somit dem Kreuz stellen. Es hängt also von unserem Blickwinkel ab, was wir sehen! Sobald wir von der Seite auf das Kreuz schauen, also die dreidimensionale Perspektive haben, wird der Charakter völlig anders. In der Dreidimensionalität sehen wir die enorme Aktivität hinter Ruhe und Ordnung. Es sind nicht Unordnung und Unruhe, sondern Ströme von Lebendigkeit zu sehen.

Wo etwas in derart gleichmäßiger Ordnung erscheint, kommt die Frage nach dem auf, der hier geordnet hat. Unsere bisherigen Beobachtungen geben uns schon Antwort: Gott ist es, der ordnet und den Überblick hat. Und: Hier kann nicht der Zufall am Werk sein, dazu ist die Ordnung zu vollkommen. Wir können uns daran erinnern, wie sorgsam und vollkommen geordnet uns der priesterliche Schöpfungsbericht (vgl. Gen 1,1–2,4a) die Erschaffung der Lebensgrundlage für alle Lebewesen erzählt. Die Ordnung im Blick auf dieses Kreuz sagt uns: Leben und Tod sind von Gott gleichermaßen geordnet. Das ist ein beruhigender Gedanke.

Das Kreuz lädt uns ein, es uns ganz genau von allen Seiten anzuschauen. Wir können unseren Blickwinkel frei wählen, je nachdem, was wir sehen und betrachten wollen. Das Kreuz fordert uns heraus, uns mit dem Kreuz als Symbol des Christlichen noch einmal neu zu befassen und es aus verschiedenen Blickwinkeln zu sehen. Dieses Kreuz hilft uns zu verstehen, dass und warum das Kreuz das Symbol des Christlichen, und damit das Symbol für den Tod und auch für die Auferstehung, geworden ist: Im Kreuz liegen sowohl Tod als auch Leben. Der Tod beendet das irdische Leben. Für uns alle sichtbar spielt sich das Leben auf der Erde im (schwarzen) Rahmen des Todes ab. Seit Christus wissen wir, dass letztlich das Leben über den Tod siegt. Wir können uns im Blick auf dieses Kreuz sammeln und dabei zur Ruhe kommen. Denn: Die wirklich wichtigen Zusammenhänge des Lebens sind nicht dem Zufall überlassen, sondern von Gott wunderbar geordnet.

Der Knotenpunkt sowohl für den Tod wie auch für das Leben ist der Kreuzpunkt der beiden Achsen. Er ist der Mittelpunkt des gesamten Kunstwerks. Wir kommen mit dem Blick auf die Mitte nun zum Höhepunkt unserer Betrachtung.

Die innere Mitte

Der besondere Charakter der Mitte wird schon in ihrer Erscheinungsform deutlich. Hier sind die Wellen der Lebendigkeit besonders hoch und kompakt. Die Energie ist innen, im Zentrum, siebenfach gebündelt. Aus dieser Mitte sprudelt das Leben an die Oberfläche und wird in alle vier Himmelsrichtungen weitergeleitet. Nach rechts und links geschieht das Weiterleiten nicht übergangslos, sondern durch zwei »Kupplungen«, zwei kräftige Klammern, die die beiden Seitenteile mit der Mitte fest verbinden. Wir Menschen können an dieser Mitte »ankuppeln« und uns an ihr, am Kernpunkt des Lebens, festmachen! Von Gott her und aus der Mitte wird diese Verbindung ermöglicht und gehalten. Sie kommt mit der Antwort, dem »Ankuppeln« des Menschen, zustande.

Genau im Kreuzpunkt der beiden Mittelachsen ist eine Vertiefung zu erkennen. Es ist eine Leerstelle, in der ganz offensichtlich ein Element der Welle fehlt. Was kann diese Leerstelle bedeuten beziehungsweise wo ist das fehlende Element geblieben?

Ursprünglich befand sich über dem Mittelpunkt des Kunstwerks ein Edelstein, der im Laufe der Zeit leider verloren gegangen ist und nicht ersetzt wurde. Ein altes Foto gibt uns Aufschluss über den Originalzustand des Kreuzes:

Abb. 127: Das Triumphkreuz nach seiner **Fertigstellung** im Hauptchor.

Der Edelstein (in Abb. 127 rot eingerahmt) ist ein entscheidendes Detail, denn er ist das fehlende Element, die Leerstelle in der Mitte. Er macht uns darauf aufmerksam, dass Ausgangsquelle und auch Höhepunkt der Bewegung genau in der Mitte des Kreuzes sind.

Wen der (fehlende) Edelstein in der Mitte darstellen soll, ist nicht mehr schwer zu erschließen: Dieser Edelstein ist Christus selbst. Mit seinem Erlösungswerk hat er die Bewegung des Lebens in Fülle in Gang gesetzt und die Grenzen des Todes auseinandergerissen. Der Edelstein hat die Form eines Doppelkegels. Eine Spitze zeigt dabei nach oben, eine nach unten. Das heißt: Er ist nach oben und unten ausgerichtet und nimmt damit die Betonung der Vertikalen auf. Christus ist der ganz und ununterbrochen auf Gott Bezogene. Er füllt die Beziehungen Gott-Mensch und Mensch-Mensch mit wahrem Leben. Das Kunstwerk drückt aus, was geschehen ist und bleibende Auswirkung hat: Mit Christus wird die alte Struktur verändert. Es passiert radikal Neues.

Was auch nur anhand des alten Fotos zu erkennen ist: Der Edelstein war nicht in der Mitte aufgeklebt, sondern mit einem zarten goldenen Draht umwickelt und an den beiden höchsten Wellen der Mitte befestigt. Er befand sich also genau in Höhe der Mitte, war aber deutlich sichtbar von ihr in den Raum hinein entrückt. Wie eine Brücke spannte sich die Edelstein-Draht-Konstruktion über die Mitte. Angedeutet war in dieser Brücke der Korpus Christi. Christus, die Mitte, ist auch die Brücke zwischen Gott und Mensch, zwischen Mensch und Mensch und die Brücke über die Wellen des Lebens. Ursprünglich also ist dieses Kreuz ein Korpuskreuz mit einem Christus, der auf ganz besondere Weise und ganz anders, als wir es sonst kennen, als der Erhöhte dargestellt war. Die Leerstelle in der Mitte, Christus, der Gekreuzigte, ist in diesem Triumphkreuz gezeigt und erhöht.

Wer beim ersten Blick auf das Kreuz an einen Stern gedacht hat, liegt sicher auch nicht falsch: In Christus ist ein neuer Stern aufgegangen — Christus ist der goldene Stern am dunklen Himmel der Nacht.

Schlussgedanke

Wir sind nun am Ende unserer Betrachtung des »ganz anderen« Triumphkreuzes in der Gabrielkirche angekommen. Wenn es gelungen ist, einen (neuen) Zugang zu diesem Kunstwerk zu ermöglichen, dann hat die Erschließung ihren Sinn erfüllt. Es gibt am Ende aber noch etwas, auf das ich Sie aufmerksam machen möchte. Der Korpus dieses Kreuzes ist verloren gegangen. Dem Kreuz fehlt dadurch etwas Wesentliches. Der Draht, mit dem der kleine Edelstein gehalten wurde, war nur an zwei Stellen angelötet. Bei unbedachtem Umgang konnte er leicht beschädigt und ausgerissen werden. Dass es auch tatsächlich so geschehen ist, kann uns zeigen, wie gefährdet Christus, wie gefährdet das Leben auch in heutiger Zeit immer noch und immer wieder ist. Was Gott uns in Christus geschenkt hat, ist zart und leicht zerstörbar. Wir müssen sehr achtsam mit seinem Geschenk umgehen.

DIE GLOCKEN —
KLANGVOLLE SIGNALE IM TAGESLAUF

DAS LIED VON DER GLOCKE

Vivos voco. Mortuos plango. Fulgura frango.

» (…)
Und dies sei fortan ihr Beruf,
Wozu der Meister sie erschuf!
Hoch überm niedern Erdenleben
Soll sie im blauen Himmelszelt
Die Nachbarin des Donners schweben
Und grenzen an die Sternenwelt,
Soll eine Stimme sein von oben,
Wie der Gestirne helle Schar,
Die ihren Schöpfer wandelnd loben
Und führen das bekränzte Jahr.
Nur ewigen und ernsten Dingen
Sei ihr metallner Mund geweiht,
Und stündlich mit den schnellen Schwingen
Berühr im Fluge sie die Zeit.
Dem Schicksal leihe sie die Zunge,
Selbst herzlos, ohne Mitgefühl,
Begleite sie mit ihrem Schwunge
Des Lebens wechselvolles Spiel.
Und wie der Klang im Ohr vergehet,
Der mächtig tönend ihr entschallt,
So lehre sie, daß nichts bestehet,
Daß alles Irdische verhallt. (…)
Sie bewegt sich, schwebt,
Freude dieser Stadt bedeute,
Friede sei ihr erst' Geläute.«[183]

Das »Lied von der Glocke« — alt und doch modern

Friedrich Schillers »Lied von der Glocke« gehörte in den 1950er Jahren zum meist-
gelesenen Kulturgut deutscher Literatur und zur (in der Regel auswendig zu lernen-
den!) Pflichtlektüre damaliger Schülerinnen und Schüler. Schillers wohl berühm-
testes und längstes Gedicht wurde in der Literaturrezeption verehrt, hofiert, kritisiert,
polemisiert und zuhauf — wohlmeinend oder auch nicht — parodiert. Die vielen
geflügelten Worte aus Schillers Lied sind auch noch heute, nicht nur bei der älteren
Generation, bekannt.

Schillers »Lied von der Glocke« mutet vor allem in den oben zitierten Schlusszeilen
des Gedichts fast wie ein Liebeslied auf die von ihm beschriebene Glocke an. Nach
ausgiebigen handwerklichen Beschreibungen und Betrachtungen des Herstellungsvor-
gangs in den Strophen zuvor gibt der Dichter zum Ende hin etwas von dem wieder, was
eine Glocke ausmacht und wozu sie bestimmt ist.

»Hoch überm niedern Erdenleben« sind Glocken in einem Glockenturm und
einem eigens dafür vorgesehenen und passenden Glockenstuhl aus Holz oder Stahl
angebracht. Der Glockenstuhl sorgt dafür, dass die großen Instrumente ungehindert
schwingen und so ihren Klangreichtum entfalten können. Ein Glockenturm ist ein
optisches Wahrzeichen einer jeden Kirche. Er ist in der Regel höher als die Kirche;
er reicht, wenn man so will, von der Erde bis in den Himmel hinein. Der Turm war
und ist über Jahrhunderte d i e architektonische Lösung dafür, dass der Himmel in
allem Irdischen der Welt nicht aus dem Blick gerät. Symbolisch ausgedrückt lässt sich
sagen: Himmel und Erde berühren sich, wo eine Glocke hoch oben im Glockenturm
aufgehängt ist, dem »blauen Himmelszelt« nahe, »an die Sternenwelt grenzend« und
»als Nachbarin des Donners schwebend«. Als »Stimme von oben« ist die Glocke
Symbol für die Stimme Gottes, der mit den Menschen in Kontakt treten will. Und
sie ist, in umgekehrter Richtung, die Stimme der Kirche, der Menschen, die zu Gott
rufen und ihren Lobgesang zu ihm vorbringen, eine Stimme »wie der Gestirne helle
Schar, die ihren Schöpfer wandelnd loben«. Überwältigend wurde die Wirkung von
Glocken im Mittelalter empfunden: Man traute ihnen zu, die Wolken zu durchtönen
und Gott im Himmel mit ihrem Klang zu erreichen.[184]

Glocken sind häufig mit Inschriften, Symbolen oder Bildern versehen. Friedrich
Schiller bediente sich als Untertitel und Motto für sein »Lied von der Glocke« einer
berühmten lateinischen Glockeninschrift: ›Vivos voco. Mortuos plango. Fulgura fran-

go.‹ Übersetzt bedeuten diese Sätze in etwa: ›Die Lebenden rufe ich. Die Toten beklage ich. Die Blitze breche ich.‹ Diese Inschrift gilt als eine der ältesten Glockeninschriften überhaupt. Die Inschrift zeigt wichtige Funktionen einer Glocke an.

›Vivos voco.‹ — Die Lebenden rufe ich: Glocken wollen zum Kirchgang, zum Beten und zum Gotteslob aufrufen. Insofern sind sie akustische Gebetssignale. In Zeiten, als noch kaum jemand eine Uhr besaß, gaben die Glocken zeitliche und geistliche Orientierung und Hilfe bei der Strukturierung des Tages. Glocken erklangen zur vollen und mancherorts auch zur halben und viertel Stunde in vertrauten Schlägen. Kaum jemand störte sich daran. Außerdem läuteten die Glocken zu allen Gottesdienst- und Gebetszeiten. Der Brauch, zu bestimmten Tageszeiten zum Gebet zu läuten, verbreitete sich im Hochmittelalter, zunächst ausgehend von den Klosterkirchen. Um 6 Uhr morgens sowie um 12 Uhr mittags und um 18 Uhr abends erklang das Geläut als Aufruf für die Gläubigen, in ihrem weltlichen Tun innezuhalten, sich dem Gottesdienst zuzuwenden und das Angelusgebet, den »Engel des Herrn«, zu beten. Es ist ein Gebet aus einer alten Tradition der Kirche, Gruß und Hinwendung an die Gottesmutter und an Gott Vater. Im Gebet werden die Verkündigung an Maria und die Menschwerdung Christi betrachtet. Mit Rücksicht auf die Lebensgewohnheiten der Menschen hat man inzwischen das Angelusläuten um 6 Uhr morgens überwiegend abgeschafft.

Auch während der Feier der Heiligen Messe geben die Glocken kurze Zeichensignale, um die Zuhausegebliebenen auf den Verlauf der Eucharistiefeier aufmerksam zu machen. Wenn die Glocke mehrmals kurz angeschlagen wird, wissen wir, dass die Eucharistiefeier in der Wandlung von Brot und Wein in Leib und Blut Christi ihren Höhepunkt erreicht hat.

›Mortuos plango.‹ — Die Toten beklage ich: Glocken wollen Totenklage zum Ausdruck bringen. Eine der Glocken in einem Geläut ist eine Totenglocke. Die Totenglocke läutet zum Seelenamt für einen verstorbenen Menschen und lädt zum Beten und zum Mitfeiern des Begräbnisamtes für die verstorbene Person ein. Die Totenglocke hat einen schweren, gedämpften Klang.

›Fulgura frango.‹ — Die Blitze breche ich: Glocken wollen Gefahren abwehren. Schon in frühester Zeit glaubte man an die Macht von Lärm zur Abwehr von Dämonen und Geistern. In vielen Mythen und Sagen wird erzählt, wie Dämonen und Geister der Unterwelt Stürme, Gewitter und Katastrophen verursachen. Man bediente sich unter anderem des durchdringenden Klangs von Kirchenglocken, um die Geister mit größtmöglichem Lärm zu vertreiben. Böse Geister erwartete man von Westen her, der von der Sonne abgewendeten Seite. Im Westen musste dem Bösen begegnet werden. Ein Glockenturm befindet sich nach dieser Vorstellung in aller Regel an der Westseite einer Kirche.

In der heutigen, säkularisierten und aufgeklärten, dadurch aber auch entzauberten und entmystifizierten Zeit muss die symbolische Bedeutung von Glocken wieder neu entdeckt werden. Manche der soeben genannten Funktionen von Glocken ist uns heute nicht mehr geläufig. Wenn wir zum Gottesdienst gehen wollen, stellen wir uns rechtzeitig zu Hause den Wecker und schauen auf die Uhr, um zu sehen, wann wir aufbrechen müssen. Böse Geister müssen nicht mehr mit lautem Getöse vertrieben werden und im Lärm der Städte ist auch die einzelne Totenglocke nur noch selten wahrzunehmen. Wir Menschen haben im Gewirr des Klangpanoramas unserer Lebenswelt anderes im Ohr und sind kaum mehr für den Klang und die Botschaften der Kirchenglocken sensibilisiert. Was ist denn dann heute noch geblieben von der einstigen Bedeutung der Glocken und von dem, was Schiller in seinem »Lied von der Glocke« aus dem 18. Jahrhundert so klangvoll besingt?

Nun, immer noch, auch im frühen 21. Jahrhundert, gibt es das regelmäßige, täglich wiederkehrende Geläut von Kirchenglocken. Jeder, wohl auch jeder nicht kirchlich sozialisierte Mensch, weiß, dass, wenn die Glocken einer katholischen Kirche tagsüber traditionell zum Angelusgebet läuten, es entweder 12 Uhr mittags oder 18 Uhr abends ist. An jedem Sonntag betet der Papst in Rom um 12 Uhr immer noch mit den versammelten Gläubigen das Angelusgebet auf dem Petersplatz. Geblieben sind also auch im modernen Menschen offenbar immer noch der Wunsch und die Sehnsucht nach Struktur, nach Orientierung, nach gemeinsamem geistlichen Tun, nach Verbundenheit mit Gott, nach Beständigkeit in den Unbeständigkeiten und Vordergründigkeiten und in der Schnelllebigkeit des heutigen Lebens. Der Wunsch und die Sehnsucht nach Verbundenheit zwischen Himmel und Erde scheinen im Menschen zeitlos angelegt zu sein. Die Glocke, aus kaum verrottbarem Material gegossen, ist ein Symbol für die Beständigkeit, nach der wir Menschen uns sehnen und die wir brauchen, um unserem Leben die notwendige Ruhe und den richtigen Rhythmus zu geben. In der passenden Dynamik in Schwung gesetzt und vom Klöppel angeschlagen, kommen die melodischen Klänge des Geläuts zur Entfaltung. Im Wechsel von Bewegung und Ruhe und in der Entfaltung ihrer unterschiedlichen Klangnuancen begleiten die Glocken »des Lebens wechselvolles Spiel«. Und, so schreibt Schiller weiter, so, wie der Klang vergehe, lehre die Glocke uns, dass das Irdische letztlich nicht bestehen könne und verhalle wie der Ton der zur Ruhe kommenden Glocke. Glocken seien, so beschließt der Dichter sein Lied, Zeichen der »Freude für die Stadt« und Zeichen des Friedens, des äußeren wie des inneren Friedens: »Friede sei ihr erst' Geläute.« So ist es natürlich ein Zeichen der Freude, vor allem aber ein Zeichen des Friedens, wenn das neue Jahr in der Silvesternacht mit vollem Glockengeläut begrüßt wird. Die Glocken läuten den Wunsch nach einem friedvollen Jahr im Schutze Gottes in den Nachthimmel hinein. Auch wichtige aktuelle Ereignisse des Zeit- und Kirchengeschehens wurden und werden heute öfter noch mit Glockengeläut ausgerufen und angekündigt.

Dem Herstellungsprozess des Glockengießens widmet Friedrich Schiller den Großteil seines Glockenlieds. Wer sich mit der Herstellung von Glocken befasst, erkennt: Glocken sind ein kleines oder, besser gesagt, ein großes Meisterwerk. Für beste Klangharmonie bedarf es höchster Präzision bei der Herstellung. Erst am Ende des Herstellungsprozesses kann man sagen: Das Werk ist gelungen — oder eben nicht.

Seit dem 14. Jahrhundert ist das Verfahren zum Glockengießen nahezu unverändert. Glocken bestehen in der Regel aus Bronze, einer Legierung aus Kupfer und Zinn. In Kriegszeiten war Bronze ein begehrtes Material zur Herstellung von Waffen. So wurden im Laufe der Jahrhunderte, bis in den Zweiten Weltkrieg hinein, aufgrund von Materialknappheit immer wieder Kirchenglocken konfisziert und eingeschmolzen. In der Regel durfte eine Kirche eine einzige, nämlich die kleinste Glocke, behalten. Auch der Mutterpfarre von St. Gabriel, St. Ludgerus, verblieb nach der Konfiszierung durch die Nationalsozialisten im Zweiten Weltkrieg nur die kleinste Glocke. Die Gabrielkirche blieb von der Zwangsmaßnahme verschont, denn sie bekam ihr erstes Geläut erst zu ihrem 45. Jubiläumsjahr im Jahre 1957. Bis 1957 gab es in St. Gabriel lediglich eine einzige kleine Glocke über der Sakristei. Aus Kostengründen und um der Bedrohung durch Konfiszierung für die Zukunft zu entgehen, wurden vor allem in der zweiten Hälfte des 20. Jahrhunderts auch Glocken aus anderen Legierungen oder aus Stahl gefertigt, so zum Beispiel für die benachbarte St.-Anna-Kirche.

Den besonderen Klang einer Glocke macht neben dem Material auch die sogenannte »Glockenrippe« aus. Eine Glockenrippe ist ein Längsschnitt durch die Wandung der Glocke und wohl eines der bestgehüteten Geheimnisse der Glockengießer. Von der Rippe hängt es ab, wie die Glocke klingt. Jeder Klang einer Glocke ist nämlich nicht nur ein Ton, sondern in sich schon ein Klang, ein Akkord, der aus vielen Einzeltönen besteht. Je nachdem, welcher Einzel- oder Gesamtklang erzielt werden soll, wird die Glocke mit Dur- oder Moll-Rippen ausgestattet.[185]

Bis zum 13. Jahrhundert war es zunächst allein den Klöstern vorbehalten, Glocken zu gießen. Erst danach entstanden auch »weltliche« Betriebe. Jede Glocke, die gegossen wurde, erhielt einen Namen. Aus den biblischen Schriften wissen wir, dass Namen in der Regel auch eine Botschaft transportieren. Oftmals wurden Glocken dem Lobe Gottes oder einem Heiligen gewidmet. Namen wie »Posaune Gottes« bringen die zu verkündigende Botschaft zum Ausdruck. In der Gabrielkirche gibt es fünf Bronzeglocken mit den Namen Maria, Gabriel, Raphael, Michael und Franziskus.

Das »Lied von den Gabrielglocken«

Abb. 128: Der Glockenturm, **Innenansicht**, mit Glockenstuhl und Glocken.

Die Glocken der Gabrielkirche wurden in der Glockengießerei Bachmayr in Erding, Oberbayern, von Karl Czudnochowsky gegossen. Die Firma lieferte auch den passenden Glockenstuhl. Karl Czudnochowsky war ein Verwandter von Heinrich Ulrich, Glockengießer aus Apolda in Thüringen. Heinrich Ulrich fertigte im Jahre 1923 die Petersglocke für den Kölner Dom, ein Meisterwerk von 3,22 Meter Durchmesser und einem Gewicht von 24.000 Kilogramm. Sie ist die wohl berühmteste Glocke des 20. Jahrhunderts. Ein Jahr später goss er auch das gewaltige sechsstimmige Geläut der Ludgerikirche in Duisburg.[186] Diese Glocken wurden bereits im Ersten Weltkrieg für Rüstungszwecke konfisziert. Nach dem Zweiten Weltkrieg bestellte man für die Ludgerikirche ein neues Geläut in derselben Disposition von 1924; St. Gabriel schloss sich an. Die beiden Gemeinden St. Ludgerus und St. Gabriel stimmten den Klang ihrer Geläute aufeinander ab. Dies war und ist ein die Zeit überdauerndes, schönes Zeichen der bestehenden Verbundenheit zwischen Mutter- und Tochtergemeinde. Heute sind die Gottesdienstzeiten in St. Gabriel und St. Ludgerus so aufeinander abgestimmt, dass sie sich nicht überschneiden. Deshalb hört man die beiden Geläute nicht mehr zusammen. Einst muss die Klangmelodie der Glocken in Neudorf sehr schön gewesen sein!

Das Geläut der Gabriel-Glocken ist fünfstimmig. Alle Glocken sind in schwerer Rippe gegossen. Die tiefste Glocke ist die cis'-Glocke, Franziskus, eine Zwillingsglocke zur zweitgrößten des Ludgeri-Geläuts. Die weiteren Klänge der Gabriel-Glocken sind e', Michael, fis', Gabriel, gis', Raphael, und a', Maria. Dies ist die Fünftonreihe des altkirchlichen, lateinischen Lobgesangs ›Te Deum laudamus‹, ›Großer Gott, wir loben dich‹. Die Disposition ist etwas eigenartig, besonders durch den Halbton gis — a. Aber diese Zusammenstellung ermöglicht vielerlei Kombinationen harmonischer und melodischer Art.[187] »Das volle fünfstimmige Geläut ist von strahlendem Glanz, vor allem auch deswegen, weil die Unteroktav der a'-Glocke so deutlich mitklingt, dass man abwechselnd ein cis-moll und ein A-Dur-Geläute zu hören glaubt.«[188] Tatsächlich hat die Marienglocke eine so deutlich vernehmbare Unteroktav, dass man glaubt, die Klangmelodie von sechs Glocken zu hören.

Wenn wir dem Klang der Glocken zuhören, stimmt uns dieses Gotteslob auf den Gottesdienst ein. Alle Glocken lassen sich auch einzeln läuten. Mittags um 12 Uhr und abends um 18 Uhr erklingen zum Angelus die Gabrielglocke und die Marienglocke. Die Gabrielglocke erinnert uns an die Botschaft, die der Erzengel Gabriel der von Gott auserwählten jungen Frau Maria brachte. Die Marienglocke, die kleinste, erzeugt den höchsten Ton und soll die Klangharmonie des Geläuts zur Vollendung führen. So, wie Maria die von Gott Gekrönte ist, soll die Marienglocke das gesamte Geläut der Engel und Heiligen krönen.

Volles Glockengeläut ertönt an Sonntagen und an Hochfesten, die auf Wochentage fallen. In den geprägten Zeiten von Advent und Fastenzeit wird das Geläut zurückgenommen. Es sind dann nur die drei tiefen Glocken zu hören.

Alle fünf Glocken sind mit Inschriften versehen. Die Inschriften sind, wie schon die Inschriften dreier Chorraumfenster, Chronogramme, das heißt, die Jahreszahl ihrer Beschaffung kann aus ihnen herausgelesen werden, wenn man den Wert der Buchstaben, die römische Ziffern darstellen, addiert. (Noch einmal, wenn Sie wollen, viel Spaß beim Suchen und Rechnen! Hilfe: M = 1.000, D = 500, C = 100, L = 50, X = 10, U bzw. V = 5, I = 1)

Inschrift und Bildsymbolik

a) der Marienglocke:

MATRI PROLIQUE DEO LAUS CONSORS ET HONOR PER SAECLA:
Der Mutter und dem göttlichen Kinde sei gleichermaßen Lob und Ehre in Ewigkeit.

Als Bild wurde dieser Glocke das Bild der ›Mater Ter Admirabilis‹ (›Dreimal Wunderbare Mutter‹, lat.) von Schönstatt mitgegeben. Es ist ein Bild, das die Nähe von Mutter und Kind betont.

b) der Raphaelglocke:

SANCTE RAPHAEL MEDICARE CAECOS VIATORES:
Heiliger Raphael, heile die blinden Erdenpilger.

Auf dieser Glocke ist ein Bild des Engels Raphael mit Pilgerstab angebracht. Raphael tritt im Buch Tobit als schützender Wegbegleiter des Tobias sowie als Heiler von Tobias' erblindetem Vater Tobit in Erscheinung.

c) der Gabrielglocke:

INCARNATUM FAC NOS CREDERE GABRIEL SANCTE:
Erflehe uns Glauben an die Menschwerdung, heiliger Gabriel!

Ein Bild von der Verkündigung an Maria ist auf dieser Glocke zu sehen.

d) der Michaelglocke:

SANCTE MICHAEL PER ASPERA DUC NOS IN PACE:
Heiliger Michael, geleite uns in Frieden durch alle Wirrnisse.

Der Erzengel Michael gilt als Kämpfer gegen das Böse und für das Gute. Im Bild auf der Glocke ist er als Sieger über den Dämon zu sehen.

e) der Franziskusglocke:

LIBERA SANCTE FRANCISCE DEFUNCTOS A MORTE AETERNA:

Bewahre, heiliger Franziskus, die Toten vor dem ewigen Tode.

Die Franziskusglocke, benannt nach dem Heiligen Franz von Assisi, dessen Bild sie auch trägt, ist die tiefste Glocke. Sie ist die Totenglocke. Ihr wurde der deutsche Text der letzten Strophe des Sonnengesangs mitgegeben:

Gepriesen seist du, mein Herr,

für unseren Bruder, den leiblichen Tod,

dem kein lebender Mensch entrinnen mag!

Wehe denen, die sterben in Todessünden!

Selig, die ruhen in deinem heiligsten Willen,

denn ihnen tut der zweite T O D kein Übel!

Abb. 129: Die Glocken im Kirchenraum der Gabrielkirche **vor ihrer Einweihung** im Jahre 1957.

Die Glocken der Gabrielkirche wurden 1957 beim niedrigsten Stand der Preise von Kupfer und Zinn bestellt. Der Kilopreis für Bronze hatte mit 3,70 DM einen nie da gewesenen Tiefstand erreicht. Fast 6.000 Kilogramm Bronze wurden für die Glocken verarbeitet. Der Gesamtpreis betrug inklusive des Arbeitslohns nur 30.000,- DM. Die gesamte Summe, zuzüglich der Kosten für den Glockenstuhl und die elektrische Regelung des Geläuts, wurde von der Gemeinde aufgebracht. Der Wunsch, zu Weihnachten 1957, 45 Jahre nach der Einweihung der Kirche, endlich ein eigenes Geläut zu besitzen, war in der Gemeinde sehr lebendig.[189]

Am 8. Dezember 1957 wurden die Glocken von Abt Albert Ohlmeyer aus Heidelberg geweiht. Es muss ein doppeltes Freudenfest für die Gemeinde gewesen sein, als die neuen Glocken das Weihnachtsfest 1957 in St. Gabriel einläuteten!

DIE ORGEL — KÖNIGIN DER INSTRUMENTE

Der Atem des Gotteslobes

Eine Orgel gibt es in nahezu jeder Kirche. Sie ist das klassische Musikinstrument einer Kirche und ein gewaltiges noch dazu. Sie ist das größte Instrument, das von einer einzelnen Person gespielt werden kann. Das Klangvolumen einer Orgel kann von keinem anderen Instrument erreicht werden. Eine Orgel ist schon ein kleines Orchester in sich. Der Zusammenklang von Hunderten oder gar Tausenden klingenden Orgelpfeifen erzeugt einen unvergleichlichen musikalischen Hörgenuss. Schon jede einzelne Pfeife ist ein differenziert klingendes Instrument für sich. Ob wir klassische Orgelmusik hören oder ein modernes Werk: Der Klang der Orgel faszinierte die Menschen Jahrhunderte vor unserer Zeit und fasziniert uns heute immer noch. Es ist verständlich, dass die Orgel den Namen »Königin der Musikinstrumente« bekommen hat.

Und so funktioniert eine Orgel: Verdichtete Luft für die Pfeifen wird durch Druck auf die Tasten der Manuale oder des Pedals freigegeben. Der Luftstrom bringt die Pfeife zum Klingen. Hebel, Winkel, Leisten, Druckluft oder Elektronik leiten den Tastendruck weiter. Je nach Größe einer Orgel gibt es am Spieltisch mehrere übereinanderliegende Tastenreihen. Eine Orgel besteht aus vielen Pfeifen, die entweder aus Holz oder aus Metall gefertigt sind. Die Bauart der Pfeifen entscheidet über den Charakter des Instruments. Je nachdem, welches Material verwendet wird, entstehen zum Beispiel Violin-, Flöten- oder Trompetenklänge. Lange Pfeifen bringen tiefe Töne, kurze Pfeifen hohe Töne hervor. Der Ton entsteht durch Brechung des Luftstroms (wie bei einer Flöte) oder durch ein im Luftstrom schwingendes Blatt (wie bei einer Oboe). Die Orgelpfeifen sind nach Registern geordnet, in denen die Pfeifen nach ihrer Bauart zusammengestellt sind. Am Spieltisch können die Register einzeln gespielt oder auch miteinander kombiniert werden — je nachdem, welcher Klang und welche Lautstärke erreicht werden sollen. Im Zusammenspiel der Register entfaltet sich die volle Klangfarbe des Instruments. Das Klangspektrum einer Orgel hängt von ihrer Disposition ab.

Es liegt auf der Hand, dass die Orgel das »richtige« Instrument für eine Kirche ist. Sie reicht aus, um den Gesang von Hunderten von Menschen zu begleiten. Damit ist die Hauptfunktion einer Kirchenorgel benannt: Sie soll die singende Gemeinde musikalisch führen, unterstützen, begleiten. Darüber hinaus aber hat sie unter den Ausstattungsgegenständen einer Kirche noch einen besonderen Wert. Man sagt von der Musik, dass sie Himmel und Erde miteinander verbinden könne. Für eine Orgel stimmt dieser Gedanke in besonderer Weise, »weil sie Metall und Holz mit ›Wind‹ verbindet und dadurch mit Leben erfüllt. Wenn beim Orgelspiel der ›Erde‹ ›Lebensodem eingeblasen‹ wird, dann vollzieht sich symbolisch der Schöpfungsakt von Genesis 2 neu.«[190] Im zweiten Kapitel des Buches Genesis heißt es:

»Da formte Gott, der Herr, den Menschen aus Erde vom Ackerboden und blies in seine Nase den Lebensatem. So wurde der Mensch zu einem lebendigen Wesen.« (Gen 2,7) Gott sorgt für das Leben. Aus Erde formt er den Menschen und bläst ihm seinen Lebensatem ein. Atem und Wind sind auch Symbole für den Geist Gottes. Der Geist Gottes schwebt beim Schöpfungsakt über den Wassern. Seit der Geist uns Menschen beseelt, treibt er uns zum Handeln in Gottes Sinne an. Die Orgel »vereint (…) Atem und Erde — Gott und Welt«[191]. Im Singen der Lieder im Gottesdienst beteiligt sich die Gemeinde an dieser Vereinigung und erlebt sie mit. Wer einem Orgelzwischenspiel oder einem Orgelkonzert lauscht, lässt sich mit den Klängen in eine andere Welt entführen. Das Spiel des Instruments hat etwas Wunderbares, Geheimnisvolles, Metaphysisches, Sakrales. Es öffnet die Herzen der Menschen für die Begegnung mit dem Göttlichen und der himmlischen Welt. In der Regel ist eine Orgel auf einer Empore angebracht. Wenn die singende oder zuhörende Gemeinde sich dem Klang der Orgel zuwendet, richten sich Gehör und Empfinden in die Höhe, himmelwärts. Körper und Geist stellen sich auf eine Begegnung zwischen Himmel und Erde ein. Die Orgel ist aber nicht nur ein Mittel, um die Menschen für das Himmlische zu öffnen; mit ihrer Vielfalt und Vielzahl an Pfeifen symbolisiert sie selbst die Vielfalt und Vielzahl der Menschen, die sie musikalisch begleitet. Sie vereinigt sich mit der Gemeinde zum musikalischen Vielklang in Harmonie. Der Gesang im Gottesdienst ist viel ausdrucksstärker, wenn er von der Orgelmusik getragen wird. Das Singen hat wichtige Funktionen. Es kommen im Ablauf des Gottesdienstes ganz unterschiedliche Gesänge vor. Sie laden zum Miteinander und zum Gotteslob ein, sie drücken die Empfindungen des Menschen aus, sie geben Antwort auf Gottes Wort, sie sind Ausdruck des Vertrauens und Ringens, des Dankens und des Bittens. Sie sind Gebet und Segenswunsch, sie sind Wort Gottes. Gemeinsam gesungenes Lied ist gemeinsam getragenes Gebet. Die Orgel stützt und trägt das gesungene Gebet. Sie erlaubt auch weniger talentierten Sängerinnen und Sängern, kräftig mitzusingen!

Die Orgel in der Gabrielkirche

Die Orgel in der Gabrielkirche ist eine verhältnismäßig kleine Orgel. Sie hat nunmehr 20 Register, nachdem sie im Laufe der Zeit immer wieder erweitert wurde. Von Anfang an besaß die Gabrielkirche eine Orgel. Als nach der Errichtung des Turmanbaus im Jahre 1937 die neue Orgelempore im Turm fertig war, errichtete man dort eine 16-Register-Orgel. Im Kriegsjahr 1942 allerdings wurde diese Orgel bei dem Luftangriff in der Nacht vom 23. auf den 24. Juli so schwer beschädigt, dass sie nicht wieder richtig hergestellt werden konnte. Das Rosettenfenster wurde eingedrückt, Teile des Maßwerks fielen auf die Orgel und machten sie unbrauchbar.[192] Die Orgel wurde im Jahre 1951 durch eine neue Orgel der Firma Romanus Seifert aus Kevelaer ersetzt. Sie hatte damals 13 Register, vier im ersten Manual, fünf im zweiten und vier im Pedal. Kirchenmusiker war zu dieser Zeit Heinz Leroch. Er überlegte zusammen mit der Orgelbaufirma die Disposition der Orgel. Das Instrument wurde zunächst nicht auf der Turmempore, sondern auf der kleinen Empore im rechten Teil des Chorraums installiert.[193] Diese Idee aber entpuppte sich als Irrweg. Die kleine Chorraumempore bot keinen Platz für den beständig größer werdenden Kirchenchor. Ein befriedigendes Zusammenwirken von Chor und Orgel war nicht möglich. Anfang der 1980er Jahre überlegte man, die Orgel aus dem Chorraum auf die Turmempore zu versetzen, da-

Abb. 130: Die **Orge**l unter dem Rosettenfenster.

hin, wo eine Orgel ursprünglich vorgesehen war und wo die vorige Orgel auch stand. 1983 wurde dieses Vorhaben in die Tat umgesetzt. Seitdem hat die Orgel ihren Ort unter dem Rosettenfenster mit den zwölf musizierenden Engeln. Sie bekam 1983 ein neues (Voll-) Gehäuse, gearbeitet von Schreinermeister Matthias Michels, und weitere Register.[194] Das Gehäuse, das man Prospekt nennt, dient auch als Blickfang für die Orgelpfeifen, die teilweise zu sehen sind. Im September desselben Jahres wurde die neu gearbeitete Orgel feierlich eingeweiht. Die letzte Orgelerweiterung erfolgte 1996, als zu den bis dahin vorhandenen 16 Registern noch einmal vier Register im ersten Manual dazukamen. Seitdem besitzt die Orgel 20 Register.

Die heutige Disposition ist wie folgt:

I. MANUAL	C–g'''
1. Praestant	8'
2. Lieblich Gedackt	8'
3. Principal	4'
4. Traversflöte	4'
5. Quinte	2 2/3'
6. Octave	2'
7. Terz	1 3/5'
8. Mixtur 3–4fach	1 1/3'
9. Trompete	8'

II. MANUAL	C–g'''
10. Rohrgedackt	8'
11. Weidenpfeife	8'
12. Blockflöte	4'
13. Progressio	2–4fach
14. Waldflöte	2'
(vorher: Quintcymbel	*2fach)*
15. Schalmei	8'
Tremolo	

PEDAL	C–f'
16. Subbass	16'
17. Gedacktbass	8'
18. Pommer	4'
19. Nachthorn	2'
20. Fagott	16'
(vorher: Trichterdulcian	*16')*[195]

(Zur Erklärung: 8' ist eine Maßeinheit und bedeutet: 8 Fuß. Ein Register wird mit den Maßen der größten Pfeife angegeben. Im Register Praestant zum Beispiel ist die größte Pfeife 8 Fuß groß.)

Die Orgel verfügte vor der Erweiterung 1996 über 1.092 Pfeifen aus Zinnlegierung, Mahagoni und Fichte. Heute dürfte sie ungefähr 1.350 Pfeifen haben. Zwei im Jahre 2005 vorgenommene Dispositionsänderungen (Fagott 16' statt Trichterdulcian im Pedal und Waldflöte 2' statt Quintcymbel im II. Manual) geben dem Instrument seitdem mehr Fundament und Farbigkeit, vor allem im Hinblick auf liturgisch verwendbare Soloregistrierungen. Die beiden ausgetauschten Register verfügen über je 56 Pfeifen aus Zinn-Blei-Legierung.[196]

Die Orgel hat ein elektrisches Gebläse, die Windladen sind Kegelladen. Spieltraktur und Registertraktur sind ebenfalls elektrisch.[197] Der Spieltisch ist frei stehend und bei Bedarf beweglich. Die gesamte Orgelanlage fügt sich recht gut in die Kirche und unter das Rosettenfenster ein. Der Kirchenmusik in St. Gabriel steht nach der Ende des Jahres 2005 durchgeführten Generalreinigung, Nachintonation und Nachstimmung wieder ein klangschönes Instrument zur Verfügung.

Die Orgel der Gabrielkirche reicht aus, um den Gemeindegesang und die Chormusik würdig zu begleiten und die Kirche mit einem guten Klang zu füllen. Zu bemerken ist allerdings: Sie reicht wohl nur deshalb aus, weil die Kirche eine erstaunliche Akustik hat. Der hohe, überwölbte Raum lässt einen Klang-Nachhall von vier bis fünf Sekunden entstehen. Im Mittelalter wie auch in den — mittelalterlichen Kirchen nachempfundenen — Kirchengebäuden des Historismus galt der Nachhall als Ausdruck der Erhabenheit und Würde eines Raumes. Der Klang hat Zeit, sich in der Kirche zu entfalten und sich im Raum zu verteilen. Sie können ihn in der Gabrielkirche selbst erfahren, wenn Sie im Kirchenraum Töne von sich geben. Lauschen Sie dem Klang Ihrer Töne und deren Verhallen — Sie werden es als Wohlgefühl empfinden, zu hören und zu erleben, wie Ihr eigener Klang sich mit dem Kirchenraum verbindet! Der Raumklang in der Gabrielkirche ist hervorragend und steht dem Klang in ihrem großen gotischen Vorbild, der Liebfrauenkirche in Oberwesel am Mittelrhein, in nichts nach. Besäße der Kirchenraum nicht dieses Klangvermögen, müsste die Orgel um gute 20 Register größer sein, wie der langjährige Kirchenmusiker der Gabrielkirche, Ludger Freimuth, einmal sagte. Beim gesprochenen Wort im Gottesdienst kann der Hall manchmal allerdings auch als störend empfunden werden.

Die Königin der Instrumente entfaltet ihre Möglichkeiten im Zusammenspiel mit dem Kirchenraum und den Menschen in ihm. So können Musik und Gesang zum Gotteslob im Raum klingen und nachklingen. Sie sind Ausdruck der Verbundenheit zwischen Mensch und Gott.

Abb. 131: Pfeifen im **Orgelprospekt**.

»HALLELUJA!

Lobet Gott in seinem Heiligtum,

lobt ihn in seiner mächtigen Feste!

Lobt ihn für seine großen Taten,

lobt ihn in seiner gewaltigen Größe!

Lobt ihn mit dem Schall der Hörner,

lobt ihn mit Harfe und Zither!

Lobt ihn mit Pauken und Tanz,

lobt ihn mit Flöten und Saitenspiel!

Lobt ihn mit hellen Zimbeln,

lobt ihn mit klingenden Zimbeln!

Alles, was atmet,

lobe den Herrn!

Halleluja!«

(Psalm 150)

ANMERKUNGEN UND LITERATUR

Anmerkungen

1 Chronik St. Gabriel, Auszüge S. 3–11. Orthografie und Interpunktion dieser Textauszüge sind dem heutigen Sprachgebrauch gemäß den Empfehlungen des DUDEN angepasst.

2 Vgl. zu den hier knapp zusammengefassten geschichtlichen Ausführungen: von Roden: Geschichte Duisburg Bd. 1, S. 117ff.

3 Vgl. ebd., S. 121.

4 Vgl. ebd., S. 256.

5 Vgl. ebd., S. 72.

6 Vgl. von Roden: Geschichte Duisburg Bd. 2, S. 569f.

7 Vgl. ebd., S. 81.

8 Vgl. Chronik St. Gabriel, S. 14.

9 Vgl. Festschrift von 1912, erste Innenseite.

10 Das Foto stammt aus Privatbesitz.

11 Fotorechte unbekannt.

12 Vgl. Dehio: Handbuch Kunstdenkmäler, S. 265. Vgl. auch die Skizze zur Lage der Gabrielkirche (vgl. Abb. 7 a.a.O. in diesem Buch). Zur Einschornsteinsiedlung gehören u.a. die Häuser an der Uthmannstraße, der Richard-Dehmel-Straße und der Richard-Wagner-Straße.

13 Vgl. Festschrift von 1912, S. 24; Chronik St. Gabriel, S. 16f.

14 Vgl. Schwarz: Liebesbriefe an die Liebfrauenkirche, S. 9.

15 Vgl. Festschrift von 1912, S. 21.

16 Vgl. Chronik St. Gabriel, S. 164f; Heft St. Gabriel grüßt 20, Innenseite.

17 Vgl. Dufner: Kirchen verstehen, S. 14f.

18 Vgl. Binding: Formenlehre, S. 121ff.

19 Vgl. zur Bauweise eines Kreuzrippengewölbes auch http://kunst.gymszbad.de/architektur/archgotik/grundlagen/gewoelbe.htm.

20 Vgl. Art. *Pfeiler*, in: Lexikon der Kunst Bd. 9, S. 137.

21 Vgl. Art. *Pfeilerbasilika*, in: ebd., S. 137.

22 Rupp u.a.: Handbuch Kirchenpädagogik, S. 73.

23 Vgl. Beyer: Geheiligte Räume, S. 58.

24 Vgl. hierzu das Kapitel über die Apostelleuchter a.a.O. in diesem Buch.

25 Oberthür, Rainer/Burrichter, Rita: Die Bibel für Kinder und alle im Haus, S. 20.

26 Für weitere Informationen zum Künstler und zu seinen Werken vgl. http://www.atelierstratmann.de.

27 Vgl. Berg: Urgeschichte, S. 66.

28 Vgl. zur Symbolik der Farben: Riedel: Farben, S. 48–58.

29 Vgl. http://www.seilnacht.tuttlingen.com/Lexikon/FBlau.html, 12.8.09.

30 Deselaers, Paul: Lebensweisheit aus der Bibel, S. 25.

31 Ebd., S. 20. Vgl. zur inhaltlichen Auslegung über das Fenster in der Arche auch ebd., S. 17–20.

32 Vgl. Berg: Urgeschichte, S. 65.

33 Vgl. zum Symbol Taube http://www.beyars.com/kunstlexikon/lexikon_8834.html, 12.8.09.

34 Vgl. Art. *Schildkröte*, in: Becker: Symbole, S. 256.

35 Für die Kirchenväter war die Schildkröte als ein im Sumpf lebendes Kriechtier zunächst negativ

besetzt. Da man aber im Altertum aus ihrer Schale ein wohlklingendes Musikinstrument herstellte, die Leier, kam es zur Symbolik der Verwandlung. Vgl. ebd.

36 Riedel: Farben, S. 180.

37 Ebd.

38 Vgl. Stuttgarter Neues Testament, S. 484.

39 Schick: Apokalypse, S. 155.

40 Vgl. ebd., S. 157.

41 Vgl. Adam: Grundriss Liturgie, S. 171.

42 Vgl. ebd.

43 Vgl. die Ausführungen zur Taufe a.a.O. in diesem Buch.

44 Das Bild von Annegert Fuchshuber ist zu finden in: Laubi/Fuchshuber: Kinder Bibel, S. 237.

45 Vgl. Bentcher/Haustein-Bartsch: Muttergottesikonen, S. 146.

46 Vgl. http://www.redemptoristen.org/index.php?site=64, 11.8.09.

47 Vgl. http://www.redemptoristen.com/index.php?id=355. Zu sehen ist die Ikone aus Sant' Alfonso.

48 Vgl. Bentcher/Haustein-Bartsch: Muttergottesikonen, S. 146.

49 Art. *Ikone*, in: Lexikon der Kunst Bd. 6, S. 123.

50 Ebd., S. 119ff.

51 Vgl. http://www.seilnacht.tuttlingen.com/Lexikon/FBlau.html, 11.8.09.

52 Art. *Lichtsymbolik*, in: Sachs u.a. : Christliche Ikonographie, S. 236.

53 Vgl. Art. *Vesperbild*, in: ebd., S. 347.

54 Vgl. Art. *Nazarener*, in: Lexikon der Kunst Bd. 8, S. 305f.

55 Vgl. Art. *Freuden und Schmerzen Mariens*, in: Sachs u.a.: Christliche Ikonographie, S. 136.

56 Vgl. Art. *Maria*, in: ebd., S. 246.

57 Vgl. Art. *Mondsichelmadonna*, in: ebd., S. 256.

58 Vgl. Kirchenführer St. Colman. S. 7.

59 Binding: Formenlehre, S. 81.

60 Vgl. ebd., S. 81ff.

61 Vgl. ebd., S. 86.

62 Vgl. Bieger u.a.: Kirchenkompass, S. 74.

63 Vgl. www.das-bild-im-mittelalter.de/m3.1.html, 3.5.09.

64 Vgl. Jansen-Winkeln: Künstler zwischen den Zeiten, S. 7.

65 Vgl. ebd., S. 11.

66 Vgl. ebd., S. 39. Die hier aufgeführten Informationen zur Biografie von Trude Dinnendahl-Benning sind ausschließlich dem genannten Buch entnommen.

67 Vgl. Art. *Vogel*, in: Becker: Lexikon der Symbole, S. 320.

68 Vgl. Riedel: Farben, S. 138.

69 Vgl. ebd., S. 139.

70 http://www.heiligenlexikon.de/BiographienS/Sebastian.htm, 25.5.09.

71 De Voragine: Legenda aurea, S. 61.

72 Vgl. Vorgrimler u.a.: Engel, S. 95.

73 Vgl. Art. *Erzengel*, in: Sachs u.a.: Christliche Ikonographie, S. 119.

74 Vgl. Art. *Rauchopfer*, in: Stuttgarter Neues Testament, S. 555.

75 Vgl. Stuttgarter Neues Testament, S. 110.

76 Vgl. Art. *Sieben*, in: Becker: Lexikon der Symbole, S. 272.

77 Vgl. hierzu die Gedanken zur Farbsymbolik im Zusammenhang mit der Ausmalung der Taufkapelle a.a.O. in diesem Buch.

78 Vgl. Stuttgarter Neues Testament, S. 111.

79 Fendrich: Glauben. Und Sehen, S. 63.

80 Vgl. hierzu die Deutung der Farbe Blau im Zusammenhang mit der Ausmalung der Taufkapelle a.a.O. in diesem Buch.

81 Vgl. hierzu auch die Betrachtungen zum Chorraum a.a.O. in diesem Buch.

82 Vgl. Adam: Gottes Volk, S. 104.

83 Sacrosanctum Concilium, Abschnitt 48.

84 Ebd., Abschnitt 8.

85 Vgl. Rupp u.a.: Handbuch Kirchenpädagogik, S. 164.

86 Vgl. Goecke-Seischab/Ohlemacher: Kirchenbaukunst, S. 25. Auch a.a.O. im vorliegenden Buch wurde die Symbolik der Farben im Zusammenhang mit der Religion schon angesprochen.

87 Museum St. Wendel: Retrospektive, S. 5.

88 Vgl. http://www.kuenstlerlexikonsaar.de/artikel/-/oliberius-heinz/315/, 3.8.09.

89 Vgl. Adam: Gottes Volk, S. 93.

90 Ebd.

91 Vgl. die Nachbetrachtung zum Kreuzweg a.a.O. in diesem Buch.

92 Vgl. Lätzel: Gott begegnen, S. 120.

93 Vgl. Scholl: Themen des christlichen Glaubens, S. 268.

94 Lumen Gentium, Abschnitt 11.

95 Vgl. Adam: Gottes Volk, S. 96.

96 Vgl. Angenendt: Heilige und Reliquien, S. 154.

97 Ebd., S. 155.

98 Bieger u.a.: Kirchenkompass, S. 73.

99 Vgl. http://www.heiligenlexikon.de/BiographienT/Theodulus_von_Kreta.html, 13.8.09.

100 Vgl. Art. *Stier*, in: Becker: Symbole, S. 292.

101 Vgl. zum Opfergedanken auch die Nachbetrachtung zum Kreuzweg a.a.O. in diesem Buch.

102 Vgl. Adam: Gottes Volk, S. 118.

103 Vgl. ebd., S. 121.

104 Vgl. die Betrachtungen zum Altar a.a.O. in diesem Buch.

105 Vgl. Stuttgarter Altes Testament, S. 138.

106 Vgl. Adam: Gottes Volk, S. 109; Emminghaus: Texte II, S. 66.

107 Vgl. Emminghaus: Texte II, S. 67f.

108 Vgl. Adam: Gottes Volk, S. 111ff.

109 Vgl. ebd., S. 114f.

110 Art. *Stern*, in: Becker: Lexikon der Symbole, S. 289.

111 De Saint-Exupéry: Der kleine Prinz, S. 116.

112 Refraintext des Liedes »Kommt und seht« von Gregor Linßen. Alle Rechte: EDITION GL, http://www.edition-gl.de.

113 Vgl. hierzu die Betrachtungen zum Bild »Maria von der Immerwährenden Hilfe« a.a.O. in diesem Buch.

114 Vgl. Stuttgarter Neues Testament, S. 223.

115 In 1 Kor 15,20 heißt es: »Nun aber ist Christus von den Toten auferweckt worden als der Erste der Entschlafenen.« Im griechischen Originaltext heißt es nicht: »der Erste«, sondern, deutlicher, »die Erstlingsfrucht«.

116 Vgl. hierzu die Betrachtungen zum Triumphkreuz a.a.O. in diesem Buch.

117 Vgl. die traditionellen Pfingstikonen der Ostkirche, zum Beispiel »Die Ausgießung des Heiligen Geistes« aus der 2. Hälfte des 17. Jahrhunderts, im Ikonen-Museum Recklinghausen (Taf. 0468).

Vgl. auch: Fendrich: Kein Peter ohne Paul, S. 16f.

118 Vgl. Fendrich: Kein Peter ohne Paul, S. 16f.

119 Ebd.

120 In: Rupp u.a.: Handbuch Kirchenpädagogik, S. 74.

121 Vgl. http://www.heiligenlexikon.de/Legenda_Aurea/Legenda_Aurea.htm, 11.11.09.

122 Vgl. de Voragine: Legenda aurea, S. 230f.

123 Vgl. Stuttgarter Neues Testament, S. 44.

124 Vgl. Art. *Schlüsselübergabe an Petrus*, in: Sachs u.a.: Christliche Ikonographie, S. 297.

125 Sehr bekannt ist die Legende von Petrus, der aus Rom fliehen will, weil er plötzlich Angst vor seiner Aufgabe bekommt. Auf der Flucht begegnet ihm Jesus. Petrus fragt Jesus: Quo vadis, Domine — Wohin gehst du, Herr? Jesus antwortet ihm: Ich gehe nach Rom, um mich ein zweites Mal kreuzigen zu lassen. Petrus versteht, dass er nicht fliehen darf und kehrt zurück nach Rom. Schließlich wird er in Rom umgebracht, weil er an seinem Glauben festhält. Erzählungen nach wird er mit dem Kopf nach unten gekreuzigt. (Vgl. De Voragine: Legenda aurea, S. 155f.)

126 De Voragine: Legenda aurea, S. 160f.

127 Ebd., S. 42f.

128 Vgl. http://www.bautz.de/bbkl/m/matthaeus_e.shtml, 7.8.09.

129 Vgl. http://www.heiligenlexikon.de/BiographienM/Matthias.htm, 7.8.09.

130 Vgl. http://www.bautz.de/bbkl/s/simon_d_z.shtml, 7.8.09. Was das Martyrium des Apostels Matthäus betrifft, wird erzählt: »Nach den Messfeierlichkeiten [in der Predigt der Messe soll Matthäus vor vielen Zeugen gegen den Ehebruch und damit gegen die Absicht des Königs, eine Nonne zu ehelichen, gepredigt haben — Anm. d. Verf.] schickte der König [gemeint ist der äthiopische König Hirtakus — Anm. d. Verf.] einen Henker in die Kirche, der Matthäus rücklings mit einem Schwerthieb tötete, als dieser neben dem Altar und mit ausgestreckten Armen zum Himmel betete.«

131 Vgl. die Erzählung zum Apostel Thaddäus a.a.O. in diesem Buch.

132 Dienst am Wort und Dienst am Tisch werden in der Apostelgeschichte mit dem griechischen Wort ›diakonia‹ bezeichnet. Später, noch in der Zeit des Lukas, wurden nur diejenigen mit ›Diakon‹ bezeichnet, die den Dienst am Tisch ausübten. Vgl. Stuttgarter Neues Testament, S. 240.

133 Vgl. http://www.bautz.de/bbkl/p/Philippus_d.shtml, 7.8.09. Die Legenda aurea erzählt folgende Geschichte von der Missionarstätigkeit des Philippus: »Nachdem der Apostel Philippus zwanzig Jahre lang in ganz Skythien gepredigt hatte, nahmen Heiden ihn gefangen und zwangen ihn, einer Statue des Gottes Mars zu opfern. Während der Priester des Altarfeuers nun anfing, das Opfer zu praktizieren, kam plötzlich ein großer Drache unter dem Statuensockel hervor, tötete den Sohn dieses Priesters sowie zwei Tribunen, deren Diener den gefesselten Philippus festhielten, und vergiftete die übrigen Anwesenden mit seinem widerlichen Pesthauch, sodass alle krank wurden. Philippus ergriff das Wort: ›Glaubt meiner frohen Botschaft, macht dieses Abbild da zunichte und betet stattdessen das Kreuz des Herrn an! Dann werden eure Kranken geheilt und die Toten auferweckt.‹ Und die Leute riefen unter Qualen: ›Lass uns nur wieder gesund werden, dann werden wir dieses Götzenbild sofort zerstören!‹ Da gebot Philippus dem Drachen, an einen menschenleeren Ort zu ziehen, wo er niemandem irgendeinen Schaden zufügen könne. Und dieser lief sofort davon und wurde nie mehr gesichtet. Anschließend heilte Philippus alle Erkrankten, für die drei Toten aber konnte er durch seine Gebete das Gnadengeschenk des Lebens gewinnen. Da die Leute nun allesamt zum Glauben gefunden hatten, predigte er noch ein Jahr lang bei ihnen und setzte Priester und Diakone ein.« (De Voragine: Legenda aurea, S. 129.)

134 http://www.bautz.de/bbkl/j/Jakobus_d_j_a.shtml, 7.8.09.

135 Vgl. http://www.heiligenlexikon.de/BiographienJ/Jakobus_der_Juengere.htm, 7.8.09.

136 De Voragine: Legenda aurea, S. 133f.

137 Vgl. http://www.bautz.de/bbkl/t/thaddaeus.shtml, 7.8.09.

138 Vgl. http://www.bautz.de/bbkl/j/Judas_tha.shtml, 7.8.09.

139 Vgl. http://www.heiligenlexikon.de/BiographienJ/Judas_Thaddaeus.html, 7.8.09.

140 Ebd.

141 Vgl. http://www.heiligenlexikon.de/BiographienA/Andreas.htm, 27.12.09.

142 De Voragine: Legenda aurea, S. 18f.

143 Vgl. Art. *Jakobus d. Ä.,* in: Sachs u.a: Christliche Ikonographie, S. 189. Eine Legende berichtet »von der Einkehr eines Ehepaars auf Pilgerfahrt zusammen mit ihrem Sohn in einem Wirtshaus; weil dieser Sohn die ihm angetragene Tochter des Wirtes nicht zur Frau nehmen wollte, steckte der Wirt — oder die Tochter selbst — ihm heimlich einen Silberbecher in den Rucksack, damit er für den angeblichen Diebstahl gehenkt werde — aber Jakobus hielt den schon am Strick Hängenden fest; die Eltern kamen an die Richtstätte und fanden den Sohn noch lebend; der Sohn wurde vom Galgen genommen. Vor dem ob solch eines Wunders ungläubigen Richter flog das Brathuhn vom Teller als Beweis, dass Tote tatsächlich lebendig werden können; der betrügerische Wirt wurde nun statt seiner gehenkt.« (http://www.heiligenlexikon.de/BiographienJ/Jakobus_der_Aeltere_der_Grosse.htm), 7.8.09.)

144 Vgl. Art. *Bartholomäus,* in: Sachs u.a.: Christliche Ikonographie, S. 52.

145 Vgl. http://www.bautz.de/bbkl/b/bartholomaeus_a.shtml, 7.8.09.

146 http://www.heiligenlexikon.de/BiographienB/Bartholomaeus.htm, 7.8.09.

147 Vgl. http://www.heiligenlexikon.de/BiographienT/Thomas.html, 7.8.09.

148 In: Schneider: Elisabeth, S. 70.

149 Libellus 1955, 2011–2022, 1755ff.

150 Vgl. Reber: Elisabeth, S. 156f.

151 Zimmermann/Bieger: Elisabeth, S. 27.

152 Reber: Elisabeth, S. 148.

153 Vgl. ebd., S. 52.

154 Vgl. Zimmermann/Bieger: Elisabeth, S. 40.

155 Libellus 1020–1069. Elisabeths Gefährtin und Hofdame Isentrud überliefert diese Vision, die Elisabeth während einer Eucharistiefeier zuteilwird, als sie nach der Wandlung die emporgehaltene Hostie anschaut. Vgl. Reber: Elisabeth, S. 122.

156 Vgl. Reber: Elisabeth, S. 123.

157 Vgl. ebd., S. 81.

158 Vgl. Libellus 420f, 612f, 425f, 909–913.

159 Vgl. Boff: Franz von Assisi, S. 35.

160 Nach einem Bericht von Thomas von Celano, dem Gefährten des Franziskus, in: Hardick/Grau (Hrsg): Schriften, S. 72.

161 Boff: Franz von Assisi, S. 46.

162 Vgl. ebd., S. 38.

163 Vgl. ebd., S. 61.

164 Vgl. ebd., S. 68.

165 Kuster: Franziskus, S. 119.

166 In: Hardick/Grau: Schriften, S. 140f.

167 In: ebd., S. 72.

168 Vgl. zur Biografie von Heinz Oliberius die Ausarbeitungen im Zusammenhang mit der Chorraumgestaltung der Gabrielkirche a.a.O. in diesem Buch; http://www.kuenstlerlexikonsaar.de/465.html.

169 Vgl. Museum St. Wendel: Retrospektive, S. 8.

170 Vgl. Stuttgarter Neues Testament, S. 105.

171 Vgl. Art. *Veronika*, in: Sachs u.a.: Christliche Ikonographie, S. 345.

172 Vgl. Art. *Drei,* in Becker: Lexikon der Symbole, S. 60.

173 Vgl. Stuttgarter Neues Testament, S. 223.

174 Vgl. ebd., S. 224.

175 Vgl. Art. *Symbole*, in: Becker: Lexikon der Symbole, S. 174f. Hier finden sich noch weitere symbolprägende Eigenschaften des Löwen.

176 Vgl. Art. *Kreuz*, in: Lexikon der Kunst Bd. 7, S. 120.

177 Vgl. Art. *Kreuz*, in: Sachs u.a.: Christliche Ikonographie, S. 213.

178 Vgl. Art. *Triumphkreuz*, in: Lexikon der Kunst Bd. 12, S. 23.

179 Vgl. Fendrich: Glauben. Und Sehen, S. 81.

180 Vgl. zur Einordnung des Kreuzes in den Kirchenraum die Ausführungen zum Tabernakel und hier besonders die zusammenfassenden Gedanken zu Tabernakel und Chorraumkonzeption a.a.O. in diesem Buch.

181 Vgl. Art. *Vier*, in: Becker: Lexikon der Symbole, S. 329.

182 Hochdörffer Stiftung: Heinz Oliberius, ohne Seitenangabe.

183 Aus: Schiller: Das Lied von der Glocke, in: ders.: Balladen, S. 60f.

184 Vgl. Rupp u.a.: Handbuch Kirchenpädagogik, S. 113.

185 Vgl. ebd., S. 109f.

186 Vgl. Chronik St. Ludgerus, S. 111.

187 Vgl. die Ausführungen in dem nach Prüfung der Glocken erstellten Gutachten von Domkapellmeister Prof. Dr. Joseph Hafner vom 6.12.1957, in: Chronik St. Gabriel, S. 124.

188 Zitat des damaligen Pfarrers Burdewick, in: St. Gabriel grüßt 20, Juli 1974, Innenseite.

189 Vgl. Chronik St. Gabriel, S. 123–128. Vgl. auch weiteres Archivmaterial zu den Glocken der Gabrielkirche, das sich im Archiv der Pfarrei Liebfrauen, Duisburg, befindet.

190 Rupp u.a.: Handbuch Kirchenpädagogik, S. 121.

191 Ebd.

192 Vgl. Chronik St. Gabriel, S. 73. Zum Gedenken an die Kriegszerstörungen liegt heute ein Teil des damals zerstörten Fenstermaßwerks als Gedenkstein an der nördlichen Außenwand der Kirche, wo sich das Denkmal für Frieden und Versöhnung befindet.

193 Vgl. Chronik St. Gabriel, S. 111.

194 Vgl. Festschrift 75 Jahre St. Gabriel, Kapitel »Die Orgel der Kirche«, ohne Seitenangabe.

195 Nach Informationen der Orgelbaufirma Seifert in Kevelaer.

196 Vgl. ebd. Vgl. auch Archivmaterial zur Orgel der Gabrielkirche sowie ein Gutachten des Orgelsachverständigen und Regionalkantors Werner Schepp aus Mülheim-Ruhr aus dem Jahre 2005. Das Gutachten sowie noch erhaltene Korrespondenzen bezüglich des Orgelbaus befinden sich im Archiv der Pfarrei Liebfrauen, Duisburg.

197 Vgl. ebd.

Literatur

Textausgaben und kommentierte Textausgaben

Die Bibel. Einheitsübersetzung der Heiligen Schrift. Altes und Neues Testament. Herausgegeben im Auftrag der Bischöfe Deutschlands, Österreichs, der Schweiz u.a., Stuttgart 1980.

Die Bibel für Kinder und alle im Haus. Erzählt und erschlossen von Rainer Oberthür. Mit Bildern der Kunst, ausgewählt und gedeutet von Rita Burrichter, München 2004. *(Kurztitel: Die Bibel für Kinder und alle im Haus)*

Lumen Gentium. Dogmatische Konstitution des Zweiten Vatikanischen Konzils über die Kirche vom 21. November 1964, zitiert nach LThK², Ergänzungsbände 1–3 (1966–68). *(Kurztitel: Lumen Gentium)*

Sacrosanctum Concilium. Konstitution des Zweiten Vatikanischen Konzils über die heilige Liturgie vom 4.12.1963, zitiert nach LThK², Ergänzungsbände 1–3 (1966–68). *(Kurztitel: Sacrosanctum Concilium)*

Chronik der Pfarrei St. Gabriel. Handgeschriebene, fortlaufende Originalausgabe, Duisburg ab 1912. *(Kurztitel: Chronik St. Gabriel)*

Chronik der Pfarrei St. Ludgerus. Handgeschriebene, fortlaufende Ausgabe, Nachschrift und Weiterführung des Originals ab 1850, Duisburg ab 1960. *(Kurztitel: Chronik St. Ludgerus)*

Friedrich von Schiller: Balladen, Dramen (Klassiker der Weltliteratur), Sonderausgabe für Trautwein Klassiker Edition, ohne Angabe des Erscheinungsortes 1996. *(Kurztitel: Balladen)*

Hardick, Lothar/Grau, Engelbert (Hrsg.): Die Schriften des Heiligen Franziskus von Assisi (Franziskanische Quellenschriften Bd. 1), Werl 1981. *(Kurztitel: Schriften)*

Libellus de dictis quatuor ancillarum. Bericht aus den Protokollen der Zeugenaussagen vom Januar 1235, in: Huyskens, Albert (Hrsg.): Der sog. Libellus de dictis quatuor ancillarum S. Elisabeth confectus, München/Kempten 1911. Deutsche Übersetzung: Krage, Otto, in: Nigg, Walter: Elisabeth von Thüringen. Heilige der ungeteilten Christenheit, 5. Aufl. Düsseldorf 1963, zitiert nach: Reber, Ortrud: Elisabeth von Thüringen. Landgräfin und Heilige. Eine Biografie, Regensburg 2006. *(Kurztitel: Libellus)*

Missale Romanum. Grundordnung des römischen Messbuchs. Vorabpublikation zum Deutschen Messbuch (Arbeitshilfen 215), herausgegeben vom Sekretariat der Deutschen Bischofskonferenz. 3. Auflage Bonn 2007.

Stuttgarter Neues Testament. Einheitsübersetzung mit Kommentar und Erklärungen. Text der Einheitsübersetzung: Stuttgart 1980, Erklärungstexte und Sacherklärungen auf der Grundlage der Stuttgarter Erklärungsbibel 1992, Stuttgart 2000. *(Kurztitel: Stuttgarter Neues Testament)*

Zenger, Erich (Hrsg.): Stuttgarter Altes Testament. Einheitsübersetzung mit Kommentar und Lexikon, Stuttgart 2004. *(Kurztitel: Stuttgarter Altes Testament)*

Sekundärliteratur

75 Jahre St. Gabriel Duisburg Neudorf. Festschrift zum 75jährigen Bestehen der Gemeinde, Duisburg 1987. *(Kurztitel: Festschrift 75 Jahre St. Gabriel)*

Adam, Adolf: Grundriss Liturgie, 8. Aufl. (unveränderter Nachdruck der 6. Auflage 1994 bzw. der »Neuausgabe 1998« [7. Auflage]) Freiburg im Breisgau 1994/2005. *(Kurztitel: Grundriss Liturgie)*

Adam, Adolf: Wo sich Gottes Volk versammelt. Gestalt und Symbolik des Kirchenraums, Freiburg im Breisgau 1984. *(Kurztitel: Gottes Volk)*

Angenendt, Arnold: Heilige und Reliquien. Die Geschichte ihres Kultes vom frühen Christentum bis zur Gegenwart, 2., überarbeitete Auflage, Hamburg 2007. *(Kurztitel: Heilige und Reliquien)*

Becker, Udo: Lexikon der Symbole, 8. Aufl., Freiburg im Breisgau 2008. *(Kurztitel: Lexikon der Symbole)*

Bentcher, Ivan/Haustein-Bartsch, Eva: Muttergottesikonen. Museen der Stadt Recklinghausen, Recklinghausen 2000. *(Kurztitel: Muttergottesikonen)*

Berg, Werner (Bearb.) u.a.: Urgeschichte des Glaubens. Genesis (Bibelauslegung für die Praxis, Bd. 1), Stuttgart 1985. *(Kurztitel: Urgeschichte)*

Beyer, Franz-Heinrich: Geheiligte Räume. Theologie, Geschichte und Symbolik des Kirchengebäudes, Darmstadt 2008. *(Kurztitel: Geheiligte Räume)*

Bieger, Eckhard/Exner, Karoline/Hertel, Michael/Schmitz, Andreas: Kirchenkompass. Vierzig Einblicke, Bonn 2001. *(Kurztitel: Kirchenkompass)*

Binding, Günther: Architektonische Formenlehre, 4., überarbeitete und ergänzte Auflage, Darmstadt 1998. *(Kurztitel: Formenlehre)*

Boff, Leonardo: Zärtlichkeit und Kraft. Franz von Assisi, mit den Augen der Armen gesehen, Düsseldorf 1983. *(Kurztitel: Franz von Assisi)*

Dehio, Georg: Handbuch der deutschen Kunstdenkmäler Nordrhein Westfalen 1/Rheinland, München/ Berlin 2005. *(Kurztitel: Handbuch Kunstdenkmäler)*

Deselaers, Paul: Lebensweisheit aus der Bibel. Biblische Frauen und Männer – Inspirationen für heute, Freiburg 2002. *(Kurztitel: Lebensweisheit aus der Bibel)*

Dufner, Meinrad: Kirchen verstehen (Münsterschwarzacher Kleinschriften, Bd. 162), Münsterschwarzach 2001. *(Kurztitel: Kirchen verstehen)*

Emminghaus, Johannes H. (neu bearbeitet von Pacik, Rudolf): Gestaltung des Altarraums (Texte der liturgischen Kommission für Österreich, Heft 11), Salzburg/Österreich 1985. *(Kurztitel: Texte 11)*

Fendrich, Herbert: Glauben. Und Sehen. Von der Fragwürdigkeit der Bilder, Münster 2004. *(Kurztitel: Glauben. Und Sehen)*

Fendrich, Herbert: Kein Peter ohne Paul, in: Bibel heute 149: Paulus, (2002), S. 16f. *(Kurztitel: Kein Peter ohne Paul)*

Goecke-Seischab, Margarete Luise/Ohlemacher, Jörg: Kirchenbaukunst. Ein pädagogisches Handbuch mit über 300 Bildern und Tafeln, Köln 2007. *(Kurztitel: Kirchenbaukunst)*

Hochdörffer Stiftung (Hrsg): Heinz Oliberius. Malerei, Bildhauerzeichnungen. Skulpturen und Plastische Werke, Falt-Flyer ohne Seiten- und weitere Angaben. *(Kurztitel: Heinz Oliberius)*

Jansen-Winkeln, Annette: Künstler zwischen den Zeiten. Trude Dinnendahl-Benning (Künstler zwischen den Zeiten, Bd. 11), Eitorf 2006. *(Kurztitel: Künstler zwischen den Zeiten)*

Katholische Pfarrei Liebfrauen und St. Martin Oberwesel (Hrsg.): Schwarz, Anton Philipp: Liebesbriefe an die Liebfrauenkirche von Oberwesel. 700 Jahre Kirche Unserer Lieben Frau. 750 Jahre Liebfrauenstift. Geburtstagsgrüße zum Jubiläumsjahr 2008/2009, Oberwesel 2009. *(Kurztitel: Liebesbriefe an die Liebfrauenkirche)*

Katholisches Pfarramt Liebfrauen und St. Martin Oberwesel (Hrsg.): Schwarz, Anton Philipp: Die Kirche Unserer Lieben Frau zu Oberwesel, Oberwesel 2001.

Köster, Peter: Das Lukas-Evangelium. Orientierung am Weg Jesu. Eine geistliche Auslegung auf fachexegetischer Grundlage, St. Ottilien 2004.

Kuschel, Karl-Josef/Schmitz, Walter/Thiede, Carsten Peter (Hrsg.): Schneider, Reinhold: Elisabeth von Thüringen, Frankfurt am Main/Leipzig 1997. *(Kurztitel: Elisabeth)*

Kuster, Niklaus: Franziskus. Rebell und Heiliger, Freiburg im Breisgau 2009. *(Kurztitel: Franziskus)*

Lätzel, Martin: Gott begegnen. Liturgie verstehen und feiern, Regensburg 2005. *(Kurztitel: Gott begegnen)*

Moritz, Horst: Betrachtungen zum Kreuzweg. Versuch einer Deutung der Kreuzwegstationen in der Kirche St. Gabriel, Duisburg 1977.

Museum St. Wendel (Hrsg.): Heinz Oliberius. Retrospektive, St. Wendel 2001. *(Kurztitel: Retrospektive)*

Reber, Ortrud: Elisabeth von Thüringen. Landgräfin und Heilige. Eine Biografie, Regensburg 2006. *(Kurztitel: Elisabeth)*

Riedel, Ingrid: Farben. In Religion, Gesellschaft, Kunst und Psychotherapie (Symbole), 5. Aufl. Stuttgart 1986. *(Kurztitel: Farben)*

Roden, Günter von: Geschichte der Stadt Duisburg. Das alte Duisburg von den Anfängen bis 1905, Duisburg 1977. *(Kurztitel: Geschichte Duisburg Bd. 1)*

Roden, Günter von: Geschichte der Stadt Duisburg. Die Ortsteile von den Anfängen. Die Gesamtstadt seit 1905, Duisburg 1974. *(Kurztitel: Geschichte Duisburg Bd. 2)*

Rupp, Hartmut u.a. (Hrsg.): Handbuch der Kirchenpädagogik. Kirchenräume wahrnehmen, deuten, erschließen, 2., verbesserte Auflage Stuttgart 2008. *(Kurztitel: Handbuch Kirchenpädagogik)*

Sachs, Hannelore/Badstübner, Ernst/Neumann, Helga: Christliche Ikonographie in Stichworten, Leipzig 1983. *(Kurztitel: Christliche Ikonographie)*

Saint-Exupéry, Antoine de: Der kleine Prinz, 6. Aufl. Düsseldorf 1998. *(Kurztitel: Der kleine Prinz)*

Sankt Gabriel nach der Heiligen Schrift. Festgabe zum 50jährigen Bestehen der Kirche und Gemeinde St. Gabriel in Duisburg. Am 15. September 1962, Duisburg 1962.

Schick, Eduard: Die Apokalypse (Geistliche Schriftlesung, Bd. 23), Düsseldorf 1971. *(Kurztitel: Apokalypse)*

Scholl, Norbert: Die großen Themen des christlichen Glaubens, Darmstadt 2002. *(Kurztitel: Themen des christlichen Glaubens)*

St. Gabriel-Kirche in Duisburg 1910–1912. Festschrift zur Feier der Kirchweihe und der Einführung des ersten Rektors, des Hochwürdigen Herrn Heinrich Merx am 15. September 1912, Duisburg 1912. *(Kurztitel: Festschrift von 1912)*

St. Gabriel grüßt. Heft 20/April 1977. *(Kurztitel: St. Gabriel grüßt 20)*

Stadler, Wolf (Gesamtleitung)/Wiench, Peter (Redaktionsleitung): Lexikon der Kunst, Malerei, Architektur, Bildhauerkunst. Lexikon der Kunst in zwölf Bänden, genehmigte Sonderausgabe, Eggolsheim. Urheberrechte geregelt mit Beeldrecht Amstelveen, Niederlande 1987. *(Kurztitel: Lexikon der Kunst)*

Voragine, Jakobus de: Legenda aurea. Die Heiligenlegenden des Mittelalters. Neu übersetzt nach der Ausgabe von Th. Graesse: *Legenda aurea vulgo Historia Lombardica dicta*, Nachdruck der 3. Auflage 1890, Melle 2003, herausgegeben und neu übersetzt von Matthias Hackemann, Köln 2008. *(Kurztitel: Legenda aurea)*

Vorgrimler, Herbert/Bernauer, Ursula/Sternberg, Thomas: Engel. Erfahrungen göttlicher Nähe, Freiburg 2001. *(Kurztitel: Engel)*

Wallfahrtskirche St. Coloman (Peda-Kunstführer 565/2004), Passau 2003. *(Kurztitel: Kirchenführer St. Coloman)*

Zimmermann, Helmut/Bieger, Eckhard: Elisabeth. Heilige der christlichen Nächstenliebe, Kevelaer 2006. *(Kurztitel: Elisabeth)*

Internetquellen

http://www.bautz.de/bbkl/b/bartholomaeus_a.shtml
http://www.bautz.de/bbkl/j/Jakobus_d_j_a.shtml
http://www.bautz.de/bbkl/j/Judas_tha.shtml
http://www.bautz.de/bbkl/m/matthaeus_e.shtml
http://www.bautz.de/bbkl/p/Philippus_d.shtml
http://www.bautz.de/bbkl/s/simon_d_z.shtml
http://www.bautz.de/bbkl/t/thaddaeus.shtml
http://www.beyars.com/kunstlexikon/lexikon_8834.html
http://www.das-bild-im-mittelalter.de/m3.1.html
http://www.glasmalerei-ev.de/pages/b806/b806.shtml
http://www.heiligenlexikon.de/BiographienA/Andreas.htm
http://www.heiligenlexikon.de/BiographienB/Bartholomaeus.htm
http://www.heiligenlexikon.de/BiographienJ/Jakobus_der_Aeltere_der_Grosse.htm
http://www.heiligenlexikon.de/BiographienJ/Jakobus_der_Juengere.htm
http://www.heiligenlexikon.de/BiographienJ/Judas_Thaddaeus.html
http://www.heiligenlexikon.de/BiographienM/Matthias.htm
http://www.heiligenlexikon.de/BiographienP/Philippus_Apostel.htm
http://www.heiligenlexikon.de/BiographienS/Sebastian.htm
http://www.heiligenlexikon.de/BiographienT/Theodulus_von_Kreta.html
http://www.heiligenlexikon.de/BiographienT/Thomas.html
http://www.heiligenlexikon.de/Legenda_Aurea/Legenda_Aurea.htm
http://www.kuenstlerlexikonsaar.de/artikel/-/oliberius-heinz/315/
http://www.redemptoristen.org/index.php?site=64
http://www.seilnacht.tuttlingen.com/Lexikon/FBlau.html

Fotografie und Bildbearbeitung: Jürgen Christ

In einigen Fällen ließen sich die Bildrechte nicht ermitteln. Autorin und Verlag bitten dafür um Verständnis und ggf. um Nachricht.

© 2010 Aschendorff Verlag GmbH & Co. KG, Münster
Das Werk ist urheberrechtlich geschützt. Die dadurch begründeten Rechte, insbesondere die der Übersetzung, des Nachdrucks, der Entnahme von Abbildungen, der Funksendung, der Wiedergabe auf photomechanischem oder ähnlichem Wege und der Speicherung in Datenverarbeitungsanlagen bleiben auch vorbehalten, wenn das Werk nur in Auszügen verwertet wird. Die Vergütungsansprüche des §54 Abs.2UrhG werden durch die Verwertungsgesellschaft Wort wahrgenommen.
Gesamtherstellung: Aschendorff Druckzentrum GmbH & Co. KG, 2010
Gedruckt auf säurefreiem, alterungsbeständigem Papier ∞

ISBN 978-3-402-12840-4